运输管理实务 第三版

主　编　王海兰
副主编　徐晓红　潘国平　吴颖杰　张　磊
参　编　张玲瑞　徐　进

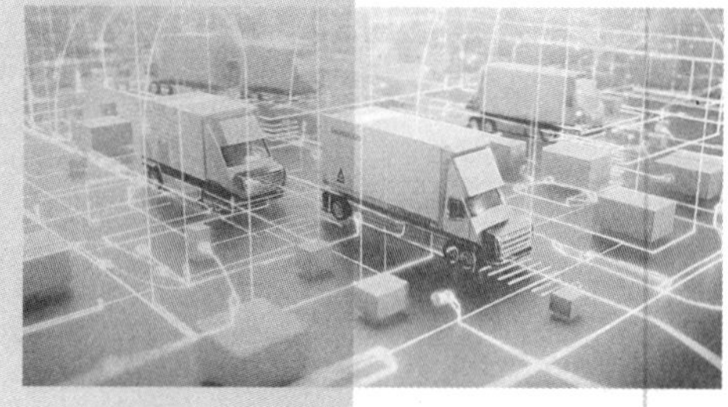

上海财经大学出版社
SHANGHAI UNIVERSITY OF FINANCE & ECONOMICS PRESS

图书在版编目(CIP)数据

运输管理实务/王海兰主编. —3 版. —上海:上海财经大学出版社,2024.6
ISBN 978-7-5642-4297-8/F.4297

Ⅰ.①运…　Ⅱ.①王…　Ⅲ.①物流-货物运输-管理-高等职业教育-教材
Ⅳ.①F252

中国国家版本馆 CIP 数据核字(2023)第 228761 号

□ 责任编辑　刘晓燕
□ 封面设计　贺加贝

运输管理实务
(第三版)

王海兰　主　编
徐晓红　潘国平
吴颖杰　张　磊　副主编
张玲瑞　徐　进　参　编

上海财经大学出版社出版发行
(上海市中山北一路 369 号　邮编 200083)
网　　址:http://www.sufep.com
电子邮箱:webmaster@sufep.com
全国新华书店经销
上海天地海设计印刷有限公司印刷装订
2024 年 6 月第 3 版　2024 年 6 月第 1 次印刷

787mm×1092mm　1/16　22.75 印张　471 千字
印数:8 501—11 500　定价:56.00 元

前　言

“运输管理实务”课程是高职高专物流管理专业的一门核心课程。《运输管理实务》(第三版)作为**高职高专“十四五”规划物流管理类精品教材**，适应物流管理专业教学改革的需求，突出以任务引领、项目驱动为课程开发理念，培养物流运输管理技术技能型人才，能够满足物流管理专业与财经类其他相关专业的教学需要。根据物流企业相关岗位群对专业技能的要求，将课程内容分解为走进运输、公路运输业务与运作、铁路运输业务与运作、水路运输业务与运作、航空运输业务与运作、集装箱运输业务与运作、多式联运业务与运作、特殊货物运输业务与运作、运输方案与决策、货运合同与保险等十个项目。

在第二版教材基础上对本书进行了修订，对教材章节结构进行了调整，更新了数据，对原有内容进行了修改和补充，第三版教材具有以下特点：

1. 融入思政，全面育人。教材全面融入中国共产党二十大报告精神，每个项目有明确的思政元素和思政目标，通过具体任务展示我国物流运输业发展状况以激发民族自豪感，通过各种运输方式作业流程学习培养踏实严谨的职业素养，通过小组团队共同完成任务实施活动增强团队协作意识。

2. 逻辑清晰，结构合理。以工作过程为导向进行内容设计，从“任务导入—任务分析—任务实施—任务评价”对知识体系进行重新设计，任务导入情境设置提出问题，任务分析由老师理论教学完成，任务实施以小组形式实操完成任务导入的问题，任务评价作为课堂教学形成性考核，形成教学组织闭环。

3. 线上线下，相互结合。每个项目中加入了线上扩展阅读内容，读者通过“二维码”可随时查看相关学习资源，如数据、标准、法规、实例等，扩充了教材容量，适应“互联网＋”发展趋势，也提供丰富的教学资源(教学课件、同步检测答案、综合实训项目答案、相关标准法规等)。

本书由陆军军事交通学院王海兰教授担任主编，并负责编写体例、组织分工和统稿定稿工作。云南交通职业技术学院徐晓红、上海交通职业技术学院吴颖杰、云南财经职业学院潘国平、天津铁道职业技术学院张磊担任副主编。具体分工如下：项目一(王海兰)，项目二(徐晓红)、项目三(张磊)，项目四(吴颖杰、王海兰)，项目五、项目十(潘国平)，项目六、项目八(云南交通职业技术学院张玲瑞)，项目七(上海交通职业技术学院徐进),项目九(吴颖杰)。

在本书编写过程中借鉴和引用了大量书刊、文献和网站资料,在此一并向原作者表示由衷的感谢!由于物流行业发展变化快,编者经验水平有限,书中难免有不妥和错误之处,敬请广大读者提出宝贵意见。

编者
2024 年 3 月于天津

学时分配建议(供参考)

序号	项目	学时
1	项目一　走进运输	6 学时
2	项目二　公路运输业务与运作	8 学时
3	项目三　铁路运输业务与运作	8 学时
4	项目四　水路运输业务与运作	8 学时
5	项目五　航空运输业务与运作	8 学时
6	项目六　集装箱运输业务与运作	6 学时
7	项目七　多式联运业务与运作	6 课时
8	项目八　特殊货物运输业务与运作	6 学时
9	项目九　运输方案与决策	8 学时
10	项目十　货运合同与保险	6 学时

目　录

项目一

走进运输

知识目标

1. 说出运输的含义、功能；

2. 分析运输与物流活动中其他环节的关系；

3. 理解不同运输方式的经济技术特征；

4. 掌握不合理运输的表现形式。

能力目标

1. 正确认知运输与物流的关系；

2. 根据客户不同需求选择相适应的运输方式；

3. 学会分析影响运输合理化的因素，能够采取相应措施，实现运输合理化。

思政目标

1. 党的二十大报告强调：加快建设“交通强国、网络强国”，在学习中培养学生关注国家运输行业发展，增强使命感；

2. 通过学习选择适宜的运输方式，培养绿色运输理念。

任务一　认识运输

任务导入

顺达货运公司注册资本人民币 3 500 万元，并通过 ISO9001:2015 质量管理体系认证，公司拥有 8 家全资子公司、66 家分公司、4 家合资企业、16 家主要境外下属企业。顺达货运公司作为专业货物运输公司，运输业务涉及本书涵盖的所有运输方式。李运、王通等人目前在顺达货运公司境内一家主营业务公司做实习生，他们今后将在公司的公路货运部、航运物流部等各个岗位实习，承担货运业务工作。作为新人，要从认识运输入手，了解运输工作的内涵。

任务分析

一、运输概述

(一)运输的定义

根据《中华人民共和国国家标准物流术语》(GB/T 18354－2021)的定义，运输(transport)是指利用载运工具、设施设备及人力等运力资源，使货物在较大空间产生位置移动的活动。即以改变“物”的空间位置为目的的活动，对“物”进行空间位移。

(二)运输的特点

1. 运输不生产有形的产品

物流运输不同于其他产业，作为一种特殊的物质生产，并不生产有形的产品，只提供无形的服务。作为一种抽象劳动，只是增加了运输对象的价值，并未创造新的实物形态产品。

2. 运输不改变运输对象的性质

运输过程既不改变运输对象的数量，也不改变运输对象的形态、性质等属性，只是改变了运输对象(客、货)的空间位置，对旅客来说，通过运输实现了消费；对货物来说，通过运输创造了附加价值。

3. 运输对自然条件依赖性大

除管道运输外，运输受自然条件的影响较为明显，露天作业，风险较大。尤其是水路运输和航空运输，对自然条件有较强的依赖性，影响运输效率。

4. 运输是资本密集型产业

由于运输不生产有形产品，它不需要为原材料或零部件预付原始价值，运输成本仅涉及运输设施设备与运输运营成本两部分。在运输成本中，固定成本所占比重较大，运输场所、设施设备需要大量投资，且分布分散，流动性强，具有点多、线长、面广的特点，因而运输是资本密集型产业，且具有一定的垄断性。

5.运输是在流通过程中完成的

运输是把产品从生产地运往消费地的活动，表现为产品的生产过程在流通领域中的继续。运输业不断为企业生产提供原料、材料、燃料和半成品，以保证企业不间断地从事生产。

（三）运输的功能

1.产品转移

运输最基本、最重要的功能，就是通过改变产品的地点与位置，消除产品的生产与消费之间在空间位置上的背离，实现产品的空间位移，创造空间效用，又称场所效用。对于同种“物”，由于所处空间场所不同，其使用价值的实现程度会有所差别。通过运输活动，将产品从低价值区转移到高价值区，充分发挥产品的潜力。比如“西棉东送”“西煤东运”就是将集中在我国西部地区的原材料如棉花、煤炭等，通过运输分散到需求地区。

2.产品储存

由于运输产品是无形的，不具有物质实体，又由于它具有边生产边消费属性，所以运输产品既不能调拨，也不能存储。但运输具有对物品在运输期间进行短时储存的功能，即利用运输工具（车辆、船舶、飞机、管道等）作为临时的储存设施。如果转移中的产品需要储存，且在短时间内又将重新转移，那么综合考虑装货与卸货的损耗、耗时与成本费用，以及仓库的储存能力等因素，从节约成本或完成任务的角度来看，选择将运输工具作为暂时的储存场所是合理的。

二、运输与物流的关系

（一）运输与物流的联系与区别

1.物流与运输是从属关系

物流是根据实际需要，将运输、储存、装卸、搬运、包装、流通加工、配送、信息处理等基本功能实施有机结合，使物品从供应地向接收地进行实体流动的过程。运输是物流的一个基本环节，其运行完全服从于整体物流计划。从这一点来看，物流是大范畴的，而运输是小范畴的。

2.运输是构成物流的关键

整个物流过程的实现，始终离不开运输。运输的合理化更是降低物流成本的重要途径，是实现现代物流全球化、一体化、信息化的根本保证。企业的工厂、仓库与其供货厂商和客户之间的地理分布直接影响着物流的运输费用。因此，运输条件是企业选择工厂、仓库、配送中心等物流设施配置地点需要考虑的主要因素之一。

3.运输是“第三利润源”的主要源泉

物流被称为企业的“第三利润源”,而运输是物流的核心环节,运输费用占全部物流费用的比重较大,约40%,是影响物流费用的重要因素。有物流必然有运输,运输水平决定着整体物流的可实现程度。组织合理运输,以最少的费用、较快的时间,及时、准确、安全地将物品运达接收地,是降低物流费用和提高物流效率的重要途径之一,可以说运输是“第三利润源”的主要源泉。从这一点来看,二者又是相互依赖和制约的关系。

(二)运输与物流中其他环节的关系

运输影响着物流系统中其他环节的众多因素。在整个物流系统中,运输需要与其他环节紧密配合、相互合作。

1. 运输与装卸的关系

运输与装卸密不可分,区别在于,运输是较大范围的活动,而装卸是在同一地域之内的活动。(1)装卸搬运作业是随运输和保管过程而产生的附属性活动,一次运输往往伴随着运输前、后至少两次装卸作业。货物在运输前的装车、装船等活动是完成运输的先决条件,可以说装卸搬运活动的质量和效率直接影响运输活动的水平和效率。(2)装卸作为支持、保障性活动,使用不同类型的运输工具决定了其配套使用装卸搬运设备以及接收和发运站台的设计。(3)装卸搬运是实现各种运输方式的有效衔接环节,当一种运输方式与另一种运输方式实现必要变更时,如公铁转运、水公转运时,都需要装卸搬运作业。

2. 运输与仓储的关系

物流的“空间效应”和“时间效应”分别通过运输活动和仓储活动来实现。(1)运输过程影响仓储活动。货物的储存量虽直接决定于需要量(即使用量),但当仓库中储存一定数量的货物而消费领域又对其急需时,运输就成了关键。如果运输组织不善或运输工具不得力,那么就会延长货物在库储存时间,增加储存费用,甚至造成货物损耗增大,错失市场机会。(2)运输状况影响储存量的大小。现代企业追求“零库存”管理的先决条件就是快速、可靠的运输。(3)运输的功能之一是产品短时储存的功能。必要时运输工具可以充当临时短期机动储存设施,从而创造“时间效应”。

3. 运输与包装的关系

运输与包装相互影响。(1)运输方式的选择决定着装运货物的包装要求。即货物的包装程度、包装的规格及尺寸都会影响运输方式及同一种运输方式对运输工具的选择。(2)包装有利于运输功能的实现。货物的包装程度、包装的规格及尺寸应该充分地与所选择的运输工具的内部尺寸相匹配,提高运输实载率。包装模数化、集装单元化是开展集装化运输的前提,也是现代物流的发展趋势。

4. 运输与配送的关系

运输与配送既有联系又有区别。图1—1能够更好地说明两者之间的关系,整个图是货物的分拨过程,其中A、B、P_1、P_2、P_3表示地点。A到B的距离较大,比如从生产地直接送达客户或配送中心的物品空间位移，具有大批量、长距离、单次向单一地点单独运送的特点；P_1、P_2、P_3 表示末端客户的位置，比如从配送中心到消费者之间的物品空间位移，强调短距离、少批量、一点对多点的特点。

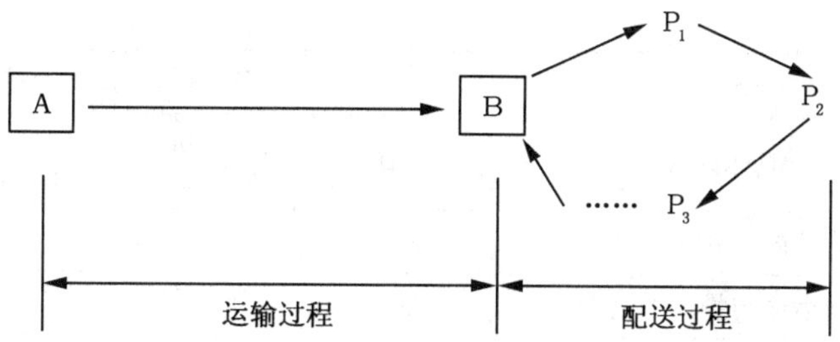

图 1—1　运输与配送的区别

5. 运输与信息的关系

现代物流运输企业的发展离不开信息技术和信息系统的支持。(1)从运输组织管理的角度看，信息贯穿于运输活动的各个方面，其主要业务包括运输计划、配车与运输路线计划、配送和货物跟踪、车辆运作管理、成本管理与控制等。(2)从运输行业管理的角度看，运输企业共享信息平台，通过信息技术实现行业管理和市场管理，也能为政府部门提供决策信息，提高物流整体作业效率。可以说，强大的信息系统建设是国内物流运输企业发展的必要条件和支撑，是现代化物流的根本保证。

任务实施

【关键技能】

√ 了解运输的内涵和功能

√ 正确认知运输与物流的关系

【训练准备】

学生分成小组(每组 4—5 人)，以“物流运输发展及其重要性”为主题，分别从中国高速公路、中国铁路干线与枢纽、中国沿海港口布局、中国十大航空港等方面查阅相应资料，形成案例，体会国家运输行业的发展与变化，并结合运输与物流的关系，进行组内讨论，整理与记录主要观点，并由每组选派一名代表在课上交流与汇报。

【操作步骤】

步骤一　从认识运输的内涵入手，李运、王通作为新人，首先需要了解运输的概念、特点、功能，为今后从事物流运输工作奠定理论基础。

步骤二　合理分析运输与物流的联系与区别，熟悉运输与物流中其他环节的关系。通过小组讨论，全面了解我国运输交通发展状况，充分认识到运输在物流中的重要性，以及运输职能在物流管理中的核心地位。李运、王通从事运输工作，要学会运用系统的观点,从物流大系统出发,实现运输功能的最优化。

任务评价

<table>
<tr><td colspan="2">被考评人</td><td colspan="4">考评任务:认识运输</td></tr>
<tr><td rowspan="4">评价标准</td><td>具体内容</td><td>分值</td><td>自我评价(30%)</td><td>小组评价(40%)</td><td>教师评价(30%)</td></tr>
<tr><td>了解运输的内涵和功能</td><td>30</td><td></td><td></td><td></td></tr>
<tr><td>正确认知运输与物流的关系</td><td>30</td><td></td><td></td><td></td></tr>
<tr><td>认识物流运输的重要性</td><td>40</td><td></td><td></td><td></td></tr>
<tr><td colspan="6">任务总评得分:</td></tr>
</table>

任务二 选择合适的物流运输方式

任务导入

2022 年第一季度物流洽谈会结束后,与会代表中有部分客户需要办理托运,顺达货运公司南宁市物流分公司按托运货物种类、数量、流向及相关要求整理,如表 1—1 所示。

表 1—1 客户托运货物简明记录

序 号	货物及数量	托运起点与终点	要 求	合适的运输方式
1	老友粉 1 000 吨	南宁—呼和浩特	最经济的办法,尽快送达	
2	南宁壮棉 1 000 吨	南宁—天津	最经济的办法	
3	上林八角 5 吨	南宁—广州	最经济的办法,尽快送达	
4	南山白毛茶 1 000 吨	南宁—上海	最经济的办法	
5	上林大米 100 吨	南宁—上海	最经济的办法	
6	急救药品两箱	南宁—乌鲁木齐	最紧急、第一时间送达	

任务分析

一、物流运输的分类

(一)按运输方式划分

按运输方式划分,物流运输分为公路运输、铁路运输、水路运输、航空运输和管道运输。

铁路运输是货物运输的主要承担者。它具有载运量大、行驶速度快、运价较为低廉、运行一般不受气候条件限制等特点，因此，铁路运输主要用于大宗物资的长距离运输。但铁路运输由于受路线、货站限制，机动灵活性差，不能直达客户端，待运时间比较长，不适于短途运输。公路运输与铁路、水路运输相配合，构成了全国性的物流运输体系。

公路运输一般是指汽车运输，在我国其货运周转量比其他各种运输方式的总和都要多得多。公路运输的特点是机动灵活、速度快、装卸方便、路网分布密，一般适用于短距离运输，可以进行门对门的直接运输，但它的运输能力较小，受道路、气候影响较大，运费也较铁路、水路高，燃料消耗大。随着公路的扩展和质量的提高以及汽车技术的进步和大型卡车的增多，公路运输将逐步成为短途运输最重要的形式。

水路运输包括内河运输和海洋运输，其运输工具主要是船舶。水路运输具有运量大、运价低，可以运送通过其他运输方式不易运输的超重、超长、超高的物资等优点，是发展国内、国际贸易的主要通道，在物流运输中占有重要的地位。水路运输的缺点是航行速度慢，受航道和港口的限制而不够灵活，易受季节和气候的影响，运输的连续性较差。

航空运输是速度最快、运费最贵的一种运输方式。航空运输的特点是交货迅速、货物破损率小，节省包装、保险和储存费用，航行便利，可以运往世界各地而不受地面条件限制。航空运输适用于体轻、贵重、易损、鲜活或急需的商品。

二维码 1.1　我国五种运输方式的发展状况

管道运输有气体管道、液体管道和固体管道三种形式。管道运输的特点是运输量大、运输成本低、物资耗损小，不需包装，能够不间断地、均衡地进行运输，效率高，不受自然条件的影响，管理使用比较方便。但管道运输的货物品种受限制，适用于原油和天然气等流体物的运输。截至 2022 年底，我国油气管道的总里程达到 18.5 万公里。2023 年 4 月 16 日，我国用现有天然气管道长距离输氢技术获重大突破，实现大规模、低成本、远距离氢能运输。

知识链接

绿色运输

美丽中国建设要求发展绿色低碳物流，绿色运输是未来发展方向。《公转铁，公转水》是 2021 年 3 月 12 日公布的“十四五”规划和 2035 年远景目标纲要之一”，加快大宗货物和中长途货物运输“公转铁，公转水”，是打赢蓝天保卫战的重要战略性举措。

（二）按运输的范围划分

按运输范围划分，物流运输可分为干线运输、支线运输、二次运输和场内运输。

干线运输是指利用公路、铁路的干线或大型船舶的固定航线进行的长距离、大批量的运输。干线运输是实现货物远距离空间位移的重要运输形式,速度一般比同种工具的其他运输方式快,成本也比较低,是运输的主体。

支线运输是指在与干线相接的分支线上进行的运输。支线运输是干线运输与收、发货地之间的补充性运输,距离短,运量小。

二次运输是指通过干线、支线将货物运输到站后,需再次从车站运往客户仓库、工厂或指定接货地点的运输。二次运输是一种补充性运输,其运输距离较短,运输量较小。

场内运输是指在工业企业范围内,直接为生产过程提供服务的运输,一般在车间与车间之间、车间与仓库之间进行。场内运输具有运输距离短、运输量小、速度慢、成本高等特点,实际中往往将这种货物移动称为"搬运",而不称为"运输"。

(三)按运输作用划分

按运输的作用划分,物流运输可分为集货运输和配送运输。

集货运输,是指将不同货主且流向相同的小批量货物集中起来,分类整理,并拼装至同一集装单元器具或同一载运工具的业务活动,多是短距离、小批量运输。货物集中后再利用干线运输进行长距离、大批量的运输,以发挥运输的规模效应,所以集货运输是干线运输的一种补充性运输。如图1—2所示。

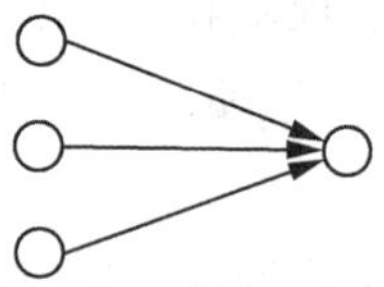

图1—2　集货运输

配送运输是指将物流节点中已按客户要求配好的货物分送到各个客户的运输形式,如图1—3所示,可能从工厂生产地仓库直接送至客户,可能通过批发商、经销商或由配送中心、物流中心等物流节点转送至客户手中,以服务为目标,尽可能满足客户需求。配送运输是干线运输的一种补充和完善,属于末端运输、支线运输,具有运输距离短、规模小、成本高、频率高等特点,一般以汽车作为运输工具。

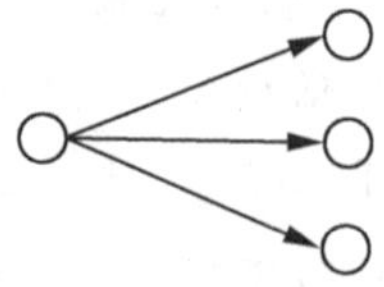

图1—3　配送运输

(四)按运输协作程度划分

按运输的协作程度划分,物流运输可分为一般运输、联合运输和多式联运。

一般运输是指运输工具及运输方式单一，没有形成有机协作关系的运输，如单一的公路运输、铁路运输，运输服务适应性不强。

联合运输是指两个或两个以上物流企业联合起来，综合利用各种运输方式的优点，实行一次托运、一票到底的货物运输。联合运输的形式主要有铁海联运、公铁联运、公海联运等。

多式联运是指货物由一种运载单元装载，通过两种或两种以上运输方式连续运输，并进行相关运输物流辅助作业的运输活动。如"铁水、铁公、铁海公"联运等，将各种不同的单一运输方式有机结合起来，促进各种运输方式的协作与配合，达到迅速、安全、便利、经济的要求。

（五）按运输中途是否换装划分

按运输中途是否换装划分，物流运输可分为直达运输和中转运输。

直达运输是指货物由发运地到接收地，采用同一种运输方式、中途不需要中转的运输组织方式。这种运输形式减少了转运环节，能够充分利用运输线路、运输设施和运输能力，速度快，耗损小，费用低。

中转运输是指货物由发运地到接收地，中途经过至少一次落地、换装、铁路解编或公路甩挂的运输组织方式。中转运输可以将干线、支线运输有效衔接，可以化整为零或集零为整，提高运输效率。

二、物流运输方式的技术经济评价

对不同的运输方式来说，虽然它们使用不同的运输工具，具有不同的技术经济特征，在不同的线路上进行运输活动，但它们对社会具有相同的效用，即都实现了物品的空间位移。运输产品的同一性使得各种运输方式之间可以相互补充、协调、替代，形成一个有效的综合运输系统，也不可避免地进行着激烈的竞争。一方面由于各种运输方式均拥有其固有的技术经济特征和相应的竞争优势，另一方面由于运输市场上需求本身的多样性，这两方面实际上就为各种运输方式在社会经济发展过程中营造了它们各自的生存和发展空间。各种运输方式的技术经济指标如表1－2所示。

表1－2　　各种运输方式的技术经济指标

比较项目	排列顺序（由大到小）
灵活性	公路—航空—铁路—河运—海运
装载量	海运—铁路—河运—公路—航空
运输距离	海运—航空—铁路—河运—公路
经济性（运费）	航空—公路—铁路—河运—海运
及时性（速度）	航空—铁路—公路—河运—海运
安全性	航空—铁路—河运—海运—公路

续表

比较项目	排列顺序(由大到小)
连续性	铁路—公路—航空—海运—河运
稳定性	铁路—公路—航空—海运—河运

三、影响运输方式选择的因素

在各种运输方式中,如何选择适当的运输方式是物流合理化的重要问题。通常根据物流系统要求的服务水平和可以接受的物流成本决定,综合考虑以下因素。

(一)商品特性

这是影响运输方式选择的重要因素。一般来讲,运输粮食、煤炭等大宗货物,适宜选择铁路或水路方式;运输水果、蔬菜、鲜花等鲜活商品,电子产品,宝石以及时令性商品等,适宜选择航空方式;运输石油、天然气、碎煤浆等,适宜选择管道方式。

(二)运输速度和距离

运输速度的快慢、运输路程的远近决定了货物运送时间的长短。而在途运输货物犹如企业的库存商品,会形成资金占用。一般来讲,对于批量大、价值低、运距长的商品,适宜选择水路或铁路运输;对于批量小、价值高、运距长的商品,适宜选择航空运输;对于批量小、距离近的商品,适宜选择公路运输。

(三)运输的可得性

不同运输方式的运输可得性也有很大的差异,公路运输最可得,其次是铁路运输,水路运输与航空运输只有在港口城市与航空港所在地才可得。

(四)运输的一致性

运输的一致性是指在若干次装运中履行某一特定的运次所需的时间与原定时间或与前N次运输所需时间的一致程度,是运输可靠性的反映。近年来,托运方已把运输一致性看作高质量运输的最重要的特征。如果给定的一项运输服务第一次花费2天、第二次花费6天,这种缺乏一致性的运输服务就会给生产企业带来严重的物流作业问题,如需要安全储备存货,影响买卖双方承担的存货义务和其他有关风险。因此厂商一般首先要求实现运输的一致性,然后再考虑交付速度等问题。

(五)运输成本

运输方式不同,运输成本也会发生变化。在考虑运输成本时,不能单从运输费用出发来决定运输方式,而要从全部的总成本出发来考虑。企业开展商品运输工作,必然要支出一定的财力、物力和人力,各种运输方式的运用都要企业支出一定的费用。因此,企业进行运输决策,受其经济实力以及运输费用的制约。

(六)市场需求的缓急程度

在某些情况下,市场需求的缓急程度也决定着企业应当选择何种运输工具。如对于市场急需的商品须选择速度快的运输方式，如航空或汽车直达运输；反之，则可选择成本较低而速度较慢的运输方式。一般来说，运输费用和运输时间是一对矛盾体，速度快的运输方式一般费用较高，而运输费用低的运输方式速度较慢。

综上所述，选择运输方式时，不能仅仅考虑运输成本的问题，还需结合时间、安全性等诸多问题。通常是在保证运输安全的前提下再衡量运输时间和运输费用，当到货时间得到满足时再考虑费用低的运输方式。选择运输方式时，不能仅仅考虑费用，还应该考虑发送方式。不同的发送方式不仅运输费用相差较大，而且运输的安全程度和在途的时间差别也很大。如铁路运输有整列、成组、整车、零担、包裹等发送方式，成组、整车运输由于配车编组，在途停滞时间长，而零担、包裹运输费用则较高。表 1—3 为运输方式选择的一般原则。

二维码 1.2 认知"一带一路"

表 1—3　　运输方式的选择原则

货物属性	航空运输	水路运输	铁路运输	公路运输
时限	短	没有时限要求	长	中
价值	高价值	低价值	均可	均可
体积/重量	轻货	均可	均可	均可
运距	长距离	长距离	中长距离	短距离

任务实施

【关键技能】

√ 认知各种运输方式的技术经济特征

√ 理解影响运输方式选择的因素

√ 根据客户需求提出合适的物流运输方式

【训练准备】

教学场地：连接互联网的多媒体教室。

人员分工：分成小组，指定扮演铁路运输、公路运输、航空运输等基本运输方式的"公司"。每组成员根据所学知识，讨论和分析任务导入中的案例，按照客户需求，参考网上平台报价（价格实时在变），小组间进行货运业务的竞争，确定每一票货物的最佳运输方式。

【操作步骤】

步骤一　阐述各种物流运输方式的优缺点、适用范围。

步骤二　针对客户不同需求，经科学计算和分析，进行运输方式比较，并说明理由，将结论填入表 1—1 中。

任务评价

<table>
<tr><td colspan="4">被考评人</td><td colspan="7">考评任务:选择合适的物流运输方式</td></tr>
<tr><td>考评步骤</td><td colspan="3">考评内容及分值</td><td colspan="2">自我评价
(30%)</td><td colspan="2">小组评价
(40%)</td><td colspan="2">教师评价
(30%)</td><td>合计得分
(100%)</td></tr>
<tr><td>步骤一
30 分</td><td colspan="3">阐述各种物流运输方式的优缺点、适用范围</td><td colspan="2"></td><td colspan="2"></td><td colspan="2"></td><td></td></tr>
<tr><td>步骤二
40 分</td><td colspan="3">认知各种运输方式的技术经济特征和选用原则</td><td colspan="2"></td><td colspan="2"></td><td colspan="2"></td><td></td></tr>
<tr><td>步骤三
30 分</td><td colspan="3">根据客户需求,进行方案比较,提出合适的物流运输方式</td><td colspan="2"></td><td colspan="2"></td><td colspan="2"></td><td></td></tr>
<tr><td colspan="11">综合评定</td></tr>
<tr><td>考评
标准</td><td>资料
准备</td><td>知识
掌握</td><td colspan="2">语言
表达</td><td colspan="2">团队
合作</td><td colspan="2">方案合理
准确</td><td colspan="2">合计得分</td></tr>
<tr><td>分值</td><td>15 分</td><td>30 分</td><td colspan="2">15 分</td><td colspan="2">15 分</td><td colspan="2">25 分</td><td colspan="2"></td></tr>
<tr><td colspan="5">注:任务总评得分=考评步骤(70%)+综合评定(30%)</td><td colspan="4">任务总评得分</td><td colspan="2"></td></tr>
</table>

任务三 物流运输合理化

任务导入

李运、王通虽然是实习生,每周也需要列席部门周一例会。一次例会中,部门经理对一笔业务进行了点名批评,是一笔从宜昌到长沙的水产品运输业务,原本可以直接从宜昌运到长沙,预计一天办完,实际上先运到武汉,再运到长沙,耗时两天,导致运输时间延长、成本增加。经理对他们两人提醒:"这就是典型的不合理运输,要尽量避免。"什么是运输合理化?不合理运输有哪些主要表现形式?实践中如何争取做到每一次安排的运输方案都是合理的?

任务分析

一、运输合理化的概念

运输合理化,是指在保证货物运量、运距、流向和中转环节合理的前提下,在整个运输过程中,确保运输质量,以适宜的运输工具、最少的运输环节、最佳的运输路线、最低的运输费用,将货物从始发地运送至目的地的运输活动状况。

从运输合理化的概念，很容易得出影响运输合理化的五方面因素，简称合理运输“五要素”。

（一）运输距离

在运输时，运输时间、运输货损、运费、车辆或船舶周转时间等运输的若干技术经济指标，都与运输距离有一定比例关系。可以说，运输距离长短是影响运输合理化的最基本的因素，是组织运输时首先考虑的因素，以尽可能实现运输路径优化。

（二）运输环节

运输离不开装卸、搬运和包装等相关工作，每增加一个运输环节，不但会增加起运的运费和总运费，而且会增加装卸、搬运、包装等运输的附属活动，必然会增加一些时间、费用，也会增加货损、货差的可能性，所以减少不必要的运输环节，尽可能组织直达运输，促进运输的合理化。

（三）运输工具

每种运输工具都有其使用的优势领域，根据货物的性质、外形特征和客户的时间要求等，选择合适的运输工具，按运输工具的特点进行装卸、运输作业，最大限度地发挥所用运输工具的作用，是运输合理化的重要内容。

（四）运输时间

运输是物流活动中花费时间较多的环节。缩短运输时间，有利于加快运输工具周转，充分发挥运力，加速货主资金周转，提高运输线路通过能力，进而促进运输的合理化。

（五）运输费用

运输费用在全部物流费用中约占40%的比例，运费高低在很大程度上决定着整个物流系统的竞争能力。实际上，降低运输费用，无论对货主还是对物流经营企业，都是运输合理化追求的一个重要目标。

上述五种因素既互相联系，又互相影响，有时甚至相互矛盾，运输时间短了，费用却不一定省，需要进行综合分析，寻求最佳运输方案。一般情况下，运输时间和运输费用是影响运输合理化的两个主要因素，集中体现了物流过程中的经济效益。

二、不合理运输的表现形式

所谓不合理运输，是指在组织货物运输过程中，违反物流规律，不按经济区域和货物自然流向组织货物运输，忽视运输工具的充分利用和合理分工，装载量低，流转环节多，从而出现浪费运力、运输时间长、运输费用增加的现象。产生的原因主要是物流运输过程中的计划不周、组织不善、配合不当、信息错误或调运差错等。

（一）与运输方向有关的不合理运输

1. 对流运输

对流运输又称相向运输，是指同类的或可以互相代替的货物，在同一线路或不同运输方式的平行路线上相向运输的运输现象,是不合理运输中最突出、最普遍的一种。对流运输分为两种情况:(1)明显对流,即在同一运输线上相向运输,交错重叠部分是无谓的浪费,如图1—4所示。(2)隐蔽对流,是指同种物资或可以相互代替的物资以不同运输方式在平行路线上或不同时间内,朝着相反的方向运输。如图1—5所示,将同类货物从甲地发2吨至乙地,从丁地发2吨至丙地,货物周转量为2×40+2×20=120(吨·千米),这种运输路线是不合理的,属于隐蔽对流的情况。正确的运输路线应该是从丁地发到乙地,从甲地发到丙地,其货物周转量为2×10+2×30=80(吨·千米),这样就节省了40吨·千米的运力。

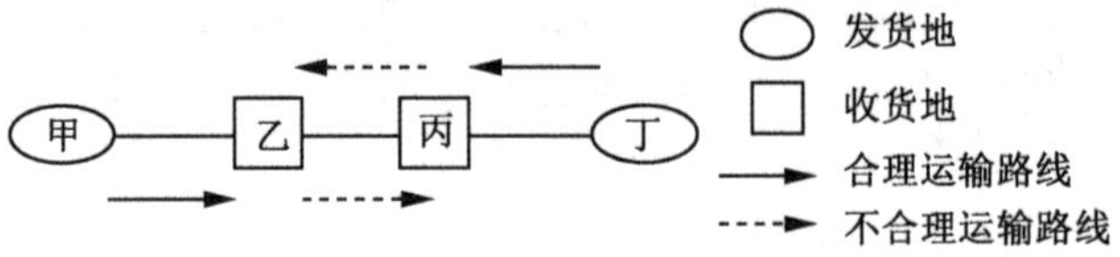

图1—4　对流运输(明显对流)

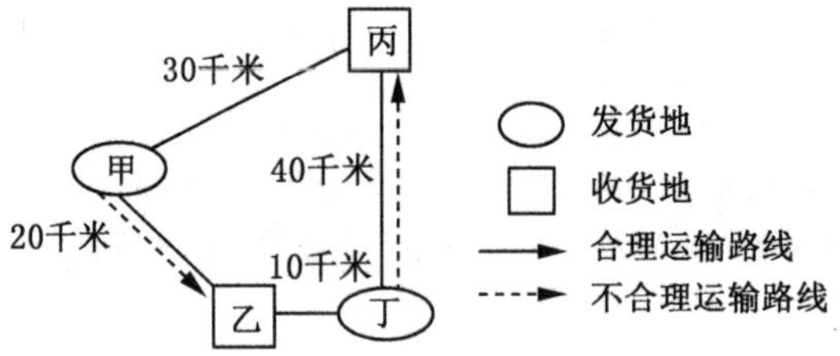

图1—5　对流运输(隐蔽对流)

2.倒流运输

倒流运输是指货物从销售地或中转地流回生产地或起运地的一种运输现象,这种双程运输是不必要的,是对运力的一种浪费。倒流运输有两种情况:(1)将同种货物从生产地(供应地)甲运达销售地乙后,又从销售地乙运回原产地(供应地)甲或中途另一个销售地丁。(2)从生产地丙运往自己本身能够生产且已消费的同种物资产地甲,如图1—6所示。

在实际运输组织中,退货或返厂重修而引发的倒流运输,从管理上不能将其看成不合理运输。

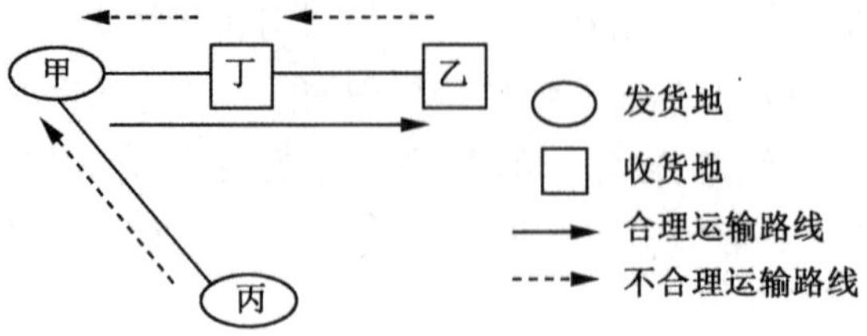

图1—6　倒流运输

（二）与运输距离有关的不合理运输

1. 迂回运输

迂回运输是指调运货物绕道而行的运输现象，本可以选择路程较短的运输线路，却选择较长路线进行运输的一种不合理形式，导致运输费用不必要增加和在途时间延长。如图1—7所示，将货物从甲地运往丁地，若经甲→乙→丙→丁的路线，则为迂回运输。

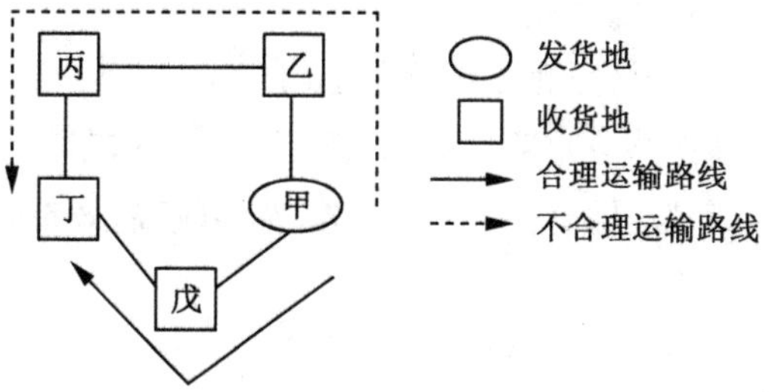

图1—7　迂回运输

2. 过远运输

过远运输是指调运货物舍近求远的运输现象，放弃从较近的物资供应地调运，而从较远的物资供应地调运相同质量货物的一种不合理形式。如图1—8所示，甲→丁、丙→乙供货是合理运输路线，甲→乙、丙→丁则为过远运输，往往是由于厂商信息不对称，或者是厂商供应端过于单一造成的。

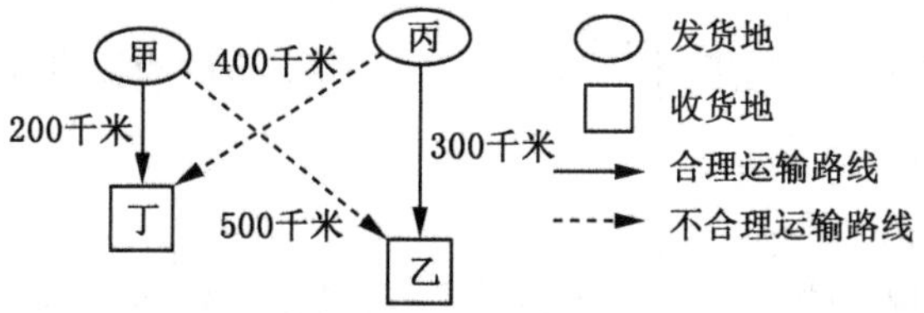

图1—8　过远运输

迂回运输与过远运输虽然都属于不合理运输，但两者不同的是，过远运输是因为物资供应地舍近求远的选择延长了运输距离，而迂回运输则是因为运输线路的选择错误延长了运输距离。

（三）与运量有关的不合理运输

1. 重复运输

重复运输是指本来可以直接将货物运到目的地，但由于计划不周或仓库设置不当在途中停卸（如中转仓库），重复转运送达目的地的不合理现象。重复运输虽未增加运输里程，但装卸重复，增加了装卸搬运次数和费用，增大了货损。有时造成运输线路重复，本可一次运完的货物分多次运输，或者由于运输计划不当同品种货物在同一地点运进,同时又向外运出,延长在途时间,延缓流通速度。

2.空驶

因调运不当、运输计划不周造成的空驶是不合理运输中的最严重的形式,包括起程空驶、返程空驶和双程空驶。其主要原因是:(1)依靠自备车或者使用专用车辆送货、提货,往往出现单程重车、单程空驶的现象。(2)由于工作失误或计划不周,造成货源不实,车辆空去空回,形成双程空驶。

(四)与运力有关的不合理运输

1.运距与运输工具的经济里程不匹配的运输

在运距较短时,选择铁路或水路运输,运距不在铁路列车、大型船舶运行的经济里程之内,不能形成"门到门"运输,增加装卸环节,费用较高,效率较低,未能发挥运输工具的优势。

2.货运量与运力不相匹配的运输

这是指未根据承运货物的数量和重量选择运输工具。如"小马拉大车",超限运输容易造成货物及运输工具损坏,甚至可能引发交通事故。"大马拉小车",因载运量不足而浪费运力,同时也使单位运输成本增加。

各种不合理的运输形式都是在特定条件下表现出来的,在进行判断时,必须将其放在运输系统中做综合判断,如果不做系统分析和综合判断,那么很可能出现"效益背反"现象。

三、运输合理化的措施

长期以来,人们在生产实践中探索和创立了许多运输合理化的途径,在一定时期内、一定条件下取得了效果。

(一)尽量开展直达运输

直达运输是实现运输合理化的重要形式,通过减少中转、过载、换装,减少运输环节,提高运输速度,节省装卸费用,间接减少货损货差,促进运输的合理化。尤其是在一次运输批量和客户一次需求达到了一整车时表现最为突出。此外,在生产资料、生活资料运输中,采用直达运输可以建立稳定的产销关系和运输系统,提高运输的计划性,提高运输效率。需要注意的是,直达运输的合理化也是在一定条件下才会有所表现,需要根据客户的要求,从物流总体出发做综合判断。如果从客户托运量看,批量大到一定程度,直达是合理的,批量较小时中转是合理的。

(二)发展"四就"直拨运输

"四就"直拨是减少中转运输环节,力求以最少的中转次数完成运输任务的一种形式。一般批量到站或到港的货物,先存入仓库,再按程序分拨或销售给客户,这会增加中转环节的作业,从而增加运输成本。在实际运输中,应推进共同运输,即企业部门之间、企业之间、行业之间进行合作,协调运输计划,共同利用运力。"四就"直拨运输的含义及形式如表1—4所示。

表1—4　“四就”直拨的含义及具体形式

主要形式	含　义	表现形式
就厂直拨	物流部门从工厂接收产品，在经厂验收后，不经过中间仓库和不必要的转运环节，直接调拨给销售部门或直接送到车站、码头运往目的地的方式	厂际直拨 厂店直拨 厂批直拨 用工厂专用线
就车站（码头）直拨	物流部门对从外地运到车站（码头）的货物，在交通运输部门容许占用货位的时间内，经交接、验收后，直接分拨或运至各销售部门	直接运往市内各销售部门 直接运往外地需求单位
就仓库直拨	在货物发出时超出逐级的层层调拨，省略不必要的中间环节，直接从仓库拨给销售部门	对需要保管的货物就仓库直拨 对需要更新库存的货物就仓库直拨 对常年生产、常年销售的货物就仓库直拨
就车船过载直拨	对外地用车、船运送的货物，经交接、验收后，不在车站或码头停放，不进库保管，随即通过其他运输工具直接运至销售部门	就火车直装汽车 就船直装火车或汽车 就大船过驳小船

直拨运输与直达运输的区别如下：直达运输一般是货物批量大、运输距离远；直拨运输往往是货物批量小、运输距离短。

（三）提高和改善包装质量

货物运输线路的长短、装卸操作次数的多少都会影响货物的完好程度，所以应合理选择包装材料与技术，提高包装质量。例如将轻泡产品预先捆紧，包装成规定的尺寸，再进行装车，容易提高装载量；对水产品及肉类产品预先冷冻，可提高车辆装载率并降低运输损耗；将造纸材料在产地先加工成纸浆，有效压缩体积后运输，可解决运输不满载的问题。

（四）采用合装整车运输

合装整车运输也称零担凑整车或零担拼整车中转分运，主要适用于件杂货运输。

1. 整车分卸

整车分卸即物流公司组织运输时，将同一发货人发往同一到站、同一收货人的不同品种的零担货物，组配在一个车辆内，以整车运输的方式运往目的地。

2. 中转分运

将同一方向、不同到站的零担货物集中组配在一个车辆内，运到一个适当的车站，然后再中转分运。采用这种方式，将零星货物凑成整车，享受整车运费，虽然运费要按货物中最高运价率支付，但整车运输与零担运输的运价率差距太大，实现合装运输可以节约费用，提高运输工具的利用率。

（五）提高运输工具的利用率

一是组织轻重配装。组织轻重配装即将重质货物和轻泡货物组合在一起运输，在以重货运输为主的情况下,同时搭载一些轻泡货物,如使用船舶运输矿石、黄沙等重货时,在舱面捎运木材、毛竹等;通过铁路运输矿石、钢材等重货时,在上面搭运农、副产品等轻泡货物,在基本不增加运力投入及不减少重货运输的情况下,解决了轻泡货物的搭运。既充分利用了运输工具的装载容积,又达到了装载重量的要求,提高了运输工具的综合利用率。

二是实行解体运输。针对一些体积大且笨重、不易装卸又容易被碰撞损毁的货物,可以实行解体运输,即将大型货物拆卸后重新包装,然后装车(船),以缩小其占用的空间,达到方便装卸和运输、提高运输工具空间利用率的目的。

三是构成集装单元。在装运货物时,采用集装器具或捆扎方法,构成集装单元,如采用集装网、集装串、集装袋、集装笼、集装架等集装化包装技术,使物资的包装尺寸与运输工具的内部尺寸成模数关系,提高运输工具的实载率和空间利用率。在运输工具内部采用有效的堆码技术,如多层装载、紧密装载等,适应物流各个环节的作业,提高运输安全性,减少货物损失,降低运费支出。

任务实施

【关键技能】

√ 能够识别出各种运输不合理的现象

√ 能结合实际,找出运输不合理的原因,并提出相应的对策

【训练准备】

学生分组,每组 3－5 人,每组成员根据所学知识,收集并分析有关不合理运输的案例,分别准备论述与运输方向有关的、与运输距离有关的、与运量有关的、与运力有关的不合理运输的表现形式及其原因,并指出其危害性,提出应采取哪些措施来组织合理化运输。

【操作步骤】

步骤一 认识运输合理化的含义。运输合理化能充分发挥运输工具的效能,减少运输环节,缩短运输时间,提高物流速度,加快物流进程,节约运输费用,降低物流成本,是实现资源优化配置的重要环节。李运、王通认识到运输合理化在运输业务决策中的重要地位和作用,运输业务过程中始终避免不了运输的不合理现象,影响运输合理化的因素也很多,合理运输“五要素”是物流系统优化首先需要考虑的问题。

步骤二 知道不合理运输的含义及表现形式。对于“任务导入”中这笔业务,李运、王通两人弄明白了,原来经办人之前预计这辆货车在宜昌可能装不满,还需要到武汉的一个仓库装货,所以在列计划的时候,将武汉作为一个途经点。但是后来这辆货车在宜昌装满了,但没有及时更改计划,导致运输时间延长、成本增加。这种不合理运输的表现形式应该是“迂回运输”。同时,他们也认识到要从事运输合理化的业务工

作，必须能够识别出不合理运输的具体表现形式，寻找根源，找出问题。

步骤三　清楚企业运输合理化的途径。运输合理化是物流系统合理化的关键。只有运输合理化，才能使物流结构更加合理、总体功能更优。合理化运输组织措施可以避免不合理运输的出现，满足客户需求，增加企业的利润。

各小组先进行组内讨论，由小组长整理、记录主要观点，再由每组选派一名代表，将研讨结果在课上交流与汇报。

任务评价

被考评人		考评任务:认定物流运输合理化			
考评步骤	考评内容及分值	自我评价（30%）	小组评价（40%）	教师评价（30%）	合计得分（100%）
步骤一 30 分	认识运输合理化的含义				
步骤二 40 分	知道不合理运输的表现形式、原因及危害性				
步骤三 30 分	清楚合理化运输组织的措施与途径				

综合评定						
考评标准	资料准备	知识掌握	语言表达	团队合作	汇报质量	合计得分
分值	20 分	30 分	15 分	15 分	20 分	
注:任务总评得分＝考评步骤（70%）＋综合评定（30%）				任务总评得分		

同步检测

一、单项选择题

1. 以下选项中有企业的"第三利润源"之称的是(　　)。

　A. 仓储　　B. 运输　　C. 流通加工　　D. 装卸搬运

2. (　　)的主要目的就是以最短的时间、最低的成本将物品转移到指定地点。

　A. 物流运输　　B. 物流配送　　C. 装卸搬运　　D. 流通加工

3. 物流活动中，能够创造"空间效用"的是(　　)。

　A. 仓储　　B. 流通加工　　C. 运输　　D. 装卸搬运

4. 以下运输方式中，主要适用于长距离、大批量的货物运输的是(　　)。

　A. 公路运输　　B. 铁路运输　　C. 水路运输　　D. 航空运输

5. 对时效性要求高的高价值货物进行运输的是(　　)。

　A. 公路运输　　B. 铁路运输　　C. 水路运输　　D. 航空运输

6. 公路运输主要承担的货运是(   )。

A. 远距离、大批量 B. 近距离、大批量

C. 近距离、小批量 D. 远距离、小批量

7. 各种运输方式中,货运周转量最大的是(   )。

A. 公路运输 B. 管道运输 C. 水路运输 D. 铁路运输

8. 以下不适合管道运输的货物有(   )。

A. 天然气 B. 石油 C. 煤浆 D. 矿石

9. 干线运输完成后将货物“分发”给零散分布的各个用户的运输方式是(   )。

A. 干线运输 B. 支线运输 C. 集货运输 D. 配送运输

10. 下列不属于干线运输特点的是(   )。

A. 运输距离长 B. 成本高 C. 运输量大 D. 速度快

11. (   )是指在工业企业范围内,直接为生产过程提供服务的运输。

A. 干线运输 B. 支线运输 C. 二次运输 D. 场内运输

12. 以下不属于直达运输特点的是(   )。

A. 中途无须换装 B. 运输周期短

C. 连接干线、支线运输 D. 运费低

13. 物流系统合理化的关键是(   )。

A. 物流系统信息整合 B. 存储合理化

C. 强化物流管理 D. 运输合理化

14. (   )是指可以选择路程较短的运输线路,却选择绕道而行的运输现象。

A. 对流运输 B. 倒流运输 C. 迂回运输 D. 过远运输

15. 为提高运输工具空间利用率,对一些体积大且笨重、不易装卸又容易被碰撞损毁的货物可以实行(   )。

A. 解体运输 B. 轻重配载 C. 直达运输 D. 整车运输

二、多项选择题

1. 物流运输主要提供(   )两大功能。

A. 产品转移 B. 产品储存 C. 产品配送 D. 产品保管

2. 按运输的协作程度,运输可以分为(   )。

A. 一般(单一)运输 B. 二次运输

C. 联合运输 D. 多式联运

3. 按运输的范围,运输可以分为(   )。

A. 二次运输 B. 场(厂)内运输 C. 干线运输 D. 支线联运

4. 按运输中途是否换装,物流运输可分为(   )。

A. 自营运输 B. 干线运输 C. 直达运输 D. 中转运输

5. 不合理的运输表现形式有(　　)。
A. 空载　　B. 对流运输　　C. 重复运输　　D. 过远运输
E. 迂回运输

三、判断题

1. 物流就是运输,可见运输在国民经济中的重要地位。(　　)
2. 运输服务产品是无形的。(　　)
3. 运输改变运输对象的性质。(　　)
4. 不同运输方式之间不存在可替代性。(　　)
5. 运输速度的快慢与企业的库存量没有直接关系。(　　)
6. 从企业角度来说,运输合理化就是要选择运输费用最低的运输方式。(　　)

四、简答题

1. 简述运输的定义和特点。
2. 简述运输与物流各环节的关系。
3. 试述一种与运输方向有关(或与运输距离有关,或与运量有关,或与运力有关)的不合理运输的表现形式及其原因,并指出其危害性。

五、计算分析题

有一批商品计 23 吨,从甲地运往乙地,有公路和水路两种运输方式可供选择。汽车运输按每辆标重 4 吨计。从公路走,甲乙两地相距 180 千米。每吨・千米运价均为 1.5 元,其他杂费(包装、装卸费)每吨 2 元(按汽车标重计算)。从水路走,甲乙两地相距 320 千米,每吨・千米运价为 0.50 元,但乙地码头离仓库还有 10 千米,仍需用汽车运输,其他杂费与公路运输相同。由于该商品中途要转运,需在码头停留一天,每天每吨堆存费 1.00 元,港务费 0.30 元。采用公路运输,震动较大,但只装卸一次,当天就能到达目的地,商品损耗每吨 2 元。采用水路运输,应中转一次,比公路运输的损耗多,每吨损耗 10 元。

问:采用水路运输还是公路运输更合适?如何选择?

(选自崔国成. 运输组织与管理[M]. 武汉:武汉理工大学出版社,2019.)

项目二

公路运输业务与运作

知识目标

1. 掌握公路货物运输的特点和适用范围
2. 认识公路运输车辆
3. 了解调度货物车辆时考虑的因素
4. 掌握整车运输、零担运输的特点及组织方式
5. 熟悉整车作业、零担作业流程
6. 了解集装箱公路运输的特点及组织方式
7. 了解集装箱公路运输装拆箱、装卸和交接流程

能力目标

1. 能够依据货物种类及特点选择合适的车型
2. 能够受理托运业务，准确填制托运单
3. 能够按照相关要求审核托运单内容
4. 能够根据实际情况编制公路运输计划
5. 能够依据线路、驾驶员及车况调度运输车辆
6. 能够按照配载原则完成车辆的配载
7. 能够计算整车、零担和公路集装箱运输费用
8. 能够按照公路运输业务操作流程组织货物运输

思政目标

1. 了解公路基础设施发展情况，增强民族自豪感
2. 通过缮制运单、审核运单，培养细心、遵纪守法的职业素养
3. 通过制订运输作业计划培养全局思维
4. 通过调度车辆业务增强风险意识
5. 计算公路运费培养成本意识
6. 合理配载，实现运输的降本增效

任务一　了解公路货物运输系统

任务导入

李运和王通首先进入公路货运部实习，主要负责受理客户的托运申请。他俩每天面对不同客户的运输需求（有的是大件物品，有的是个人行李，有的是水产品，有的是大批量的钢材），有点不知所措，应该为每一个客户安排什么样的车辆运输呢？

任务分析

一、公路运输的特点及适用范围

公路运输是在公路上运送旅客和货物的运输方式，是交通运输系统组成部分之一，主要承担短途客货运输，所用运输工具主要是汽车，公路运输一般指汽车运输。

（一）公路运输的特点

1. 机动灵活，适应性强

由于公路运输网一般比铁路网、水路网的密度大十几倍，分布面也广，因此公路运输车辆可以“无处不到、无时不有”。公路运输在时间方面的机动性也比较大，车辆可随时被调度，各环节之间的衔接时间较短。另外，汽车可以随处停靠，受地形、气候等限制较小。

2. 可实现“门到门”直达运输

由于汽车体积较小，中途一般也不需要换装，除了可沿分布较广的公路网运行外，还可离开公路网深入到工厂企业、农村田间、城市居民住宅小区等地，即可以把旅客和货物从始发地门口直接运送到目的地门口，实现“门到门”直达运输。这是其他运输方式无法与公路运输比拟的特点之一。

3. 中、短途运输中速度较快

在中、短途运输中,由于公路运输中途一般不需要中转换装,可以直接将客、货运达目的地,因此,与其他运输方式相比,公路运输速度较快。

4. 原始投资少,资金周转快

公路运输与铁路运输、水路运输、航路运输方式相比,所需固定设施简单,车辆购置费用一般也比较低,因此,投资容易,投资回收期短。据有关资料表明,在正常经营情况下,公路运输的投资每年可周转 1 - 3 次,而铁路运输则需要 3 - 4 年才能周转一次。

5. 运载量小,运输成本高

汽车的运载量远远小于铁路列车和轮船,而且汽车的主要燃料是价格较高的汽油或柴油,加上车辆通行费、人力成本、车辆的维修费和折旧费等,造成公路长途运输的成本居高不下。在五种基本运输方式中,公路运输的成本仅次于航空运输。

6. 安全程度低,环境污染大

公路运输交通事故在发生数量和造成损失方面都高居各种运输方式之首。此外,汽车尾气和噪声也严重威胁着人类健康,是城市的主要污染源之一。

(二)公路运输的适用范围

公路运输主要适用于近距离,中、小批量的货物运输以及补充和衔接其他运输方式,完成其他运输方式到达不了的地区的运输任务,通过其他运输方式和公路运输联运实现“门到门”运输。

二、公路运输的种类

公路运输由于其货物种类繁多,组织方法多样,运输条件各异,有不同分类方式。

(一)按照运输批量大小分类

按照货物的托运批量,公路运输分为整车货物运输和零担货物运输(汽车和火车的划分方式有所不同,此处以汽车为例)。

1. 整车货物运输

托运人一次托运货物的计费重量在 3 吨以上(含 3 吨)或虽然不足 3 吨,但因其性质、体积、形状需要一辆或一辆以上汽车运输的,称为整车货物运输。

2. 零担货物运输

托运人一次托运计费重量在 3 吨以下的货物为零担货物运输,其中,单件体积一般不小于 0.01 立方米,不大于 1.5 立方米;单件重量不超过 200 千克,货物长、宽、高分别不超过 3.5 米、1.5 米和 1.3 米。托运货物 3 吨以上,但按零担货物受理的,也被认定是零担货物运输。

(二)按照货物运输条件分类

按照货物的运输条件,公路运输可分为一般货物运输和特种货物运输。特种货物运输又可分为危险货物运输、大件货物运输、鲜活货物运输和贵重货物运输。货物的运输条件是指货物在运输、配送、保管及装卸作业过程中是否必须采取不同的安全技术措施。

三、公路运输的设施与设备

（一）公路

公路是汽车行驶的主要交通线路，由路基、路面、桥梁、涵洞、隧道、防护工程、排水设备、山区特殊构造物等基本部分组成。为了指导汽车有序、安全行驶，公路上设有交通标志、标线等，另外，公路两侧还有绿化带等。而公路的线形设计和质量，对汽车的行驶速度、通过性、燃料消耗、轮胎和机件的磨损、车辆使用寿命以及交通安全、运输费用等，都有很大的影响。因此，在组织公路运输时，必须充分考虑道路条件，以保证运输的顺利进行。在我国，公路可以按行政等级或技术等级划分为不同的类型。

1. 按技术等级分类

按技术等级划分，公路可分为高速公路、一级公路、二级公路、三级公路和四级公路，其中，高速公路以外的其他公路称为普通公路。依据《公路工程技术标准》（JTG B01—2014），各等级公路的技术标准如表2—1所示。

表2—1　　各等级公路的技术标准

等级	概念	年平均昼夜交通量（辆）	设计速度（千米/小时）
高速公路	专供汽车分方向、分车道行驶，全部立体交叉、控制出入的多车道干线公路	＞15 000	≥100或80（受地形、地质条件限制，可选用80千米/小时）
一级公路	供汽车分方向、分车道行驶，可根据需要控制出入的多车道公路	＞15 000	干线公路100或80 集散公路80或60
二级公路	供汽车行驶的双车道公路	5 000－15 000	干线公路80或60 集散公路60或40
三级公路	供汽车、非汽车交通混合行驶的双车道公路	2 000－6 000	40或30
四级公路	供汽车、非汽车交通混合行驶的双车道或单车道公路	双车道＜2 000 单车道＜400	30或20

知识拓展

中国公路网规划

2021年2月，中共中央、国务院印发了《国家综合立体交通网规划纲要》（以下简称《规划纲要》），做出了构建现代化高质量国家综合立体交通网的重大战略部署，为新阶段国家公路发展指明了方向。《规划纲要》明确，国家公路网规划总规模约46.1万公里，由国家高速公路网和

二维码2.1
"7918"网

普通国道网组成。与《国家公路网规划(2013 年—2030 年)》相比,国家公路网布局总体框架没有变化,国家高速公路网增加约 2.4 万公里,普通国道网增加约 3.5 万公里。

其中,国家高速公路网约 16.2 万公里,由 7 条首都放射线、11 条北南纵线、18 条东西横线,以及 6 条地区环线、12 条都市圈环线、30 条城市绕城环线、31 条并行线、163 条联络线组成,未来建设改造需求约 5.8 万公里,其中含扩容改造约 3 万公里。普通国道网约 29.9 万公里,由 12 条首都放射线、47 条北南纵线、60 条东西横线,以及 182 条联络线组成,未来建设改造需求约 11 万公里。

资料来源:中华人民共和国交通运输部《国家公路网规划》解读,https://www.mot.gov.cn/2022zhengcejd/202207/t20220711_3660992.html。

2.按行政等级分类

按行政等级划分,公路可分为国道、省道、县道、乡道、村道和专用公路。

(1)国道公路。国道公路是指国家的干线公路,具有全国性的政治、经济和国防意义,包括重要的国际公路,国防公路,连接首都与各省、自治区首府和直辖市的公路以及连接各大经济中心与港站口岸的公路。依据我国《公路法》,国道由国务院交通主管部门会同有关部门规划,并依法由有关机构修建、管理和养护。

(2)省道公路。省道公路是指省级干线公路,省道在省公路网中具有全省性的政治、经济意义,是连接省内中心城市和主要经济区的公路以及省际不属于国道的重要公路。它由省、自治区、直辖市交通主管部门在国道网分布后依法规划、建设、管理和养护。

(3)县道公路。县道公路是指具有全县性的政治、经济意义,连接县(市)与县(市)的主要商品生产集散地,以及不属于国道、省道的县(市)际公路。它由县(市)公路主管部门依法规划、建设、管理和养护。

二维码 2.2《我国首条国际高速公路昆曼公路的成长》

(4)乡道公路。乡道公路是指直接或主要为乡、村(镇)内部经济、文化、行政服务的公路,以及不属于国道、省道、县道的乡、村(镇)之间及乡与外部连接的公路。它由县人民政府协同有关部门规划、建设、管理和养护。

(5)专用公路。专用公路是指由企业(如厂矿、农场、林区等)或者其他单位建设、养护、管理,专为或主要为该企业(单位)提供运输服务,或同外部连接的公路。

● 议一议:《我国首条国际高速公路昆曼公路的成长》,从中领会党的二十大“自信自强、守正创新”精神。

知识拓展

公路线路编号

公路编号由“公路的行政等级＋标识数字＋顺序号”构成，如表2—2所示。

公路的行政等级为一位字母标识符。包括G(GUO国)、S(SHENG省)、X(XIAN县)、Y(乡，和县重复，采用后移一位Y)、C(CUN村)以及Z(ZHUAN专用公路)。

标识数字为一位阿拉伯数字。具体含义为行政中心的放射线(1开头)、纵线(2开头)、横线(3开头)、纵向联络线(4开头)、横向联络线(5开头)。

顺序号为两位阿拉伯数字。

表2—2　　公路线路编号说明

公路行政等级	编号区间与编号结构说明			
国道	G101－G199 首都放射线	G201－G299 北南纵线	G301－G399 东西横线	G501－G599 联络线
省道	S101－S199 省会放射线	S201－S299 北南纵线	S301－S399 东西横线	S501－S599 联络线
县道	X001－X999			
乡道	Y001－Y999			
村道	C001－C999			
专用公路	Z001－Z999			

(二)公路运输节点

公路运输节点是指公路货运网络中组织货物集散、中转运输及相关服务，并具有一定规模的场所，在公路运输中发挥着基地、桥梁与纽带的作用。

1.公路运输节点的特征

(1)以公路运输为主要运输手段，可提供集货、配送、仓储、信息等服务；

(2)具有一定规模和数量的装卸作业场所、仓储或信息服务的设施与设备；

(3)具有一定规模的停车场所。

2.公路运输节点的功能

(1)衔接功能。公路运输节点将各条运输线路联结成一个网络系统，良好的衔接可使各条线路车辆通过节点时更为顺畅、便利，运输时间更为短暂。

(2)信息功能。公路运输节点是整个运输系统以及与节点相接的运输信息传递、信息收集与处理、信息发送的集中地。

(3)管理功能。公路运输系统的管理设施和指挥机构设置于运输节点之中。

3. 公路运输节点的种类

(1)转运型节点。转运型节点是以衔接不同运输方式为主的节点，如货运场站、港口、空港等都属于此类节点,货物在节点上停留的时间较短。

(2)储存型节点。储存型节点是以存放货物为主要功能的节点,货物在节点上停留时间较转运型节点长。在物流系统中,仓库、货栈等都是属于此种类型的节点。

(3)流通型节点。流通型节点是以组织物流活动为主要功能的节点,主要有流通仓库、转运仓库、集货中心、分货中心、加工中心等。

● 议一议:《公路运输基础设施现状认知》充分体现了党的二十大“贯彻新发展理念,着力推进高质量发展,推动构建新发展格局”精神。

二维码 2.3 公路运输基础设施现状认知

(三)公路运输车辆

公路运输车辆是指具有独立原动机与载运装置,能自行驱动、行驶,专门用于运送旅客和货物的非轨道式车辆。

1.按照载重量划分

依据《道路交通管理机动车类型》(GA802－2019),公路运输车辆按载重量划分,可分为微型、轻型、中型和重型四类,如表 2—3 所示。其中,对于轻型货车和微型货车核发小型货车号牌(俗称“蓝牌”),对于重型货车和中型货车核发大型货车号牌(俗称“黄牌”)。

表 2—3 公路运输车辆按照载重量分类

分类	说 明
微型	车长≤3.5 米且总质量≤1.8 吨,不包括低速汽车
轻型	车长<6.0 米且总质量<4.5 吨,不包括微型载货汽车和低速汽车
中型	车长≥6.0 米或 4.5 吨≤总质量<12 吨,不包括微型载货汽车和低速汽车
重型	总质量≥12 吨

二维码 2.4 《道路运输车辆技术管理规定》2022 年修订版

微型货车和轻型货车服务于规模不大、批量很小的货物运输,通常用于城市运输;中型货车适用范围比较广泛,既可以在城市承担短途运输任务,也可以承担中、长途运输;重型货车多用于经常性的大批量货物运输,如大型建筑工地、矿山等地区的货物运输。在我国,中型货车是主要车型,数量较多。各种货车类型如图 2—1 至图 2—4 所示。

图 2—1 微型货车

图 2—2 轻型货车

图 2—3　中型货车

图 2—4　重型货车

2. 按照用途划分

公路运输车辆按用途可分为普通货运汽车、专用载货汽车、牵引车和挂车等种类，如表 2—4 所示。

表 2—4　　公路运输车辆按照用途分类

车辆种类	载货汽车分类
普通货运汽车	厢式货车、栏板式货车、自卸式货车、平板式货车
专用载货汽车	冷藏车、罐式汽车、大型物件运输车
牵引车和挂车	牵引车、挂车

(1)厢式货车。厢式货车是指具有独立的封闭结构车厢或与驾驶室连成一体的整体式封闭结构车厢，装备有专用设施的汽车。如图 2—5 所示。

图 2—5　厢式货车

(2)栏板式货车。栏板式货车通常分为高栏板式货车和普通栏板式货车两种。高栏板式货车适合于装运重货、机器或泡货,但是高栏风阻大、油耗大,如图 2—6 所示;普通栏板式货车具有整车重心低、载重量适中的特点,适合于装运百货和杂品,如图 2—7 所示。

图 2—6　高栏板式货车

图 2—7　普通栏板式货车

(3)自卸式货车。自卸式货车是指装有由本身发动机驱动的液压举升机构,能将车厢卸下或使车厢倾斜一定角度,可以自动后翻或侧翻,货物依靠自重能自行卸下的专用汽车。这种货车动力大、通过能力强,一般用于矿山和建筑工地及煤和矿石的运输。

①后翻式自卸车。后翻式自卸车具有设计合理、结构简单、使用方便等特点,尤其是能降低车厢举升过程中的重心高度,提高稳定性,车厢与车架前部设有定位装置,确保车厢在运输过程中,特别是空载状态下的稳定性,如图 2—8 所示。

②侧翻式自卸车。侧翻式自卸车解决了现有技术存在的货物将机动车的一侧后轮埋住后,不便将后轮移出的问题。侧翻式自卸车具有整体技术构造简单、零部件选配得当、操作方便等优点,如图 2—9 所示。

图 2—8　后翻式自卸车

图 2—9　侧翻式自卸车

(4)平板式货车。平板式货车无顶也无侧翻板,主要用于运输钢材和集装箱货物,如图 2—10 所示。

(5)冷藏车。冷藏车是指有冷冻或保温装备的厢式货车,通过制冷装置为货物提供最适宜的温度和湿度条件,用来满足对温、湿度有特殊要求的货物运输需要,主要用

图 2—10　平板式货车

于运送需对温度进行控制的冷藏保鲜的易腐易变质的或鲜活类物品，如图 2—11 所示。

图 2—11　冷藏车

（6）罐式汽车。罐式汽车装置有罐状的容器，并且通常带有工作泵，密封性好，用于运输液体类物品（如石油）和易挥发、易燃危险品，以及气体或粉状物质等，如图 2—12 所示。

图 2—12　罐式汽车

（7）大型物件运输车。大型物件运输车专门运送超长、超宽、超高、超重的货物，如图 2—13 所示。

图 2—13 大型物件运输车

(8)牵引车。牵引车又称拖车,也称为车头,一般不设载客或载货车厢,是专门用以拖挂或牵引挂车的车辆,如图 2—14 所示。车头和车厢之间是用工具牵引的。一般的大型货车多是牵引车。牵引车可分为全挂式牵引车和半挂式牵引车两种。除专门的牵引车以外,一般的载货汽车也可作为全挂式牵引车使用。

图 2—14 牵引车

(9)挂车。挂车是指由牵引车牵引而本身无动力驱动装置的车辆。它是通过杆式或架式拖挂装置,由牵引车牵引,因此它必须与牵引车组合在一起,才能作为一个完整的运输工具。按照其牵引的连接方式,挂车可分为全挂车和半挂车,全挂车的全部重量由本身承受,如图 2—15 所示。半挂车的部分重量由半挂式牵引车的底盘承载,如图 2—16 所示。

图 2—15 全挂车

图 2—16 半挂车

任务实施

【关键技能】

√ 能够识别各种货运车辆

√ 能够根据货物种类和数量选择合适的货运车辆

√ 掌握各种货车的装载方式

√ 掌握各种货车的安全防护措施

【训练准备】

1. 人员:调度员 1 名
2. 单据及货物准备:货运车辆模型 3 个、公路货物运单 1 份、带包装货物若干件
3. 训练地点:模拟公路物流货运中心

【操作步骤】

步骤一 根据货物性质选择合适的车种

(1)能够识别各车种并说出它们的区别。

(2)能够根据货物性质选择适合的车种。

步骤二 根据货物数量确定车辆数量

(1)列出货物种类、包装类型、包装尺寸、数量。

(2)计算货物的总体积、总重量。

(3)查阅车辆参数表,确定使用的车辆数量。

任务评价

小组/学生姓名					
评价标准	考评内容	分值	自我评价	小组互评	教师评价
	能够识别车辆类别并说出区别	20			
	能够判断货物性质并选取合适的车辆	20			
	列出货物种类、包装类型、包装尺寸、数量	20			
	计算货物的总体积、总重量	20			
	确定使用的车辆数量	20			
合计		100			
最终得分 (自评 30%+互评 30%+师评 40%)					
说明:测评满分为 100 分,60—74 分为及格,75—84 分为良好,85 分以上为优秀,60 分以下的学生,需重新进行学习,直到达到合格为止					

任务二 受理公路货物托运

任务导入

经过 1 个月的实习，李运和王通对公司公路运输的情况有了一定的了解，开始接手公路货运操作部门的工作。一天他们收到沈阳 A 公司张小小的托运要求：客户沈阳 A 公司(皇姑区华山路××号，电话 024-12345678)，有 100 台电视机(35 千克/台，3 900 元/台)需从沈阳运至大连 B 公司(甘井子区新水泥路××号，电话 0411-87654321)，全程 410 公里，运费共计 1 845 元，10 月 10 日起运，约定 1 日内到达。由运输公司负责装卸，装卸费 5 元/台，保价费率 0.70%，该电视机计费重量为 100 千克/台，双方约定凭签单结算运费。李运和王通需要为客户设计一份要素齐全、格式规范的货物托运单(运单号 2023093012)，并完成此次业务的单证填写及审核工作。

任务分析

一、托运受理的方式

在货物运输中，货物托运人向运输企业提出运送货物的要求称为托运；运输企业接受货物运输的行为称为受理，也称承运。货物运输中涉及托运人、承运人和收货人，托运人是指有运输需求并与承运人订立货物运输合同的单位和个人。承运人是指使用汽车从事货物运输并与托运人订立货物运输合同的经营者。收货人是指货物运输合同中托运人指定提取货物的单位和个人。承运人受理托运的方式主要有以下几种：

(1)登门受理。即由运输部门派人员去客户单位办理承运手续。

(2)产地受理。在农产品上市时节，运输部门到产地联系运输事宜。

(3)现场受理。在省、市、地区等召开物资分配、订货、展销、交流会议期间，运输部门在会议现场设立临时托运或服务点，现场办理托运业务。

(4)驻点受理。对生产量较大、调拨集中、对口供应的单位，以及货物集散的车站、码头、港口、矿山、油田、基建工地等单位，运输部门可设点或巡回办理托运业务。

(5)电话、信函、网上托运。经运输部门认可，本地或外地的货主单位可用电话、信函、网上托运等方式，由运输部门的业务人员受理登记，代填托运单。

(6)站台受理。货物托运单位派人直接到运输部门办理托运业务。

(7)签订长期合同。承运人根据之前签订的长期合同办理承运手续。

二、托运单填写

托运单是托运人向承运人或其代理人办理货物托运的单证。表 2—5 是公路运输托运单。托运单的内容主要由托运人填写，表明托运人的运输需求，经承运人审核无误后由双方签章确认。经双方签章后的托运单具有法律效力。

表 2—5　　公路运输托运单

<table>
<tr><td colspan="9">托运日期：　年　月　日　　起运站：　　到达站：　　No.</td></tr>
<tr><td>收货单位</td><td colspan="4"></td><td>联系人</td><td colspan="3"></td></tr>
<tr><td>详细地址</td><td colspan="4"></td><td>电话/手机</td><td colspan="3"></td></tr>
<tr><td>约定起运时间</td><td colspan="4"></td><td>约定到达时间</td><td colspan="3"></td></tr>
<tr><td>货物名称</td><td>件数</td><td>包装</td><td>重量</td><td>体积</td><td>保险金额</td><td>保险费</td><td>运费</td><td>合计</td></tr>
<tr><td></td><td></td><td></td><td></td><td></td><td></td><td></td><td></td><td></td></tr>
<tr><td></td><td></td><td></td><td></td><td></td><td></td><td></td><td></td><td></td></tr>
<tr><td></td><td></td><td></td><td></td><td></td><td></td><td></td><td></td><td></td></tr>
<tr><td>总运费金额</td><td colspan="8">万　仟　佰　拾　元　角　　小写￥：</td></tr>
<tr><td>付款方式</td><td colspan="4">预付：　到付：　回结：</td><td>送货方式</td><td colspan="3">送货〔　〕　自提〔　〕</td></tr>
<tr><td>备　注</td><td colspan="8"></td></tr>
<tr><td>违约责任约定</td><td colspan="8">1. 托运人未按合同规定的时间和要求提供托运的货物，每逾期一天，应向承运人支付违约金　　元。
2. 承运人不按合同规定的时间和要求配车、发运的，每逾期一天，应向托运人支付违约金　　元。
3. 未办理保价或保险运输的，货运事故赔偿方式及费用由双方协商：　　。
4. 货物逾期到达，每逾期一天，承运人应赔偿托运人　　元违约金。
5. 收货人未按合同规定的期限领取货物，每逾期一天，收货人（或托运人）应向承运人支付保管费　　元。</td></tr>
<tr><td>运输协议</td><td colspan="8">1. 请托运人认真阅读以下运输协议，在托运人签字后说明托运人已无异议。
2. 托运人应如实申报货物名称和重量，不得夹带易燃、易爆、剧毒等违禁物品。否则所引起的一切后果由托运方全部负责。
3. 承运方不开箱验货，交接货物时以外包装完好为准，在外包装完好的情况下内包装缺损和丢失与承运方无关。
4. 收货人收货时应对货物认真清点与验收，如发现货物丢失、损坏（不可抗力除外），应当场索赔，收货人收到货物并签收，事后货物出现破损、丢失，承运方概不负责。
5. 托运人或收货人不按时支付运杂费，承运方有权拒运或留置其货物。若一个月后仍不提货，则按无主货物处理。
6. 托运人需变更到货点或收货人，应在货物未达目的地之前书面通知承运方，并承担由此增加的费用。
7. 托运人对所托运货物必须购买保险，如不购买保险，承运方在运输中若发生重大货损，则其最高赔偿额按照运费的 3 倍计算。</td></tr>
<tr><td>托运单位
联系电话
托运方签章</td><td colspan="2">年　月　日</td><td colspan="2">托运单位
联系电话
托运方签章</td><td>年　月　日</td><td colspan="2">收货人签章</td><td>年　月　日</td></tr>
</table>

注：(1)各物流企业的托运单外观可能会不同，但内容大同小异。

(2)物流企业可利用信息管理系统生成标准的托运单。

托运单一般有四联,第一联为承运人联,作为业务统计的凭据并由运输合同当事人一方保存;第二联为托运人联,作为查询的依据并由运输合同当事人另一方保存;第三联为结算联,随货同行,经收货人签收后,作为交付货物和核算运费的依据;第四联为收货人联。因为每一张托运单中的信息都要录入企业管理信息系统,所以作为企业营运业务的原始记录及经营分析数据的来源,托运单中各项数据填写得准确与否对运输主管来讲非常重要。

实践中填写托运单时应注意以下事项:

(1)一个托运人可以托运拼装成一车的货物或分卸几处的货物,但应将拼装、分卸详情在托运单上注明。

(2)一张托运单中的货物,凡不具备同品名、同包装、同规格的,以及搬家货物,最好能提交物品清单,如表 2—6 所示。

表 2—6　　公路货物运输物品清单

<table>
<tr><td colspan="4">装货日期:</td><td colspan="2">运单号</td><td colspan="2"></td></tr>
<tr><td colspan="4">起运地点:</td><td colspan="2">封志号</td><td colspan="2"></td></tr>
<tr><td colspan="8">装货人名称:</td></tr>
<tr><td>编号</td><td>货物名称及规格</td><td>包装形式</td><td>件数</td><td>新旧程度</td><td>体积
长×宽×高(厘米)</td><td>重量
(千克)</td><td>保险、
保价价格</td></tr>
<tr><td></td><td></td><td></td><td></td><td></td><td></td><td></td><td></td></tr>
<tr><td></td><td></td><td></td><td></td><td></td><td></td><td></td><td></td></tr>
<tr><td></td><td></td><td></td><td></td><td></td><td></td><td></td><td></td></tr>
<tr><td></td><td></td><td></td><td></td><td></td><td></td><td></td><td></td></tr>
<tr><td>备注</td><td></td><td></td><td></td><td></td><td></td><td></td><td></td></tr>
<tr><td colspan="8">托运人:(签章)　　　承运人(签章):　　　年　　月　　日</td></tr>
</table>

三、审核托运单

承运人收到托运单后,应认真审核托运单上的内容。审核无误后签字盖章,并将托运回执返还托运人。承运人主要审核以下内容:

(1)货物的详细信息(如名称、重量、体积等)。承运人要确认货物是符合要求、可以承运的货物。需要注意的是,货物的重量是企业统计工作量和核算货物运费的依据,与车辆运载重量的充分利用、保证行车安全和货物完好也有关系。同时,货物有一般货物与轻泡货物之分,不同种类货物的计费方式不同,平均每立方米质量不足 333 千克的货物为轻泡货物,否则为一般货物。

(2)有关运输凭证。承运人应要求托运人根据有关规定提交准许出口、外运、调拨、分配等证明文件或随货同行的有关单证。

(3)特殊运输要求,如运输期限、押运人数或托运人议定的有关事项。

知识拓展

根据《道路货物运输及站场管理规定》,道路货物运输经营者不得运输法律、行政法规禁止运输的货物。道路货物运输经营者在受理法律、行政法规规定限运、凭证运输的货物时,应当查验并确认有关手续齐全有效后方可运输。货物托运人应当按照有关法律、行政法规的规定办理限运、凭证运输手续。禁运货物是指在任何情况下,均不能受理的物品。例如,各类武器、弹药,各类放射性物品和烈性毒药,各类易燃易爆等危险货物,各类危害国家安全和社会政治稳定以及淫秽的出版物、宣传片及印刷品,包装不妥进而可能危害人身安全、污染或损毁其他货物的货品,珍贵文物、濒危野生动物及其制品等。

除已取得营业性道路运输经营资格的危险货物运输经营单位外,一般道路运输经营单位或者个人都不得运送危险货物。限运货物是指在特定的情况下,需要特定条件方可承运的物品,如表2—7所示。

表2—7　　需要批准运输的限运物品

货物种类	批准证书	核发部门
枪支、警械	准运证、携运证	公安局、体育总局
动植物及其制品	动植物检疫证书	动植物检疫站
放射性物品	放射性剂量证明	卫生防疫站
麻醉药品	麻醉品运输凭证	设区的市级人民政府食品药品监督管理局
酒	进口酒准运证、外运证	省酒类专卖管理局
烟草	烟草专卖准运证	烟草专卖局
音像制品	音像制品运输传递证明	省社会文化管理委员会办公室
木材	准运证	县级林业和草原局
金矿产品	调拨证明	省黄金公司

任务实施

【关键技能】

√ 能够正确填写托运单

√ 能够审查托运单填写是否符合要求,并受理客户托运

【训练准备】

1. 客户托运信息

2. 实训室:运输软件托运模块或Office软件

3. 审核托运单内容

【操作步骤】

步骤一 设计托运单，要求正面要素齐全、格式规范、运输条款合理与全面。

步骤二 判断该货为轻货还是重货(实践中按体积或重量收费，取其大者)，确定收费标准，计算基本运费、装卸费、保价费。

步骤三 根据运输需求信息，逐项填写各栏内容。

步骤四 提醒托运人注意相关约定事项条款，特别是限额赔偿条款。

步骤五 填写备注栏，明确随货文件、特约事项等。

步骤六 编定运单号，托运人、承运人签字盖章。

任务评价

小组/学生姓名					
评价标准	考评内容	分值	自我评价	小组互评	教师评价
	运单栏日内容齐全、栏日布局合理、格式规范	30			
	各项内容清楚、准确、无涂改、无遗漏	30			
	内容审批正确	10			
	对特别约定条款进行了提醒	10			
	认真填写备注栏	10			
	承托双方签字清晰、有效	10			
合计		100			
最终得分 (自评 30%＋互评 30%＋师评 40%)					
说明：测评满分为 100 分，60—74 分为及格，75—84 分为良好，85 分以上为优秀，60 分以下的学生，需重新进行学习，直到达到合格为止					

任务三 编制公路运输计划与调度运输车辆

任务导入

顺达货运公司南京集散中心有 4 条干线班车线路，终点分别为长春、太原、重庆和乌鲁木齐，途经大连、沈阳、合肥。南京集散中心现有 11 辆双桥全封闭货车用于干线运输，各班车线路由固定的车辆进行运输，并安排 1 辆作为机动车。

集散中心有干线运输驾驶员 12 名，实行 1 人 1 车制度。线路为南京—乌鲁木齐，由于运行时间长，配置 2 名驾驶员，轮流执行出车任务。

集散中心每年的货运量比较稳定，货运量多集中在工作日，周六、周日货运量相对比较少。为减少货运中心工作人员的任务量，发车时间集中安排在每周一、三、五。

二维码 2.5 公路运输计划任务导入相关数据

按照部门要求，李运和王通需要在每周五制定下周车辆运行周计划。请你协助他们编制 11 月 6 日（周一）至 11 月 12 日（周日）一周的车辆运行作业计划。

干线班车线路信息、车辆具体信息、驾驶员基本信息以及上一年度同期货运量基本数据，可扫码获取。

任务分析

一、编制货物运输计划

（一）运输计划的种类

1. 稳定型货运计划

这类货运计划指的是在某一个时期内，车队的运输任务相对是稳定的 、明确的。比如一些大型建筑工地物资的运输、一些生产物资的运输，车队可以根据自己的运力安排运输，不会出现没有货的情况。这个时候，车队可以事先制订日计划、月度计划、季度计划和年度计划。这种类型的车队多见于国家重点建设项目（比如高速公路、水电站）和大型企业集团（比如采矿企业、石油公司），而且这类车队一般是以短途运输为主。

2. 临时型货运计划

临时型货运计划，有时也叫货运任务或货运订单。它的特点是运输任务下达给车队的时间很短，一般在两天以内，有时是几个小时。目前，大多数生产制造企业内部车队、第三方物流公司车队都采用这种形式。车队往往一接到业务部门或客户的货运订单，就要安排车辆前往装货。在这种情况下，车队就很难提前做好车辆计划、车辆运用计划和车辆作业计划。车队只能够“以客户为中心”，尽最大可能满足客户的需求。这要求车队调度人员必须具备很强的工作能力，车队的重点在于与客户的沟通和协调。

（二）货物运输量计划编制

1. 运输量计划的内容

运输量计划是运输企业对计划期内预计完成的货运量和货物周转量的安排，主要包括货运量、货物周转量、货物分类运量的年度和季度安排等内容，一般以市场需求作为编制依据，根据市场调查与预测资料、指令性计划任务、运输合同、企业的生产能力等资料来制订。企业运输量计划表如表 2－8 所示。

表 2-8 **企业运输量计划表**

指标		单位	上年实际	本年度计划					本年度计划为上年度的百分比
				全年合计	第一季度	第二季度	第三季度	第四季度	
货运量		吨	1 400	1 800	300	450	500	550	129%
货物周转量		吨公里	252 000	342 000	57 000	85 500	95 000	104 500	136%
货物分类运量	木材								
	建材								
	水泥								
	矿砂								
	其他								

2. 运输量计划的确定方法

当运力小于运输需求时,应以车定产。当运力不能满足社会运力的需求时,可通过运输市场调查掌握公路货物运输的流量、流向、运距,结合运力情况,预测实载率和行车日程后,按照确保重点、照顾一般的原则,采取以车定产的办法确定货物运输量计划。

当运力大于运输需求时,应以需定产。通过运输市场调查掌握公路货物运输的流量、流向、运距,结合上一年度的实际完成情况,科学预测计划期的运输需求量,采取以需定产的办法确定货物运输量计划。

(三)车辆计划编制

车辆计划即企业计划期内的运输能力计划,主要是指合理确定货运车辆构成,保证有效利用车辆,并以最少的运力完成所提出的计划运输量。计划编制主要包括确定年初车数/标记吨位、增加与减少车数/标记吨位、年末车数/标记吨位、全年平均车数/平均吨位数,车辆计划如表 2-9 所示。

表 2-9 **车辆计划表**

车辆类型	标记吨位	上年末		本年度计划								本年末		全年平均	
				增加车辆的车数/吨位				减少车辆的车数/吨位							
		车数	吨位	一季度	二季度	三季度	四季度	一季度	二季度	三季度	四季度	车数	吨位	车数	吨位
1. 货车	35	10	35			2						12	35	11	35
重型															
中型															
零担															
集装箱															
2. 挂车															

续表

车辆类型	标记吨位	上年末		本年度计划								本年末		全年平均	
				增加车辆的车数/吨位				减少车辆的车数/吨位							
		车数	吨位	一季度	二季度	三季度	四季度	一季度	二季度	三季度	四季度	车数	吨位	车数	吨位
全挂															
半挂															

(四)车辆运用计划

车辆运用计划是货运企业在计划期内全部营运车辆运输能力的利用程度的计划，是计划期内车辆的各项运用效率指标应达到的具体水平。车辆运用计划是根据货物运输量计划和车辆计划来确定的，是平衡运力与运量的主要依据之一，同时也是企业生产经营计划、技术计划、财务计划和核算的重要组成部分。

车辆运用计划编制的最关键问题是确定各项车辆运用效率指标值。各指标的确定应以科学、合理、可行、先进而又留有余地为原则，应能使车辆在时间、速度、行程、载重量和动力等方面得到充分合理的利用。科学合理的指标为组织车辆运输提供了可靠的保证；反之，不切实际的指标必然直接影响运输计划的顺利贯彻与执行。

车辆运用效率指标主要从时间、速度、里程及载重能力等方面反映运输工具的利用率，车辆运用效率指标的含义与计算如表 2－10 所示。

表 2－10　　车辆运用效率指标

指标		计算公式
车辆运用效率指标	时间利用指标	$车辆工作率=\frac{报告期营运车辆工作总天数}{同期营运车辆总天数}\times100\%$
		$车辆完好率=\frac{报告期营运车辆完好总天数}{同期营运车辆总天数}\times100\%$
		$平均每日出车时间=\frac{报告期每日出车时间累计}{同期营运车辆总天数}$
	里程利用指标	总行程＝平均车日行程×工作车日数
		$里程利用率=\frac{载重行驶里程}{车辆总行驶里程}\times100\%$
	速度利用指标	$营运速度=\frac{报告期总行程}{同期出车时间}\times100\%$
		$平均车日行程=\frac{报告期总行程}{同期工作日}\times100\%$
	载重量利用指标	$吨位利用率=\frac{报告期完成货物周转量}{同期载重行程载重量}\times100\%$
		$实载率=\frac{报告期完成货物周转量}{同期总行程载重量}\times100\%$

(五)车辆运行作业计划编制

车辆运行作业计划是运输企业为组织车辆运行所编制的计划,主要内容是每一辆车在一定时间内(月、旬、周、日)的具体运输任务,包括按日历顺序安排的车辆运行作业起止时间、运行线路、装卸货地点、应完成的运输量等。周车辆运行作业计划是安排日常运输任务的一种主要形式,如表 2—11 所示。

表 2—11　　×月第×周车辆运行作业计划表

<table>
<tr><td>车号</td><td colspan="3"></td><td colspan="2" rowspan="2">吨位</td><td>主车</td><td></td><td colspan="2" rowspan="2">年　月　日至　日</td></tr>
<tr><td>驾驶员</td><td colspan="3"></td><td>挂车</td><td></td></tr>
<tr><td>日期</td><td colspan="6">作业计划具体内容</td><td>运量/吨</td><td>周转量/吨千米</td><td>执行情况检查</td></tr>
<tr><td></td><td colspan="6"></td><td></td><td></td><td></td></tr>
<tr><td></td><td colspan="6"></td><td></td><td></td><td></td></tr>
<tr><td></td><td colspan="6"></td><td></td><td></td><td></td></tr>
<tr><td>指标</td><td>工作率</td><td>车日行程</td><td>行程利用率</td><td>实载率</td><td>运量</td><td>周转量</td><td colspan="3" rowspan="3">说明</td></tr>
<tr><td>计划</td><td></td><td></td><td></td><td></td><td></td><td></td></tr>
<tr><td>实际</td><td></td><td></td><td></td><td></td><td></td><td></td></tr>
</table>

二、调度货物运输车辆

运输企业接到货运任务后,调度就要着手任务与人员的指派,安排车辆前往装货。调度工作的主要内容就是根据运输任务,安排正确的车辆、驾驶员和路线。

(一)车辆调度

车辆调度的目的就是安排正确的车辆。安排哪种车型执行运输任务,主要应考虑以下几个方面因素。

1. 车辆品牌的选择

在选择时,主要应考虑品牌车辆的质量水平和性能,比如东风、解放、五十铃,若是前往云贵高原运输 10 吨货物,考虑到山路多、上坡多,可能安排解放货车比较适宜。因为解放货车动力性要比东风货车好些,五十铃货车也不适宜在山路行驶。当然,车辆品牌的考虑并不是主要的因素。

2. 车辆吨位的选择

运输企业可能有限载 3 吨、5 吨、10 吨等不同的车辆,在选择时主要考虑本次运输任务的货量大小。

3. 车辆容积的选择

考虑车辆容积时,要与车辆吨位结合起来。在安排车辆的时候,要通过各种途径了解货物的实际情况，许多时候，重量没问题，但体积大，装不下，常见于一些轻泡货物、有包装的货物、不规则的货物，在这些情况下，车辆的容积利用率都不高。因此，在安排车辆时容积是不得不考虑的因素。

4. 车辆货箱形式的选择

根据车辆货箱的形式，目前主要有平板车、低栏板车、高栏板车、篷布车、箱式车（普通箱、冷藏箱）几种。在安排车辆的时候，这也是必须考虑的因素。如果是高附加值的纸箱包装货物，最好安排箱式车。但如果是机械设备类的货物，则应该安排平板车或低栏板车。另外，如果考虑防雨的需要，则应该考虑安排箱式车。

5. 车况的选择

车况的好坏也是车辆安排时需要重点考虑的因素。运输企业的车况肯定是有差异的。应该安排车况较好的车辆在长途运输、复杂道路、重要客户、重要货物上。相反，短途运输，不是很重要的运输，可以安排车况相对差些的车辆，即使出现问题，影响也比较小，比较容易解决。

在选择车辆时，除了要考虑上述五个方面的因素，还要综合考虑其他方面的因素，比如当天的运输任务情况、车辆归队情况、天气情况、驾驶员和道路情况等。

（二）驾驶员安排

调度的另一项内容是驾驶员安排。对于“人车定位”的运输企业来说，车辆安排好了，驾驶员也就安排好了。所以在安排车辆的时候，就要考虑驾驶员的情况。在安排驾驶员时，主要考虑以下因素。

1. 驾驶经验与技术水平

运输企业里驾驶员的驾驶经验和技术水平是千差万别的，每个人各不相同。在安排人员的时候，这是重要的考虑因素之一。一般情况下，应该安排驾驶经验丰富、驾驶技术好的驾驶员执行那些道路条件复杂的运输任务，比如长途山路、城市道路的运输任务。

2. 维修技术水平

有的驾驶员具有一定的维修技术，对于一般的车辆故障都能自行解决，可以安排这样的驾驶员驾驶那些车况较差的车辆或执行长途运输任务。

3. 工作态度

驾驶员往往都要直接与客户或客户的客户接触，他们的工作态度会直接影响运输企业的形象。除此之外，工作态度也是影响运输质量的重要因素。在有的运输过程中，会涉及许多辅助性工作，比如单证处理、货物清点与交接等。对于比较复杂的运输任务，应该安排工作态度较好的驾驶员去执行，避免出现麻烦。

4. 性格特点

对于比较简单的运输，应该安排性格内向的驾驶员，而面对那些需要回答、需要与客户沟通的运输，最好安排性格外向、善于沟通的驾驶员去做。性格比较急躁、喜欢开快车的驾驶员,应该少安排其跑高速和城市道路。同时安排两个驾驶员跑长途时,要考虑两个驾驶员是否能够很好地配合。如果两个驾驶员存在矛盾,就会影响行车安全。

5. 文化水平

关于文化水平,主要是考虑到有些运输中需要用到比较多的文化知识,比如涉及国际货运(转关运输、保税物流等)时,可能环节多、单证多(英文单证),这就需要安排文化高一点的驾驶员去出车。

6. 身体条件

调度在具体安排出车的时候,一定要考虑驾驶员的身体状况,因为涉及行车安全。一方面是驾驶员本身的身体条件(身高、体重、有无病史等),另一方面是驾驶员当前的身体状况,比如生病与否、是否休息好等。

7. 思想状况

这里说的思想状况是指驾驶员有无思想包袱,是否愿意执行本次运输任务等。作为调度人员,不要强迫某人出车,如果他不愿意去,就要了解不愿意去的原因,做好其思想工作。如果做思想工作无效,就最好更换驾驶员。

8. 家庭情况

调度人员也应该对驾驶员的家庭情况有所了解。有强烈恋家倾向的驾驶员,最好少安排其长途任务。如果知道其家里有纠纷,那么最好也少安排其近期出车。

总之,合格的调度需要时间积累和经验积累,在做某次调度的时候,并非要同时满足以上八个因素,而是要针对当时的具体情况,重点考虑和区别对待,才能做出正确的安排。

(三)线路安排

安排好车辆和驾驶员之后,就要进行线路安排了。对于市内的短途运输,线路选择比较简单,就不做介绍了。这里主要介绍长途运输的线路选择。

(1)只有一个装货点和一个卸货点的线路安排。这种情况比较多见,客户指定了装卸点,运输企业调度只需要规定驾驶员走哪条道路,比如是走国道还是走高速公路。一般来说,在许多情况下,运输企业线路由驾驶员自己选择。

(2)有一个装货点但有多个卸货点的线路选择。这种情况多见于大型生产企业,尤其是快速消费品生产企业的内部运输。主要从企业仓库装货,然后送往分布在全国很多城市的销售点(销售分公司、批发商、代理商、加盟店)。这种运输方式的另一个特点是同一天有很多要货单位,而且要货量都不是很大,需要好几家单位的货物才能装满一个货车,第三方物流公司的零担运输也是这种情况,这时候,调度起来相对比较复杂,因为不同的线路组合会有不同的效果,所带来的综合效益是不同的。

(3)在安排运输路线时需要考虑以下因素:

①道路情况。首先应该考虑同一辆车上的货物是不是同一个方向,顺不顺路,这

点是最关键的。还有就是道路的具体通行情况，比如高速公路是否封闭修路等。这要求调度人员对道路情况非常熟悉。

②车辆装载情况。不能超载，也不能装载太少，载重量 8 吨的车，如果是长途运输的话，那么至少也要装载 6 吨以上货物。

③卸货点之间的距离。如果同一辆车上装载多个地点的货物，尤其是这些地点相距比较远时，就需要考虑卸货后，车辆上还有多少货物。如果大多数货物都在前面卸完了，后面可能只有少量货物需要长距离运输，车辆的吨位利用率就很差。

④每个卸货点的卸货时间。卸货速度慢的地方，尽量排在后面，否则会影响其他地点的到货时间。

⑤具体的到货时间。有的卸货点可能在市中心，是禁区，白天不能通行，只有晚上才能卸货。这时，就要考虑具体的到货时间。在安排时，尽量避免白天到达该地点。

⑥天气条件。比如是否下雪、起雾、下雨等。

⑦车辆、驾驶员、线路等情况的综合考虑。安排线路的时候，还要考虑车辆、驾驶员的情况，比如车辆性能是否适合北方寒冷地区。

任务实施

【关键技能】

√ 能根据货运量制定日均货运量表

√ 能够编制车辆运行计划

√ 能计算车辆运用效率指标

【训练准备】

1. 多媒体教室一间，每人一台电脑
2. 准备车辆运行计划表

【操作步骤】

步骤一　制订日均货运量计划

根据历史数据和各站点客户需求量的变动趋势，预测各站点日均货运量，制订本期各线路日均货运量计划表。

步骤二　确定周出车次数

根据各班车线路车辆额定载重量和日均货运量计划，制订各班车线路的周出车次数。

二维码 2.6 公路运输计划任务实施结果

步骤三　确定发车时间

根据集散中心的发车时间信息，将发车时间集中安排在周一、周三、周五，确定各班车线路的发车时间。

步骤四　制订车辆运行计划

根据集散中心的车辆、驾驶员与班车线路信息,制订车辆运行计划表。

扫一扫,看看你做对了吗?

任务评价

<table>
<tr><td colspan="2">小组/学生姓名</td><td colspan="5"></td></tr>
<tr><td rowspan="6">评价标准</td><td>考评内容</td><td>分值</td><td>自我评价</td><td>小组互评</td><td>教师评价</td></tr>
<tr><td>日均货运量计划制订准确</td><td>20</td><td></td><td></td><td></td></tr>
<tr><td>各线路每周出车次数准确</td><td>20</td><td></td><td></td><td></td></tr>
<tr><td>发车时间安排符合公司现有路线</td><td>20</td><td></td><td></td><td></td></tr>
<tr><td>车辆运行计划表合理</td><td>30</td><td></td><td></td><td></td></tr>
<tr><td>计划执行中考虑的因素是否齐全,如车队运力情况、装卸能力、路况、证件检查等</td><td>10</td><td></td><td></td><td></td></tr>
<tr><td colspan="2">合计</td><td>100</td><td></td><td></td><td></td></tr>
<tr><td colspan="2">最终得分
(自评 30%+互评 30%+师评 40%)</td><td colspan="4"></td></tr>
<tr><td colspan="6">说明:测评满分为 100 分,60—74 分为及格,75—84 分为良好,85 分以上为优秀,60 分以下的学生,需重新进行学习,直到达到合格为止</td></tr>
</table>

任务四 办理公路整车货运

任务导入

近期公路货运部要组织员工进行作业流程及操作标准文件的修订,王通被抽调到了该小组,但是他还不熟悉整车货运和零担货运的操作流程及操作重点。于是组长给了他一个表(见表 2—12),让他先去操作部找同事了解各个岗位的职责以及各个作业环节的操作要求,然后再设计作业流程及操作标准。大家一起来帮王通完成任务吧。

表 2—12　　公路整车货运操作岗位职能

角色类型 / 作业环节	岗位 1 托运人	岗位 2 运单审核员	岗位 3 验货员	岗位 4 监装员	岗位 5 开单员(收款员)	岗位 6 调度员	岗位 7 司机(押运员)	岗位 8 收货员	操作要求
1. 托运受理									
2. 审核运单									

续表

角色类型 / 作业环节	岗位1 托运人	岗位2 运单审核员	岗位3 验货员	岗位4 监装员	岗位5 开单员（收款员）	岗位6 调度员	岗位7 司机（押运员）	岗位8 收货员	操作要求
3. 验货									
4. 调度车辆									
5. 监装与起票发车									
6. 货物运送									
7. 在途追踪									
8. 货物交付									
9. 统计与结算									

任务分析

一、整车运输的特点

托运人一次托运的货物在3吨（含3吨）以上，或虽不足3吨，但因其性质、体积、形状需要一辆载重量3吨以上的车辆进行公路运输的，称为整车货物运输。

为明确运输责任，整车货物运输通常是一车一张货票、一个发货人。为此，公路货物运输企业应选派与额定载重量和托运量相适应的车辆装运整车货物。

整车货物运输一般不需要中间环节或中间环节很少，其送达时间短、相应的货运集散成本较低，涉及城市间或过境贸易的长途运输与集散。国际贸易中的进口商与出口商，通常愿意采用以整车为基本单位的方式签订贸易合同，以便充分利用整车货物运输的快速、方便、经济、可靠等优势。

二、整车运输的组织方式

（一）定点运输

定点运输是指按照发货点固定车队、专门完成固定货运任务的运输组织形式。在组织定点运输时，除了根据任务固定车队外，还实行装卸工人固定、设备固定和调度员固定等。实行定点运输，可以加速车辆周转，提高运输效率和装卸工作效率，提高服务质量，并有利于行车安全和节能，体现了“推进各类资源节约集约利用”的党的二十大精神。定点运输组织形式既适用于装卸地点比较固定集中的货运任务，也适用于装货地点集中而卸货地点分散的货运任务。

（二）定时运输

定时运输是指运输车辆按照运行作业计划中所拟订的行车时刻表来进行的工作。

在汽车行车时刻表中需规定汽车从车场开出的时间、每个运次到达和开出装卸地点的时间及装卸工作时间等。由于车辆按预先拟订好的时刻表进行工作,这加强了各环节工作的计划性,提高了工作效率。要组织定时运输,必须做到各项定额的制定工作,包括:车辆出车前的准备工作时间定额,车辆在不同运输路线上重载和空载行驶时间定额,以及不同货种的装卸工作时间定额等。同时还应合理规定驾驶员的休息时间和用餐时间等生活时间,加强货源调查和组织工作,加强车辆调度和日常工作管理,以及组织装卸工作等。

(三)双班(多班)运输

双班(多班)运输是指在一昼夜内的车辆工作超过一个工作班以上的货运形式。组织双班运输的基本方法是每辆汽车配备两名以上驾驶员,分日班、夜班两班轮流行驶。它也是提高车辆生产率的有效措施之一,但是要注意安排好驾驶员的工作和休息时间,同时也要考虑到定车、定人和车辆保修安排。在组织双班运输时,由于夜班条件比日班条件差,因此,除了工作时间长短不同外,在安排日班和夜班的运行作业计划时,一般遵循的原则为:难运的安排在日班,易运的安排在夜班。

(四)甩挂运输

甩挂运输是指利用汽车列车甩挂挂车的方法,以减少车辆装卸停歇时间的一种拖挂运输形式,是平行作业原则的最大应用。在相同的运输组织条件下,汽车运输效率的提高取决于汽车的载重量、平均技术速度和装卸停歇时间三个主要因素。实行汽车运输列车化,可以相应提高车辆每运次的载重量,从而显著提高运输效率。采用甩挂运输时,需要在装卸货现场配备足够数量的周转挂车,在汽车列车运行期间,装卸工人预先装(卸)好甩下的挂车,待列车到达装(卸)货地点后先甩下挂车,装卸人员集中力量装(卸)主车货物,主车装(卸)货完毕,即挂上先装(卸)完货物的挂车继续运行。采用这种组织方法,使得整个汽车列车的停歇时间减少,从主车装卸时间加挂车装卸时间减少为主车装卸时间加挂车甩挂时间。但需要注意,周转挂车的装卸工作时间间隔应小于汽车列车的运行时间间隔。甩挂运输应适用于装卸能力不足、运距较短,装卸时间占汽车列车运行时间比重较大的运输条件,并根据运输条件的不同而组织不同形式的甩挂运输。

知识拓展

甩挂运输的组织形式

1. 一线两点甩挂。这是在短途往复式运输线路上通常采用的一种甩挂形式。汽车列车往复于两个装卸作业点之间,在整个系统中配备一定数量的挂车,汽车列车在线路两端根据具体条件做甩挂作业(装卸)。根据货流情况或装卸能力不同,可组织"一线两点、一端甩挂"(即装甩卸不甩或卸甩装不甩)和"一线两点、两端甩挂"两种形式的作业。这种形式被广泛应用于集装箱甩挂作业。

2. 循环甩挂。这是在车辆环形行驶线路上组织甩挂作业的一种方式。它要求在闭合循环回路的各装卸点上，配备一定数量的周转集装箱或挂车，汽车列车每到达一个装卸点后甩下所带集装箱或挂车，装卸工人集中力量完成主车的装（或卸）车作业，然后装（挂）上事先准备好的集装箱（挂车）继续行驶。

3. 多线一点、轮流甩挂。在码头、火车站、大型厂矿和仓库集中的地方，安排一定数量周转挂车，预先装卸好货物，由各线开来的列车，甩下挂车，集中力量装卸主车，装卸好主车后，立即挂上预先装卸好的挂车，各线列车可以轮流拖带其他线列车甩下的挂车。这种形式适用于发货点集中、卸货点分散，或卸货点集中、装货点分散的若干条线路，且所运货物性质以不相抵触为宜。

（五）直达联合运输

直达联合运输（即各种运输方式的直达联合运输）是指以车站、港口或供需物资单位为中心，按照货物运输的全过程，把供销部门、多种运输工具组织起来，将货物从生产地一直运输到消费地。直达联合运输的主要优点为：有利于各种运输方式的综合利用和发展，促进综合运输网络形成；压缩车船等运输工具的停留时间，提高港站的通过能力，节省运力和降低运输成本；减少货物运输的中间环节，加速物资周转，节约运输费用，契合党的二十大提出的“倡导绿色消费，推动形成绿色低碳的生产方式”精神。为了最有效地利用各种运输工具以满足社会生产和生活的需要，组织直达联合运输，应首先做好货物调查工作，掌握货源及货流规律。

三、整车运输作业流程

整车货物运输的一般流程是指从受理货物开始到交付收货人为止的活动。一般包括货物托运与承运，装运前的准备工作、装车、运送、卸车、保管和交付等环节。按货物运输的阶段不同，可将货运作业划分为发送作业、途中作业和到达作业。

（一）发送作业

货物在始发站的各项货运工作统称为发送作业。

1. 货物托运

无论是将货物交给公路运输企业，还是公路运输企业主动承揽货物，都必须由货主办理托运手续。

2. 货物承运

货物承运，表明运输企业接受了托运人的委托，开始承担运输责任。货物承运以签章返还托运人提交运单的“托运回执”联为凭证。返还给托运人的运单“托运回执”联，具有协议或运输合同的性质，受到法律的保护和约束。货物承运并装车完毕后，承运人应填制运输货票（如表 2－13 所示）。运输货票是向托运人核收运费的收据、凭证，也是收货人收到货物的证明。运输货票由各省、自治区、直辖市交通主管部门按照交通运输部规定的内容与格式统一印制。办理货运业务时，应注意以下事项：

第一，货物承运后，承运人对货物运输的全过程负责，必须实时检查，妥善保管，注意防火、防潮、防腐、防丢失，如发现情况，应及时采取措施。对于有特殊要求的货物，必须遵守商定的事项。

第二，承运中的一项重要条款是运输期限，通常由托运、承运双方按下列规定共同商定：托运人负责装卸的，运输期限从货物装载完毕开始至车辆到达指定卸货地点为止；承运人负责装卸的，运输期限从装车时间开始至货物运到指定地点卸载完毕为止。

表 2－13　　　　**运输货票**

<table>
<tr><td colspan="2">托运人</td><td colspan="3"></td><td rowspan="2">车属单位</td><td colspan="3" rowspan="2"></td><td colspan="2" rowspan="2">自编号</td><td colspan="2" rowspan="2"></td></tr>
<tr><td colspan="2">车牌号</td><td colspan="3"></td></tr>
<tr><td colspan="2">装货地点</td><td colspan="3"></td><td>发货人</td><td colspan="2"></td><td>地址</td><td></td><td colspan="2">电话</td><td></td></tr>
<tr><td colspan="2">卸货地点</td><td colspan="3"></td><td>卸货人</td><td colspan="2"></td><td>地址</td><td></td><td colspan="2">电话</td><td></td></tr>
<tr><td colspan="3">运单或货签号码</td><td colspan="2"></td><td rowspan="2">付款人</td><td colspan="2" rowspan="2"></td><td rowspan="2">地址</td><td rowspan="2"></td><td colspan="2" rowspan="2">电话</td><td rowspan="2"></td></tr>
<tr><td colspan="3">计费里程</td><td colspan="2"></td></tr>
<tr><td rowspan="2">运费金额</td><td rowspan="2">包装形式</td><td rowspan="2">件数</td><td rowspan="2">实际重量(吨)</td><td colspan="2">计费重量</td><td colspan="3">吨公里运价</td><td rowspan="2">运费金额</td><td colspan="2">其他费用</td><td rowspan="2">运杂费小计</td></tr>
<tr><td>吨</td><td>吨公里</td><td>货物等级</td><td>道路等级</td><td>运价率</td><td>项目</td><td>金额</td></tr>
<tr><td></td><td></td><td></td><td></td><td></td><td></td><td></td><td></td><td></td><td></td><td></td><td></td><td></td></tr>
<tr><td></td><td></td><td></td><td></td><td></td><td></td><td></td><td></td><td></td><td></td><td></td><td></td><td></td></tr>
<tr><td></td><td></td><td></td><td></td><td></td><td></td><td></td><td></td><td></td><td></td><td></td><td></td><td></td></tr>
<tr><td colspan="13">运杂费合计金额(大写)：　　　　　　　　¥</td></tr>
<tr><td colspan="3">备注</td><td colspan="4"></td><td colspan="3">收货人签收盖章</td><td colspan="3"></td></tr>
<tr><td colspan="2">开票单位（盖章）</td><td colspan="2"></td><td colspan="2">开票人</td><td colspan="2"></td><td colspan="2">承运驾驶员</td><td></td><td colspan="2">年　月　日</td></tr>
</table>

3. 车辆调度

编制运输计划，根据托运信息调度车辆。

4. 货物监装

货物装车、卸车是货物始发或到达所不可缺少的作业。货物装卸时，承运人应监装监卸，保证装卸质量，并尽量压缩装卸作业时间。

(二)途中作业

货物在运送途中发生的各项货运作业统称为途中作业，主要包括途中货物整理或换装以及在途管理等内容。为了方便托运人，对于整车货物允许途中拼装或分卸作业。考虑到车辆周转的及时性，对整车拼装或分卸要加以严密组织。

二维码 2.7　运输变更申请

在货物运输过程中，驾驶员应及时反馈车辆停靠地点和运行情况等的相关信息，填写跟踪记录表，如表 2－14 所示，出现异常情况时应及时与收货人联系。同时，物流企业的管理者也可以通过计算机、手机、车载 GPS 等工具对运输车辆进行实时跟踪，做好安全防范工作。

表 2—14　　　　货物跟踪记录表

序列	托运人	托运人联系人电话	收货人	收货人联系人电话	到货日期	货物名称	跟踪情况	处理方法	经办人
1									
2									
3									
4									

此外，对于在运输途中需要饲养、照料的有生动植物，或者尖端精密产品、稀有珍贵物品、文物、军械弹药、有价证券、重要票证和货币等，托运人必须派人押运。对于大型或特型笨重货物、危险货物、贵重货物是否派人押运，由承托双方根据实际情况决定。

（三）到达作业

货物在到达站发生的各项货运作业统称为到达作业，主要包括货运票据的交接、货物卸车、保管和交付等内容。装运货物的车辆抵达卸车地点后，收货人或车站货运员应组织卸车。卸车时，对卸下货物的品名、件数、包装和货物状态等应做必要的检查。收货人确认卸下的货物无误后，在货票上签字，完成货物交付。当货物到达目的地、收货人办理完交付手续后，预示着该批货物的全部运输过程结束。

二维码 2.8 货运事故记录

整车货物运输作业流程如图 2—17 所示。

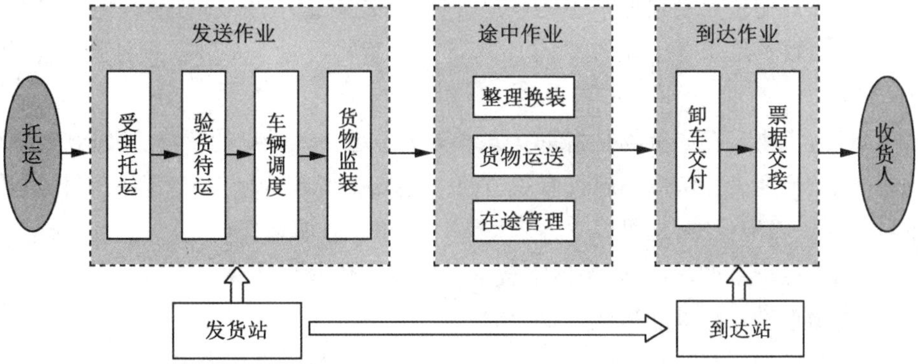

图 2—17　整车货物运输作业流程

四、整车运费计算

货主向运输公司支付托运货物的费用，包括基本运费、通行费用和其他费用，运价（费率）是运输企业为它们的运输服务制定并收取费用的标准，主要依据运输费用支出和市场环境制定，运价单位有元/吨公里（整批运输）、元/千克公里（零担运输）、元/箱公里(集装箱运输)、元/吨位小时(包车运输)等。

理论上,运费的计算一般要经过以下几个步骤。

(一)确定货物等级及运价

对于某一个品种的整批货物或零担货物,在具体计算运价时,通常要在一等普通货物所对应的基本运价基础上,考虑货物种类因素、公路等级因素,适当增加一定比例,进而计算出具体品种的运价(由于车辆类型因素和货物种类因素通常同时影响,因此两个因素不同时加成使用,例如鲜活货物肯定需要使用冷藏车装运)。计算方法如图 2—18 所示。

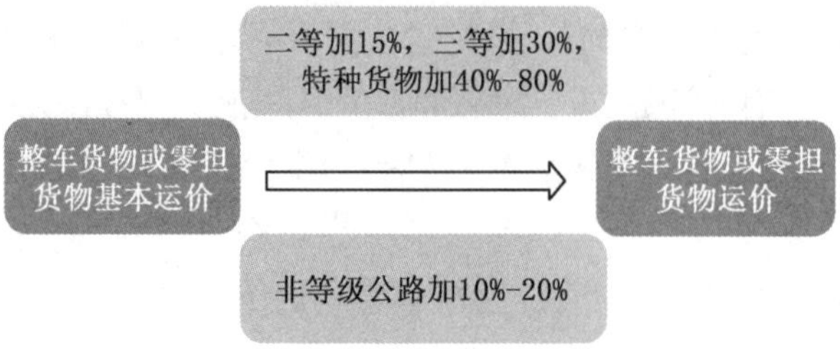

图 2—18　公路货物运价确定方法

(二)确定货物计费重量

1. 计量单位

整车货物运输以吨为单位。

2. 重量确定

(1)一般货物。无论是整车还是零担货物,计费重量均按毛重计算。整车货物以吨为单位,尾数不足 100 千克的,四舍五入。例如货物重量 3.78 吨,则计费重量为 3.8 吨。

(2)轻泡货物。轻泡货物是指每立方米重量不足 333 千克的货物。装运整批轻泡货物的高度、长度、宽度,以不超过有关道路交通安全规定为限,按车辆核定载重量计算重量。对于轻泡货物,也可以立方米作为计量单位收取运费。

(3)如为包车运输,按车辆的核定载重量或者车辆容积计算。

(4)货物重量一般以起运地过磅为准。

(5)散装货物,如砖、瓦、砂、石、矿石、木材等,按重量计算或者按体积折算。

【例 2—1】　某企业托运一批金属制品,体积共 10 立方米,毛重 15 吨,使用 20 吨的车辆来装运,请确定该批货物的计费重量。

[**解**]:需要先明确该批货物属于一般货物还是轻泡货物。密度=15 000 千克/10 立方米=1 500 千克/立方米>333 千克/立方米,该货物为一般货物。其计费重量为 15 吨。

【例 2—2】　某托运人托运一批丝绸,体积共 10 立方米,毛重 2 吨,使用 20 吨的车辆来装运,请确定该批货物的计费重量。

[**解**]:需要先明确该批货物属于一般货物还是轻泡货物。密度=2 000 千克/10

立方米＝200 千克/立方米＜333 千克/立方米，该货物为轻泡货物，且属于整批，其计费重量为 20 吨。

（三）确定计费里程

（1）货物运输的营运里程，可按交通运输部核定、颁发的《中国公路营运里程图集》（交通运输部道路运输司编制）确定。未核定的里程，由承、托运双方共同测定或者经协商按车辆实际运行里程计算。

（2）货物运输的计费里程按装货地至卸货地的营运里程计算。

（3）计费里程单位为千米，尾数不足 1 千米的，进整为 1 千米。

（四）计算运费

整车运费的计算公式如下：

整车运输费用＝整车货物运价×计费重量×计费里程＋车辆通行费＋其他费用

其中，车辆通行费包括在运输货物过程中应支付的过路费、过桥费、过隧道费等。其他费用主要包括装卸费、调车费、滞延费、保管费等。

【例 2－3】 某客户托运一批瓷砖，重 3 572 千克，承运人公布的一级普通货物运价为 0.3 元/（吨/千米），该批货物的运输距离为 380 千米，瓷砖属于三等货物，途中收取车辆通行费 200 元。请计算托运人应支付的运费。

［**解**］：瓷砖重 3 572 千克，超过 3 吨，因此应按整车办理，计费重量为 3.6 吨。

整车运费＝整车货物运价×计费重量×计费里程＋车辆通行费＋其他费用

$$=0.3\times(1+30\%)\times3.6\times380+200$$

$$=733.52(\text{元})$$

实践中，虽然承运人保持上述费用计算规则，但他们主要是按托运单或运输合同要求，以协商的价格完成托运人的运输任务的。如果所有的运输服务都以吨千米（或千克千米）为基础收费，那么费率制定就会简单很多，即 1 吨（或 1 千克）货物运输 1 千米需要付费多少元。但事实上，运输服务不是以吨（或千克）千米数来收费的，而是以在两个具体的点之间运输具体的某种商品、以具体的运输规模以及客户需要的服务来收费的，并且运输企业制定价格时综合考虑了成本及市场等因素。交通运输部、国家发展改革委《关于深化道路运输价格改革的意见》（交运规〔2019〕17 号）对于运价的规定如下：道路运输经营者按照价格政策规定制定或者调整价格，道路货物运输继续实行市场调节价。这也是党的二十大报告精神“构建高水平社会主义市场经济体制，充分发挥市场在资源配置中的决定性作用”在实践中的具体落实。

任务实施

【关键技能】

√ 能够掌握公路运输作业流程

√ 能够识别公路货运操作岗位的职能

【训练准备】

1. 6—8 人一个小组。
2. 公路操作部门岗位职责调研。
3. 公路整车作业流程观察与记录。

【操作步骤】

步骤一 调研、了解公路运输的组织方式。

步骤二 通过模拟演练流程,对作业操作过程进行仔细观察,优化流程和标准内容。

步骤三 明确岗位分工及职责。

步骤四 形成标准操作程序文件并绘制流程图。

任务评价

小组/学生姓名					
评价标准	考评内容	分值	自我评价	小组互评	教师评价
	公路运输调研信息收集	20			
	作业流程环节安排合理	20			
	运输操作岗位设置适当	20			
	操作标准内容详细,描述清晰、简洁,操作人员易接受和落实	20			
	操作标准能反映出客户意识、成本意识和风险意识	20			
合计		100			
最终得分 (自评 30%+互评 30%+师评 40%)					
说明:测评满分为 100 分,60—74 分为及格,75—84 分为良好,85 分以上为优秀,60 分以下的学生,需重新进行学习,直到达到合格为止					

任务五 办理公路零担货运

任务导入

2023 年 11 月 11 日李运受理了客户的运输需求信息,同客户签订公路运输合同后需要对客户托运的货物进行验收、称重、确定尺寸,并根据尺寸和重量,结合《汽车运价规则》(交运发〔2009〕275 号)确定其计费重量、货物运价,核算运费。该客户托运的货物为两箱丝绸，从浙江湖州发往湖北武汉，每箱尺寸为 1 米×1 米×0.5 米，每箱毛重 10 千克，每箱价格 10 元，要求保价(保价费率为 3‰)，运输过程中使用非等级公路(加成 10%)，装卸费为 30 元，无其他法定收费，计费里程为 882 千米，零担货物基本运价为 0.000 68 元/千克·千米。

现在请你帮助李运确定这位客户的计费重量、货物运价和运费。

任务分析

一、零担运输的特点

我国汽车运输管理部门制定的《公路汽车货物运输规则》规定：托运人一次托运的货物，其重量不足 3 吨者为零担货物。按件托运的零担货物，单件体积一般不得小于 0.01 立方米(单件重量超过 10 千克的除外)，不得大于 1.5 立方米；单件重量不得超过 200 千克；货物长度、宽度、高度分别不得超过 3.5 米、1.5 米和 1.3 米。不符合这些要求的，不能按零担货物托运、承运。各类危险货物，易破损、易污染和鲜活货物，一般不能作为零担货物办理托运。

零担货物运输一般需要特别的运输处理作业，如要求定线发运、定班期发运。零担货物运输是货物运输方式中相对独立的一个组成部分，其货物类型和货物运输组织形式的独特性使零担货物运输形成了自己独有的特点。

1. 货源的不确定性

零担货物运输的货物流量、数量、流向具有一定的不确定性，并且多为随机性发生，难以通过运输合同方式将其纳入计划管理范围。

2. 组织工作复杂性

公路运输的零担货物具有数量小、批次多、包装不一、到站分散的特点，并且货物种类繁杂，许多商品价格比较高。面对如此繁杂的货物和各式各样的运输要求，必须采取相应的组织形式，才能满足人们的货运需求，这样就使得零担货物运输环节的作业工序复杂，对货物配载或装载要求高。

3. 开办条件要求高

由于零担货物需要凑够一整车才能发运，开办零担运输业务，必须配备货运场站等设施与设备来满足集散货的需要，经营零担货物运输，需要仓库、站台、货棚、货场等基本设施，以及与之配套的装卸、搬运、堆码设备和专用厢式车辆。

4. 单位运输成本高

开办零担货物运输，不仅初始投入成本高，相对于整车货物运输而言，零担货物运输周转环节多，更易于出现货损、货差、赔偿费用较高等情况，导致单位运输成本偏高。

5. 具有广泛适用性

零担运输适合商品种类繁多、小批量、多批次、价格贵重、时间紧迫、到站分散的货物，能满足不同层次的客户对商品流通的要求，方便大众物资生产和流动的需要。

6. 运输机动灵活性

零担货物运输都是定线运行、定期运行、定点运行，业务人员和托运单位对货运情况都比较清楚，以便于沿途各站组织货源，往返实载率高，经济效益显著。这对于经常性、时令性和急需的运输具有尤为重要的意义。

二、零担货物的组织方式

零担货物运送时间和方式、收发和装卸交接等方面的不同需求，决定了零担货物运输车辆采取不同的运输组织方式。按照零担车发送时间的不同可将零担货物运输的组织形式划分为固定式零担货物运输组织方式和非固定式零担货物运输组织方式两大类。

(一)固定式零担货物运输组织方式

这种零担货运班车一般是以营运范围内零担货物流量、流向，以及货主的实际要求为基础来组织运行的。运输车辆主要以厢式专用车为主，实行定车、定期、定线、定时运行，有固定的停靠站(点)可以装卸货物。固定式零担货运班车主要采用以下三种运行方式。

1. 直达式零担班车

直达式零担班车是指在起运站将各个发货人托运的同一到站且性质适宜配载的零担货物，同车装运后直接送达目的地的一种货运班车，如图 2—19 所示。具备条件的货运场站均应加强对零担货物的运输组织工作，尽可能开行直达式零担班车。

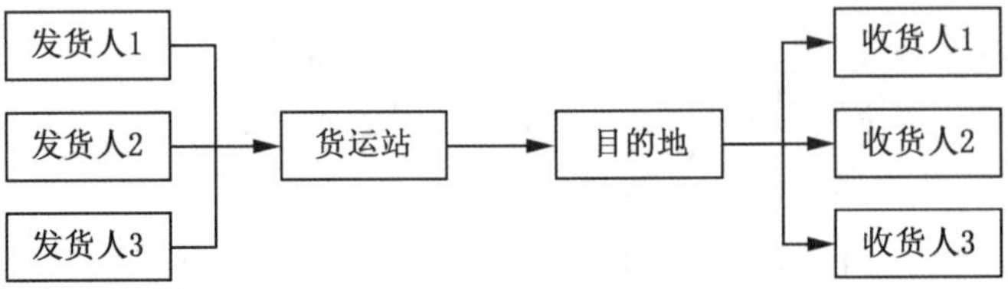

图 2—19　直达式零担班车

2. 中转式零担班车

中转式零担班车是指在起运站将各个发货人托运的同一线路、不同到达站且性质允许配载的各种零担货物，同车装运至规定的中转站，卸后复装，重新组成新的零担班车运往目的地的一种货运班车，如图 2—20 所示。

这种形式与直达式零担班车相比，虽然组织形式复杂，但从零担货物少批量、多批次、流向分散方面看，它具有很大的现实意义。

3. 沿途式零担班车

沿途式零担班车是指在起运站将各个发货人托运的同一线路、不同到达站且性质

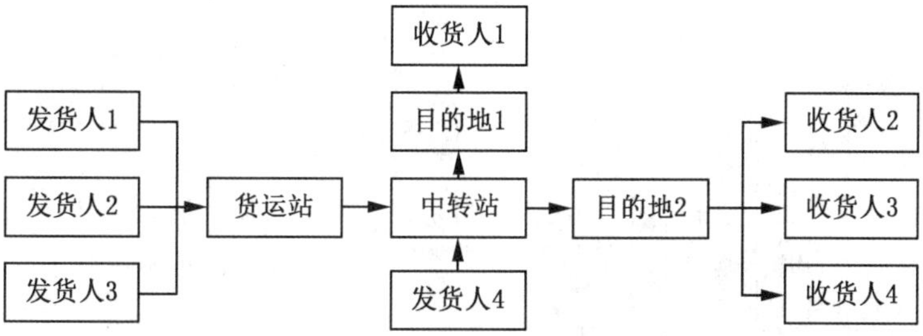

图 2—20　中转式零担班车

允许配装的各种零担货物，同车装运后，在沿途各计划停靠站卸下或换装上零担货物后再继续前进，直至到达终点站的一种货运班车，如图 2—21 所示。这种零担班车在组织工作上较为复杂，车辆在途时间也较长，但它能满足沿途货主的需要，是一种不可缺少的补充形式。

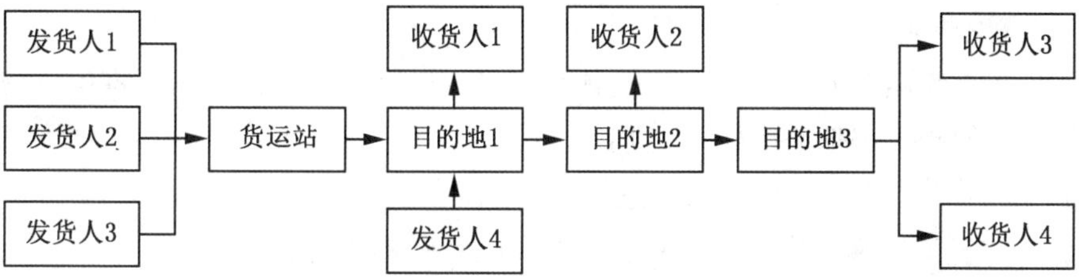

图 2—21　沿途式零担班车

（二）非固定式零担货物运输组织方式

非固定式零担货运车是指根据货物流量的需要，随时组织运行的一种零担车，通常在新开辟的零担货运线路或季节性零担货运线路上使用。非固定式零担货运车通常作为定期零担货运班车的补充，有时亦称加班车。在尚未开行定期零担货运班车的运输线路上，当受理托运的零担货物达到一定数量时，可组织不定期的一次性零担货物运输。

三、零担运输作业流程

零担货物运输企业承运、仓储、配装、发送、交接零担货物，按照相关规定办理业务手续，统称为零担货物运输作业。零担货物运输作业是根据零担货运工作的特点，按照流水作业形式构成的一种作业方式。零担货物运输的作业流程，如图 2—22 所示。

二维码 2.9 货运标签样例

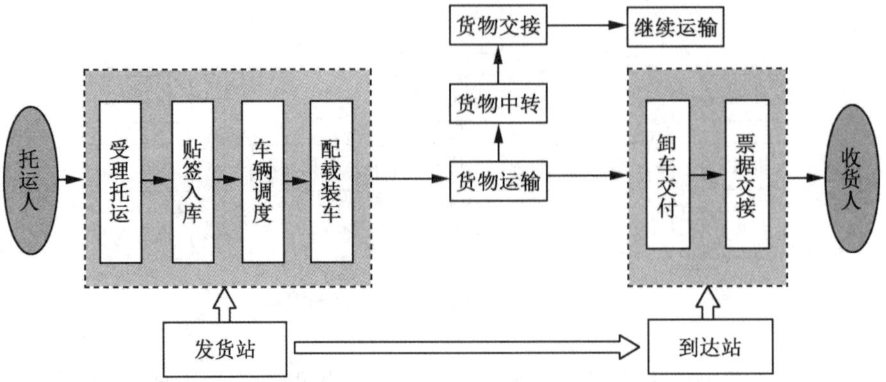

图 2—22 零担运输作业流程

四、零担货物配载装车

(一)配载原则

零担货物装车前应根据车辆吨位、体积、货物性质和运送方向,做好零担货物的配载工作。货物配载一般坚持以下原则:

(1)坚持中转先运、急件先运、先托先运、合同先运的原则。

(2)一张托运单和一次中转的货物,须一次运清,不得分批运送。

(3)凡是可以直达运送的货物,必须直达运送;必须中转的货物,应按合理流向配载,不得任意增加中转环节,更不得迂回中转。

(4)有效利用车辆的载重量和容积,做到轻重配装、大小配装、合理搭配。

(5)认真执行货物混装限制规定,确保运输安全与货物完好。对于危险的零担货物,应严格按危险货物运输规则办理。

(6)配载时不仅要考虑最大限度地利用车载量,还要具体情况具体分析,根据货物的价值来进行合理的搭配。

二维码 2.10 提高车辆技术装载量的方法

(二)零担货物配载步骤

(1)根据运输工具的内径尺寸,计算其最大容积量。

(2)测量计划装载货物的尺寸、重量。

(3)结合运输工具的尺寸和最大允许载重量,测算装载轻重货物的比例。考虑货物尺寸与运输工具尺寸的匹配性,通常运输工具的有效容积利用率为 80%- 90%,如果货物包装不规则,有效容积利用率会更低。

(4)缮制货物配装单和货物装车清单。装车清单应按先远后近、先重后轻、先大后小、先方后圆的顺序填写,以便按单顺次装车。对于不同到达站和中转的货物要分单填制。

五、零担货物中转

对于需要中转的零担货物，以中转零担班车或沿途零担班车的形式运到规定的中转站进行中转。零担货物中转作业是按货物流向或到站进行分类整理，以先集中再分散的方式，将来自各个方向仍需继续运输的零担货物卸车后重新集结待运，再重新组织各类零担车将货物运至终点站的作业。

零担货物中转站除了承担货物的保管工作外，还需进行一些与中转环节有关的理货、堆码、整理、倒载等作业，因此，中转站应配备一定的仓库或货棚等设施，以及相关作业设备。零担货物的仓库或货棚，应具备良好的通风、防潮、防火、采光、照明等条件，以保证货物的完好和适应各项作业的需要。中转站的硬件设施与仓库的要求相同。

为了加快零担货物的送达速度，减少不必要的中转环节，均衡分配中转站的作业量，需要合理选择中转站点和划分中转范围，根据零担货源和货流的特点，按照经济区划原则，在充分做好运输经济调查的基础上加以确定。零担货物中转作业的基本方法有三种。

(1)落地法。它是指将到达车辆上的全部零担货物卸下入库，按方向或到达站在货位上重新集结，再重新配装。这种方法简便易行，车辆载货量利用较好，但装卸作业量大、作业速度慢，仓库和场地的占用面积也较大。

(2)坐车法。它是指将到达车辆上运往前面同一到站，且中转数量较多或卸车困难的那部分核心货物留在车上，将其余货物卸下后再加装同一到站的其他货物。采用这种方法，其核心货物不用卸车，可以减少装卸作业量，加快中转作业速度，节约装卸劳动力和货位。但对留在车上核心货物的装卸情况和数量不易检查和清点，在加装货物较多时也难免发生卸车和倒装等附加作业。

(3)过车法。它是指当几辆零担车同时到站进行中转作业时，将车内部分中转货物由一辆车直接换装到另一辆车上。组织过车时，可以向空车上过，也可以向留有核心货物的重车上过。这种方法在卸车作业的同时也完成了装车作业，可以减少零担货物的装卸作业量，提高作业效率，加快中转速度，但对到发车辆时间衔接要求较高，容易遭受意外因素的干扰。

落地法可为各个中转站采用，但随着零担货运量日益增加，零担货运组织工作也应得到相应加强，条件成熟时可逐步推行坐车或过车等方法。采用坐车或过车方法，零担车在起运站装货时，应预先为中转站的作业创造便利条件；中转站也应认真做好零担货物中转配装计划。

六、零担运费计算

零担货物运费的计算一般要经过以下几个步骤：

(一)确定货物等级及运价

同整车运费计算。

(二)确定货物计费重量

1.计量单位

零担货物运输以千克为单位。

2.重量确定

(1)一般货物:无论是整车还是零担货物,计费重量均按毛重计算。零担货物起码计费重量为1千克,重量在1千克以上、尾数不足1千克的,四舍五入。(2)轻泡货物:零担运输轻泡货物以货物包装最长、最宽、最高部位尺寸计算体积,按每立方米折合333千克计算重量。对于轻泡货物,也可以立方米作为计量单位收取运费。

【例2—4】 某商人托运两箱毛绒玩具,每箱规格为1.0米×0.8米×0.8米、毛重为185.3千克,计费重量为多少?

[**解**]:根据《汽车运价规则》,需要先明确该批货物属于一般货物还是轻泡货物。

$$\begin{aligned}\text{密度} &= (2\times185.3\text{ 千克})\div(2\times1.0\text{ 米}\times0.8\text{ 米}\times0.8\text{ 米})\\ &= 289.5\text{ 千克/立方米} < 333\text{ 千克/立方米}\end{aligned}$$

该货物为轻泡货物,且属于零担,其计费重量为:

$$2\times1.0\text{ 米}\times0.8\text{ 米}\times0.8\text{ 米}\times333\text{ 千克/立方米}=426.24\text{ 千克}\approx426\text{ 千克}$$

(三)确定计费里程

同整车计费里程。

(四)计算运费

零担运费的计算公式如下:

$$\text{零担运输费用}=\text{零担货物运价}\times\text{计费重量}\times\text{计费里程}+\text{其他费用}$$

其中,其他费用同整车运输。

【例2—5】 某托运人托运一批仪器设备,重2 843.4千克,承运人公布的一级普通货物运价为0.000 39元/(千克·千米),该批货物的运输距离为1 250千米,仪器设备属于三等货物。这批货物价值3.5万元,该公司希望为货物进行保价运输,保价费率为3‰。该托运人应该支付多少运费?

[**解**]:货物重2 843.4千克,不足3吨,因此应按零担办理,计费重量为2 843千克。

$$\begin{aligned}\text{零担运费} &= \text{零担货物运价}\times\text{计费重量}\times\text{计费里程}+\text{其他费用}\\ &= 0.000\,39\times(1+30\%)\times2\,843\times1\,250+35\,000\times3\text{‰}\\ &= 1\,906.75(\text{元})\end{aligned}$$

任务实施

【关键技能】

√ 能够判断货物为普通货物还是轻泡货物

√ 能够确定货物的计费重量

√ 能够计算货物运价

【训练准备】

1. 货物运价等级表
2. 准备计算器

【操作步骤】

步骤一 确定货物等级及运价

步骤二 确定货物计费重量

步骤三 确定计费里程

步骤四 计算运费

扫码查看任务实施结果,你算对了吗?

二维码 2.11 办理公路零担货运任务实施结果

任务评价

<table>
<tr><td colspan="2">小组/学生姓名</td><td colspan="4"></td></tr>
<tr><td rowspan="6">评价标准</td><td>考评内容</td><td>分值</td><td>自我评价</td><td>小组互评</td><td>教师评价</td></tr>
<tr><td>判断整车、零担、集装箱</td><td>10</td><td></td><td></td><td></td></tr>
<tr><td>判断一般货物或轻泡货物</td><td>20</td><td></td><td></td><td></td></tr>
<tr><td>货物运价计算正确</td><td>20</td><td></td><td></td><td></td></tr>
<tr><td>计费重量计算正确</td><td>20</td><td></td><td></td><td></td></tr>
<tr><td>运费计算正确</td><td>30</td><td></td><td></td><td></td></tr>
<tr><td colspan="2">合计</td><td>100</td><td></td><td></td><td></td></tr>
<tr><td colspan="2">最终得分
(自评 30%+互评 30%+师评 40%)</td><td colspan="4"></td></tr>
<tr><td colspan="6">说明:测评满分为 100 分,60—74 分为及格,75—84 分为良好,85 分以上为优秀,60 分以下的学生,需重新进行学习,直到达到合格为止</td></tr>
</table>

综合实训项目一 公路运输操作流程模拟

【项目说明】

2023 年 9 月 10 日,李运接到一位企业客户的运输任务,该客户需要从湖州工厂发运 60 吨布匹至广州。发货人为湖州 BC 集团,委托人为徐卓,发货地址为湖州美欣达路 1050 号,收货人为广州 XY 服装厂,收货地址为广州黄埔区第二大街 1600 号。

由于货物量大,需要按整车办理。

2023 年 9 月 11 日,王通受理了湖州 AB 丝绸厂的发货申请,该公司发运两箱丝绸,地址为湖州开发区凤凰路 25 号,委托人为杜美,联系电话为 13812345678;收货人为武汉市江夏区新世界百货,地址为武汉市江夏区虹口路 101 号,联系人为郑文,联系电话为 15887654321;每箱丝绸尺寸为 1 米×1 米×0.6 米,每箱毛重为 10 千克,每箱价格为 10 000 元,要求保价。

【项目要求】

综合实训基于企业真实案例设计,体现党的二十大精神"统筹职业教育,推进产教融合",请同学们分别模拟不同角色,完成整车运输操作和零担运输操作。

(1)学生分组,每组 8—10 人,分别扮演不同的角色,其中托运人 1 人,货运员 1 人,财务人员 1 人,发站仓库人员 1 人,装车人员 1 人,卸车人员 1 人,到站仓库人员 1 人,收货人 1 人,并明确每一个角色的岗位职责。

(2)准备若干不同规格的模拟纸箱,准备 1 辆模拟车;准备若干相应的空白托运单、运单、货票及货运标签、易碎品标签等。

(3)准备相应的辅助教具,如发货站模拟章、到达站模拟章各 1 枚。

(4)先单独对托运受理进行模拟操作,再单独模拟到达作业。

综合实训项目二　公路运输业务实战

【项目说明】

2023 年 9 月 29 日,北京 XY 瓷砖制造有限责任公司(地址:北京市朝阳区××路 200 号;邮编:100018;电话:010－××××5678)向顺达货运公司(邮编:100018;电话:010－65432222)托运一批瓷砖到丹东的 AABB 有限责任公司(地址:丹东市××街 8 号;邮编:118000;电话:0415－87654321)。该批瓷砖重 4 500 千克,用 30 厘米×20 厘米×18 厘米的纸箱包装,每箱重量 30 千克,顺达货运公司用一辆 5 吨的货运车(车牌:京 G2369)为其承运,公布的一级普货费率为人民币 1.2 元/吨・千米,无吨次费,途中收通行费人民币 40 元。运费采用现金结算。

【项目要求】

1. 根据上述任务填写托运单。
2. 查阅公路普通货物运价分等表,确定瓷砖的等级运价。
3. 根据全国主要城市间公路里程表计算始发地与目的地之间的距离。
4. 根据任务说明,计算货主应支付的运费。
5. 根据上述任务编写货物运单。

● 读一读:《"十四五"现代综合交通运输体系发展规划》,从中领会党

二维码 2.12 《"十四五"现代综合交通运输体系发展规划》

的二十大精神“建设交通强国;推动交通运输结构调整优化”。

同步检测

一、单项选择题

1.(　　)是实现“门到门”运输的唯一选择,是铁路、水运、航空运输的两端送货与提货的衔接手段。

A. 水路运输　　B. 公路运输　　C. 航空运输　　D. 铁路运输

2. 以运送货物为主且有倾卸厢功能的汽车称为(　　)。

A. 载货汽车　　B. 自卸汽车　　C. 牵引车　　D. 专用汽车

3. 托运人选择保价运输时,申报的货物价值(　　)货物本身的实际价值。

A. 必须等于　　B. 不得超过

C. 可以等于或大于　　D. 必须大于

4. 若某额定吨位为 10 吨的货车某运次实际装卸货物 8 吨,则这辆车还有(　　)的载重能力未被利用,造成浪费和损失。

A. 20%　　B. 25%　　C. 55.6%　　D. 80%

5. 安排驾驶人员时要考虑其工作态度,主要原因是他们的工作态度会影响(　　)。

A. 行车安全　　B. 单据交接　　C. 企业形象　　D. 按时送货

6. 运输企业营运业务的原始记录及经营分析数据的来源是(　　)。

A. 货物运输托运单　　B. 货物运输派车单

C. 货物运输装车单　　D. 货物运输签单

7. 装运整批轻泡货物的高度、长度、宽度,以不超过有关道路交通安全规定为限度,按(　　)计算重量。

A. 货物实际重量　　B. 每立方米折合 333 千克

C. 货物实际体积　　D. 车辆核定载重量

8. 甩挂运输的根本原理实质上是(　　)的最大应用。

A. 节省装卸时间　　B. 平行作业原则

C. 降低运输成本　　D. 提高运输效率

9. 在承担相同载重量的情况下,由牵引车和半挂车组成的汽车列车所完成的工作量与由载货汽车和全挂车组成的汽车列车所完成的工作量相比(　　)。

A. 相等　　B. 低　　C. 高　　D. 无法比较

10. 当几辆零担车同时到站进行中转作业时,将车内部分中转货物由一辆车直接换装到另一辆车上的中转方法称为(　　)。

A. 落地法　　B. 坐车法　　C. 过车法　　D. 行走法

二、多项选择题

1. 实践中，一般货物的运输服务不是以吨千米数来收费的，而是以运输的具体的(　　)来收费的。

A. 货物属性　　B. 两点之间的距离

C. 某种商品　　D. 运输规模

E. 市场环境

2. 汽车运输特种货物分为(　　)等几种。

A. 长大笨重货物　　B. 危险货物　　C. 贵重货物　　D. 鲜活货物

3. 货物运输量计划一般以市场需求作为编制依据，通常根据下列(　　)制订。

A. 市场调查与预测　　B. 车辆计划

C. 指令性计划任务　　D. 运输合同

E. 企业的生产能力

4. 车辆调度时，车况较好的车辆应该安排在(　　)上。

A. 短途运输　　B. 长途运输　　C. 复杂道路　　D. 重要客户

E. 重要货物

5. 一般情况下，安排驾驶员执行那些道路条件复杂的运输任务时，比如长途山路、城市道路的运输任务等，最主要的两个考虑因素是(　　)。

A. 驾驶经验丰富　　B. 驾驶技术好

C. 维修技术水平高　　D. 性格沉稳

E. 文化水平高

6. 相对于整车运输业务，零担货物运输业务操作的特点是(　　)。

A. 货物品种繁杂　　B. 组织工作复杂

C. 业务开办条件高　　D. 单位运输成本高

E. 对托运人不方便

7. 零担货物具有品种繁杂、小批量、多批次、(　　)等特点。

A. 时间不紧迫　　B. 来源广泛　　C. 去向分散　　D. 不确定性

E. 价值不高

8. 零担货物运输有一个(　　)的过程。

A. 集整为零　　B. 化整为零　　C. 集零为整　　D. 化零为整

E. 中转作业

9. 车辆在装车时应遵循的原则有(　　)。

A. 后送后装　　B. 先送后装

C. 体积大的在下　　D. 重货在上，轻货在下

10. 固定式零担货运班车主要的运行方式包括(　　)。

A. 中转式零担班车　　B. 沿途式零担班车

C. 非固定式零担班车　　　　D. 直达式零担班车

三、判断题

1. 汽车货物运输合同只能采用道路货物运单形式。(　　)
2. 货物运输有货物保险和货物保价两种投保方式。(　　)
3. 一张托运单上填写的货物,必须是同一托运人、收货人。(　　)
4. 危险货物、易污染货物与普通货物可以使用同一张托运单。(　　)
5. 无论整车货物还是零担货物,其计费重量均按净重计算。(　　)
6. 大型零担货运网络中个别操作环节时效的延误不会影响到整个网络。(　　)
7. 零担货物起码计费重量为 1 千克,尾数不足 1 千克的,四舍五入。(　　)

四、简答题

1. 公路运输的特点有哪些?
2. 公路节点的功能有哪些?
3. 货物装配时有哪些注意事项?
4. 请描述公路整车和零担货运在计费重量上的区别。

五、综合分析题

1. 根据以下资料填写货物运单,没有给出的信息自拟,运单样式参照任务一的基础知识部分。已知这批货物按照整车托运,运价率为 0.5 元/吨·千米,装货地点到卸货地点的距离为 2 270 千米。此外还有装卸费 110 元,过路费 350 元,过桥费 120 元。

货物名称:调味品　　规格:20 千克

包装形式:纸箱　　件数:300 件

装货地点:甲市东岗镇物流园二区 15 号

卸货地点:乙市普洛斯高新工业物流园

2. 一位零担货运业界的成功人士自述成功感受时说:"在计划经济时代,物流货运是国家有关部门独家经营,只有国有铁路部门才有车皮计划,客户没有别的门路,现在的情况就不同了。市场放开了,客户选择的运输渠道多了,你没有车,人家有车,你不干有人干,你干不好,有人比你干得好! 因此,现在的客户特别挑剔。物流货运必须做到门到门服务,北上广一带的有些客户还要你把货物扛上楼呢,因此,现在的货运公司必须适应潮流,否则就没有优势,没有竞争力。"

根据上述案例,请认真思考以下问题:

(1)在当前竞争激烈的零担货运市场中,零担货运企业的优势和竞争力表现在哪些方面?

(2)资金、专线、市场、货场、客户、服务等要素在发展零担货运业务中各起什么作用?

(3)“建”零担营业网点容易,“养”网点难,你认为网点经理最重要的工作任务是什么?请说明理由。

项目三

铁路运输业务与运作

知识目标

1. 了解铁路货运系统的构成；
2. 了解铁路货物运输规则的构成；
3. 掌握托运业务受理过程；
4. 掌握装车作业要求；
5. 掌握途中作业要求；
6. 掌握到达作业办理过程；
7. 掌握运杂费计算方法。

能力目标

1. 能够说出铁路货运系统的构成，形成系统思维；
2. 能够说出各项货运规则的主要内容；
3. 能够办理货物托运和受理手续；
4. 能够组织装车作业；
5. 能够组织途中货运检查；
6. 能够办理到达作业；
7. 能够计算铁路运费和杂费。

思政目标

1. 培养遵章守纪、注重安全的意识;
2. 培养吃苦耐劳、热爱劳动的精神;
3. 培养工匠精神、精益求精的精神;
4. 培养尊客爱货、热情服务的意识。

任务一 了解铁路货物运输系统

任务导入

顺达货运公司的李运本月要在铁路货运部门的货运员岗位实习。刚到岗位时,货运值班员王师傅告诉李运要办理铁路货运业务,需要了解铁路货运系统的一些基本知识,包括铁路货运在各种运输方式中的独特性质,铁路运输设施与设备中的线路、机车、车辆、货场、专用线等,铁路运输组织形式(整车、零担、集装箱、五定班列、行邮专列、行包专列)。

任务分析

与另一种陆上运输方式——公路运输相比,铁路货运方式的整体性特征更突出,因此一方面需要了解铁路货运的各个组成部分,另外还需要有铁路货运的系统观念。

一、铁路货运的特点

铁路货物运输是综合货运系统的重要组成部分,具有运量大、运输成本低、节能环保、速度较快、受天气影响小等特点,适合内陆地区大宗货物的长距离运输。在低碳环保成为交通运输行业共识的背景下,铁路货物运输的重要性进一步凸显。

二、铁路货运的作用

在综合货运系统中,铁路货物运输扮演了不可或缺的角色,这是由铁路货物运输的比较优势决定的。第一,与公路运输相比,铁路货物运输在运量、成本、节能环保、缓解交通拥堵、全天候方面的优势十分突出,在平抑社会物价、保证综合货运体系正常运转、支持港口集疏运、减少运输业负外部性、促进运输业可持续发展方面具有不可替代的作用。第二,在与沿海水路运输和沿内河水路运输线路平行的铁路线路上,虽然运输成本相对较高,但是在运输时间要求较高、天气条件不适合港口装卸或者河流水位低、结冰的状况下,铁路运输依然是可靠的选择,比如说中欧班列。第三,与航空货物运输相比，铁路货物运输依然有自己的优势——高铁货运。虽然高铁货运相比航空货物运输速度较慢，但是高铁货运运量大、不易受天气影响、更准时、适合的货种更多。第四，与管道运输相比，虽然铁路货物运输的运费相对较高，但是铁路货物运输的灵活性更强，可以将货物送往管道运输不能到达的地区。综上所述，铁路货物运输的相对比较优势促使其在综合货运系统中占有一席之地，尤其是对于陆域辽阔、物资调运量巨大的我国而言，铁路运输的重要性不言而喻。党的二十大报告中提到“我国已经建成世界最大的高速铁路网……”，可见铁路运输的受重视程度和取得成就之高。

三、识别铁路线路

铁路线路包括路基、轨道和桥隧建筑物。根据《铁路线路设计规范》(TB10098—2017)的规定，我国铁路分为高速铁路、城际铁路、客货共线铁路、重载铁路，客货共线铁路按照重要性及客货运量大小分为四个等级，其中一级铁路最为重要，是铁路网中起骨干作用的铁路，近期年客货运量(折算)大于或等于 2 000 万吨的，如京广线、京沪线、陇海线、京哈线等都是一级铁路。从 1876 年在上海修建的吴淞铁路开始，经过一百多年的修建，我国已经建成较为完善的铁路网，截至 2022 年底中国铁路里程达到 15.5 万公里(其中高铁里程 4.2 万公里)。

四、识别铁路机车

机车是铁路运输的基本动力，列车的牵引和车站的调车作业都要由机车来完成。因此，机车的类型、数量、保养和检修质量以及机务段设置和机车交路等对铁路能否完成和超额完成国家运输任务有着很大的影响。目前，我国铁路运输牵引的机车主要是电力机车和内燃机车。

电力机车是电气化铁路的主要设备，自身不带能源，从电气化铁道的接触网上获得电能，通过牵引电动机将电能转变为机械能，使机车运行。电力机车的主要优点是热效率较高，运输能力大，启动快、速度高，善于爬坡，在运量大的区段采用最为经济。但电力机车使用上受到较大的限制，它必须有大型发电站供电，而且在沿线必须设置牵引变电所、接触网等设备，因而机动性不强。电力机车由机械部分和电气部分组成。机械部分包括车体、走行部、车钩及制动等部分。在节能环保背景下，内燃机车的比例逐渐降低。

五、识别铁路车辆

车辆是铁路货物运输主要的运输工具，自身不带动力，依靠机车提供的牵引力行驶。根据运送货物的种类不同，装运货物的车辆分为通用货车、专用货车、特种货车。

(一)通用货车

通用货车的特点是能承载多种货物。

1. 敞车

图 3—1 敞车

车体两侧和端部设有高度在 1.8 米以上的固定墙板,无顶,侧面设有车门,可装运不怕湿的货物,装运怕湿的货物时要苫盖货车篷布,如图 3—1 所示。敞车的有关技术参数如表 3—1 所示。

表 3—1 常用敞车车型技术参数

车种车型	载重(吨)	有效容积(立方米)	车内(长×宽×高)(毫米)
C62	60	68.8	12 488×2 798×2 000
C62A	60	71.6	12 500×2 900×2 000
C62B	60	71.6	12 500×2 900×2 000
C63	61	70.7	10 300×2 890×2 375
C63A	61	70.7	10 300×2 890×2 375
C64	61	73.3	12 490×2 890×2 050
C65	60	68.8	12 988×2 796×1 900
C70	70	77	13 000×2 892×2 050
C70H	70	77	13 000×2 892×2 050
C80A	80	84.8	10 550×2 876×2 700

2. 棚车

车体有顶棚、侧墙及门窗,用于装运贵重、怕湿的货物,如图 3—2 所示。棚车的有关技术参数如表 3—2 所示。

图 3—2 棚车

表 3—2 常用棚车车型技术参数

车种车型	载重(吨)	容积(立方米)	车内(长×宽×高)(毫米)	车门尺寸(宽×高)(毫米)
P13	60	120	15 470×2 830×2 740	1 954×2 578
P60	60	120	15 470×2 830×2 750	1 950×2 578
P61	60	120	15 140×2 830×2 757	2 960×2 643
P62	60	120	15 490×2 820×2 754	2 964×2 585
P63	60	137	15 722×2 750×2 900	3 980×2 600
P63K	60	137	15 722×2 750×2 900	3 980×2 600
P64	58	116	15 466×2 820×2 796	2 964×2 536
P64A	58	135	15 472×2 800×2 855	2 964×2 537
P65	45	135	15 472×2 790×2 855	2 964×2 537
P65S	40	118	13 622×2 790×2 855	2 964×2 537
P70H	70	145	16 087×2 793×2 855	3 012×2 539
P70A	70	140	15 494×2 800×2 852	7 670×2 535

3. 平车

平车车体为平板或设有活动的矮侧墙板和端板，主要用于装运钢轨、机械及长、大、重货物。有矮侧墙板和端板的平车可以当作砂石车使用。平车的有关技术参数如表 3—3 所示。

表 3—3 常用平车车型技术参数

车种车型	载重(吨)	车底架尺寸长×宽(毫米)	面积(平方米)
N16	65	13 000×3 000	39
N17	60	13 000×2 980	38.7
N17AK	60	13 000×2 980	38.7

续表

车种车型	载重(吨)	车底架尺寸 长×宽(毫米)	面积(平方米)
N6	60	12 500×2 870	35.9
N60	60	13 000×3 000	39
NX17	60	13 000×2 980	41.9
NX17B	61	15 400×2 960	45.6
NX70	70	15 400×2 960	45.6
NX70H	70	15 400×2 960	45.6

(二)专用货车

专用货车是专门用于运送某类货物的车辆。

1.罐车

罐车专门用于装载液体状态的货物,也有少数用于装载粉状货物,如图 3—3 所示。罐车的卸车装置分为上卸式、下卸式两种。轻油罐车、酸碱类罐车采用上卸式;黏油罐车采用下卸式。液化气罐车、酸碱类罐车目前多为企业自备车。

图 3—3　罐车

2.机械冷藏车

机械冷藏车用于装运易腐货物,如鲜鱼、肉类、水果、蔬菜等,又称为机械保温车,如图 3—4 所示。

图 3—4　冷藏车

图 3—5　矿石车

3. 矿石车

矿石车专门用于运送各种矿石。一般为全钢车体，如图 3—5 所示。比容小于 1 立方米/吨，为方便卸货，有的车体下部制成漏斗形，并设底开门，卸货时开启底开门，矿石靠自重卸出（此种车辆也称为漏斗车）；有的车整个车体能在液压或压力空气的作用下，向一侧倾斜，并开启车门，矿石能自动倾泻出车（此种车称为自翻车）。

4. 集装箱专用平车

集装箱专用平车专门用于装载集装箱，如图 3—6 所示。

图 3—6 集装箱专用平车

5. 毒品车

毒品车专门用于运送有毒、有害物品，如图 3—7 所示。

图 3—7 毒品车

（三）特种货车

特种货车包括救援车、除雪车、发电车、检衡车等。

六、认知铁路车站

车站是铁路线路上设有配线的分界点，是办理运输业务和技术作业的场所。车站的生产活动包括客运业务、货运业务和行车技术作业三大部分。行车技术作业主要是办理列车的接发作业、到达技术作业和出发技术作业，列车的解体和编组工作，车辆的摘挂和取送作业等。车站在铁路运输过程中，主要有以下作用：

（1）车站是铁路运输的基层生产单位，拥有铁路线路、站场、通信、信号等技术设备和行车、客运、货运、装卸等方面的工作人员。

(2)车站是办理客货运输的始发、中转和终到作业的地点,是铁路与运输有关的行车、客运、货运、机务、工务、电务、供电等部门协调进行生产活动的场所。

(3)在车站主要办理列车的接发、会让或越行,通常还办理客货运输业务。

(4)车站将铁路线路分为若干个区段和区间。

七、认知铁路货场

(一)货场的作用

货场是车站办理承运、保管、装卸和交付的一个生产车间,是铁路与其他运输工具的衔接口,是货运的起点和终点,是铁路联系社会的窗口、货物的集散地。

(二)货场主要设施与设备

1.线路

线路是指装卸货物用的线路以及为货运服务的线路,如装卸线(见图3—8)以及货场内的调车线、牵出线、留置线、加冰线、货车洗刷线、轨道衡线、换装线、危险品货车停留线等。

图3—8　装卸线

2.货物仓库及雨棚

雨棚是为避免货物受自然条件影响而修建在普通站台上的带有顶棚的建筑物,如图3—9所示。雨棚主要用于存放怕湿、怕晒的货物。在多雨雪地区,对于作业量大的货物可根据需要采用跨线雨棚。

图3—9　雨棚

3.各种货物站台与堆放场

(1)货物站台。货物站台是为了便于装卸车作业，主要用于存放不受自然条件影响的货物而修建的建筑物。货物站台按其结构及高度可分为普通站台和高站台两种。

普通货物站台是指站台面距轨面高度1.1米的站台，如图3—10所示。普通货物站台按其与装卸线的配置形式可分为侧式站台和尽端式站台。

图3—10　货物站台

(2)堆放场。堆放场主要是用来装卸并短期存放煤炭、砂石、木材等散堆装货物、长大笨重货物的场所。按其与装卸线的水平位置分为平货位和低货位两种。

①平货位堆放场。即一般常见的堆放场。地面用块石、沥青或混凝土筑成，地面与路基相平。

②低货位堆放场。货物堆放场的地面低于线路路肩的，称为低货位堆放场，适用于散堆装货物的卸车作业。利用低货位堆放场卸车，可以减轻劳动强度，提高劳动效率，如图3—11所示。

图3—11　低货位堆放场

4.货运用具及衡器

货运用具及衡器包括台秤、地磅衡(见图3—12)、电子秤、轨道衡(见图3—13)等。

图 3—12 地磅衡

图 3—13 轨道衡

5. 消防设备

消防设备主要包括灭火器、消防栓、消防池和消防砂等,如图 3—14 所示。

图 3—14 消防设备

6. 装卸机械

铁路货场的装卸机械包括内燃叉车、电动叉车、手动叉车和各种搬运车等。

任务实施

【关键技能】

√ 说出铁路车辆的种类及功能

√ 区分专用线和专用铁路的概念

√ 识别货场设施与设备的种类和功能

【训练准备】

个人或分组,准备《铁路货物运输规程》、登录 95306 网站、安装 95306 货运 App。

任务评价

被考评人或小组		考评任务：了解铁路货物运输系统		
考评内容	分值	自我评价(50 分)	教师评价(50 分)	合计得分
说出铁路车辆的种类及功能	25 分			
区分专用线和专用铁路的概念	30 分			
识别货场设施与设备的种类和功能	15 分			
熟悉 95306 网站，会使用 95306 货运 App 的货运功能	30 分			

综合评定					
考评标准	知识掌握	资料准备	语言表达	沟通能力	合计得分
分值	30 分	20 分	30 分	20 分	
注：任务总评得分＝考评内容得分×60%＋综合评定×40%					

任务二　认知铁路货运规则

任务导入

顺达货运公司的李运已经在铁路货运部门实习一周，对于铁路货运设施与设备有了初步了解，因此希望继续学习其他内容。货运员王师傅告诉他，要办理铁路货运业务，需要熟悉铁路货运规则，因为铁路货运业务的开展都是以铁路货运各项规则为依据展开的。如果不熟悉铁路货运规则，则很容易出现违规办理的情况。

任务分析

铁路货运规则种类很多，但是其中最基本的规则是《铁路货物运输规程》(简称《货规》)，其他铁路规则大多是从《货规》引申出来的细则，因此，熟悉《货规》的结构和基本思想，就能更快地把握铁路货运规则的总体特征和主要内容。

一、铁路货运的规章依据

《铁路货物运输规程》(简称《货规》)是铁路货运的基本规章，它是以原《中华人民共和国经济合同法》《中华人民共和国铁路法》和《铁路货物运输合同实施细则》的基本原则为依据而制定的。全国营业铁路的货物运输，除国际联运、水陆联运、军事运输另有规定外，都适用本规程。

《货规》共四章，其正文主要内容包括：货物运输基本条件；运输合同的签订；货物托运、受理和承运；货物的搬入、装车和卸车；货物的到达、交付和搬出；货物运到期限；货物运输合同变更及解除；运输阻碍的处理；货车出租和托运人自备机车、车辆的运输；托运人、收货人组织装卸货物的交接；货运事故处理、赔偿和运输费用的退补、无法交付货物的处理；承运人与托运人、收货人责任的划分。此外，《货规》还包括一系列附件、格式、附录。全国营业铁路的货物运输，除国际联运、水陆联运、军事运输另有规定外，都适用《货规》。

由《货规》引申出来一系列规则、办法，这些规则、办法对于铁路货物运输的各个不同领域做了更加详细的规定。

(一)《铁路货物运价规则》(简称《价规》)

《价规》是计算国家铁路货物运输费用的依据，承运人和托运人、收货人必须遵守本规则。《价规》主要包括计算货物运输费用的程序和基本条件、不同运输服务的运费计算、杂费计算等内容，此外《价规》还包括四个附件和四个附录，其中附件三《铁路货物运输品名检查表》和附件四《货物运价里程表》都另外成册。

(二)《铁路货物运输管理规则》(简称《管规》)

制定《管规》的初衷是提高铁路货运管理水平、工作效率和工作质量，安全、迅速、经济、便利地组织货物运输，适应市场需求，增强铁路竞争力。《管规》的主要内容包括货物运输基本作业管理、货物交接检查和换装整理、货场管理、货运监察等。《管规》是明确铁路货物运输作业各环节基本内容和质量要求的内部规定，不作为托运人、收货人与铁路间划分权利、义务和责任的依据。

(三)《铁路危险货物运输管理规则》(简称《危规》)

《危规》根据《中华人民共和国铁路法》《中华人民共和国安全生产法》《中华人民共和国行政许可法》《危险化学品安全管理条例》《铁路运输安全保护条例》和《铁路货物运输规程》等法律法规和国家铁路局有关规定制定。主要内容包括危险货物的种类、办理限制、业务办理规定、运输包装、试运管理、运输及签认制度、押运管理、保管和交付、消防和劳动安全及防护、洗刷除污等内容。

(四)《铁路货物装载加固规则》(简称《加规》)

《加规》的主要内容包括装载基本技术条件、部分货物装载的特殊规定、装载加固方案管理、装载加固材料及装置管理、应急处置、满载工作等。《加规》的附件一《铁路货物装载加固定型方案》对 11 个大类货物的货物规格、准用货车、加固材料、加固方法做了详细规定。

(五)《铁路货物损失处理规则》

该规则的主要内容包括货物损失种类和等级、货物损失报告与勘察、记录编制、货物损失调查处理、货物损失责任划分、货物损失赔偿、货物损失统计与资料保管、无法交付和无标记货物处理等。

（六）《铁路集装箱运输规则》

该规则的主要内容包括集装箱运输基本条件、业务办理、运输管理、运输组织、信息和统计等内容。

（七）《铁路鲜活货物运输规则》

该规则的主要内容包括运输基本要求、易腐货物运输、活动物运输。附件包括易腐货物机械冷藏车运输条件表、易腐货物运输包装表、易腐货物装载方法表、使用棚车及敞车运输易腐货物的措施等内容。

（八）《铁路超限超重货物运输规则》

该规则包括超限和超重货物的定义及等级划分、办理线路和车站、受理和承运、超限和超重车运行、途中检查和卸车、国际联运超限货物的办理、长大货物车的运用管理。

（九）《铁路专用线专用铁路管理办法》

铁路专用线、专用铁路（以下统称专用线）运输是铁路运输的重要组成部分。为加强专用线的管理，搞好路企协作，提高管理水平和工作质量，确保行车和货物安全，加速车辆周转，提高经济效益，依据《中华人民共和国铁路法》《铁路货物运输规程》，特制定本办法。本办法主要内容包括专用线修建、运输管理、基本制度、作业管理、专用线共用、安全管理等内容。本办法的附件一为专用线、专用铁路运输协议。

（十）《铁路货物保价运输办法》

该办法主要包括参与保价运输的各方当事人的权利和责任、货物保价费率等内容。

二、运输条件及约束

铁路货物运输条件主要是关于货物分类、货物运输种类、一批货物的规定，约束主要是营业办理限制和运输期限。

（一）货物分类

铁路运输的货物种类以大宗低值货物为主，俗称黑货。主要包括煤炭、矿石、石油、钢铁、建材、木材、化肥等，目前也在积极争取“白货”货源和集装箱货源。在低碳物流政策引导下，我国铁路货运发送量和货运周转量近年来连续增长。如图 3－15 和图 3－16 所示。

我国铁路运输的货物包含 28 个品类（大类），分别是煤、石油、焦炭、金属、矿石、钢铁及有色金属、非金属矿石、磷矿石、矿物性建筑材料、水泥、木材、粮食、棉花、化肥及农药、盐、化工品、金属制品、工业机械、电子电气机械、农业机具、鲜活货物、农副产品、饮食品及烟草制品、纺织品以及皮革毛皮及其制品、纸及文教用品、医药品、其他货物（包括家具、行李等）以及零担、集装箱。

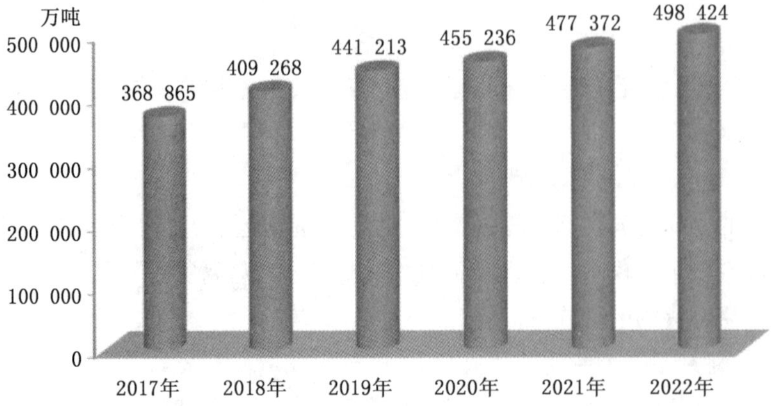

资料来源:国家铁路局网站。

图 3—15 全国铁路货运总发送量

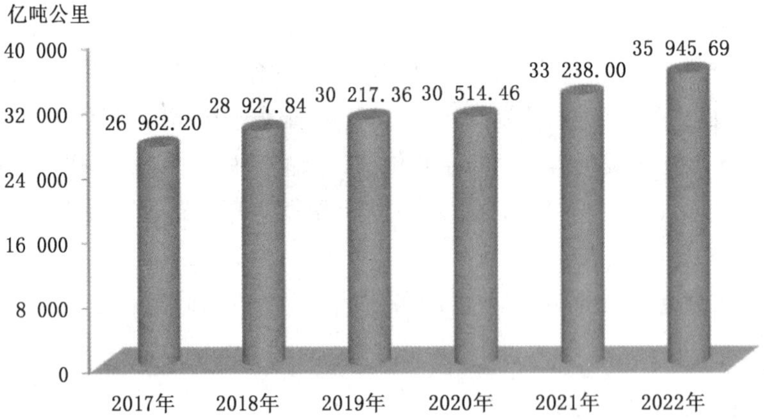

资料来源:国家铁路局网站。

图 3—16 全国铁路货运总周转量

根据货物的外部形态,货物分为成件货物、大件货物、散堆装货物,如图 3—17、图 3—18、图 3—19 所示。

图 3—17 成件货物

图 3—18 大件货物

图 3—19 散堆装货物

根据货物对运输条件的要求不同,货物分为按普通条件运输的货物以及按特殊条件运输的货物。其中按特殊条件运输的货物包括阔大货物、危险货物和鲜活货物。

(二)货物运输种类

上述货物分类是按照货物的自然属性分类,但是在运输过程中根据货物的数量、性质、形状等条件并结合所使用的车辆,可将货物运输划分为整车、零担、集装箱三种。

1.整车运输

根据一批货物的重量、体积或形状,需要以一辆以上货车运输的,应按整车托运。我国大多数的货物运输是按整车托运的。整车运输包含几种特殊情况:整车分卸,准轨、米轨直通运输,国铁与地方铁路直通运输。

2.零担运输

不符合整车运输条件的,按零担托运;按零担托运的货物,一件体积最小不得小于0.02立方米(一件重量在10千克以上的除外),每批不得超过300件。

对下列货物不得按零担托运:需要冷藏、保温或加温运输的货物;规定按整车办理的危险货物;易于污染其他货物的污秽品(例如,未经过消毒处理或未使用密封包装的牲骨、湿毛皮、粪便、炭黑等);蜜蜂;不易计算件数的货物;未装入容器的活动物(铁路局规定在管内可按零担运输的除外);一件货物重量超过2吨、体积超过3立方米或长度超过9米的货物(经发站确认不致影响中转站和到站装卸车作业的除外)。

由于零担运输过程远比整车运输复杂,占用较多的设施、设备和人员,整体效率低,因此铁路曾经取消零担业务。2014年9月铁路总公司在全国铁路部门开办了零散货物快运业务,可以看作零担运输的升级版。

3.集装箱运输

集装箱适用于运输精密、贵重、易损、怕湿的货物。集装箱是现代物流加快中转、降低费用、提高安全性的标准化载体,是现代物流业的代表性装备,采用铁路集装箱运输是铁路货运融入国际多式联运以及现代物流的重要措施。中国铁路部门在20世纪50年代就开始用集装箱运输货物,但是发展比较缓慢,目前铁路集装箱的年运量远低于水路和公路集装箱运量,这与铁路货运在综合货运体系中的地位是不相称的,尤其是在港口集疏运中迫切需要采用铁路集疏运集装箱以促进节能减排,实现港口集疏运的绿色可持续发展,因此扩大铁路集装箱运输是铁路货物运输的发展方向。针对铁路集装箱运输的发展,《中长期铁路网规划》中特别提出要在全国建设18个铁路集装箱中心站,这些新建的集装箱中心站无论在规模还是在设备、技术、信息化水平方面都远超传统铁路货运站,是"一带一路"的重要中转站。

(三)一批

一批是铁路部门承运货物和计算运输费用的一个单位,是指使用一张货物运单,按照同一运输条件运送的货物。按一批托运的货物,其托运人、收货人、发站、到站和装卸地点必须相同(整车分卸货物除外)。如为整车货物,每车为一批。跨装、爬装及使用游车的货物,每一车组为一批。如图 3—20、图 3—21、图 3—22 所示。

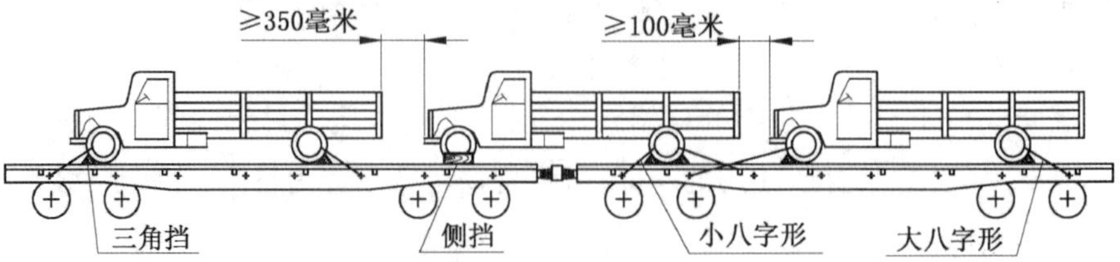

资料来源:《铁路货物装载加固规则》。

图 3—20 跨装货物

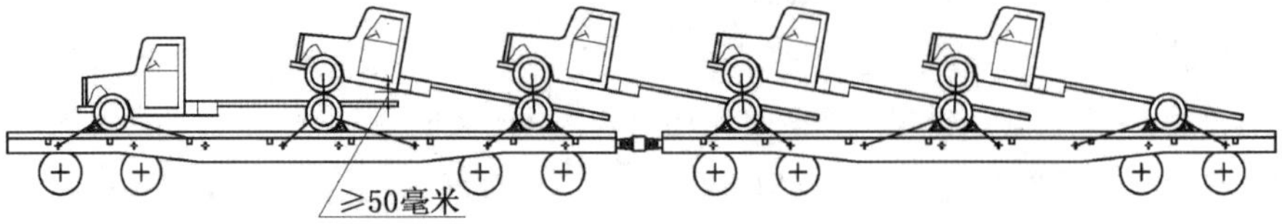

资料来源:《铁路货物装载加固规则》。

图 3—21 爬装货物

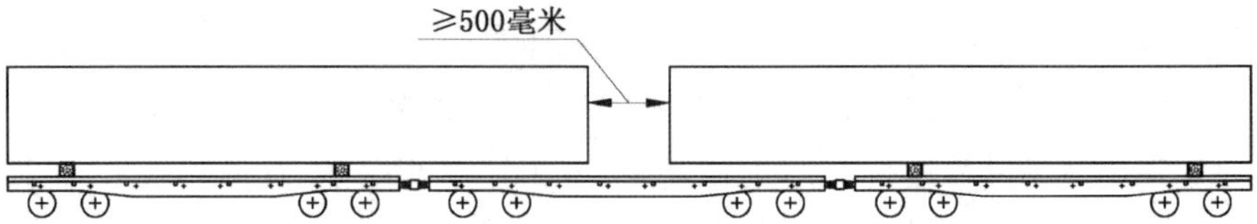

资料来源:《铁路货物装载加固规则》。

图 3—22 使用游车的货物

由于货物性质各不相同,其运输条件也不一样。为保证货物安全运输,规定下列货物不得按一批托运:

(1)易腐货物与非易腐货物。

(2)危险货物与非危险货物。

(3)根据货物的性质不能混装运输的货物,如液体货物与怕湿货物、食品与有异味的货物、配装条件不同的货物等。

(4)按保价运输的货物与不按保价运输的货物。

(5)投保货物运输险的货物与未投保货物运输险的货物。

(6)运输条件不同的货物,如需要卫生检疫证的货物与不需要卫生检疫证的货物,海关监管货物与非海关监管货物,不同热状态的易腐货物等。

上述不能按一批托运的货物,在特殊情况下,经铁路局承认也可按一批托运。

(四)营业办理限制

各个铁路货运营业网点的规模、设施与设备等级不同,所以不同的网点其营业办理范围不同。

查询网点是否办理相关业务(起重能力),可以查询《货物运价里程表》中的该网点的“营业办理限制”和“最大起重能力”。关于营业办理限制,用符号△表示不办理,用○表示仅办理,常用营业办理限制符号及含义如表 3—4 所示。集装箱按《集装箱办理站站名表》,危险货物按《铁路危险货物运输办理站(专用线、专用铁路)办理规定》办理。关于营业网点的办理限制,也可在 95306 网站查询,例如查询上海市范围内各站的营业办理限制,如表 3—5 所示。

表 3—4　　常用营业办理限制符号及含义

营业办理限制符号	含　义
△货	不办理货运营业,没有专用线、专用铁路货运作业
○专	仅办理专用线、专用铁路货运作业,关于具体办理内容,另查《铁路专用线专用铁路名称表》
○路	站内仅办理路用货物发到
△牲	站内不办理活牲畜到达
△湿	站内不办理怕湿货物发到
△散	站内不办理散堆装货物发到
△蜂	站内不办理蜜蜂发到
□危	站内办理危险货物运输,关于具体办理内容,另查《铁路危险货物运输办理站(专用线、专用铁路)办理规定》

表 3—5　　营业网点办理限制示例

城市	路局	营业站	营业厅地址	铁路货场办理限制
上海市	上海局	封浜	上海市嘉定区	仅办理轿车、汽车
上海市	上海局	黄渡	上海市嘉定区	均不办理
上海市	上海局	何家湾	上海市宝山区	无限制
上海市	上海局	海湾	上海市奉贤区	无限制
上海市	上海局	金山卫西	上海市金山区	均不办理
上海市	上海局	芦潮港	上海市浦东新区	仅办理汽车
上海市	上海局	闵行	上海市闵行区	不办理散堆装货物(煤、焦炭除外)
上海市	上海局	南翔	上海市嘉定区	不办理散堆货物
上海市	上海局	上海	上海市静安区	仅办理路料

三、运输条件及约束增值服务

(一)保价和保险

托运人办理保价和保险时遵循自愿的原则,可以同时办理保价和保险,也可以二选一,或者两者都不办理。

1. 保价

托运人托运货物时,根据自愿的原则,可向发站要求办理保价运输,并按《铁路货物保价运输办法》支付货物保价费。

按保价运输办理的货物,托运人应以全批货物的实际价格保价,货物的实际价格以托运人提出的价格为准。货物的实际价格包括税款、包装费用和已发生的运输费用。

按保价运输办理的货物,应全批保价,不得只保其中一部分。保价率不同的货物作一批托运时,应分项填写品名及保价金额,保价费用分别计算。保价率不同的货物合并填写时,适用于其中最高的保价费率。表 3—6 为常见货物保价费率。

保价运输的货物发生损失时的赔偿额,按照实际损失赔偿。全批货物损失时,最高不超过保价金额;一部分货物损失时,则按损失货物占全批货物的比例乘以保价金额赔偿。

表 3—6　　货物保价费率表

货物品类	保价费率‰	货物品类	保价费率‰
煤	1	人造板材	2
原油	3	小麦、玉米、大豆	2
汽油、煤油、柴油	4	棉花	3
铁矿石	1	化学肥料	2
放射性矿石	3	农药	3
钢材	2	爆炸品	6
有色金属及其合金	4	猪、牛、狗、兔	10
石灰石	1	蜜蜂	15
石墨	2	鲜冻肉	6
原木	1	鲜蔬菜	10

资料来源:《铁路货物保价运输办法》。

保价费率分为五个基本级,两个特定级:一级为 1‰,二级为 2‰,三级为 3‰,四级为 4‰,五级为 6‰,特六级为 10‰,特七级为 15‰。集装箱装运的货物,均按 3‰计算。

承运人从承运货物时起,至将货物交付收货人时止,对保价货物发生的灭失、短少、变质、污染、损坏承担赔偿责任。但由于下列原因造成的，承运人不承担赔偿责任：不可抗力；货物本身的自然属性或合理损耗；托运人、收货人或押运人的过错。

2.保险

铁路国内货运保险(以下简称“铁路保险”)是旨在保障货物运输安全、降低运输风险，赔偿铁路运输货物因自然灾害和意外事故遭受的各种损失。

关于铁路保险的责任范围，可以根据客户需求，自行选择门到门、站到站、站到门等保障范围。同时也适用于多种运输方式，除铁路运输外，对于水铁联运、公铁联运中的水路、公路运输风险也可一并投保。

(二)快运

我国铁路货物运输强度大、途中作业等待时间长，因此营运速度远远低于技术速度。但是铁路部门也开发了多项快运产品，以履行铁路的公益职能以及提高货运服务质量。

1.供港三趟快车

为了保证内地对港澳地区鲜活货物的及时运送，每天分别从江岸西(或长沙北)、新龙华、郑州北等站各开行一列快运货物列车到深圳北站。从1962年至2010年，三趟快车保证了“及时、均衡、适量、优质”地供应港澳地区鲜活商品的特殊需要。由于其他运输方式的发展，2010年6月，运行了48年的三趟快车退出历史舞台，但是三趟快车所代表的内地人民对港澳同胞的血浓于水的亲情却永不磨灭。

2.货运班列

货运班列是指按客车化模式组织开行的货物列车，目前我国铁路主要货运班列有中欧班列、中亚班列、大宗直达班列、多式联运班列、特快班列、快速班列、普快货运班列等。

中欧班列是由国铁集团组织，按照固定车次、线路、班期和全程运行时刻开行，运行于中国与欧洲以及“一带一路”沿线国家间的国际联运列车，是深化我国与沿线国家经贸合作的重要载体和推进“一带一路”建设的重要抓手。中欧间形成了西、中、东三大铁路运输通道。西通道，在新疆阿拉山口(霍尔果斯)铁路口岸与哈萨克斯坦、俄罗斯铁路相连，途经白俄罗斯、波兰等国；中通道，在内蒙古二连浩特铁路口岸与蒙古国、俄罗斯铁路相连，途经白俄罗斯、波兰等国；东通道，在内蒙古满洲里铁路口岸、黑龙江绥芬河铁路口岸与俄罗斯铁路相连，途经白俄罗斯、波兰等国，通达欧洲其他各国。

大宗直达班列是指国铁集团公布的，固定货物发、到站，固定发、收货人，固定车次开行的始发整列直达货物列车。大宗直达的货源以煤炭、石油、矿石、钢铁、焦炭、粮食等大宗品类物资为基础，具有稳定的流量与流向。

快运班列是指在固定发、到站间，有固定车次和运行线、明确的开行周期和运行时刻，按客车化模式组织开行的货物列车。快运班列按照速度等级分为特快、快速、普快班列。其中特快班列是使用25T型等专用车辆编组，最高运行速度160千米/小时，按不低于 2 500 千米/日标准来铺画运行图,在固定发、到站间,有固定车次和运行线、明确的开行周期和运行时刻,按客车化模式组织开行的货物列车。

(三)特货物流服务

中铁特货的商品汽车物流采用“库前移”物流模式,如图 3—23 所示,将主机厂生产的商品汽车,有计划、成规模地通过铁路运输前移至铁路新建的物流基地(相当于在物流基地建立分厂),再按照周边地区的市场需求,二次分拨至各经销商。“库前移”模式的优势在于,主机厂生产有了较强的稳定性,在销售淡、旺季均可发挥铁路商品汽车

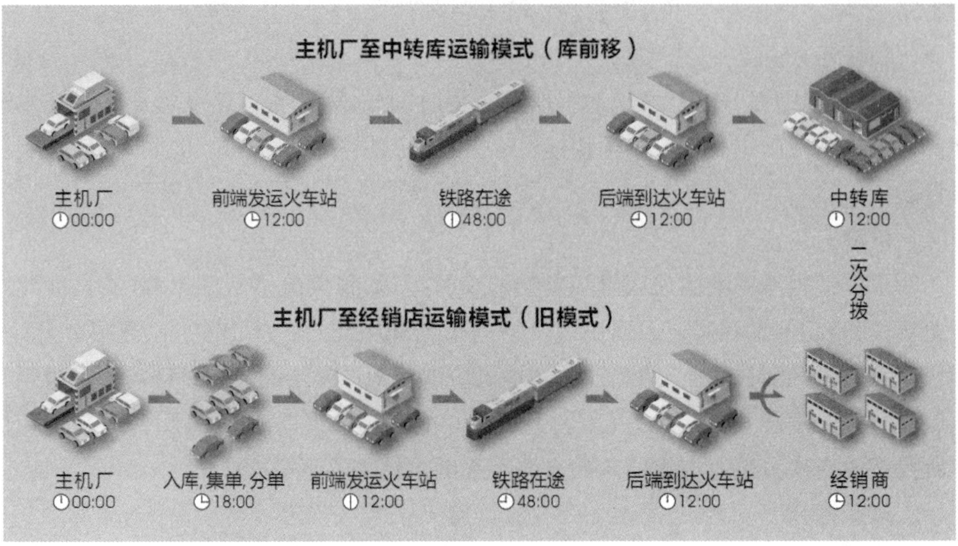

资料来源:中铁特货公司网。

图 3—23　中铁特货商品车运输模式

物流基地的“蓄水池”调节作用,实现均衡生产;提高了经销商销售的时效性,铁路商品汽车物流基地存储量大,可供选择的商品车型号、颜色齐全,经销商可就地快速满足不同客户的个性化购车需求。铁路规模化运输的效率得到了充分发挥,为铁路开行商品汽车快运班列、提高运输时效性、发挥规模化运输优势创造了有利条件。

中铁特货还提供冷链物流和大件货物运输,如图 3—24、图 3—25 所示。

资料来源：中铁特货公司网。

图 3－24　中铁特货已装车的鲜水果

资料来源：中铁特货公司网。

图 3－25　中铁特货承运的锅炉汽包设备

任务实施

【关键技能】

√ 理解铁路规章的种类和作用

√ 理解一批的概念

√ 会查询营业办理限制

【训练准备】

分组，准备《货规》《管规》《危规》等十余项铁路货运的规章，小组讨论铁路规章的种类和作用。小组查找资料，并汇报我国铁路快运和特货物流服务发展现状及发展趋势。

任务评价

被考评人或小组		考评任务:认知铁路货运规则		
考评内容	分值	个人评价(25 分)	小组评价(25 分)	教师评价(50 分)
理解铁路规章的种类和作用	25 分			
理解一批、运到期限等概念	30 分			
会网上查询营业办理限制	15 分			
小组汇报对“快运和特货物流服务”的认识	30 分			

综合评定						
考评标准	知识掌握	资料准备	语言表达	沟通能力	团队协作	合计得分
分值	20 分	20 分	20 分	20 分	20 分	

注:任务总评得分＝考评内容得分×60%＋综合评定×40%

任务三 受理铁路货物运输托运

任务导入

顺达货运公司的李运已经在铁路货运部门实习两周，对于铁路货运设施与设备以及铁路货运规则已经有了初步了解，因此希望继续学习其他内容。货运员王师傅告诉他，要办理铁路货运业务，还需要熟悉铁路货运过程，主要包括发送作业、途中作业和到达作业三个环节。首先应该从托运受理作业开始。

任务分析

一、托运受理

铁路货运的安全、质量如何，与托运受理作业关系密切。这是因为，托运和受理作业是运输工作的起点，托运受理作业是托运人与承运人的一项重要的交流活动。托运受理作业如果出现漏填写、误填写或者审核不严格，要求的运输证明不齐全等情况，会造成后续运输过程的运输差错、运输纠纷、运输安全及运输质量问题，使运输的及时、准确、安全、经济的目标难以实现。因此，应该特别重视托运受理作业，为完成整个运输过程的目标做好前期准备。

1. 货物运单格式认知

铁路货物运单，是铁路货物运输合同的组成部分，也是铁路收取货物运输费用的结算单据之一，系一整套票据，由带编号的6联和不带编号的需求联组成，可以按照需求分别打印各联。各联打印规格均为A4(297×210毫米)，如表3—7所示。

表3—7　　新运单各联介绍

<table>
<tr><th>序号</th><th>各联名称</th><th>领收人</th><th>用途</th><th>备注</th></tr>
<tr><td>第1联</td><td>货物运单正本
(发站存查联)</td><td>发站</td><td>发站留存的已生效的运输合同</td><td rowspan="6">相同的运单号</td></tr>
<tr><td>第2联</td><td>货物运单副本
(收款人报告联)</td><td>发站</td><td>发站收款的已生效的运输合同(财务凭证)</td></tr>
<tr><td>第3联</td><td>货物运单正本
(托运人存查联)</td><td>托运人</td><td>托运人留存的已生效的运输合同</td></tr>
<tr><td>第4联</td><td>货物运单副本
(到站存查联)</td><td>到站</td><td>到站留存的已生效的运输合同</td></tr>
<tr><td>第5联</td><td>货物运单副本
(收货人存查联)</td><td>收货人</td><td>收货人留存的已生效的运输合同</td></tr>
<tr><td>第6联</td><td>货物运单副本
(领货凭证联)</td><td>收货人</td><td>收货人在到达站办理领货的凭证</td></tr>
<tr><td>第7联</td><td>货物运单
(需求联)</td><td>发站</td><td>记录客户提报需求，发站留存</td><td>无运单号</td></tr>
</table>

承、托双方在填写时均应对货物运单所填写的内容负责，如表3—8所示。按照《货规》的要求，填写运单时要做到正确、完备、真实、详细、清楚。如有更改，在更改处，属于托运人填写的事项，应由托运人盖章证明；属于承运人记载的事项，应由车站加盖站名戳记。承运人对托运人填写的事项一般不得更改。

表 3－8

货物运单

铁路货运 CHINA RAILWAY FREIGHT

中国铁路 ××× 局集团有限公司

货 物 运 单

B0000000000000

托运人	发站（公司）		专用线		货区	
	名称		经办人		货位	
			手机号码		车种车号	
	□上门取货	取货地址	联系电话		取货里程（km）	
收货人	到站（公司）		专用线		运到期限	标重
	名称		经办人		施封号	
			手机号码		篷布号	
	□上门取货	取货地址	联系电话		送货里程（km）	

付费方式	□现金支票□银行卡□预付款□汇总支付	领货方式	□电子领货 □纸质领货	装车方		施封方	

货物名称	件数	包装	货物价格（元）	重量（kg）	箱型箱类	箱号	集装箱施封号	承运人确定重量（千克）	体积（m^3）	运价号	计费重量（kg）
合计											

		费目	金额（元）	税额（元）	费目	金额（元）	税额（元）
选择服务	□上门装车						
	□上门卸车						
	□保价运输 □装载加固材料 □仓储 □冷藏（保温）						
	其他服务						
增值税发票类型 □普通票 □专用票	受票方名称： 纳税人识别号： 地址、电话： 开户行及账号：						
		费用合计	大写：				

托运人记事： 签章	承运人记事： 卸货时间 月 日 时 到站收费票据号码 通知时间 月 日 时 领货人身份证号码 货运员 车站日期戳

需求号：201708HY6666660001 （整车、集装箱、批量、零散）

收货人签章 车站接（交）货人签章 制单人 制单日期

托运人须知

1.托运人在铁路托运货物，在本单签字或盖章，即证明愿意遵守《民法典》中有关合同的部分与《中华人民共和国铁路法》《铁路安全管理条例》等法律法规，以及《铁路货物运输规程》等铁路规章的有关规定。

2.托运人应签署《货物托运安全承诺书》，不得匿报、谎报货物品名，不得托运或在所托运货物中夹带国家禁止运输的物品，不得在普通货物中夹带危险货物，不得在危险货物中夹带禁止配装的货物。

3.托运人在本单所记载的货物名称、件数、包装、价格、重量等事项应与货物的实际完全相符，并对其真实性负责。

4.货物的内容、品质和价格是托运人提供的，承运人在接收和承运货物时并未全部核对。

5.托运人应妥善保管电子领货密码或领货凭证，并及时将电子领货密码告知或将领货凭证寄交收货人，收货人凭电子领货密码或领货凭证经到达站验证后，在到达站领取货物。

6.托运人选择电子领货方式时，应在电子运单中正确填记收货人的经办人姓名、身份证号码、手机号码和电子领货密码。

7.托运人选择保价运输时，应填写货物的实际价格，作为计算“保价金额”的依据。当货物在运输过程中发生损失时，承运人对保价货物按照货物的保价金额和损失比例赔偿，对非保价货物，按规定的限额赔偿。

8.托运人应凭本单于次月底前开具增值税发票。

9.本单于托运人和承运人双方签字或盖章之时起生效。

收货人须知

1.收货人应妥善保管电子领货密码或领货凭证，接到货物到达通知后，及时领取货物。

2. 收货人凭电子领货密码领取货物时，应同时出示身份证原件；委托他人领取货物时，收货人应登录铁路货运网上营业厅，正确填写被委托人姓名、身份证号码、手机号码等委托信息，被委托人凭电子领货密码和本人身份证原件领取货物。

收货人凭领货凭证领取货物时，应同时出示身份证原件；委托他人领取货物时应同时提供领货凭证、收货人身份证复印件、被委托人身份证原件和委托书。收货人为法人单位时，除提供经办人身份证原件外，还需提供加盖单位公章的委托书。

3.收货人应按规定支付相关费用。

4.收货人接收货物时，发现货物损失，应立即向承运人提出。

5. 货物交付完毕，合同即为履行完毕；此后发生问题，承运人不承担责任。

货物托运安全承诺书

根据《中华人民共和国铁路法》《铁路安全管理条例》，托运货物必须遵守国家关于禁止或者限制运输物品的规定；托运人托运货物，不得匿报、谎报货物品名、性质、重量，不得在普通货物中夹带危险货物，不得在危险货物中夹带禁止配装的货物。

依据《铁路安全管理条例》第九十六条规定，托运人托运货物时，将危险货物谎报或者匿报为普通货物托运的，或在普通货物中夹带危险货物的，由铁路监督管理机构依法处置。依据《中华人民共和国铁路法》第六十条规定，以非危险品品名托运危险品，导致发生重大事故的，依照刑法有关规定追究刑事责任。

本公司（本人）已阅知上述法律法规规定。承诺申报的货物运单和物品清单所填写事项真实，与实际货物相符，没有匿报、错报货物品名。托运的货物没有国家法律法规及铁路部门禁止托运或混装的货物。违反此承诺造成的一切法律责任及后果由本公司（本人）承担。

托运人（盖章/签字）：　　年　月　日

2.托运及运单、清单填写

托运人以货物运单向承运人提出货物运输要求,并向承运人交运货物,称为货物的托运。托运人到营业厅办理托运时,托运人向承运人交运货物,应向车站按批提出货物运单一份。货物运单填制说明如表3—9所示。

(1)在货物运单右上角打印运单号码和对应的条形码。运单号码由5位字母(3位车站电报码、1位票种代码、1位窗口代码)和7位数字(7位循环顺序号)组成。运单上的条形码,供自动识别。

(2)根据托运人选择的运输方式,在货物运单右下角分别自动打印“整车、集装箱、批量、零散”等字样。

(3)在货物运单左上角打印铁路货运统一标识、App下载应用的二维码等相关内容。在货物运单底部打印收货人签章、车站接(交)货人签章、制单人、制单日期等栏目。货物运单框内左半部分为托运人填写部分,右半部分为承运人填写部分,以黑色加粗折线分隔。

(4)托运人填写部分说明,带“ * ”的栏目为必填项。

表3—9　　运单各栏(托运人部分)填写规范

	栏目名称		内容填写说明
托运人填写部分			
1	托运人	发站(公司)*	发站按《铁路货物运价里程表》规定的站名完整填写,不得简称。发站(公司)名,为系统自动生成。
2		专用线	在专用线或专用铁路装车时,填写该专用线全称。
3		名称*	填写托运单位的完整名称,如托运人为个人时,则应填写托运人的姓名和身份证号码。
4		经办人	填写经办人姓名。姓名超过5个汉字时,根据经办人要求填写姓名简称,并在托运人记事栏内填写姓名全称。
5		手机号码	填写经办人手机号码。
6		取货地址	选择上门取货服务时,应详细填写取货地点所在省、市、自治区城镇街道和门牌号码或乡、村名称及取货联系人姓名。
7		联系电话	选择上门取货服务时,应填写取货联系人的电话号码。
8	收货人	到站(公司)*	到站按《铁路货物运价里程表》规定的站名完整填写,不得简称。到站(公司)名,为系统自动生成。
9		专用线	在专用线或专用铁路卸车时,填写该专用线全称。
10		名称*	填写收货单位的完整名称,如收货人为个人时,则应填写收货人姓名。
11		经办人	填写经办人姓名。姓名超过5个汉字时,根据经办人要求填写姓名简称,并在托运人记事栏内填写姓名全称。
12		手机号码	填写经办人手机号码。
13		送货地址	选择上门送货服务时,应详细填写送货地点所在省、市、自治区城镇街道和门牌号码或乡、村名称及收货联系人姓名。
14		联系电话	选择上门送货服务时,应填写收货联系人的电话号码。
15	付费方式*		客户可选择现金、支票、银行卡、预付款、汇总支付等方式,选择汇总支付或预付款的,应填写汇总支付或预付款的凭证号码。
16	领货方式*		客户可选择纸质领货或电子领货,选择电子领货时,须设置领货经办人的身份证号码、领货密码等信息。

续表

17	货物名称*		应按《铁路货物运价规则》附件三"铁路货物运输品名检查表"，对于危险货物，则按《铁路危险货物品名表》所列的货物名称完整、正确地填写。托运危险货物，应在品名之后用括号注明危险货物编号。对于"铁路货物运输品名检查表"或《铁路危险货物品名表》内未经列载的货物，应填写生产或贸易上通用的具体名称，但须用《铁路货物运价规则》附件一"铁路货物运输品名分类与代码表"相应类项的品名加括号注明。按一批托运的货物，不能逐一将品名填写在货物运单内时，须另填物品清单，承运后由车站打印，一式两份，托运人签章，一份由发站存查，一份交托运人。 需要说明货物规格、用途、性质的，在"货物描述"中加以注明。
18	件数*		应按货物名称及包装种类，分别记明件数，在"合计件数"栏填写货物的总件数。对于承运人只按重量承运的货物，则在本栏填写"堆""散""罐"字样。
19	包装		记明包装种类，如"木箱""纸箱""麻袋""条筐""铁桶""绳捆"等。按件承运的货物无包装时，填写"无"字。对于使用集装箱运输的货物或只按重量承运的货物，本栏可以省略不填。
20	货物价格(元)		应填写该项货物的实际价格，全批货物的实际价格为确定货物保价金额的依据(托运人选择保价运输时，为必填项)。
21	重量(千克)*		应按货物名称及包装种类分别将货物实际重量(包括包装重量)用千克记明，在"合计重量"栏，填写该批货物的总重量。
22	箱型箱类		关于箱型，填集装箱对应箱型，如"20""25""40""45""50"。关于箱类，填集装箱对应箱类，如"通用标准箱""35 吨敞顶箱"等。
23	箱号		填写包括箱主代码在内的 11 位集装箱箱号。
24	集装箱施封号		填写集装箱的铁路施封锁号码。
25	选择服务	上门装车	选择上门装车的，需详细填写货物单件规格、重量等特约事项。
26		上门卸车	选择上门卸车的，需详细填写货物单件规格、重量等特约事项。
27		保价运输、装载加固材料、仓储、冷藏(保温)	托运人根据需要选择相应服务。
28		其他服务	托运人、承运人双方认可的其他服务事项。
29	增值税发票类型		需要开具增值税发票的，选择填写"普通票""专用票"，并填写受票方名称、纳税人识别号、地址、电话、开户行及账号等信息。
30	托运人记事		填写需要由托运人声明的事项。例如： (1)货物状态有缺陷，但不致影响货物安全运输，应将其缺陷具体注明。 (2)需要凭证明文件运输的货物，应将证明文件名称、号码及填发日期注明。 (3)托运人派人押运的货物，注明押运人姓名和证件名称及号码。 (4)托运易腐货物或"短寿命"放射性货物时，应记明容许运输期限。选择冷链(保温)运输时，应记明具体运输条件、要求。 (5)使用自备货车或租用铁路货车在营业线上运输货物时，应记明"××单位自备车"或"××单位租用车"。使用自备篷布时，应记明自备篷布号码。 (6)从国外进口的危险货物，按原包装托运时，应注明"进口原包装"。 (7)托运零散快运货物时，应注明单件最大重量和单件最大长、宽、高。 (8)托运人要求办理铁路货物运输保险时，应注明"已投保运输险"。 (9)其他按规定需要由托运人在运单内记明的事项。 (10)经办人姓名超过 5 个汉字时，应填写姓名全称。
	签章*		托运人于货物运单打印完毕，并确认无误后，在此栏盖章或签字。
承运人填写部分			

续表

栏号	栏目名称	内容填写说明
31	货区	填写货物堆存货区。
32	货位	填写货物堆存货位。
33	车种车号	填写装载货物的铁路货车车种、车型和车号。
34	取货里程(千米)	根据托运人填写的取货地址确定的取货里程。
35	运到期限	填写按规定计算的货物运到期限日数。
36	标重	填写铁路货车对应的标记载重。
37	施封号	填写货车的施封号码。
38	篷布号	填写所苫盖的铁路货车篷布号码。
39	送货里程(千米)	根据托运人填写的送货地址确定的送货里程。
40	装车方	根据装车组织人,填写“托运人”或“承运人”。
41	施封方	根据施封负责人,填写“托运人”或“承运人”。
42	承运人确定重量(千克)	除一件重量超过车站衡器最大称量的货物外,对于其他货物,由承运人确定货物重量,按货物名称及包装种类分别填写。在“合计重量”栏填写该批货物总重量。
43	体积(立方米)	按货物名称及包装种类分别填写。在“合计体积”栏填写该批货物总体积。
44	运价号	填写货物名称对应的运价号。
45	计费重量(千克)	如为整车货物,填写货车标记载重量或规定的计费重量;如为零散货物,填写按规定处理尾数后的重量或起码重量。
46	费用、金额(元)、税额(元)	按规定的计费科目及费用填写。
47	费用合计	填写所有费用合计的小写金额。
48	大写	填写所有费用合计的大写金额。
49	承运人记事	填写需要由承运人记明的事项,例如: (1)货车代用记明批准的代用命令; (2)途中装卸的货物,记明计算运费的起讫站名; (3)需要限速运行的货物和自有动力行驶的机车,记明铁路局集团公司承认命令; (4)对危险货物或鲜活货物,应按货物性质,在记事栏中选择“爆炸品”“氧化性物质”“毒性物质”“腐蚀性物质”“易腐货物”等记事,以及经铁路局集团公司批准按普通货物运输的危险货物记载事项; (5)机械冷藏等有工作车的成组货车装车时,记载工作车车号; (6)托运人要求办理铁路货物运输保险时,应记载保险单号码; (7)“卸货时间”由到站按卸车完毕的时间填写; (8)“通知时间”按发出领货(送货)通知的时间填写; (9)填写“到站收费票据号码”和“领货人身份证号码”; (10)需要由承运人记明的其他事项。
50	签章	收货人签章:收货人领货时签字或盖章。 车站接(交)货人签章:发站上门取货人员名章、到站上门送货人员名章。

资料来源:相关铁路规章。

3.货运员审核并填写运单

车站对托运人提出的货物运单,经审查符合运输要求的,在货物运单上签订货物搬入或装车日期后，即为受理。

(1)审查货物运单

车站受理托运人提出的货物运单时，应认真审查货物运单内填写的事项是否符合铁路运输条件，审查的主要内容有：

①货物运单各栏填写是否齐全、正确、清楚，领货凭证与运单是否一致。

②到站的营业办理限制(包括临时停限装)和起重能力。

③货物名称是否准确、是否可以承运。这关系到铁路运输货物的安全和运费的计算。

④需要的证明文件是否齐全、有效。根据中央或省、自治区、直辖市法令需要证明文件运输的货物，托运人应将证明文件与货物运单同时提出并在货物运单托运人记载事项栏注明文件名称和号码。车站在证明文件背面注明托运数量，并加盖车站日期戳，退还给托运人或按规定留发站存查。证明文件包括：物资管理，麻醉剂、枪支、民用爆炸品，需药证管理部门或公安证明；物资运输归口管理，烟草、酒类，需有关管理部门证明文件；国家行政管理，如进出口货物，需进出口许可证；卫生检疫，种子、苗木、动物，需动植物检疫部门的检疫证明。

⑤是否违反按一批托运的限制？

⑥需要声明事项是否在“托运人记载事项”栏内注明？例如派有押运人的货物，托运人应在“托运人记载事项”栏内注明押运人姓名、证明文件名称和号码。

(2)填写货物运单

货物运单经审查符合要求后，货运员进行填写。

在“运到期限××日”栏，填写按规定计算的货物运到期限日数。

如车站受理一批保价金额在50万元以上的整车货物，应在货物运单、货运票据封套或货物装载清单上加盖“△B”戳记(或用红色书写)，并在“列车编组顺序表”记事栏内注明“△B”字样。

二、进货验收及保管堆码作业

1. 进货验收

铁路货运的安全、质量如何，与进货验收作业关系密切。这是因为进货验收作业人员要检查货物的实际种类、重量与运单记载是否相符，运输包装和标志是否符合规定。认真严谨的验收能防止夹带的危险品进入运输过程、防止包装不良的货物进入运输过程、防止货物超载和偏载、防止货主虚报品名及种类而偷逃运费，因此，货物验收作业非常重要。

托运人凭车站签证后的货物运单，按指定日期将货物搬入货场指定的位置，即为进货。

验收是指货场门卫人员和线路货运员对搬入货场的货物进行有关事项的检查与核对，确认符合运输要求并同意货物进入场、库指定货位。验收时需要检查的内容主要有以下三项：

(1)货物名称、件数是否与运单记载相符。

(2)货物的状态是否良好。货物状态有缺陷,但不致影响货物安全,可由托运人在货物运单内具体注明后承运。

(3)装载整车货物所需的货车装备物品或货物加固材料是否齐全。装载整车货物所需的货车装备物品或货物加固材料均由托运人准备,并应在货物运单托运人记载事项栏内记明其名称和数量,在到站连同货物一并交付收货人。

小资料

铁路零担货物验收注意事项

在验收零担货物时,需要重点关注体积计算及是否夹带危险品问题。

一、体积计算

按照物流市场的通用规则计算,每立方米不足333千克的,按每立方米体积折合重量333千克作为计费重量;每立方米333千克以上的,按实重计费。

外形规则的货物体积,按货物落地紧密堆码状态的外廓尺寸确定或单个货物体积加总确定;外形不规则的货物,按货物外廓最高、最长、最宽部位尺寸组成的立方体确定,如图3—26所示。

图3—26　外部不规则的货物

二、危险货物夹带

要检查货物是否夹带危险品。为防止伪报和匿报品名,可以要求托运人签写“货物托运安全承诺书”,对新品名或物理化学性质不明的货物,必须提供具备鉴定资质单位出具的非危险货物“鉴定书”。对拒绝配合检查、携带疑似危险物品、谎报危险货物品名及在普通货物中夹带危险货物的托运人,不予办理货物运输,情节严重的,则报送公安机关处理。

2. 货物的重量确定

在运输过程中，保证货物重量的完整是承运人必须履行的义务。因此，铁路部门明确规定了货物重量的范围。

二维码 3.1
铁路禁止托运的危险品种类

通过铁路运输散堆装货物，按重量承运。

整车货物由托运人确定重量。

货物的重量（包括货物包装重量），不仅是承运人与托运人、收货人之间交接货物和铁路部门计算运费的依据，而且与货车载重量的利用和列车运行的安全都有很大的关系，同时也影响铁路运营指标。因此货物重量的确定必须准确。对于由托运人确定重量的整车货物，承运人应进行抽查，抽查的间隔时间，每一托运人（大宗货物分品种）不超过一个月，对按密度计算重量的货物，应以定期测定的密度作为计算重量的依据。抽查后承运人确定重量超过托运人确定重量（扣除国家规定的衡器公差）时，应向托运人或收货人核收过秤费。

二维码 3.2
货物托运安全承诺书

3. 货物保管堆码

铁路货运的安全、质量如何，与保管作业关系密切。这是由于运力的限制及衔接问题，从货物入场到装车往往有一定的时间差，短则几小时，长则几天甚至更长，因此产生了保管作业。保管过程中，由于货物自身性质及外界环境原因，在化学作用、物理作用、机械作用、生物作用等多种作用影响下，货物存在倒塌、损坏、着火、受潮、丢失、被盗、变质的可能，容易造成货物损失乃至人身安全事故。因此注意做好货场内货物的保管工作至关重要。

二维码 3.3
各种货物基本堆码标准

货物应稳固、整齐地堆码在指定货位上。整车货物要定型堆码，保持一定高度。

铁路运输货物堆码标准规定了大宗、常见货物货场内堆码和货车上装载与堆码的要求。扫一扫，有哪些堆码标准呢？

二维码 3.4
货场内整车散堆货物堆码标准

任务实施

【关键技能】

√ 准确填写货物运单与物品清单

√ 按要求查验货物运单与货物

【训练准备】

模拟铁路物流货运中心，准备货物运单 1 份、物品清单 1 份和带包装货物若干份，登录 95306 网站，安装 95306 货运 App。

二维码 3.5
货场内整车包件货物堆码标准

任务评价

(1)货物运单填写时要保证内容准确、字迹清晰,无涂改。

(2)在验货时注意查验货物名称、件数、包装等是否与运单一致。

(3)要特别注意是否按照要求的材质和工艺包装货物,并注意有无准确清晰的包装储运标志。

二维码 3.6 长大笨重货物货场堆码标准

任务四 组织铁路货物装车和承运作业

任务导入

顺达货运公司的李运已经在铁路货运部门实习三周,对于托运受理作业已有所了解,在货运员王师傅的指导下,李运继续学习装车业务。

二维码 3.7 集装箱、集装化货物及货物托盘堆码标准

任务分析

一、装车作业

装车作业过程包括选用车辆(集装箱)作业、加固材料准备、装载加固方案查找与使用、组织装车等环节。从作业的系统性、复杂性及安全预防等角度来看,这个项目占的分量很重。要具备选用及检查货车(集装箱)、选择及检查使用各种加固材料、查找及制定装载加固方案、装车检查实施等技能,首先需要掌握货车(集装箱)种类及结构、加固材料种类及使用方法、定型方案的含义及种类以及施封锁和篷布的结构、超限超载偏载偏重等概念的含义。

(一)货车使用限制

铁路货运的安全、质量如何,与选用车辆(集装箱)关系密切。这是因为,货物在运输过程中始终处于车辆当中,车辆种类和状态影响运输质量与安全。如果车辆(集装箱)选用不当,货物在运输过程中有可能出现移动、雨淋、被盗、变质等非正常情况,造成运输事故及货物损失。所以能够熟练识别车辆种类、根据货物种类选择适合的货车以及检查货车的车况就显得尤为重要。

装车前应正确选择车辆,遵守货车使用限制表(见表 3—10)及有关规定。未按管理权限经铁路总公司或铁路局批准的,各类货车装载的货物不得超出货车的设计用途范围。

表 3—10　　货车使用限制表

序号	限制条件＼车种 货物名称	棚车	敞车	底开门车	有端侧板平车	无端侧板平车	有端板无侧板平车	铁地板平车	共用车	备　注
1	散装的煤、灰、焦炭、砂、石、土、矿石、砖	×				×	×	×	×	无端侧板平车或有端板(渡板)无侧板平车(共用车除外),在使用围挡并安有支柱时,可装运煤、灰、砂、石、土、砖
2	金属块			×		×	×	×	×	无端侧板平车或有端板(渡板)无侧板平车(共用车除外),在使用围挡并安有支柱时,可装运散装的金属块
3	空铁桶				×	×	×	×	×	应加固并外罩绳网
4	木材				×	×	×	×	×	
5	超长货物	×	×	×				×		
6	超限货物	×		×				×		
7	钢轨	×		×				×		
8	组成的机动车辆	×	×	×				×		组成的摩托车、手扶拖拉机及小型车辆可使用棚车,在到站有起重能力时,可使用敞车

注:×——不准使用的车种。

货车的技术参数由铁路总公司有关部门公布,常用的敞车、平车、棚车技术参数如表 3—1 至表 3—3 所示。凡货车车体上的标记技术参数与表 3—1 至表 3—3 不一致时,以车体上的标记技术参数为准。货车制造、检修单位应确保货车车体上涂打的标记技术参数的准确性。

凡未经铁路总公司有关部门公布的,技术参数不全的敞车、平车、棚车及长大货物车,一律不得使用。

(二)车辆和集装箱选择

应根据货物的性质选择不同的车辆。运输散货,选择敞车(如为怕湿散货,需要苫盖篷布);带包装的件杂货,根据货物的性质不同可以选择敞车、棚车;裸装货物,裸装货物一般体积、重量较大,选用敞车或者平车;集装箱,选择集装箱专用车、平车集装箱两用车、普通平车或者敞车。

集装箱的选择:普通件杂货,可以选择干货箱;干散货,可以选择干散货集装箱;重量和体积比较大的货物,可以选择敞顶集装箱、台架集装箱;液体散货,可以选择罐式集装箱;鲜活货物(水果、蔬菜、冻肉、冻鱼等),可以选择冷藏集装箱;活动物,可以选择动物集装箱。

(三)装车注意事项

1. 货物装载加固基本要求

货物装载加固和货车满载工作技术性强,是铁路运输工作的重要组成部分。其主要任务是保证货物、货车的完整和行车安全,充分利用货车载重力和容积,安全、迅速、合理、经济地运输货物。

铁路货运的安全、质量如何,与装载加固方案的关系密切。这是因为装载加固方案的质量影响装车后的运输质量。良好的装载加固方案能够使得货物均衡、稳定、合理地固定在货车上,不超载,不偏载,不偏重,不集重,能够经受运输过程中的正常调车以及列车运行中所产生各种力的作用,保证在运输过程中不发生移动、滚动、倾覆、倒塌或坠落等情况。反之,货物的运输安全与质量得不到保障。大多数货物的装载加固都有定型方案,这些定型方案是长期货物装载固定经验的总结,因此在运输实践中,应该严格遵守这些定型方案,以保证运输安全与效率。

2. 组织装车

铁路货运的安全、质量,与组织装车作业关系密切。这是因为前期的托运受理、进货验收、选择车辆、加固材料准备、制定装载加固方案等过程全部完成之后,需要把这些工作最终落实——就是最关键的组织装车作业环节。与前期的工作相比,这个环节更加侧重于操作与执行,也是最容易出现问题的环节,所以组织好装车作业,是铁路货运工作的重点之一。

装车时,必须核对运单、货签、实际货物,保证"三统一"。要认真监装,做到不错装、不漏装、巧装满载,防止偏载、偏重、超载、集重、亏吨、倒塌、坠落和超限。对易磨损货件应采取防磨措施,对于怕湿和易燃货物应采取防湿或防火措施。

对以敞、平车装载的需要加固的货物,有定型方案的,严格按《铁路货物装载加固定型方案》装车;无定型方案的,车站应制定装载加固方案,并按审批权限报批,按批准方案装车。装载散堆装货物,顶面应予平整。对自轮运转的货物、无包装的机械货物,车站应要求托运人将货物的活动部位予以固定,以防止脱落或侵入铁路建筑限界。

货车内货物装载堆码标准如表 3—11 所示。

表 3—11　　货车内货物装载堆码标准

品类	技术要求	示意图
易磨损、污染货物	易磨损货物要加衬垫,易污染的货物要隔离,流质、易磨损货物不与易窜动和有尖锐棱角的货件码在一起	

续表

品类	技术要求	示意图
一般货物	车门或车门处，空隙较大时要阶梯形码放	
高出车帮的货物	高出车帮的货物要分层压缝，稳固整齐，超出车帮时，两侧突出部分要一致，货物重心倾向车内，不超限	
各种货物装车	货物码放时要做到不偏重、不集重、不超重	
集装箱装车	大型集装箱装入敞车或平板车时，不偏载，不斜装；装两箱时箱门相对，间距不大于0.15米，确保运输中不移动	

3. 插挂货车表示牌

按规定禁止溜放和限速连挂的货车，两侧插挂“禁止溜放”和“限速连挂”的货车表示牌，在运单右上角、票据封套上用红色记明“禁止溜放”或“限速连挂”字样，如图3—27所示。

(四)装车后的检查

为了保证正确运送货物和行车安全，监装卸货运员还需进行装车后的检查工作，此项工作是装车作业的最后工作。具体检查内容如下：

(1)检查车辆装载。主要检查有无超重、偏重、超限现象，装载是否稳妥。对装载货物的敞车，要检查车门插销、底开门搭扣。

图 3—27 表示牌

(2)检查运单。检查运单有无误填和漏填现象,车种、车号和运单、货运票据封套记载是否相符。

(3)检查货位。检查货位有无误装或漏装的情况。

经检查符合要求后,即可将票据移交货运室,同时将装车完毕时间通知运转室或货运调度员,以便取车、挂运。至此,装车作业全部完成。

(五)装车完成后货物运单的填写及承运

1. 运单填写

货物装车后,货运员应将车种、车号、货车标重记入货物运单内。

在"铁路货车篷布号码"栏,填写该批货物所苫盖的铁路货车篷布号码。使用托运人自备篷布时,应将本栏划一⊗号。

在"施封号码"栏,填写施封锁上的施封号码。承运人盖章,如图 3—28 所示。

图 3—28 承运戳

2. 货运票据封套填写

为了便于交接和保持运输票据的完整,下列货物的运输票据使用货运票据封套封固后随车递送,货运票据封套如图 3—29 所示,有 240 毫米和 290 毫米两种。

(1)国际联运货物和以车辆寄送单回送的外国铁路货车。

(2)整车分卸货物。

(3)一辆货车内装有两批以上的货物。

(4)以货运记录补送的货物。

(5)附有证明文件或代递单据较多的货物。

封套上各栏应按实际情况填写并加盖车站站名日期戳和带站名的经办人章。封套内运输票据的正确与完整由封固单位负责，除卸车站或出口国境站外，不得拆开封套。当途中必须拆开封套时，由拆封套的单位编制普通记录证明(附入封套内)，并再进行封固，在封口处加盖带有单位名称的经办人名章。

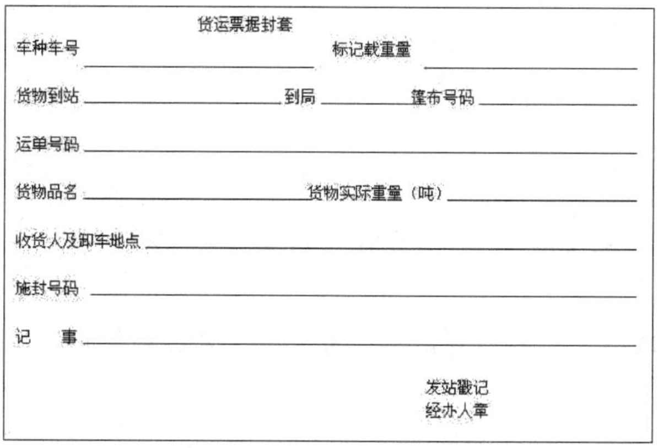

货运票据封套

车种车号 ______ 标记载重量 ______

货物到站 ______ 到局 ______ 篷布号码 ______

运单号码 ______

货物品名 ______ 货物实际重量（吨）______

收货人及卸车地点 ______

施封号码 ______

记　事 ______

发站戳记

经办人章

图 3—29　货运票据封套

二、货物承运

整车货物装车完毕并核收运费后，发站在货物运单上加盖车站日期戳时起，即为承运。

承运表示货物运输合同成立、承诺生效，从承运时起承托双方就要分别履行运输合同的义务和责任。因此，承运意味着铁路负责运输的开始，是承运人与托运人双方划分责任的时间界线。同时，承运标志着货物正式进入运输过程。货物承运簿格式之一示例如表 3—12 所示。

表 3—12　　货物承运簿

顺序号码	搬入日期	计划号码	托运人	收货人	到站(局)	货物名称	件数	重量	货车装妥日期	车种车号	货车标重	货票号码	施封号码或篷布号码	记事

任务实施

【关键技能】

√ 能按规定实施装车作业

√ 按要求填写运输票据和插挂表示牌

√ 按要求进行装车后检查

【训练准备】

铁路物流货运中心或模拟实训室。

任务评价

(1)装车作业步骤较多,因此应该熟记各步骤的顺序以及各步骤的主要规定,以免忙中出错。

(2)装车前和装车后的检查要做到全面、仔细,以免为运行中可能出现的事故埋下隐患。

任务五 管理铁路货物在途运输

任务导入

顺达货运公司的李运已经在铁路货运部门实习四周,对于托运受理作业已有所了解,在货运员王师傅的指导下,李运继续学习途中运输管理业务。

任务分析

货物的途中作业包括货运交接检查、特殊作业及异常情况的处理。其中货运检查是途中必须进行的正常作业,也是途中作业最重要的内容。

一、货运检查基础知识

(一)货运检查站

货运检查站是列车运行途中有技术作业或无技术作业但停车时间在35分钟以上的技术作业站。货运检查站分为路网性和区域性货运检查站。路网性货运检查站是指国铁集团公布的编组站。区域性货运检查站是指除路网性货运检查站外,铁路局管内有货运检查作业的技术作业站。区域性货运检查站由铁路局自定,报国铁集团备案、公布。

货运检查站应设置货运检查值班员岗位，负责货运检查的现场组织工作，并按照每列车双人双面检查作业的要求配齐货运检查员。

货运检查站应有货运检查工作日志、收发文件电报登记簿、普通记录和施封锁的发放、使用和销号登记簿、换装整理登记簿、加固材料使用登记簿、交接班簿等报表和台账。

（二）货运检查的主要内容

（1）货物列车中货物装载、加固状态；

（2）货车篷布及篷布绳网苫盖、捆绑状态；

（3）施封；

（4）货车门、窗、盖、阀关闭情况；

（5）《铁路超限货物运输规则》规定的事项；

（6）《铁路货车超偏载检测装置运用管理办法》规定的内容；

（7）危险货物押运人押运情况；

（8）国铁集团规定的其他事项。

（三）货运检查站的工具和配备品

货运检查中应配备对讲机、限界尺、工具包、钢尺、吊锤、电工刀、断线钳、铁锤、撬棍、照明灯具、8 号和 10 号镀锌铁线、绳索、扒锔钉、钉子、绞棍以及施封锁、消防器材、危险货物检测仪、应急救援防毒面具等。

货运检查人员应按每人一台配备对讲机，并应配备照明灯具等必要的检查作业工具。

货运检查站应建立货运检查工具及备品登记簿，设立工具备品室，个人备品与公用备品分室（柜）存放。

二、货运检查

（一）货运检查过程

1. 准备阶段

车站调度员（值班员）应及时将班计划、阶段计划、变更计划下达给货运检查人员。

车站调度员（值班员）或有关人员应在列车到达前或出发列车编组完毕，按接发列车作业标准，将到发车次、股道、时刻、编组辆数等有关信息通知货运检查人员。

货运检查人员应及时准确地掌握到发列车车次、股道、时刻、列车编组内容及重点车情况，并准备好作业工具和作业手册。

2. 到达列车预检

在列车到达前 5 分钟，货运检查员应出场立岗，在列车到达、通过时，对列车进行目测预检。

3. 检查

(1)两侧货运检查员应从车列的一端同步逐车进行检查,对重点车进行记录。

(2)货运检查员对车列首尾的车辆,应涂打检查标记。

(3)车列检查、整理应在规定的技术作业时间内完成。

(4)车列检查、整理完毕后,货运检查员应及时报告。

(5)在实行区段负责制的区段(有运转车长值乘的列车除外),对货运检查员发现的问题,应及时妥善处理。需拍发电报时,应于列车到达后 120 分钟内以电报通知上一货运检查站,必要时抄送有关单位和部门。需编制记录的,按规定编制。

(二)发现问题的处理

1. 货车整理

对危及行车和货物安全需甩车整理的货车,货运检查人员应通知车站值班员进行甩车处理。可以不用甩车整理的,应在列整理。

(1)在列整理。对发生装载加固、篷布苫盖、门窗盖阀等方面问题的,不需要甩车处理时,应在设置好防护后由货运检查员和整理工共同对车列内需整理的货车进行整理。

预计整理时间超过技术作业时间时,货运检查员应及时向车站值班员报告。在列整理时,货运检查员应按有关规定进行作业,确保人身安全。

(2)甩车整理。对危及行车安全,又不能在列整理的车辆,货运检查员应报告车站值班员甩车整理。甩车整理时,应做好防护工作。不允许在挂有接触网的线路(设有隔离开关的线路除外)整理车辆。甩车整理的范围如下:

①篷布苫盖不整或缺少腰绳。

②货物发生严重倾斜、偏载、移位、窜动、坠落、倒塌和撒漏。

③超限货物按普通货物办理。

④加固支柱折断。

⑤棚车车门脱槽,油罐车上盖张开。

⑥发现液化气体泄漏、三酸罐车溢出。

⑦火灾。

⑧货物明显被盗丢失。

⑨发生其他危及行车安全情况不能在列整理时。

2. 货物换装

在运输中发生甩车处理的货车,不能原列安全继运的,以及因车辆技术状态不良,经车辆部门扣留需换车时,应进行换装处理。

进行换装时,应选用与原车类型和标记载重相同的货车,并按照货票检查货物现状,如数量不符或状态有异,应编制货运记录。对因换装整理卸下的部分货物,应予以及时补送。

三、货运合同的变更和解除

货物运输合同必须经双方同意，并在规定的变更范围内办理变更。托运人或收货人由于特殊原因，经承运人同意，对承运后的货物可以按批在货物所在的途中站或到站办理变更到站、变更收货人，但属于下列情况的，不得办理变更：(1)违反国家法律、行政法规、物资流向或运输限制；(2)变更后的货物运输期限，大于货物容许运送期限；(3)变更一批货物中的一部分；(4)第二次变更到站。货物运输合同在货物发送前，经双方同意，可以解除。

托运人要求变更和解除运输合同时，应提出领货凭证和货物运输变更要求书，如表 3－13 所示，提不出领货凭证时，应提出其他有效证明文件，并在货物运输变更要求书内注明。

表 3－13　　货物运输变更要求书

提出变更单位的名称和地址　　印章　　年　月　日

<table>
<tr><td>变更事项</td><td colspan="7"></td></tr>
<tr><td rowspan="5">原票据记载事项</td><td>运单号码</td><td colspan="2">发站</td><td>到站</td><td>托运人</td><td>收货人</td><td>办理种别</td></tr>
<tr><td></td><td colspan="2"></td><td></td><td></td><td></td><td></td></tr>
<tr><td colspan="2">车种车号</td><td colspan="2">货物名称</td><td>件数</td><td>重量</td><td>承运日期</td></tr>
<tr><td colspan="2"></td><td colspan="2"></td><td></td><td></td><td></td></tr>
<tr><td colspan="2">记事</td><td colspan="5"></td></tr>
<tr><td rowspan="2">承运人记载事项</td><td colspan="6" rowspan="2"></td><td>经办人</td></tr>
<tr><td></td></tr>
</table>

四、运输阻碍的处理

由于不可抗力的原因致使行车中断、货物运输发生阻碍时，铁路局对已承运的货物，可指示绕路运输；或者在必要时先将货物卸下，妥善保管，待恢复运输时再装车继续运输，所需装卸费用由装卸作业的铁路局负担。因货物性质特殊，绕路运输或卸下再装，造成货物损失时，车站应联系托运人或收货人，请其在要求的时间内提出处理办法。超过要求时间未接到答复或因等候答复将使货物遭受损失时，比照无法交付货物处理，所得剩余价款，通知托运人领取。

任务实施

【关键技能】

√ 按规定进行途中货运检查

√ 发现问题后能够按规定进行处理

【训练准备】

铁路物流货运中心或模拟实训室。

任务评价

(1)严格按照规定程序和要求进行货运检查,不能违规操作。

(2)如发现危及行车和货物安全的状况,应及时报告,不能擅自操作。

(3)货车整理和换装时要特别注意操作安全。

任务六 办理铁路货物到达与交接作业

任务导入

顺达货运公司的李运已经在铁路货运部门实习五周,对于托运受理作业、装车作业和途中作业内容已有所了解,在货运员王师傅的指导下,李运继续学习到达与交接业务。

任务分析

一、货物运到期限

(一)货物运到期限的概念

货物运到期限是铁路将货物由发站运至到站的最长时间限制,是根据铁路现有技术设备条件和运输工组织水平确定的。

货物运到期限是铁路运输合同的重要内容,是对铁路运输企业的要求和约束,也是对托运或收货人合法权益的保护。铁路应当尽量缩短货物的运到期限,对因铁路责任超过货物运到期限的要负违约责任。

(二)货物运到期限的计算

货物运到期限由货物发送期间、运输期间和特殊作业时间三部分组成,具体规定如下:

(1)货物发送期间为 1 日。

(2)货物运输期间：运价里程每 250 千米或其未满为 1 日；按快运办理的整车货物，运价里程每 500 千米或其未满为 1 日。

(3)特殊作业时间：①运价里程超过 250 千米的零担货物和一吨集装箱货物，另加 2 日；超过 1 000 千米，加 3 日。②整车分卸货物，每增加一个分卸站，另加 1 日。③准、米轨间直通运输的整车货物，另加 1 日。④需要上门装、卸货物，各另加 1 日。⑤需要门到站、到站到门接取送达货物，各另加 1 日。

上述各项特殊作业时间应分别计算，当一批货物同时具备几项时，应累计作业时间。

货物的实际运到日数，从货物承运次日起算，在到站由铁路组织卸车的，至卸车完毕时终止，在到站由收货人组织卸车的，至货车调到卸车地点或交接地点时终止。

货物的运到期限起码为 3 日，即不足 3 日的也算作 3 日。

【例题 3－1】

甲站承运发到乙站的整车货物一批，运价里程 921 千米，要求到站送货上门。请计算运到期限。

解：$T_{发}=1$ 天；

$T_{运}=921\div250=3.684$，计 4 天；

$T_{特}=1$ 天。

这批货物的运到期限为：$T=T_{发}+T_{运}+T_{特}=1+4+1=6$ 天。

运到期限按自然日计算。

(三)货物运到逾期的处理

运到逾期是指货物实际运到日数超过规定的运到期限，此时承运人应承担违约责任——按所收运费的百分比，向收货人支付违约金。

(1)一般货物运到逾期违约金占运费比例，如表 3－14 所示。

表 3－14　　运到逾期违约金支付比例(运到期限 10 日以内)

违约金 逾期 运到期限	1 日	2 日	3 日	4 日	5 日	6 日以上
3 日	15%	20%				
4 日	10%	15%	20%			
5 日	10%	15%	20%			
6 日	10%	15%	15%	20%		
7 日	10%	10%	15%	20%		
8 日	10%	10%	15%	15%	20%	
9 日	10%	10%	15%	15%	20%	
10 日	5%	10%	10%	15%	15%	20%

货物运到期限在 11 日以上,发生运到逾期时,按表 3—15 计算违约金。

表 3—15　　运到逾期违约金支付比例(运到期限 11 日以上)

逾期总日数占运到期限天数	违约金
不超过 1/10 时	为运费的 5%
超过 1/10,但不超过 3/10 时	为运费的 10%
超过 3/10,但不超过 5/10 时	为运费的 15%
超过 5/10 时	为运费的 20%

【例题 3—2】

C 站 9 月 1 日承运一批整车货物到 D 站,运价里程 1 230 千米,9 月 12 日 D 站卸车完毕,是否逾期? 如果逾期,则应向收货人支付多少逾期违约金?

解:$T_{发}=1$ 天

$T_{运}=1230\div250=4.92$,计 5 天

$T_{特}=0$

这批货物的运到期限为:$T=T_{发}+T_{运}+T_{特}=1+5+0=6$ 天

实际运到日数 $T_{实}$ 为 11 天(从承运次日 9 月 2 日至卸车日 9 月 12 日),运到逾期日数 $T_{逾}=T_{实}-T_{运}=11-6=5$ 天。查看表 3—14,运到期限 6 天,逾期日数 5 天,应支付运费 20%的违约金。

(2)快运货物超过运到期限,按表 3—16 退还快运费。

表 3—16　　退还货物快运费比例

发、到站运输里程	超过运到期限天数	退还货物快运费
1801 千米以上	1 天 2 天 3 天以上	30% 60% 100%
1201－1800 千米	1 天 2 天以上	50% 100%
1200 千米以下	1 天以上	100%

快运货物运到逾期时,第一步要按照表 3—16 中的规定退还快运费;第二步按运价里程每 250 千米或其未满为 1 日计算运到期限,如果仍然超过,则应按照上述规定向收货人支付违约金。

(四)不支付违约金的情形

(1)超限货物、限速运行的货物、免费运输的货物以及货物全部灭失,承运人不支付违约金。

(2)从承运人发出领取通知的次日起(不能进行催领通知或会同收货人卸车的货物,为卸车的次日起),如收货人于 2 日内未将货物领出,即失去要求承运人支付违约

金的权利。

（五）货物滞留时间

货物在运输过程中，由于下列原因之一，造成的滞留时间，应从实际运到日数中扣除：

（1）由于不可抗力的原因引起的；

（2）由于托运人责任致使货物在途中发生换装、整理所产生的；

（3）因托运人或收货人要求运输变更所产生的；

（4）运输活动物，由于途中上水所产生的；

（5）其他非承运人责任发生的。

由于上述原因致使货物滞留时，发生货物滞留的车站，应在货物运单“承运人记载事项”栏内记明滞留时间和原因。到站应将各种情况所发生的滞留时间加总，加总后不足1日的尾数进整为1日。

二、到达交接作业

（一）卸车作业

（1）卸车前，认真检查车辆、篷布苫盖、货物装载状态有无异状，货车施封是否完好。

（2）卸车时，必须核对运单、货票、实际货物，保证运单、货票、货物“三统一”。要认真监卸，根据货物运单清点件数，核对标记，检查货物状态。对集装箱货物应检查箱体，核对箱号和封印。严格按照《铁路装卸作业技术管理规则》及有关规定作业，合理使用货位，按规定堆码货物。发现货物有异状，要及时按章处理。

（3）卸车后，应将车辆清扫干净，关好车门、车窗、阀、盖，检查卸后货物安全距离，清理好线路，将篷布按规定折叠整齐，送到指定地点存放。对托运人自备的货车装备物品和加固材料，应妥善保管。卸下货物，登记“卸货簿”“集装箱到发登记簿”或具有相同内容的卸货卡片、集装箱号卡片。在货票丁联左下角记明卸车日期。

（二）到达通知

如为承运人组织卸车的货物，到站应在不迟于卸车结束的次日内，用电话或书信，向收货人发出催领通知并在货票内记明通知的方法和时间。有条件的车站可采用电报、挂号信、长途电话、登广告等通知方法，收货人也可与到站商定其他通知方法。采用电报等方法或商定的方法通知的，车站应按实际支出向收货人核收催领通知费用。

收货人在到站查询，所领取的货物未到时，到站应在领货凭证背面加盖车站日期戳，证明货物未到。

（三）货物交付

1. 票据交付

在到站应向货物运单内所记载的收货人交付货物。收货人在到站领取货物时，须提出领货凭证，并在货票丁联上盖章或签字。

2.现货交付

在收货人办完领取手续和支付费用后，到站在货物运单上加盖“货物交讫”戳记，并记明交付完毕的时间，将货物连同货物运单一并交给收货人。

收货人搬出货物时，车站门卫应认真核对货物品名、件数与货物运单或货物搬出证的记载是否相符。经检查无误后予以放行，并收回货物搬出证或在货物运单上加盖“货物搬出完了”的戳记。

在车站公共场所内卸车的整车蔬菜、瓜果、牲畜、散堆装货物，收货人在领取货物时，应将货物的防护、衬垫物和从货位清扫出的残留物全部搬出。如未搬出和未清扫货位时，应按规定支付货位清扫费。

任务实施

【关键技能】

√ 能准确计算运到期限

√ 按照规定办理卸车作业，完成货物交付

【训练准备】

铁路物流货运中心或模拟实训室，登录 95306 网站，安装 95306 货运 App。

任务评价

(1)计算货物运到期限时需要考虑各种因素，以免因考虑不全面造成计算结果不准确。

(2)卸车作业时要认真监卸，发现运单、货票以及货物的相关问题，要及时按章处理，同时要特别注意操作安全，防止人身伤害和货物损失。

(3)货物交付时要严格按照规定进行，以免出现冒领、误领等情况。

任务七　核算铁路货物运杂费

任务导入

顺达货运公司的李运已经在铁路货运部门实习六周，对于货物运输过程有所了解，在货运员王师傅的指导下，李运继续学习运杂费计算有关内容。

任务分析

一、货物运费计算的基本条件

1. 计费重量

货物运费的计费重量，整车货物以吨为单位，吨以下四舍五入；零担货物以 10 千克为单位，不足 10 千克，进为 10 千克；集装箱货物以箱为单位。

2. 运价里程

运价里程根据《货物运价里程表》按照发站至到站间国铁正式营业线最短路径（与国家铁路办理直通的合资、地方铁路和铁路局临管线到发的货物也按发、到站间最短路径）计算，但《货物运价里程表》内或国铁集团规定有计费路径的，按规定的计费路径计算。运价里程不包括专用线、货物支线的里程。通过轮渡时，应将规定的轮渡里程加入运价里程内计算。水陆联运的货物，应将换装站至码头线的里程，加入运价里程内计算。

下列情况下发站在货物运单内注明，运价里程按实际路程计算：

(1)因货物性质（如鲜活货物、超限货物等）必须绕路运输时。

(2)因自然灾害或其他非铁路责任，托运人要求绕路运输时。

(3)属于五定班列运输的货物，按班列路径运输时。

承运后的货物发生绕路运输时，仍按货物运单内记载的路径计算运输费用。实行统一运价的营业铁路与特价营业铁路直通运输，运价里程分别计算。

3. 运费和杂费

货物运费按照承运货物当日实行的运价率计算。杂费按照发生当日实行的费率核收。一批或一项货物，运价率适用于两种以上减成率时，只适用其中较大的一种减成率；适用两种以上加成率时，应将不同的加成率相加之和作为适用的加成率；同时适用加成率和减成率时，应以加成率和减成率相抵后的差额作为适用的加（减）成率。

每项运费、杂费的尾数不足 1 角时要四舍五入处理。各项杂费凡不满一个计算单位，均按一个计算单位计算（另定者除外）。零担货物的起码运费每批 2.00 元。

二、计算货物运输费用的程序

计算程序如图 3－30 所示。

三、铁路货物运价率

铁路货物运价率如表 3－17 所示，运费计算办法如下：

整车货物每吨运价＝基价 1＋基价 2×运价里程

零担货物每 10 千克运价＝基价 1＋基价 2×运价里程

集装箱货物每箱运价＝基价 1＋基价 2×运价里程

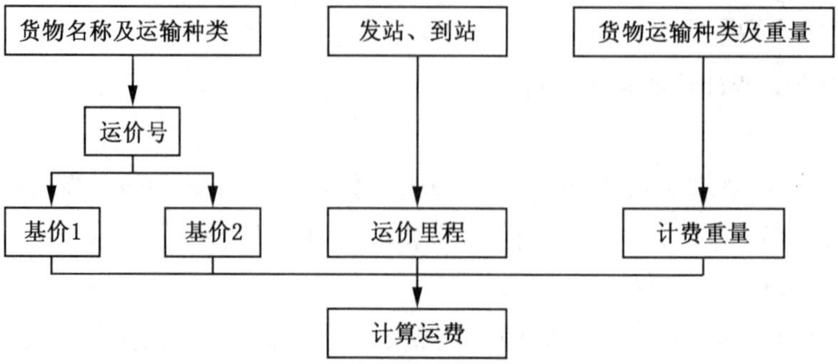

图 3—30　运费计算程序

表 3—17　　铁路货物运价率表(2015 年版)

办理类别	运价号	基价 1		基价 2	
		单位	标准	单位	标准
整车	2	元/吨	9.50	元/吨·公里	0.086
	3	元/吨	12.80	元/吨·公里	0.091
	4	元/吨	16.30	元/吨·公里	0.098
整车	5	元/吨	18.60	元/吨·公里	0.103
	6	元/吨	26.00	元/吨·公里	0.138
	7			元/轴·公里	0.525
	机械冷藏车	元/吨	20.00	元/吨·公里	0.140
零担	21	元/10 千克	0.220	元/10 千克·公里	0.001 11
	22	元/10 千克	0.280	元/10 千克·公里	0.001 55
集装箱	20 英尺箱	元/箱	440	元/箱·公里	3.185
	40 英尺箱	元/箱	532	元/箱·公里	3.357

任务实施

【关键技能】

√ 掌握运费计算的基本条件和计算步骤。

√ 能够准确计算整车、零担、集装箱运费。

【训练准备】

《货物运价里程表》1 份、《铁路货物运输品名分类与代码表》1 份、《铁路货物运输品名检查表》1 份、《铁路货物运价率表》1 份。

【操作步骤】

铁路货物运杂费计算技能训练步骤如图 3—31 所示。

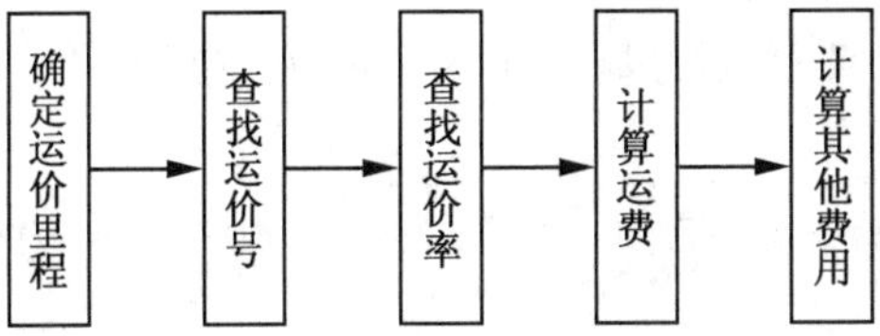

图 3—31　铁路货物运杂费计算技能训练步骤

步骤一　确定运价里程

按《货物运价里程表》计算从发站至到站的运价里程。

步骤二　查找运价号

根据货物运单上填写的货物名称查找《铁路货物运输品名分类与代码表》《铁路货物运输品名检查表》，确定适用的运价号。

步骤三　查找运价率

整车、零担货物按货物适用的运价号，集装箱货物根据箱型，冷藏车货物根据车种，分别在《铁路货物运价率表》中查出适用的运价率(即基价 1 和基价 2，下同)。

步骤四　计算运费

货物适用的基价 1 加上基价 2 与货物的运价里程相乘后，再与按本规则确定的计费重量(集装箱为箱数)相乘，计算出运费。

步骤五　计算其他费用

其他费用包括杂费、特殊运价(如大秦铁路煤炭分流运价)、电气化附加费、铁路建设基金、印花税等。

【例题 3—3】

某托运人从安阳托运一台 35 吨重型机械，按整车承运，使用一辆 60 吨货车装运至徐州北。计算其运费。

解：整车货物除规定情况外(见《铁路货物运价规则》第 11 条)，均按货车标记载重量(简称标重，下同，标重尾数不足 1 吨时四舍五入)计费。因此该批货物按 60 吨计算运费。

①查里程表中安阳至徐州北的运价里程为 556 公里。

②查品名分类与代码表，机器运价号为 6 号运价。

③查运价率表，6 号运价的基价 1 为 26.00 元/吨，基价 2 为 0.138 元/(吨・公里)，计费重量 60 吨。

④计算运费＝(26.00＋0.138×556)×60＝6 163.68≈6 163.70(元)

【例题 5—4】

从邯郸站发往怀化南站日用塑料制品一批,使用2个20英尺集装箱装运,计算其运费。

解:①查里程表中邯郸到怀化南的运价里程为1 433公里。

②查运价率表,20英尺箱的基价1为440元/箱,基价2为3.185元/(箱·公里)。

③计算运费=(440+3.185×1 433)×2=10 008.21≈10 008.20(元)

任务评价

(1)要熟悉运费计算的必备知识和步骤。

(2)注意区分运费计算的各种不同条件,不能忽略各种特殊情况,力求结果准确。

综合实训项目

【项目说明】

本月李运要经办两次铁路运输业务,第一次是以发货人身份办理货物托运,第二次是以领货人身份办理货物领取。其中办理托运的情况如下:由深圳北站到西安东站,货物是55吨新闻纸,捆包装。办理货物领取的情况是:长沙北到深圳北,货物是两个20英尺集装箱,所装货物为造纸原料。

【项目要求】

(1)李运作为托运人向铁路物流货运中心办理货物托运业务,在填写运单以及办理货物交接时应注意哪些情况?受理业务人员应做好哪些交接检查工作?并计算运到期限和运费。

(2)李运以领货人身份领取货物时,需要提前准备哪些证件?办理的流程是什么?

同步检测

一、单选题

1.(　　)车体有顶棚、侧墙及门窗,用于装运贵重、怕湿的货物。

A.敞车　　B.平车　　C.棚车　　D.罐车

2.(　　)简称《货规》,是铁路货运的基本规章。

A.《铁路货物运输规程》　　B.《铁路货物运输管理规则》

C.《铁路危险货物运输管理规则》　　D.《铁路货物损失处理规则》

3.根据一批货物的重量、体积或形状,需要以一辆以上货车运输的,应按(　　)托运。

A.零散快运　　B.零担　　C.整车　　D.集装箱

4. 货运检查站是列车运行途中有技术作业或无技术作业但停车时间在(　　)分钟以上的技术作业站。

A. 20　　B. 35　　C. 50　　D. 60

5. 按快运办理的整车货物,运价里程每(　　)或其未满为 1 日。

A. 500 千米　　B. 600 千米　　C. 700 千米　　D. 800 千米

二、多选题

1. 货物装载加固的基本技术要求:使货物均衡、稳定、合理地分布在货车上,(　　);能够经受正常调车作业以及列车运行中所产生各种力的作用,在运输全过程中,不发生移动、滚动、倾覆、倒塌或坠落等情况。

A. 不超载　　B. 不偏载　　C. 不偏重　　D. 不集重

2. 货物在运输过程中,由于下列原因之一,造成的滞留时间,应从实际运到日数中扣除,包括(　　)。

A. 由于不可抗力的原因引起的

B. 由于托运人责任致使货物在途中发生换装、整理所产生的

C. 因托运人或收货人要求运输变更所产生的

D. 运输活动物,由于途中上水所产生的

三、计算题

2022 年 6 月 10 日,某托运人在丰台站托运一批货物,到站广州西(运价里程 2 284 千米),6 月 23 日运至到站并于当日完成卸车。请问,是否运到逾期?如果按照快运办理,应于几月几日到站并完成卸车?写出分析与计算过程。

项目四

水路运输业务与运作

知识目标

1. 了解水路运输的含义、特点、分类与相关设施；
2. 掌握水路运输关系中各方当事人的权利、义务和责任，知道相关的法律规定；
3. 熟悉班轮运输、租船运输、内河运输的程序；
4. 了解班轮运费的构成。

能力目标

1. 能够订立较为简单的水运合同；
2. 掌握班轮运输单证的填制；
3. 能组织班轮运输、租船运输、内河运输并计算运费；
4. 能够利用相关的法律知识防范水运风险。

思政目标

1. 具有爱岗敬业、诚实守信、廉洁自律、客观公正的职业素养；
2. 培养学员成本意识、安全意识和应变意识；
3. 推进文化自信，铸就社会主义文化新辉煌。

任务一 了解水路货物运输系统

任务导入

李运和王通等人本月开始轮转到顺达货运公司下属的一家国际物流公司，被分配在海运部进行岗位实习，从受理客户咨询开始。一天，一家生产企业A公司来电咨询，想委托该公司运输一批钢材和一台精密仪器到马来西亚关丹港，询问应选择哪种海运方式，海运业务到底有哪些方式，这笔业务具体该如何组织，遇到货损、货差时该如何索赔，依据哪些法律条款。我们一起帮助他们解决这些问题吧！

任务分析

一、水路运输的含义

水路运输是指使用船舶及其他航运工具，在江河、湖泊、海洋上载运货物的一种运输方式。水路运输主要承担长距离、大批量的远程货物运输，在内河及沿海，水运也承担补充及衔接大批量干线运输的任务。

二、水路运输的构成

（一）船舶

船舶是水路运输的基本工具，各类水路货运船舶如图4－1、图4－2所示。

（二）水上航道

水上航道是船舶航行的通道，包括天然航道、人工航道、进出港航道。航道和保证航道安全的航行导标系统和现代通信导航系统一起构成了船舶水上航行的工程综合体。

1.海上航道

海上航道属自然水道，其通过能力几乎不受限制。但是，随着船舶吨位的增加，有些海峡或狭窄水道会对通航船舶产生一定的限制。例如，位于新加坡、马来西亚和印度尼西亚之间的马六甲海峡，为确保航行安全、防止海域污染，三国限定通过海峡的油船吨位不得超过22万吨，龙骨下水深度必须保持3.35米。

2.内河航道

内河航道大部分是利用天然水道加上引航的导标设施构成。内河港口航道的

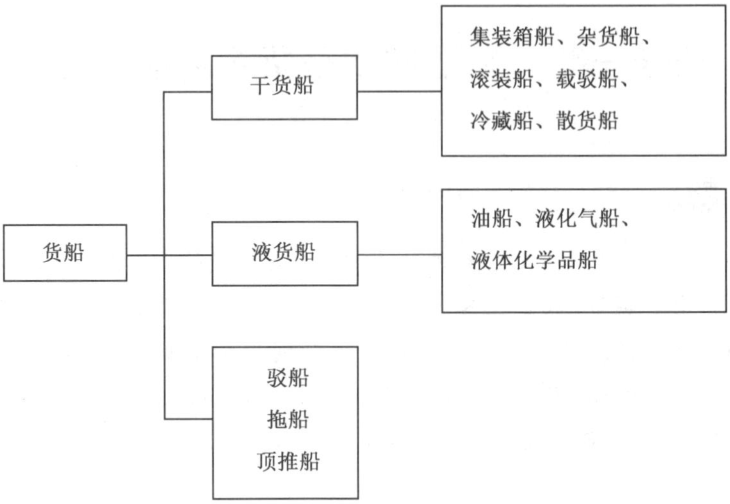

图 4—1 货运船舶结构

集装箱船

杂货船

滚装船

载驳船

冷藏船

散货船

油船

液化气船

拖船

顶推船

图 4—2　各类货运船舶

通过能力是内河港口的重要指标。对于航运管理人员来说，应该了解有关航道的一些主要特征，例如航道的宽度、深度、弯曲半径、水流速度、过船建筑物尺度以及航道的气象条件和地理环境等，必须掌握以下通航条件：

(1)通航水深。其中包括：潮汐变化、季节性水位变化、枯洪期水深等。

(2)通行时间。其中包括：是否全天通行，哪些区段不能夜行等。

(3)通行方式。应了解航道是单向过船还是双向过船等。

(4)通行限制。应了解有无固定障碍物，例如桥梁或水上建筑等；有无活动障碍物，例如施工船舶或浮动仓库等。

3. 人工航道

人工航道又称运河，是由人工开凿，主要用于船舶通航的河流。人工航道一般开凿在几个水系或海洋的交界处，以便使船舶缩短航行里程，降低运输费用，扩大船舶通航范围，进而形成一定规模的水运网络。

(三)港口

港口的作用是既为水路运输服务，又为内陆运输服务，是综合运输体系的中心。

截至 2022 年末，全国港口生产用码头泊位 21 323 个，其中万吨级及以上泊位 2 751 个。

1. 港口的种类

(1)按地理位置分类

①海湾港(Bay Port)。海湾港是指濒海湾、据海口、常能获得港内水深优势的港口。海湾港具有同一港湾容纳数港的特色，如大连港、秦皇岛港等。

②河口港(Estuary Port)。是指位于河口的港口,如上海港、伦敦港。

③内河港(Inland Port)。内河港处于水路交通的据点,一般与海港有航道相通,如南京港、汉口港等。

(2)按用途与目的分类

①存储港(Enter Port)。存储港一般地处水路联系的要道,交通十分方便,同时又是工商业中心,港口设施完备,便于货物的存储、转运,为内陆和港口货物集散的枢纽。

② 转运港(Port of Transshipment)。转运港位于水陆交通衔接处,方便将水运货物集中转由陆路运输,而港口本身对货物需要不多,主要经办转运业务。

③ 经过港(Port of Call)。经过港地处航道要冲,为往来船舶必经之地,途经船舶如有需要,可作短暂停泊,以便添加燃料、补充食物或淡水,继续航行。

2. 港口的通过能力

港口的通过能力是指在一定的时期和条件下,利用现有的工人、装卸机械与工艺所能装卸货物的最大数量。港口的通过能力取决于以下几方面:

(1)港口水域面积。主要是了解该港口同时能接纳的船舶数。

(2)港口深度。主要是了解该港口所能接纳的船舶吨位。

(3)港口的泊位数。主要是了解该港口同时能接纳并进行装卸作业的船舶数。

(4)港口作业效率。主要是了解船舶在该港口的泊港时间。一般需要综合以下情况才能做出正确的估算:装卸机械的生产能力、同时作业的舱口数或作业线数、作业人员的工作效率、业务人员的管理水平,等等。

(5)港口库场的堆存能力。

(6)港口后方的集疏运能力。

3. 世界及我国主要港口

(1)世界主要港口:鹿特丹、纽约、新奥尔良、安特卫普、马赛、伦敦等。

(2)我国主要港口:大连港、秦皇岛港、天津港、烟台港、青岛港、连云港、南通港、上海港、温州港、福州港、盐田港、黄埔港、湛江港、北海港、福州港等。

三、水路运输的特点

水路货物运输利用水的浮力承载货物的重量,可实现大吨位货物运输,大大节省动力支出,是大宗货物运输的主要方式之一。水路货物运输具有下列优点:

(1)通过能力大。海上运输利用海洋作为航道,其通航能力几乎不受限制;江、河、湖、海互相贯通,可以实现长距离货物运输;船舶的舱位大、装载能力强,适合于体积较大的货物运输。目前,世界上最大的油船载重量 55 万吨以上,集装箱船箱位已达 5 000 - 6 000 个标准集装箱,矿石船载重量达 35 万吨。即便在内河运输中,美国最大顶推船队运载能力也达到 5 万- 6 万吨,我国顶推船队的运载能力也已达 3 万吨,相当于铁路列车运载能力的 6 - 10 倍。

(2)节省燃料,单位运输成本低。因为船舶沿水道浮动运行,水路货物运输可以有效节省燃料,降低运输成本。在各种货物运输方式中,水路运输的单位运输成本最小,尤其是海运,运输成本更加低廉,约为铁路运输成本的1/25－1/20,不足公路货物运输的1/100。

(3)续航能力强。一艘商船携带的燃料、粮食及淡水可以使用数十日,它还具有独立生活的种种设备,如发电、制造淡水等,续航能力较强。

(4)劳动生产率高。由于船舶运载量大,配备船员少,因而其劳动生产率较高。

(5)节约投资,占地较少。水路货物运输主要利用江、河、湖泊和海洋等天然航道,线路投资少,节省土地资源。

当然,水路货物运输也存在比较突出的缺点,主要体现在以下几个方面:

(1)航速低。船舶体积大,遇到的阻力也大。低速行驶所需克服的阻力小,能够节约燃料,一旦提高航速,所需的燃料费用直线上升,因此,船舶的航行速度都比较低。

(2)可达性差。航运和装卸作业受到水域码头、港口、船期等条件的限制,如果托运人或收货人不在航道上,就要依靠汽车或铁路货物运输进行转运。另外,船舶到达港口,如果水深不够或缺乏必要的装卸设备,则会限制大型船舶的入港与作业。

(3)受季节、天气等条件的影响较大。水路货物运输受季节的影响较大,如在冰封期(或冰封区域)、枯水期,船舶的正常通航就难以保证,暴风雨、大雾天气对船舶航行的影响也比较明显。

(4)船舶的投资额巨大且回收期长。从投入、产出的角度看,水路货物运输企业购买船舶需要花费巨额资金,而船舶的折旧期较长。因此,水路货物运输企业的固定资产投入比例较高。海运市场的周期性循环对于运费高低影响很大,使水路货物运输企业的运输收入不够稳定,甚至出现较大的起伏。而舱位无法储存、船舶不能移作他用使投资风险加大。

(5)面临的竞争激烈。海洋运输经营者往往要面对各国运输企业的竞争,而世界航运运力严重过剩,同行间竞争激烈。同时,水路货物运输还需要同其他运输方式竞争。

(6)准时性和安全性不高。由于受自然条件的限制较大,水路货物运输难以保证运输的准时性,另外,海运事故降低了水路运输的安全性,这使得水路运输在高端市场中竞争力不强。

四、水路运输分类

(一)按照经营方式分类

可以分为班轮运输(定期船运输)和租船运输(不定期船运输)。

(二)按企业的营运方式分类

按水路运输企业的营运方式来分,水路运输可分为自营、租船运输、委托经营、联合营运、自运等方式。

(1)自营。自营是指物流运输企业自己购买或建造船舶,自行经营航线业务的方式。

(2)租船运输。租船运输是指水路运输企业自己不购置船舶,而以租船的方式从事货物运输的方式。

(3)委托经营。小型船公司通过付给代理费,将船舶委托给大型船公司或有经验的代理人代为营运的方式。

(4)联合营运。联合营运是多个运输企业组成运输联盟进行联合货物运输的方式。但各运输企业之间仍保持其独立性。

(5)自运。自运是大规模运输企业为运送本单位的货物而自行购船或租船、自行营运的方式。

(三)按航行的区域分类

按航行区域来分,水路运输的基本方式有两种:江河运输和海上运输。

1.江河运输

江河运输是一种古老的运输方式。我国有长江、珠江、黑龙江、黄河、淮河、辽河、海河七大主要水系,还有贯通海河、淮河、长江、钱塘江等水系的京杭大运河。中国是海运大国,也是河运大国,有着长江、珠江和黑龙江三大内河航运水系。长江是中国第一、世界第三大河流,连接东西,沟通南北,被誉为“黄金水道”,货运量位居全球内河第一。珠江货运量仅次于长江,居第二位。黄河是我国第二大河流,由于黄河上游多峡谷,水流湍急,下游浅滩多,水位涨落不定,所以只能分段通航。黑龙江是我国第三大河流,可通轮船,但封冻期较长。

2.海上运输

海上运输包括沿海运输、近海运输和远洋运输,简称海运。

(1)沿海运输。沿海运输是使用船舶在沿海各港口之间通过大陆附近沿海航道运送客、货的一种运输形式。一般使用中小型船舶运输。

(2)近海运输。近海运输是使用船舶通过大陆邻近国家海上航道运送客、货的一种运输形式,视航程一般使用中型船舶,也可使用小型船舶。

(3)远洋运输。远洋运输是使用船舶跨大洋的长途运输形式,主要依靠运量大的大型船舶。

(四)按运输范围分类

按照运输范围可以分为远洋货物运输、近洋货物运输、沿海货物运输和内河货物运输,一般远洋货物运输和近洋货物运输属于国际运输,沿海货物运输和内河货物运输统称为国内水路运输。

(五)按运输目的分类

按运输的目的来分,水路运输可分为营业性运输和非营业性运输。营业性运输是指以获取营业收入为目的,为托运人提供水路运输服务的运输。非营业性运输是指为本单位或本部门服务，根据内部计划安排而提供的水路运输服务，不发生营业收入。

五、水路货物运输法律制度

在我国，与水路运输相关的法律法规既有行政法规也有民事法规，既有国内法律也有国际公约。

（一）国内水路运输方面的法律法规

在国内水运方面，《国内水路货物运输规则》自 2001 年 1 月 1 日起正式实施，直到 2016 年废止，一直有序地规范着国内水路货物运输，是规范我国沿海、江河、湖泊以及其他通航水域中从事营业性水路货物运输合同的基本规则。2016 年 5 月 30 日，交通运输部公布《交通运输部关于废止一批政策性文件的决定》，其中包括《国内水路货物运输规则》和《水路危险货物运输规则》。《国内水路货物运输规则》被废止后，可将《国内水路货物运输规则》的相关内容作为具体条款列入水路货物运输合同，完善合同的内容，从而提高合同订立的质量。《中华人民共和国民法通则》和《中华人民共和国合同法》已于 2021 年废止。目前水路货物运输合同的法律依据可参照 2021 年 1 月 1 日起生效的《中华人民共和国民法典》第三编“合同”中“第十九章 运输合同”中关于“一般规定”（第 810－813 条）和“货运合同”（第 825－837 条）的规定。

二维码 4.1《交通运输部关于废止一批政策性文件的决定》（共 539 项）

《中华人民共和国海商法》（简称《海商法》），自 1993 年 7 月 1 日起施行，根据《海商法》第 2 条，该法所称的海上运输是指海上货物运输和海上旅客运输，包括海江之间、江海之间的直达运输；第四章海上货物运输合同的规定，不适用于中国港口之间的海上货物运输。内河货物运输中有关当事人权利、义务关系，不属于《海商法》的调整范围。2018 年 11 月 5 日，交通运输部发布《关于〈中华人民共和国海商法（修订征求意见稿）》，《海商法》已启动修订，是否扩大适用于沿海、内河运输，还没有结论。

（二）国际水路运输方面的法规公约

在我国，有《海商法》《海事诉讼特别程序法》《国际海运条例》等，在国际上，主要有《海牙规则》《维斯比规则》《汉堡规则》三个国际公约，它们以承运人的责任为核心，构成了调整国际海运当事人权利与义务的主要法律规范。

任务实施

各小组同学讨论“任务导入”中这笔业务的最佳运输方式，依次汇报这笔业务的具体组织，遇到货损、货差时依据的法律条款。

任务二 办理班轮货运业务

任务导入

通过一系列查询和了解,李运为A公司推荐了"班轮运输"的海运方式,得到了A公司的认可。可具体应该如何操作呢?后续又有多位客户来电咨询,托运的货物五花八门,客户的要求也是各种各样,有的要求尽快托运,确保货物完好送达。有的客户并不急着托运,但要求价格优惠。在收到一位客户的托运单后,他着手为客户缮制海运提单,由于对班轮运输业务并不熟悉,在制单过程中,他又卡壳了。缮制海运提单有什么基本要领和注意事项呢?

任务分析

一、班轮运输的含义

班轮运输又称定期船运输,是指班轮公司将船舶按事先订制的船期表,在特定航线的各挂靠港口之间,为非特定的众多货主提供规则的、反复的货物运输服务,并按运价本或协议运价的规定计收运费的一种水路运输营运方式。

班轮运输通常会涉及班轮公司、船舶代理人、无船(公共)承运人、海上货运代理人、托运人和收货人等有关货物运输的关系人。班轮运输具有以下特点:

(1)具有"四固定"特点,即固定航线、固定港口、固定船期和相对固定的费率,这是班轮运输的基本特征。

(2)有利于小额贸易货物运输,适用于一般杂货和不足整船的小额贸易货物的运输,班轮只要有舱位,不论数量大小、挂港多少、直运还是转运,都可接受承运。

(3)责任划分明确,承运人和托运人双方的权利、义务和责任豁免以签发的提单条款为依据,并受国际公约制约。其中,承运人对货物负责的时段是从货物装上船起,到货物卸下船止,即"船舷到船舷"或"钩到钩"。

(4)手续简单,货主方便。托运人只要把货物交给承运人即可,由承运人负责装卸和理舱,班轮运价包括装卸费用且双方不另计滞期费和速遣费。

二、班轮运输的程序

在组织班轮运输时,应根据不同的货物交付方式安排班轮运输程序,并注意运输单证的缮制和交接。

(一)揽货和订舱

船公司为了使自己经营的班轮运输船舶的载重能力和舱容得到充分利用,以获得最大的经济效益,通常会采取一些措施来招徕客户。揽货工作的好坏直接影响到班轮船公司的经营效益。订舱是指货物托运人或其代理人向承运人(即船公司或其代理人)申请货物运输,承运人对这种申请给予承诺的行为。班轮运输不同于租船运输,承运人与托运人之间不需要签订运输合同,而是以口头或传真的形式进行预约。只要承运人对这种预约给予承诺,并做出舱位安排,即表明承、托双方已建立了有关货物运输的关系。

(二)接受托运申请

货主或其代理人向船公司提出订舱申请后,船公司首先考虑其航线、港口、船舶、运输条件等能否满足发货人的要求,然后再决定是否接受托运申请。

(三)接货

船公司由指定的装船代理人在各装货港的指定地点(通常是码头仓库)接受托运人送来的货物,办理交接手续后,将货物集中整理,并按货物的性质、包装、目的港及卸货次序进行适当的分类后等待装船,这个过程就是"接货"。

(四)换取提单

托运人可凭经过签署的场站收据,向船公司或其代理人换取提单,然后去银行结汇。

(五)装船

船舶到港前,船公司和码头计划室对本航次需要装运的货物制作装船计划,待船舶到港后,将货物从仓库运至船边,按照装船计划装船。

(六)海上运输

在海上运输过程中,海上承运人对装船的货物负有安全运输、保管、照料的责任,并依据货物运输提单条款划分与托运人之间的责任、权利和义务。

(七)卸船

与装船时一样,卸货一般也采用"集中卸货,仓库交付"的方式。

(八)交付货物

交付货物时,除了要求收货人必须交出提单外,还必须要求收货人付清运费和其他应付的费用,如船公司或其代理人垫付的保管费、搬运费以及共同海损分摊和海难救助费等。如果收货人没有付清上述费用,船公司有权根据提单上的留置权条款的规定暂不交付货物,直到收货人付清各项应付的费用后才交付货物。如果收货人拒绝支付应付的各项费用而使货物无法交付时,船公司还可以经卸货港所在地法院批准,对卸下的货物进行拍卖,以卖得的货款抵偿应向收货人收取的费用。

交付货物的方式主要有以下四种:

(1)船边交货。船边交货又称现提,是指收货人以提单在船公司卸货港的代理人处换取提货单,凭提货单直接到码头船边提取货物,并办理交接手续的方式。船边交货适用于贵重货物、危险货物、冷冻货物、长大件货物以及其他批量较大的货物。

(2)选港交货。选港交货是指在装船时尚未确定卸货港,待船舶开航后再由货主选定对自己最方便或最有利的卸货港,并在该港口卸货和交付货物。

(3)变更卸货港交付货物。变更卸货港交付货物是指在提单所记载的卸货港以外的其他港口卸货和交付货物。

(4)凭保证书交付货物。在班轮运输中,有时因特殊情况而出现提单到达的时间迟于船舶到港的时间(特别是装货港与卸货港间距离较短)的情况。这种情况的产生往往是由于提单失窃,或者是当船舶到港时作为押汇的跟单票据的提单虽已到达进口地银行,但是因为汇票的兑现期限的关系,收货人暂时还拿不到提单。在这种情况下,收货人无法交出提单来换取提货单以提取货物。此时常由收货人开具保证书,以保证书交换提货单,然后持提货单提取货物。

三、班轮运输的单证管理

(一)常用的单证

在班轮运输中,为了方便货物的交接,区分货方与船方之间的责任,需要用到许多单证。在这些单证中,有些是受国际公约和各国国内法约束的,有些则是按照港口的规定和航运习惯而编制的。尽管这些单证种类繁多,而且因各国港口规定不同会有所不同,但主要单证是基本一致的,并能在国际航运中通用。

1. 托运单

托运单是承运人或其代理人在接受发货人或货物托运人的订舱时,根据发货人或货物托运人的口头或书面申请,为安排货物运输而制定的单证。托运单一经托运人确认,便作为承、托双方订舱的凭证,表4—1为散装运输托运单。

表4—1　　散装运输托运单

<table>
<tr><td colspan="5">海运出口托运单
SHIPPING LETTER OF INSTRUCTION</td></tr>
<tr><td colspan="5">托运人 Shipper:</td></tr>
<tr><td colspan="5">编号 No.:　　船名 S/S:　　目的港口 For:</td></tr>
<tr><td rowspan="3">标记及号码
Marks & Nos.</td><td rowspan="3">件数 Quantity</td><td rowspan="3">货名
Description of Goods</td><td colspan="2">重量千克 Weight Kilos</td></tr>
<tr><td>净 Net</td><td>毛 Gross</td></tr>
<tr><td colspan="2">运费付款方式 Method of Freight Payment</td></tr>
<tr><td colspan="5">共计件数(大写)Total Number of Packages in Writing</td></tr>
<tr><td colspan="3">运费计算 Freight</td><td colspan="2">尺码 Measurement</td></tr>
<tr><td colspan="5">备注 Remarks</td></tr>
</table>

续表

抬头 Order of	可否转船 Whether transshipment allowed	是否分批 Whether partial shipment allowed	
通知 Notice	装运期 Period of shipment	效期 Period of validity	提单份数 No. of B/L
收货人 Receiver	银行编号 Bank No.	信用证号 L/C No.	

注:散装运输托运单(件杂货物运输+大宗货物散装运输),是在托运散装货物所需的装货单(S/O)和收货单(M/R)的基础上发展而成的一种综合单据。一套完整的散装海运托运单共有十二联。

第一联,船代留底。

第二、三联,运费通知单。

第四联,装货单(Shipping Order,S/O),此联经船代盖章后,即确认货已配定船只,海关在此联上盖章放行,船方凭此联收受货物,又叫关单。

第五联,收货单,即大副收据(Mate's Receipt,M/R),货物装上船后,大副在此联上签收,船公司或船代凭此联签发全套正本海运提单。

第六联,货运代理留底。

第七、八联,配舱回单。

第九联,货主留底。

第十联,港务部留存,用于收取港务费。

第十一、十二联,备用联(为空白)。

2. 装货单

装货单是由托运人按照订舱单的内容填制,交船公司或其代理人签章后,据以要求船公司将承运货物装船的凭证。

3. 装货清单

装货清单是本航次船舶待装货物的汇总清单,由船公司或其代理人根据装货单的留底联将待装货物按目的港和货物性质归类,按照挂靠港顺序排列,编制出一张总表。

4. 载货清单

载货清单是本航次全船实际载运货物的汇总清单,它反映船舶实际载货情况。

5. 装箱单

装箱单是在载运集装箱货物时使用的单证,装箱单上应详细记载集装箱和货物的名称、数量等。

6. 码头收据

码头收据一般由发货人或其代理人根据一定的格式填制,并跟随货物一起送至集装箱码头堆场或码头仓库,由接收货物的人在收据上签字后交还给发货人,证明托运的货物已收到。

7. 提单

传统件杂货运输的货运提单是在货物实际装船完毕后经船方在收货单上签署,表明货物已装船,发货人凭经船方签署的收货单去船公司或其代理人处换取已装船提单。集装箱提单以码头收据换取,它同传统件杂货船舶运输下签发的提单不同,是一张收货待运提单。

8.货物残损单和货物溢短单

货物残损单和货物溢短单是我国港口在卸货时使用的,作为卸货交接证明的单证。货物残损单是在卸货完毕后,由理货长根据现场理货人员在卸货过程中发现货物的各种残损情况,包括货物的破损、水湿、水渍、汗湿、油渍、污损等情况的记录汇总、编制而成的,是货物残损情况的证明。货物溢短单是用来记载每票货物所卸下的数量与载货清单上所记载的数量不相符(发生溢卸或短卸)情况的凭单。待船舶卸货完毕、理清数量后,由理货长汇总编制。

9.提货单

提货单是收货人或其代理人据以向现场(码头、仓库)提取货物的凭证。提货单的性质与提单不同,它只是船公司或其代理人指令仓库或装卸公司向收货人交付货物的凭证,不具备流通或其他作用。为慎重起见,一般在提货单上记有"禁止流通"字样。

(二)提单

提单是国际班轮运输中一份重要的业务单据,又是一份重要的法律文件,如表4—2所示。在国际贸易中提单起着贸易单证的作用,是有价证券,提单既是物权证券,又是债权证券。

表4—2　　**提单**

BILL OF LADING

<table>
<tr><td colspan="3">SHIPPER 托运人</td><td colspan="3" rowspan="6">B/L NO.
COSCO
中国远洋运输(集团)总公司
CHINA OCEAN SHIPPING(GROUP)CO.
ORGINAL
COMBINED TRANPORT BILL OF LADING</td></tr>
<tr><td colspan="3">CONSIGNEE 收货人</td></tr>
<tr><td colspan="3">NOTIFY PARTY 通知人</td></tr>
<tr><td colspan="2">PLACE OF RECEIPT
收货地</td><td>OCEAN VESSEL
船名</td></tr>
<tr><td colspan="2">VOYAGE NO.
船名 航次</td><td>PORT OF LOADING
装运港</td></tr>
<tr><td colspan="2">PORT OF DISCHARGE
卸货港</td><td>PLACE OF DELIVERY
目的港</td></tr>
<tr><td colspan="6">MARKS 唛头 NOS. & KINDS OF PKGS 包装与件数 DESCRIPTION OF GOODS 商品名称 G. W. (kg) 毛重和体积 MEAS(m^3)</td></tr>
<tr><td colspan="6"></td></tr>
<tr><td colspan="6">TOTAL NUMBER OF CONTAINERS OR PACKAGES(IN WORDS)总件数</td></tr>
<tr><td>FREIGHT & CHARGES
运费支付</td><td>REVENUE TONS
计费吨数</td><td>RATE
价格</td><td>PER</td><td>PERPAID
预付</td><td>COLLECT
到付</td></tr>
<tr><td>PREPAID AT
预付</td><td colspan="2">PAYABLE AT 应付</td><td colspan="3">PLACE AND DATE OF ISSUE
签发地点与日期</td></tr>
</table>

续表

TOTAL PREPAID 总额预付	NUMBER OF ORIGINAL B(S)l 正本提单份数	
LOADING ON BOARD THE VESSEL DATE		BY

1.提单的含义

提单是指用以证明海上货物运输合同和货物已经由承运人接收或者装船，以及承运人保证据以交付货物的单证。

2.提单的作用

提单是海上货物运输合同的证明，是证明货物已由承运人接管或已装船的货物收据，是承运人保证凭其交付货物的物权凭证。

3.提单的种类

班轮运输中常见的提单种类如表4—3所示。

表4—3　　常见提单种类

提单分类标准	类别	相关解释	备注信息
货物是否已装船	已装船提单	整票货物全部装船后，由承运人或其代理人向托运人签发的提单	须注明装运船舶名称和货物实际装船完毕的日期
	收货代运提单	简称待装提单或待运提单，承运人虽已收到货物但尚未装船，应托运人要求而向其签发的提单	银行一般不接受这种提单。当承运人在待运提单上加注装运船舶的船名和装船日期，就可以使待运提单成为已装船提单
提单收货人一栏是否有记载	记名提单	在提单“收货人”一栏内具体填上收货人名称的提单。只能由提单上所指定的收货人提取货物	记名提单不得转让。可以避免因转让而带来的风险，但失去了可转让流通的便利。银行一般不愿意接受记名提单作为议付的单证
	不记名提单	在提单“收货人”一栏内记明应向提单持有人交付货物或在提单“收货人”栏内不填任何内容的提单	不记名提单无须背书，即可转让。由出让人将提单交付给受让人，即可转让，谁持有提单，谁就有权提货
	指示提单	在提单“收货人”一栏内填写“凭指示”或“凭某人指示”字样的提单	经记名背书或空白背书转让。除由出让人将提单交付给受让人外，还应背书，这样提单才能得到转让
货物外表状况是否有批注	清洁提单	没有任何有关货物残损、包装不良或其他有碍于结汇的批注的提单	提单正面已印有“外表状况明显良好”的词句，若未加任何相反的批注，则承运人必须在目的港将接受装船时外表状况良好的同样货物交付给收货人
	不清洁提单	承运人在提单上加注有货物及包装状况不良或存在缺陷，如水湿、油渍、污损、锈蚀等批注的提单	通过声明货物在外表状况不良情况下装船，在目的港交付货物时，若发现货物损坏，则可减轻或免除自己的赔偿责任

随着经济全球化,贸易活动越来越丰富,国际海上货物运输中提单种类也越来越多,譬如按运输方式不同可以分为直达提单、转船提单、多式联运提单,按提单签发人不同可以分为班轮公司提单和无船承运人所签提单等。

任务实施

各小组同学总结"任务导入"中的这笔业务的班轮运输组织流程,认真查阅海运提单各栏的填制要求,总结缮制海运提单的基本要领和注意事项,并根据下列相关资料填写海运提单,完成实训。

【项目资料】

卖方:MIGUEL PEREZ TRADING COMPANY LIMITED

2811 47TH TER SW NAPLES HAIFA,ISRAEL

买方:TIANJIN ESHOW IMPORT AND EXPORT CO. ,LTD.

NO. 21 JIANGSU ROAD,HEXI DISTRICT,TIANJIN,CHINA

货物描述:12 000 PCS OF CANNED MUSHROOM

包装:2 000 CARTONS

W. G. :21 000KGS

N. W. :15 000KGS

MEAS. :31 CBM

唛头:ESHOW

TIANJIN

NOS. 1—2000

收货人抬头:To order

发票号:LBC201501578

发票日期:2022 年 5 月 20 日

贸易术语:FOB HAIFA

装运期:2022 年 5 月 30 日

装运港:HAIFA

目的港:TIANJIN

原产地证书签发日期:2022 年 5 月 25 日

提单号:CKG1358/90

船名、航次:RIWA V. 123

【项目要求】

请根据所给相关资料填写海运提单,如表 4—4 所示。

表 4—4 **海运提单**

<table>
<tr><td colspan="2">Shipper Insert Name, Address and Phone</td><td colspan="3" rowspan="5">B/L No. ________

Arrow Maritime Line
ORIGINAL
Port-to-Port
BILL OF LADING
Shipped on board and condition except as other······</td></tr>
<tr><td colspan="2">Consignee Insert Name, Address and Phone</td></tr>
<tr><td colspan="2">Notify Party Insert Name, Address and Phone</td></tr>
<tr><td>Ocean Vessel Voy. No.</td><td>Port of Loading</td></tr>
<tr><td>Port of Discharge</td><td></td></tr>
<tr><td>Marks & Nos.</td><td>No. of Containers or Packages</td><td>Description of Goods</td><td>Gross Weight Kgs</td><td>Measurement</td></tr>
<tr><td></td><td></td><td></td><td></td><td></td></tr>
<tr><td colspan="5">Total Number of containers and/or packages (in words)__________________</td></tr>
<tr><td rowspan="2">Ex. Rate:</td><td>Prepaid at</td><td>Payable at</td><td colspan="2">Place and date of issue</td></tr>
<tr><td>Total Prepaid</td><td>No. of Original B(s)/L
THREE</td><td colspan="2">Signed for the Carrier
ARROW MARITIME LINE +++</td></tr>
<tr><td colspan="5">LADEN ON BOARD THE VESSEL
DATE:__________________ BY: ARROW MARITIME LINE +++</td></tr>
</table>

任务评价

<table>
<tr><td colspan="2">小组/学生姓名</td><td colspan="4"></td></tr>
<tr><td rowspan="6">评价标准</td><td>考评内容</td><td>分值</td><td>自我评价</td><td>小组互评</td><td>教师评价</td></tr>
<tr><td>归纳班轮运输货运程序</td><td>20</td><td></td><td></td><td></td></tr>
<tr><td>总结海运提单各栏的填制要求</td><td>20</td><td></td><td></td><td></td></tr>
<tr><td>缮制海运提单的基本要领和注意事项</td><td>20</td><td></td><td></td><td></td></tr>
<tr><td>正确填写海运提单</td><td>20</td><td></td><td></td><td></td></tr>
<tr><td>体现团队协作精神和认真严谨的工作作风</td><td>20</td><td></td><td></td><td></td></tr>
<tr><td colspan="2">合计</td><td>100</td><td></td><td></td><td></td></tr>
<tr><td colspan="2">最终得分
(自评 30%+互评 30%+师评 40%)</td><td colspan="4"></td></tr>
<tr><td colspan="6">说明:测评满分为 100 分,60—74 分为及格,75—84 分为良好,85 分以上为优秀,60 分以下的学生,需重新进行学习,直到达到合格为止</td></tr>
</table>

任务三 办理租船货运业务

任务导入

与A公司进行了一段时间的业务往来之后,双方的业务关系越来越好。一天,A公司委托顺达货运公司承运一台精密仪器到俄罗斯的萨贝塔港,该港口位于北冰洋海域,并无直达班轮,需要租船运输。具体该如何操作呢?李运准备努力探究一下。

任务分析

一、租船运输的含义与业务分类

(一)租船运输的含义

租船运输是指船舶出租人(船东)向承运人提供整船或部分舱位进行货物运输。租船运输没有固定的航线和挂靠港,没有船期表和运价表,船东和租船人通过洽谈,签订租船合同,安排船舶航行计划,组织货物运输。

(二)租船运输的业务分类

1. 航次租船

航次租船又称定程租船,它以航程为基本租船方式,是指由船舶所有人向承租人提供船舶或船舶的部分舱位,在指定的港口之间进行单向或往返的一个航次或几个航次,用以运输指定货物的租船运输方式。

(1)单程租船。单程租船也称为单航次租船,即所租船舶只装运一个航次,航程终了时租船合同即告终止。运费按租船市场行情由双方议定,其计算方法一般是按运费率乘以装货或卸货数量或按照整船包干运费计算。

(2)来回程租船。来回程租船又称“往返航次租船”,指的是出租人向承租人提供同一艘船舶装载货物,从原装货港运至卸货港,再从该卸货港或附近港口装载回程货物,运回原装货港或其附近港口,而由承租人支付一定运费的一种船舶营运方式。

(3)连续航次租船。连续航次租船是指出租人依据合同向承租人提供船舶,在同方向或同航线上装运货物,不间断地完成若干航次运输的船舶营运方式。

(4)航次期租船。航次期租船又称期租航次租船或日租租船,是以完成一个航次运输为目的,租金按完成航次所使用的日数和约定的日租金率计算的租船方式。

2. 定期租船

定期租船是由船舶出租人将船舶租给租船人使用一定期限的租船方式。它以约定的某段期间为租期，在期限内由租船人根据租船合同规定的航行区域自行调度船舶，使用该船的运载能力，租金按月（或按 30 天）每载重吨若干金额计算。

3. 包运租船

包运租船是指船舶所有人提供给租船人一定吨位（指运力），在确定的港口之间，以事先约定的年数、航次周期和每航次较均等的货运量，完成运输合同规定的总运量。

4. 光船租船

光船租船是指船东在租期内将空船出租给租船人使用，并将船舶的控制权和占有权也一并交给租船人。租船人按合同规定在租期内按期向船东支付租金，租船人自行配备船员，并负责提供船员工资、船舶的营运管理和费用。租船人在租期内成为该船临时特定的船东。

上述四种租船方式的区别主要体现在船舶所有人和承租人对船舶的支配权、所有权的不同，从而也表现在营运过程中所承担的责任及风险不同。如与船员的雇佣关系、保证船舶适航的责任、对第三者的法律关系方面都有差异。而负担营运费用的差别则反映在租金水平上。四种租船方式中的租船人和船东的责任区分如表 4－5 所示。

表 4－5　　四种租船方式的责任特点

租船方式	责任人	责任特点	注意事项
航次租船	航次租船人	由托运人或承租人负责完成货物的组织，支付按货物装运数量计算的运费及相关的费用。承租人向船舶所有人支付的运输费用通常称为运费，而不称租金。	航次租船合同是确定船舶所有人与承租人的权利、义务和责任的根据。装卸货物在规定的天数内提前结束，船舶所有人要向承租人支付一定奖励、速遣费。
	航次船东	与班轮运输相同，提单都可能具有海上货物运输合同证明的性质。	船舶所有人负责船舶营运所支付的费用。船舶基本费用如船舶成本等；固定营运成本如船员工资和伙食费等；可变运营费用如燃油货物索赔、合同规定的装卸费。
定期租船	定期租船人	承租人在船舶营运方面拥有包括船长在内的船员指挥权，否则有权要求船舶所有人予以撤换。租约中往往订有关于交船和还船以及停租的规定。	承租人负责船舶的营运和调度，并负担船舶营运中的可变费用。包括燃料费、港口使用费、引水费、货物装卸费、运河通行费以及租船合同规定的其他费用等。
	定期船东	船舶所有人负责配备船员，并负担其工资和伙食。船舶租赁以整船出租；租金按船舶的载重量、租期以及商定的租金率计收。	船舶所有人负担船舶营运的固定费用。包括船舶基本费用、船用物料费、润滑油费、船舶保险费、船舶维修保养费等。

续表

租船方式	责任人	责任特点	注意事项
包运租船	包运租船人	承租人通常是货物贸易量较大的工矿企业、贸易机构、生产加工集团或大型国际石油公司。	对于船舶在港内装卸货物期间所产生的延误,一般是通过合同中的滞期条款来处理,通常是由承租人承担船舶在港的时间损失。
	包运船东	船舶所有人只需按照租用船舶的船级、船龄和其技术规范的要求,提供能够完成合同规定每航次货运量的运力。	航次中所产生的航行时间延误风险由船舶所有人承担,运费按船舶实际装运货物的数量及约定的运费费率计收,通常采用航次计算。
光船租船	光船租船人	承租人以承运人身份负责船舶的经营及营运与调度工作,并承担在租期内的时间损失。	承租人配备全部船员,并负有指挥责任。以整船出租,租金按船舶的载重吨、租期及商定的租金率计算,租船人还应负责船舶保险费、船舶检验费、代理费和经纪费等。
	光船船东	船东负责折旧费、船舶保险费、船舶检验费以及经纪费,其余费用都由租船人负责。	船舶的所有权从船舶交予承租人使用时起,转移至承租人。

二、租船运输的业务程序

租船运输业务一般在航运交易市场进行。世界上比较发达的交易市场有伦敦、纽约、东京、中国香港、上海等。市场上租船业务双方几乎都是通过租船经纪人来进行的。租船经纪人熟悉租船市场行情和租船业务,具有较丰富的租船知识和经验,在整个租船过程中起桥梁和中介作用,对顺利开展租船业务至关重要。一项租船业务从发出询价到缔结租船合同的全过程称为租船程序(chartering procedure)。一般经过询盘、发盘、还盘、报实盘、受盘、签署订租确认书和签订正式租船合同七个环节,租船人和船东按此程序,通过租船经纪人互通情况,讨价还价,最后达成一致,签订合同,实现租船运输。

(一)询盘

询盘(inquiry)是让对方知道发盘人的意向和需求的概况。船舶所有人发出询盘是为了承揽货物运输业务。主要内容包括:出租船舶的类型、船名、船籍、吨位、航行范围、受载日期、船舶供租方式、供租期限、适载货物等。

(二)发盘

发盘(offer)又称报价。承租人或船舶所有人围绕询盘中的内容,就租船涉及的主要条件答复询盘方,即为发盘。按不同的约束力分为绝对发盘(absolute offer)和条件发盘(conditional firm offer)两种。绝对发盘又称实盘(firm offer),具有绝对成交的意图,主要条款明确肯定、完整而无保留,具有法律效力,规定了对方接受并答复的期限,发盘方不能撤回或更改发盘中的任何条件,接受方也不能试图让发盘方改变条件。条件发盘也称虚盘(offer without engagement),是指发盘方在发盘中对其内容附带某些保留条件,所列各项条件仅供双方进行磋商,不具约束力。

(三)还盘

还盘(counter offer)又称还价,是指接受发盘的一方对发盘中的一些条件提出修改,并向发盘方提出的工作过程。对还盘条件做出答复或再次做出新的报价称为反还盘(recounter offer)。

(四)报实盘

在经过多次还盘与再还盘之后,如果双方对租船合同条款的意见趋向一致,一方可以报实盘(firm offer)的方式要求对方做出是否成交的决定。

(五)受盘

受盘(acceptance)又称接受订租,即一方对实盘所列条件在有效期内明确表示承诺的意见,至此租船合同即告成立。

(六)签署订租确认书

订租确认书(fixture note)应详细列出船舶所有人和承租人在洽租过程中双方承诺的主要条款,一般包括确认书日期、船名或可替代船舶、双方当事人的名称和地址、货名和数量、装卸货港和装卸船期、装卸费用、负担的责任、运费或租金及支付方法、有关费用的分担(港口使用费、税收等)、亏仓费计算、所采用标准租船合同、其他特殊约定、双方当事人签字等。

(七)签订正式租船合同

确认书只是一种意向合同,签订正式租船合同(charter party)才意味着最终成交。租船合同要明确租船双方当事人的权利和义务,双方当事人签署后即可生效。租船合同的内容因租船形式不同而不同。

定期租船合同的内容主要包括:出租人和承租人的名称、船名、船籍、船级、吨位、容积、船速、燃料消耗、船区、用途、租船期限、交船和还船期限、交船和还船时间、交船和还船地点以及条件、租金及其支付等相关事宜。

航次租船合同的内容主要包括:出租人和承租人的名称、船名、船籍、载货重量、容积、货名、装货港和目的港、受载期限、装卸期限、运费、滞期费、速遣费的支付等其他事宜。

光船租船合同的内容主要包括:船舶说明条款(船名、船籍、船级、吨位、容积等内容),交船与解约,租期,货物与航行区域,船舶的使用与保养,船舶的检查,租金支付、还船,船舶抵押,船舶保险,合同的转让与船舶转租,出租人与承租人权益的保护等其他事宜。

租船运输合同正式签订以后,船舶所有者就可按照合同的需求,安排船舶投入营运。以上是租船和签订租船合同的一般程序。有时货主急于求船或船东急于求货,这时租船流程可以适当简化,承租人将省略询盘环节,直接进行还盘,提出承租条件,由船东当场决定是否成交,或经过紧急磋商后达成共识,这就是所谓的"当场成交"。

三、租船运输的费用

租船运输费用是指船东以船舶或船舶的部分舱位租给他人使用而收取的一种酬金。这种酬金计算因船舶出租方式的不同而区分为三种形式。

(一)程租运费

程租运费是指按航程租船的报酬,适用于航次租船的业务费用结算。按货物每单位重量或体积若干金额计算,费率的高低主要决定于租船市场的供求关系,但也与运输距离、货物种类、装卸率、港口使用、装卸费用划分和佣金高低有关。

程租运费一般包括运费、装卸费、滞期费和速遣费。

1. 运费

运费是指货物从装运港至目的港的海上基本运费。其计算方式有两种:一是按运费率计算,二是按整船包价方式计算。

2. 装卸费

装卸费的划分法如下:

(1)船方负担装卸费(gross/liner/berth terms)。又称"班轮条件"。

(2)船方不负担装卸费(free in and out,F. I. O)。采用这一条件时,还要明确理舱费和平舱费由谁负担。一般规定由租船人负担,即船方不负担装卸、理舱和平舱费。

(3)船方管装不管卸(free out,F. O.)条件。

(4)船方管卸不管装(free in,F. I.)条件。

3. 滞期费(demurrage)

滞期费是指在规定的装卸期间内,如果租船人未能完成装卸作业,为了弥补船方的损失,对超过的时间租船人应向船方支付一定的罚款。

4. 速遣费(dispatch money)

如果租船人在规定的装卸期限内提前完成装卸作业,则船方要向租船人支付一定的奖金(相同的时间下,速遣费一般为滞期费的一半)。

(二)期租运费

期租运费是指按时间计算租船报酬。通常是船舶按时间出租,租金按船舶载重吨位按月支付,燃料、港口费、装卸费、垫舱物料费等由租船人负担;船长与船员的雇用、工资、给养、船舶的修理和保险等费用由船东负责,如表4-6所示。

表4-6　期租运费下费用负担

船东负担	租船人负担
船员工资	燃油费
船员伙食	港口使用费
维修保养	扫舱洗舱费

续表

船东负担	租船人负担
物料、供应品和设备	货物装卸费
润滑油	垫舱物料费
淡水△	空航费
船舶保险费	淡水△
企业一般管理费	承运货物产生的经纪费和代理费
船舶折旧费	部分货损货差索赔△
经纪费	
部分货损货差索赔	

注:"△"符号表示根据合同规定由船东负责或由租船人负责。作为船东,在考虑租金率时,上述所承担的费用应作为起码的保本费率(break-even-bareboat charter rate),再加上预期盈利,来洽谈租金率。

(三)光船运费

光船运费是指出租光船的报酬。与期租船一样,在出租光船的情况下,通常也是船舶按时间出租。但与期租船不同的是,出租光船的燃料、进港费、船长和船员的雇用及其工资、伙食的供给、船用物品的补充,以及船舶修理与保险等全部由租船人负责。至于租金,可以按月支付,也可以在船东交船时一次性付清,如表4—7所示。

表4—7　　光船出租下费用负担

船东负责	租船人负责
折旧费	燃油费
船舶保险费△	港口使用费
船舶检验费△	货物装卸费
经纪费	扫舱洗舱费
	垫舱物料费
	空航费(若产生的话)
	代理费和经纪费
	货物索赔
	船员工资、伙食
	维修保养
	物料、供应品和设备
	润滑油
	淡水
	船舶保险费△

续表

船东负责	租船人负责
	船舶检验费△
	企业一般管理费

注:"△"符号表示该项费用视合同规定由谁负责。对船东来说,在考虑租金率时,上述负担费用应作为最低保本费率(break even time charter rate),再根据市场行情以及自己的谈判地位来定报价的租金率。

有的规定整船报价,此时包运租船费用计算参照程租运费计算方式,通常采用航次结算,按船舶实际装运货物的数量及约定的运费率计收,装卸费用的负担责任划分一般也与航次租船方式相同。

租船运费的保险,根据不同的租船形式而不同。在程租方式下,其运费大多在目的港支付,所以一般由船东购买保险。在期租方式下,运费或租金通常按月支付,一旦该船遭受自然灾害或意外事故而不能航行,船东的运费将受损失,因此迫使船东购买运费保险。在光船出租的方式下,如果租金是按月支付的,那么其结果与期租船相似,由船东购买运费保险。

任务实施

各小组同学完成"任务导入"中这笔业务的租船运输组织流程,认真查阅相关资料,完成实训。

任务四　办理内河货运业务

任务导入

以前,货物从大船换到小船,从海轮转到江轮,再进入内河港卸货,是人们一直采用的运输方式。然而,每一次货物的装卸都造成时间和经济成本的增加。随着长江航道疏浚,现在,吃水深度不超过 12.5 米的海船已经能够航行到南京港。长江与沿海的江海直达船也越来越多地出现在港口,海外货物进出长江将更加便捷、更加经济。

十年前顺达货运公司承接马鞍山市常立发机械制造有限公司生产的柴油机到东南亚市场的出口业务时,马鞍山不临海,柴油机出口,运输是一大难题,货物必须打包、装车,运往上海报关,才能正式装上货船,因为担心货物损坏,每次查验时都要派人员过去。随着马鞍山的航道、码头改造,港口码头的靠泊能力由 5 000 吨级提升到 20 000 吨级,远道而来的货船可以从海上直接停靠到江边,现在已经实现了江海联运。如果在马鞍山本地报关,则查验的时候,海关人员可以到常立发公司进行现场查验，节省了大量的运输成本。内河货物运输和海上货物运输有什么区别呢？李运准备虚心向前辈请教，及时跟进这项业务。

任务分析

一、内河运输的含义

内河运输是指使用船舶通过国内江湖河川等天然或人工水道，运送货物和旅客的一种运输方式。它是水上运输的一个组成部分，是内陆腹地和沿海地区的纽带，也是边疆地区与邻国边境河流的连接线，在现代化的运输中起着重要的辅助作用。

在我国 960 万平方公里的陆域上，有 5 800 多条天然河流，内河总长 43 万公里，其中流域面积为 10 000 平方千米的河流有 80 多条，只有四分之一在通航(约 10 万千米)。我国通海可航的内河情况比较复杂，内河有约 200 000 座碍航闸坝桥梁，黄河有时候通航，而有时候因部分河段封冻和枯水期不通航。

内河水运具有占地少、运能大、能耗低、污染小的优势，适宜装运大宗货物，如矿砂、粮食、化肥、煤炭等，而且由于航运平稳，在运送石油等危险货物时也比较安全。

二、内河运输的船舶

近年来，国家对内河航运高度重视，并出台一系列重大政策，引导老旧运输船舶提前拆解，提前淘汰的货船(15－30 年船龄)和客船(10－25 年船龄)可获得资金补助，将老旧运输船、小吨位过闸船提前淘汰，内河运力结构在一定程度上得到优化，船舶日益大型化，平均船龄不断降低，以 LNG、高能效为代表的绿色船型逐渐投入使用，将长江等内河航运的重要性推到了前所未有的高度。全国内河运输船舶平均吨位约 1 000 总吨，是 2000 年的 10 倍，其中长江干线货船平均吨位约 1 500 总吨，我国已成为世界上内河货物运量最大的国家。党的二十大报告明确提出，加快建设交通强国，未来要继续调整存量船舶运力结构，持续推进船舶大型化发展，积极推进智能船舶、江海直达船，推广先进高效船型、符合安全绿色标准的短龄船等。目前内河运输船舶主要有：

1. 内河货船

内河货船是指本身带动力，有货舱可供装货的船舶。它是内河运输的主要工具，具有使用方便、调度灵活、载货量小、成本高的特点，比较适合作为内河定期船。图 4－3a 为宁波港 5 万吨级散货船“明州 502”船。图 4－3b 为 2023 年我国船企交付的第一艘大型液化天然气 LNG(Liquefied Natural Gas)运输船——昆仑号，是当今世界主流大型 LNG 运输船，可运载 17.4 万立方米 LNG。

2. 拖船和推船

二者都是动力船，本身一般不装载货物，而起拖带和推动驳船的作用。2018 年，天津港内河运输拥有拖船 38 艘、功率 183 021 千瓦，驳船 10 艘、32 462 载重吨。

图 4—3　国内内河运输船舶

3. 内河驳船

按照有无动力,可分为机动驳船和非机动驳船;以拖带和顶推法为标准,可分为拖驳和推驳。内河船舶吨位通常较小,为了保证一次的运输量,船队的驳船比较多,速度比较慢,也占用了航道的时间,而且高密度地使用航道,也容易发生船舶危险事故。图 4—3c 为我国内河集装箱驳船,图 4—4 为国外内河集装箱船。

欧洲内河集装箱船　　　　荷兰内河集装箱船组运输

图 4—4　国外内河集装箱船

三、内河运输的管理

在计划经济时代,主要是由国有大中型航运企业从事水路货物运输,实行统一运价,企业管理及航运操作十分规范,例如严格签发运单、制作货物交接记录及货运记录等运输单证。实行市场经济之后,取消了运费统一定价,航运企业竞争激烈,良莠不齐,甚至有的为了降低运输成本,船舶超载、船舶配员不足,造成较大的航行安全隐患,影响国内水运业的健康有序发展。

交通运输部于 2020 年 6 月印发了《内河航运发展纲要》(以下称《纲要》),明确了 2035 年、2050 年建设现代化内河航运体系的相关发展目标。其中提及,到 2035 年基本建成人民满意、保障有力、世界前列的现代化内河航运体系,内河千吨级航道达到 2.5 万公里,主要港口重点港区基本实现铁路进港,内河货物周转量占全社会比重达到 9%。

为实现上述目标,《纲要》提出了建设干支衔接、江海联通的内河航道体系,打造集约高效、功能协同的现代化港口,构建经济高效、衔接融合的航运服务体系,发展以港口为枢纽的全程物流供应服务链;完善与江海直达运输发展相关的政策和技术标准,形成江海直达、江海联运有机衔接的江海运输物流体系,提高江海运输服务水平;推动港航企业向全程物流承运人转型;鼓励航运企业向船、港、货、金融等上下游发展,构建一体化产业链发展运营模式。

《海商法》的适用范围不包括内河货物运输,目前《海商法》在修订征求意见阶段,是否扩大到沿海、内河运输还没有定论。随着 2016 年《国内水路货物运输规则》的废止,随着 2021 年《中华人民共和国民法总则》《中华人民共和国物权法》《中华人民共和国合同法》《中华人民共和国侵权责任法》等民事基本法的废止,现行的内河运输和港口经营被纳入《民法典》的调整范围,比如可以适用第三编"合同"中"第十九章运输合同"相关条款。《国内水路货物运输规则》废止后目前没有统一的合同范本,未来可以由中国海事仲裁委员会、中国船东协会,结合原《国内水路货物运输规则》的主要内容起草相应的标准格式合同和标准单证格式,供水路货物运输活动的参与者选择使用。

二维码 4.2 水路货物运输合同范例

任务实施

【关键技能】

√ 订舱询价策略

√ 订舱报价

√ 正确填写运单内容

√ 掌握整个托运流程

【训练准备】

1. 分组。每组 6 人,具体分工如下:托运人 1 人,承运人 1 人,货物计量 1 人,运单填写 1 人,核算运费 1 人,收款 1 人。循环训练,保证每个学生在每个岗位都进行训练。

2. 单据准备。准备水路运单、订舱单、货物托运委托单。

3. 机械工具准备。准备货物若干,每组一台磅秤、一把量尺。

4. 训练地点。模拟托运人仓库。

【操作步骤】

步骤一 准备货物与选择航线

1. 托运人确定要运输货物的品名、数量、重量、体积、起运港、中转港、目的港、装船日期、运到期限等具体信息。

2. 登录网站，在线查询不同航线运费报价，比较、选择最优航线。

3. 托运人或其代理人办理港口、海关和检验、检疫、公安部门以及其他货物运输所需的各项手续。

步骤二 订舱

1. 托运人或其代理人在货、证齐备后，缮制订舱单，随同必要单证向适当的船舶承运人进行订舱询价。订舱单上通常会有货名、重量及尺码、起运港、目的港、收发货人、船名等内容。

2. 承运人根据托运人或其代理人的订舱单进行报价。

3. 托运人或其代理人在接收承运人订舱报价后，发出正式托运委托书。

4. 承运人对订舱申请给予承诺后，在舱位登记簿上登记，由此建立了货物运输关系。

5. 托运人预付运输费用。

步骤三 货物装配

1. 承运人按照运输合同的约定方式接收货物。

2. 承运人签发运单给托运人，证明货物运输合同成立，货物已由承运人接管。

任务评价

<table>
<tr><td colspan="2">小组/学生姓名</td><td colspan="4"></td></tr>
<tr><td rowspan="6">评价标准</td><td>内容</td><td>分值</td><td>自我评价</td><td>小组互评</td><td>教师评价</td></tr>
<tr><td>认真记录运输货物的重量、体积、数量等信息，注意不规则货物的体积计量方式</td><td>20</td><td></td><td></td><td></td></tr>
<tr><td>注意运费询价的技巧，在询价前要进行运费核算</td><td>20</td><td></td><td></td><td></td></tr>
<tr><td>承运人在接收订舱申请时，要在认真询问货物运输的信息后，进行报价</td><td>20</td><td></td><td></td><td></td></tr>
<tr><td>运单填写规范</td><td>20</td><td></td><td></td><td></td></tr>
<tr><td>体现团队协作精神和认真严谨的工作作风</td><td>20</td><td></td><td></td><td></td></tr>
<tr><td colspan="2">合计</td><td>100</td><td></td><td></td><td></td></tr>
<tr><td colspan="2">最终得分
(自评 30%+互评 30%+师评 40%)</td><td colspan="4"></td></tr>
<tr><td colspan="6">说明：测评满分为 100 分，60—74 分为及格，75—84 分为良好，85 分以上为优秀，60 分以下的学生，需重新进行学习，直到达到合格为止</td></tr>
</table>

任务五　核算班轮运费

任务导入

掌握了缮制海运提单的基本要领和注意事项后，李运对班轮运费的计算产生了浓厚的兴趣。有些商品，按体积重量计算运费划算；有些商品，按实际重量计算运费划算。这里面有什么窍门呢？为了能给客户提供最优惠的价格，李运准备系统学习班轮运费的有关内容。

任务分析

一、杂货班轮运费的计算

（一）构成

班轮公司运输货物所收取的运输费用，是按照班轮运价表的规定计收的。班轮运价表一般包括说明及有关规定、货物分级表、航线费率表、附加费表、冷藏货及活牲畜费率表等。

目前，我国海洋班轮运输公司使用等级运价表，即将承运的货物分成若干等级，每个等级的货物有一个基本费率，称为等级费率表。

班轮运费包括基本运费和附加费两部分，前者是指货物从装运港到卸货港所应收取的基本运费，它是构成全程运费的主要部分；后者是指对一些需要特殊处理的货物，或者因突然事件的发生及客观情况变化等而需另外加收的费用。

（二）基本港与非基本港

基本港是指港口设备较好、货运量大、班轮公司按期挂靠的港口。运往基本港的货物，均按基本费率收取运费。非基本港是指班轮公司不常挂靠的港口，对于去该港的货物要加收附加费。

（三）基本运费

按班轮运价表规定的计收标准计收基本运费，根据不同的商品，班轮运费的计算标准通常采用下列几种：

(1)按货物毛重(重量吨)计收，运价表中用“W”表示。

基本运费＝计重货物的运费吨×运费率

(2)按货物的体积(尺码吨)计收，运价表中用“M”表示。

基本运费＝容积货物的运费吨×运费率

上述计费的重量吨和尺码吨统称为运费吨，又称计费吨。按照国际惯例，容积货物是指每公吨的体积大于 1. 132 8 立方米的货物，而我国的远洋运输运价表中则将每公吨的体积大于 1 立方米的货物定为容积货物。

(3)按毛重或体积计收，由船公司选择其中收费较高的作为计费吨，运价表中以“W/M”表示。

(4)按货物价格计收，又称为从价运费。运价表中用“A. V”表示。从价运费一般按货物的 FOB 价格的一定百分比收取。按此法计算的基本运费等于货物的离岸价格(FOB)乘以从价费率，一般为 1%～5%。

(四)附加费

附加费是指在基本运费的基础上，加收一定百分比，或者是按每运费吨加收一个绝对值来计算。附加费名目繁多，作用不一，如表 4—8 所示，更多附加费说明详见“项目六”。

表 4—8　　各类附加费

<table>
<tr><th>附加费名称</th><th>解释</th><th>说明</th></tr>
<tr><td>超重附加费
(heavy lift additional)</td><td>货物单件重量超过一定限度而加收的费用。</td><td rowspan="2">各班轮对超重或超长货物的规定不一。在我国，中远公司规定每件货物达到 5 吨或 9 米以上时，加收超重或超长附加费。超重货一般以吨计收，超长货按运费吨计收。无论是超重、超长还是超大件，托运时都必须注明。如船舶需转船，每转船一次，加收一次附加费。</td></tr>
<tr><td>超长附加费
(long length additional)</td><td>单件货物长度超过规定长度而加收的费用。</td></tr>
<tr><td>选港附加费
(optional surcharge)</td><td>指装货时尚不能确定卸货港，要求在预先提出的两个或两个以上港口中选择一港卸货，船方因此而加收的附加费。</td><td>所选港口限定为该航次规定的挂靠港，并按所选港口收费最高者计算各种附加费。货主必须在船舶抵达第一卸货港前(一般规定为 24 小时或 48 小时)向船方宣布最后确定的卸货港。</td></tr>
<tr><td>转船附加费
(transshipment surcharge)</td><td>指凡运往非基本港的货物，需转船运往目的港，船方所收取的附加费，其中包括转船费(换装费、仓储费)和二程运费。</td><td>有的船公司不收此项附加费，而是分别另收转船费和二程运费，这样收取一、二程运费再加转船费，即通常所谓的“三道价”。</td></tr>
<tr><td>直航附加费
(direct additional)</td><td>指凡运往非基本港的货物达到一定的数量，船公司可安排直航该港而不转船时所加收的附加费。</td><td>一般直航附加费比转船附加费要低。</td></tr>
<tr><td>港口附加费
(port additional or port surcharge)</td><td>指船舶需要进入港口条件较差、装卸效率较低或港口船舶费用较高的港口及其他原因而向货方增收的附加费。</td><td></td></tr>
<tr><td>港口拥挤附加费
(port congestion surcharge)</td><td>指有些港口由于拥挤，致使船舶停泊时间增加而加收的附加费。</td><td>该项附加费随港口条件改善或恶化而变化。</td></tr>
</table>

续表

附加费名称	解释	说明
燃油附加费 (bunker surcharge or bunker adjustment factor)	指因燃油价格上涨而加收一绝对数或按基本运价的一定百分数加收的附加费。	
货币贬值附加费 (devaluation surcharge or currency adjustment factor,C. A. F)	指在货币贬值时,船方为保持其实际收入不致减少,按基本运价的一定百分数加收的附加费。	
绕航附加费 (deviation surcharge)	指因战争、运河关闭、航道阻塞等原因造成正常航道受阻,必须临时绕航才能将货物送达目的港需增加的附加费。	
其他费用	除以上各种附加费外,还有一些附加费需船货双方议定,如洗舱费、熏舱费、破冰费、加温费等。	各种附加费是对基本运价的调节和补充,可灵活地对各种外界不测因素的变化做出反应,是班轮运价的重要组成部分。

附加费的计算一般有两种规定:一是以基本运费率的百分比表示;二是用绝对数字表示,取每运费吨增收若干元。

根据一般费率表的规定,不同的商品如混装在一个包装内(集装箱除外),则对于全部货物按其中收费高的商品计收运费。同一种货物因包装不同而计费标准不同,但托运时如未申明具体包装形式时,对于全部货物均要按运价高的包装计收运费。同一提单内有两种以上不同计价标准的货物,托运时如未分列货名和数量时,计价标准和运价全部要按高者计算。这是在包装和托运时应该注意的。

(五)班轮运费的计算方式

首先,根据货物的英文名称,从货物分级表中,查出有关货物的计算等级及其计算标准;然后,从航线费率表中查出有关货物的基本费率;最后,加上各项需支付的附加费率,所得的总和就是有关货物的单位运费(每重量吨或每尺码吨的运费),再乘以计费重量吨或尺码吨,即得该批货物的理论运费总额。如果是从价运费,则按规定的百分率乘 FOB 货值即可。计算公式如下:

$$F = F_b + \sum S$$

式中,F——运费总额;F_b——基本运费;S——某一项附加费。

基本运费就是所运货物的数量(重量或体积)与规定的基本费率的乘积,即:

$$F_b = f \times Q$$

式中,f——基本费率;Q——货运量(运费吨)。

附加费是指各项附加费的总和。在多数情况下,附加费按基本运费的一定百分比计算,计算公式为:

$$\sum S=(S_1+S_2+\cdots+S_n)\times F_b$$

二、集装箱班轮运费理论计算

集装箱班轮运费的计算基本上分为两个大类:一类是采用件杂货运费计算方法,即以每运费吨为单位(俗称散货价);另一类是以每个集装箱为计费单位(俗称包箱价)。

(一)件杂货基本费率和附加费

1. 基本费率。参照传统件杂货运价,以运费吨为计算单位,多数航线上采用等级费率。

2. 附加费。指除对传统杂货所收的常规附加费外,还要加收一些与集装箱货物运输有关的附加费。

(二)包箱费率

这种费率以每个集装箱为计费单位,常用于集装箱交货的情况,即 CFS－CY 或 CY－CY 条款。常见的包箱费率有以下三种形式:

1. FAK 包箱费率(freight for all kinds)。即对每一集装箱不细分箱内货类,不计货量(在重量限额之内),统一收取的运价。

2. FCS 包箱费率(freight for class)。按不同货物等级制定的包箱费率,集装箱普通货物的等级划分与杂货运输一样,仍是 1 - 20 级,但是集装箱货物的费率级差大大小于杂货费率级差,一般低级的集装箱运价高于传统运输,高价货集装箱低于传统运输;同一等级的货物,重货集装箱运价高于体积货运价。在这种费率下,拼箱货运费计算与传统运输一样,根据货物名称查得等级,计算标准,然后去套相应的费率,乘以运费吨,即得运费。

3. FCB 包箱费率(freight for basis),这是按不同货物等级或货类以及计算标准制定的费率。

任务实施

【关键技能】

√ 根据运输货物选择相关的运价表

√ 学会根据货物的英文名称在货物分级表中查找等级和计算标准

√ 在等级费率表中查找相应航线的基本运费率

√ 在附加费部分查找附加费率(额)

√ 计算运费

【训练准备】

1. 需要运输的货物清单;

2. 航运公司的相关运价本。

【操作步骤】

步骤一　选择相关运价本

(1)老师为每位学生分发一份货物运输清单。

例:从上海运往肯尼亚蒙巴萨港口“门锁”(小五金)一批计 100 箱。每箱体积为 20 厘米×30 厘米×40 厘米。每箱重量为 25 千克。

(2)学生针对自己的货物运输清单选择相关的运价本。

步骤二　查找计算标准和等级

(1)找出对应的货物品名,如“小五金”。

(2)在运价本的货物分级表(见表 4—9)中查找对应的运费计算标准(Basis)和等级(Class)。

表 4—9　货物分级表

货名	计算标准(Basis)	等级(Class)
农业机械	W/M	9
棉布及棉织品	M	10
小五金及工具	W/M	10
玩具	M	20

步骤三　查找基本运费率

(1)确定运输货物的起运港、目的港,如起运港为“上海港”,目的港为肯尼亚的“蒙巴萨港”。

(2)在等级费率表中找到相应的航线,如中国—东非航线等级费率表(见表 4—10)。

(3)按照步骤二中查到的货物等级查找基本运费率。例如,10 级为 443 港元。

表 4—10　中国—东非航线等级费率表

等级(Class)	费率(Rates)(港元)
1	243.00
2	254.00
3	264.00
4	280.00
5	299.00
6	314.00
7	341.00
8	367.00

续表

等级(Class)	费率(Rates)(港元)
9	404.00
10	443.00
11	477.00
……	……
20	1 120.00
Ad Val	290.00
基本港口:路易港(毛里求斯)、达累斯萨拉姆(坦桑尼亚)、蒙巴萨(肯尼亚)等	

步骤四 查找附加费率(额)

在附加费部分查出所有应收的附加费项目和数额(或百分比)及货币种类。例如,燃油附加费为40%,蒙巴萨港口拥挤附加费为10%。

步骤五 算出实际运价

实际运价=基本运价+附加费=443.00+443.00×(40%+10%)=664.5(港元)

步骤六 计算理论运费

(1)计算出运费吨

100箱的体积为:(20厘米×30厘米×40厘米)×100箱=2.4(立方米)

100箱的重量为:25×100箱=2 500千克=2.5(公吨)

由于2.4立方米小于2.5公吨,因此计收标准为重量。

(2)计算运费

运费=运价×运费吨=664.5×2.5=1 661.25(港元)

步骤七 计算实际运费

以往,班轮公司或者航运公司都有运价本,也称班轮运价表或费率本,是船公司承运货物和向托运人据以收取运费的费率表的汇总。班轮公司运价表由班轮公司自己制定,如中远集团运价表。货方运价表是由货方制定、船方接受使用的运价表。能制定运价表的货方一般是较大的货主,并能保证常年有稳定的货源供应,如中国对外贸易运输集团公司。

当前,互联网+时代,随着市场经济的发展,海运市场价格波动太大,运价表的作用已经不明显,慢慢不适用了。任务实施中的计算也仅仅是从理论上对班轮运费的解释,实际市场定价受多种因素影响,比如受市场关系、供求关系的影响很大,尤其是一船难求、一箱难求时,要复杂得多。

现在有很多电子商务平台、一站式国际物流运费查询平台,可以在线查询不同航线、不同目的港、不同承运人(如中远、达飞等)、不同箱型(20英尺、40英尺干货箱)的运费。

请学生登录网站，在线查询该航线的集装箱运费报价，比较数值差距，分析原因。

任务评价

<table>
<tr><td colspan="2">小组/学生姓名</td><td colspan="4"></td></tr>
<tr><td rowspan="6">评价标准</td><td>内容</td><td>分值</td><td>自我评价</td><td>小组互评</td><td>教师评价</td></tr>
<tr><td>根据运输的货物及航线选择恰当的运价本</td><td>20</td><td></td><td></td><td></td></tr>
<tr><td>注意货物的品名分类</td><td>20</td><td></td><td></td><td></td></tr>
<tr><td>计算过程认真仔细</td><td>20</td><td></td><td></td><td></td></tr>
<tr><td>多计算和询问几家航运公司的运费，进行比较</td><td>20</td><td></td><td></td><td></td></tr>
<tr><td>体现团队协作精神和认真严谨的工作作风</td><td>20</td><td></td><td></td><td></td></tr>
<tr><td colspan="2">合计</td><td>100</td><td></td><td></td><td></td></tr>
<tr><td colspan="2">最终得分
（自评 30%＋互评 30%＋师评 40%）</td><td colspan="4"></td></tr>
<tr><td colspan="6">说明：测评满分为 100 分，60－74 分为及格，75－84 分为良好，85 分以上为优秀，60 分以下的学生，需重新进行学习，直到达到合格为止</td></tr>
</table>

同步检测

一、单项选择题

1. 下列（　　）是在卸货港编制的单证。

A. 提货单　　B. 提单　　C. 装货单　　D. 托运单

2. 关于港口分类，按用途与目的划分不包括（　　）。

A. 存储港　　B. 转运港　　C. 内河港　　D. 经过港

3.（　　）是使用船舶通过大陆邻近国家海上航道运送客、货的一种运输形式，视航程一般使用中型船舶，也可使用小型船舶。

A. 沿海运输　　B. 近海运输　　C. 远洋运输　　D. 江河运输

4. 班轮运费包括（　　）两部分。

A. 基本运费和装卸费　　B. 装卸费和附加费

C. 基本运费和保险费　　D. 基本运费和附加费

5. 出租人依据合同向承租人提供船舶，在同方向或同航线上装运货物、不间断地完成若干航次运输的船舶营运方式是指（　　）。

A. 单程租船　　B. 来回程租船　　C. 连续航次租船　　D. 航次期租船

6.（　　）是指用以证明海上货物运输合同和货物已经由承运人接收或者装船，以及承运人保证据以交付货物的单证，既是物权证券又是债权证券。

A. 载货清单　　B. 装箱单　　C. 提货单　　D. 提单

7.(　　)是指船东在租期内将空船出租给租船人,并将船舶的控制权和占有权也一并交给租船人。租船人按合同规定在租期内按期向船东支付租金,租船人自行配备船员,负责船舶的营运管理和费用。

A. 航次租船　　B. 光船租船　　C. 定期租船　　D. 包运租船

8.(　　)是指在规定的装卸期间内,如果租船人未能完成装卸作业,为了弥补船方的损失,对超过的时间租船人应向船方支付一定的罚款。

A. 运费　　B. 装卸费　　C. 滞期费　　D. 速遣费

9. 在计算班轮运输的基本运费时,按货物价格计收,又称从价运费。按此法计算的基本运费等于货物的离岸价格(FOB)乘以从价费率,一般为(　　)。

A. 1%～5%　　B. 1%～10%　　C. 10%～15%　　D. 5%～10%

10.(　　)又称现提,是指收货人以提单在船公司卸货港的代理人处换取提货单,凭提货单直接到码头船边提取货物,并办理交接手续的方式,适用于贵重货物、危险货物、冷冻货物、长大件货物以及其他批量较大的货物。

A. 船边交货　　B. 选港交货

C. 变更卸货港交付货物　　D. 凭保证书交付货物

二、多项选择题

1. 班轮运输的特点有(　　)。

A. 具有“四固定”的特点,即固定航线、固定港口、固定船期和相对固定的费率。这是班轮运输的基本特征

B. 班轮运价内包括装卸费用,即货物由承运人负责配载、装卸,承运人和托运人双方不另计滞期费和速遣费

C. 承运人对货物负责的期间是从货物装上船起,到货物卸下船时止,即“船舷至船舷”或“钩至钩”

D. 承运人和托运人双方的权利、义务和责任豁免以签发的提单条款为依据,并受统一的国际公约制约

2. 水路运输的形式有(　　)。

A. 江河航运　　B. 沿海运输　　C. 近海运输　　D. 远洋运输

3. 租船运输的业务可分为(　　)。

A. 航次租船　　B. 光船租船　　C. 定期租船　　D. 包运租船

4. 水路运输的优点有(　　)。

A. 通过能力大　　B. 节省燃料,单位运输成本低

C. 续航能力强　　D. 劳动生产率高

E. 节约投资,占地较少

5. 班轮运输中的交货方式有(　　)。

A. 船边交货　　B. 选港交货

C. 变更卸货港交付货物　　D. 凭保证书交付货物

三、简答题

1. 简述班轮运输的业务流程。

2. 简述租船运输的业务流程。

四、计算题

1. 已知以 3 个 20 英尺集装箱装运罐头 2 430 箱，毛重 54 000 千克，尺码 74.5 立方米，目的港为瑞典的哥德堡(GOTHENBURG)港。经查询中远运价表，该港口为非基本港，应附加转船费，一个 20 英尺集装箱的基本运价为 1 850 美元，转船附加费为 685 美元。则运费合计为多少？

2. 出口一批棉织品，计 100 箱，每箱重 50 千克，每箱体积为 0.060 立方米，由天津装船到伦敦/鹿特丹/汉堡港口。经查询，该货为 12 级，计费标准为 W/M，基本费率为 100 港元/运费吨，另有燃油附加费 20%，选港附加费每运费吨 15 港元，港口附加费 10%。求该批货物的运费。

项目五

航空运输业务与运作

知识目标

1. 了解航空运输的相关概念；
2. 了解我国和国际航空航线、机场、航空集装箱的基本概况；
3. 掌握受理航空货物运输的流程；
4. 掌握航空进、出港作业流程；
5. 理解航空货物运输运价的概念。

能力目标

1. 能应用进出口货物运输流程完成国际航空货物运输业务；
2. 能处理出口及进口业务主要单证；
3. 能填写航空运单；
4. 能计算航空货物运输费用。

思政目标

以党的二十大报告为引领，培养学生加快建设贸易强国的热情和干劲，培养学生提升产业链、供应链韧性和安全水平的意识；培养学生树立交通强国的服务意识。

任务一　了解航空货物运输系统

任务导入

顺达货运公司2022年1月15日接到了一笔航空运输的业务，昆明A商贸有限公司要求把位于云南省昆明市斗南花卉市场的鲜花空运到天津市，对于刚刚轮岗到航运物流部的实习生李运、王通来说，又是全新的挑战，从哪里开始学起呢？

任务分析

一、航空货运基本知识

（一）航空货物运输的概念

航空货物运输是指使用飞机或者其他航空器把货物从一地运往另一地的运输方式，是一种安全迅速的运输方式，目前航空运输已经在商业上普遍使用，这种方式具有速度快、安全准确，以及节省包装、保险等费用的特点，可以实现物流限时达、次日达、当日达，时效性大大提高。

（二）国际航空运输组织

1. 国际民用航空组织

国际民用航空组织（International Civil Aviation Organization，ICAO）是联合国所属专门机构之一，也是政府间的国际航空机构。其总部设在加拿大的蒙特利尔。我国是该组织的成员国，也是理事国之一。

2. 国际航空运输协会

国际航空运输协会（International Air Transport Association，IATA）是各国航空运输企业之间的联合组织，其会员必须是国际民用航空组织成员国的空运企业。

3. 国际机场理事会

国际机场理事会（Airports Council International，ACI）原名为国际机场联合协会（Airports Association Council International），于1991年1月成立，1993年1月1日改称国际机场理事会。国际机场理事会总部设在加拿大蒙特利尔。

小栏目

常用空运名词

ATA（Actual Time of Arrival）：实际到港时间

ATD（Actual Time of Departure）：实际离港时间

AWB(Air Waybill):航空货运单

CAO(Cargo for Freighter Only):仅限货机承运

Unaccompanied Baggage:无人陪伴行李

Bonded Warehouse:保税仓库

Bulk Cargo:散件货物

Charges Collect:到付运费

Charges Prepaid:预付运费

Chargeable Weight:计费重量

二、航空货物运输当事人

在航空货物运输业务中,涉及的有关当事人主要有发货人、承运人、代理人、地面运输公司和收货人等。

(一)航空公司(承运人)

航空公司是以各种航空飞行器为运输工具,为乘客和货物提供民用航空服务的企业。航空公司使用的飞行器可以是他们自己拥有的,也可以是租来的,他们可以独立提供服务,也可以与其他航空公司合伙或者组成联盟。

● 查一查:请同学们在网上查一查我国航空公司及其代码

(二)航空货运公司(代理人)

航空货运公司又称为航空货运代理公司,可以是货主的代理,负责办理航空货物运输的订舱以及在始发机场和到达机场的交、接货与进口报关等事宜,也可以是航空公司的代理,办理接货并以航空承运人的身份签发航空运单,对运输全程负责,亦可两者兼而有之。

1.航空货运公司的主要业务

航空货运公司的主要业务是:出口货物在始发站机场与航空公司之间的揽货、接货、订舱、制单、报关、交运;对于进口货物,在目的站机场从航空公司接货、接单、制单、报关、送货、转运等。

2.航空货运公司的身份

航空货运公司的身份是根据具体情况确定的。航空货物承运当事人的关系如图5—1所示。

(1)承运人身份。当航空货运公司以自己的名义从不同的客户手中接受零散货物,并将这些零散货物集中起来以自己的名义与航空公司签订运输合同时,相对于其客户而言,它是空运缔约承运人。

空运缔约承运人是指本身拥有或不拥有航空运输工具,以自己的名义与旅客或者托运人,或者与旅客或者托运人的代理人,签订航空运输合同的人。

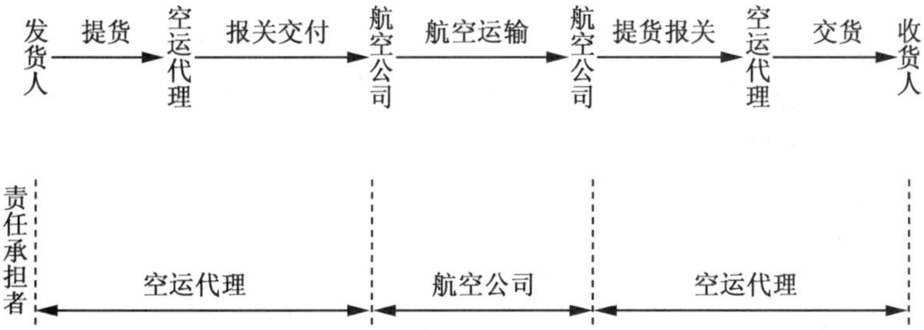

图 5—1　航空货物承运当事人关系

空运实际承运人是指本身拥有航空运输工具，根据空运缔约承运人的授权，履行全部或部分航空运输合同任务的人。空运实际承运人在授权范围内的行为由其承担责任。

(2)托运人身份。当航空货运公司以自己的名义与航空公司签订运输合同时，相对于运输合同对方当事人而言，它是托运人，航空公司是承运人。

(3)收货人身份。在目的地，航空货运公司可以自己的名义接受货物，同样可以成为收货人。

(4)托运人的代理人。当航空货运公司从不同的托运人手中接收货物，以托运人的名义与航空公司签订运输合同时，航空货运公司是托运人的代理人，航空公司则是承运人。

(5)承运人的代理人。当航空货运公司以承运人的名义与托运人签订运输合同并向托运人签发航空货运单时，航空货运代理公司是承运人的代理人。

三、航空货物运输系统要素

(一)航空货物

航空运输的货物主要是高附加值、深加工、技术密集型、适时生产的产品和鲜活食品等。现今中国航空货物运输主要服务于 5 个行业：鲜活产品（如水果、鲜花）、精密机械产品（如医疗器械）、电子产品（如计算机）、商务文件、通信产品（如手机）。随着服务开放的不断深入，书籍、药品、软件、玩具等逐渐成为航空物流的服务行业。

(二)航空站

航空站亦称机场、飞机场或空港，是供飞机起飞、着陆、停驻、维护、补充给养及组织飞行保障活动所用的场所。航空站主要由飞行区、航站区及进出机场的地面交通系统构成。

(1)飞行区。飞行区是机场内用于飞机起飞、着陆和滑行的区域，通常还包括用于飞机起降的空域。飞行区由跑道系统、滑行道系统和停机坪构成。

(2)航站区。航站区是机场内办理航空客货运输业务和供旅客休息、货物地面运转的区域。航站区主要包括航站楼、助航设施、地面活动引导和管制系统、地面特种车辆和场务设备等。

(3)进出机场的地面交通系统。进出机场的地面交通系统通常是公路,也包括铁路、地铁(或轻轨)和水运码头等。其功能是把机场和附近城市连接起来,将旅客和货物及时运进或运出航站楼。

(三)航空运载工具

1. 货运飞机

飞机是航空运输的主要运载工具,它是指具有固定机翼和一台或多台发动机,靠自身动力能在大气中飞行的重于空气的航空器。货运飞机按机身尺寸可分为窄体飞机和宽体飞机;按飞机使用用途可分为全货机、全客机和客货混用机。

(1)窄体飞机。窄体飞机的机身宽度约为3米,客舱内有一条过道,通常在下部货舱装运尺寸较小的件杂货。如图5—2所示。

图5—2 中国C919窄体飞机

(2)宽体飞机

宽体飞机又称广体飞机,如图5—3所示。宽体飞机机身直径为5至6米。对于客机而言,至少会有两条走道,在经济舱的座位一排会有7至10个。广体客机通常可搭载200至800人。

图 5—3 A350 宽体飞机

2. 航空集装器

集装器(Unit Load Device，ULD)是指在飞机上使用，用来装载货物、行李和邮件的各种类型的集装箱、集装板和辅助器材，如图 5—4 所示。集装器辅助器材包括集装板网套，系留货物用的带、锁扣、钢索，垫货用的垫板、托盘等。它能减少货物装运的时间和装运次数，提高工作效率，提高运输质量。

图 5—4 航空集装器

3. 航线

飞机飞行的路线称为空中交通线，简称航线。飞机的航线不仅确定了飞机飞行的具体方向、起讫点和经停点，而且还根据空中交通管制的需要，规定了航线的宽度和飞行高度，以维护空中交通秩序，保证飞行安全。

小栏目

物流天上飞，无人机“十八般武艺”抢占低空经济地盘

2022 年 12 月 15 日起，《无人机物流配送运行要求》《邮政快递无人机监管信息交互规范》这两项关于无人机配送的相关标准正式实施。

《无人机物流配送运行要求》规定了无人机物流配送的基本要求、场地设施要求、作业要求、信息交互和安全要求，适用于支线无人机物流、末端无人机物流的运行。《邮政快递无人机监管信息交互规范》规定了邮政快递无人机监管的信息交换需求、信息交换流程、通信接口、报文规范和安全控制要求，适用于邮政快递无人机系统、无人机运营管理平台以及无人机信息交互系统之间的信息交换。

无人机配送行业标准相继出台，也体现了行业发展的必要性。在现实生活中，无人机应用场景随处可见到，无人机投递包裹、无人机运输样本、无人机送餐……大大小小的无人机在低空中穿梭来往，智慧灵动、精准高效的无人机恰好是解决“最后一公里”配送效率问题的有效“救星”，比如交通不够便利的山区，使用无人机配送可以将物流配送时间从几个小时缩短到十几分钟，真正实现快递到家服务。

二维码 5.1 《2023—2028 年中国航空货运行业深度分析及发展前景预测报告》

2022 年 2 月，中国民航局发布了《“十四五”航空物流发展专项规划》(简称“规划”)，2022 年 8 月，民航局民用无人驾驶航空器管理领导小组办公室发布了《民用无人驾驶航空发展路线图 V1.0(征求意见稿)》。征求意见稿中提出，北斗卫星系统、全球定位系统(GPS)、激光和超声波传感器在内的许多技术将被用于定位和引导无人机。另外，在行业发展上也提出明确目标：2025 年城市短距离低速轻小型末端物流配送场景逐步成熟，城市中长距离物流配送逐步应用；2030 年，城市中短距离快速中小型物流配送无人驾驶航空器逐步应用；2035 年，无人运输网络基本形成，城市中长距离快速中大型物流配送无人驾驶航空器逐步推广。

可以预见，未来随着国家政策的大力扶持、市场需求的逐步提升以及行业技术的不断突破，我国物流无人机产业将迎来黄金发展时期。

资料来源：智能制造网。

任务实施

【关键技能】

√ 能够掌握航空货运基本知识

√ 能够根据航空运输业务识别运输当事人

√ 能够熟悉常用的空运名词

√ 掌握航空货物运输系统要素

【训练准备】

本次训练以个人为单位，在网上查找资料，准备相关素材。

【训练准备】

内容一　让学生熟练说出航空货运基本知识。

内容二　找到一张航空运单，让学生说出运输当事人。

内容三　对空运名词进行考察。

内容四　由学生查找相关的图片、资料，并说出航空货物运输系统要素。

任务评价

<table>
<tr><td colspan="3">被考评人或小组</td><td colspan="4">考评任务：了解航空运输业务与运作</td></tr>
<tr><td colspan="2">考评内容</td><td>分值</td><td colspan="2">自我评价（50 分）</td><td>教师评价（50 分）</td><td>合计得分</td></tr>
<tr><td colspan="2">内容一</td><td>25 分</td><td colspan="2"></td><td></td><td></td></tr>
<tr><td colspan="2">内容二</td><td>30 分</td><td colspan="2"></td><td></td><td></td></tr>
<tr><td colspan="2">内容三</td><td>15 分</td><td colspan="2"></td><td></td><td></td></tr>
<tr><td colspan="2">内容四</td><td>30 分</td><td colspan="2"></td><td></td><td></td></tr>
<tr><td colspan="7">综合评定</td></tr>
<tr><td>考评标准</td><td>知识掌握</td><td colspan="2">资料准备</td><td>语言表达</td><td>沟通能力</td><td>合计得分</td></tr>
<tr><td>分值</td><td>30 分</td><td colspan="2">20 分</td><td>30 分</td><td>20 分</td><td></td></tr>
<tr><td colspan="7">注：任务总评得分＝考评内容得分×60%＋综合评定得分×40%</td></tr>
</table>

任务二　受理航空货物托运

任务导入

顺达货运公司和昆明 A 商贸有限公司合作得很好，2022 年 2 月 5 日 A 公司要求把位于云南省昆明市斗南花卉市场的鲜花 8 000 包运到天津市，再由天津市将其中的 5 000 包发往日本东京，从天津到东京要求用航空运输。李运、王通马上受理了本次货物托运。

任务分析

一、航空公司货运运营方式

（一）班机运输

班机运输是指固定航线上定期航行的航班，一般有固定始发站、固定目的港、固定途经站。班机运输的主要特点有以下三点。

第一,迅速准确。班机有固定航线、固定停靠港和定期开航的优点,因此国际航空货物大多使用班机运输方式,能安全迅速地到达世界上各通航地点。

第二,方便货主。收货人、发货人可准确掌握货物起运和到达的时间,这对于急需的商品、鲜活易腐货物以及贵重商品的运输非常有利。

第三,舱位有限。班机运输一般是客货混载,因此舱位有限,不能使大批量的货物及时出运,往往需要分期分批运输,这是班机运输的不足之处。

随着定期全货机航线的不断涌现,班机货物运输的运力不足、运输不及时等状况将得到改善。

(二)包机运输

当班机运输无法满足需要或发货人有特殊需要时,可选择包机运输(chartered carrier)。包机人为了一定的目的包用航空公司的飞机运载货物的形式称为包机运输。包机运输按租用舱位的大小分为整机包机和部分包机两类。

包机运输的主要优点有:解决班机舱位的不足;货物全部由包机运出,节省时间和多次发货的手续;弥补没有直达航班的不足,且不用中转;减少货损、货差或丢失的现象;在空运旺季有效缓解航班紧张状况;是解决海鲜、活动物运输的有效方式。

与班机运输相比,部分包机货物运费较班机货物运费低,但由于要等待其他货主备货,因此运输时间比班机运输长。另外,各国政府为了保护本国航空公司利益,经常对从事包机业务的外国航空公司实行各种限制。

二、航空货运组织方式

(一)集中托运

集中托运(consolidation)是指航空货运代理人(也称集中托运人)将若干批单独发往同一方向的货物,组成一票货物交付给承运人,填写一份主运单,发到同一目的地,并由集中托运人在目的地的指定代理人(也称分拨代理人)收货、报关,再根据集中托运人签发的航空分运单将货物分拨给各实际收货人的航空货运组织的方法,如图5—5所示。

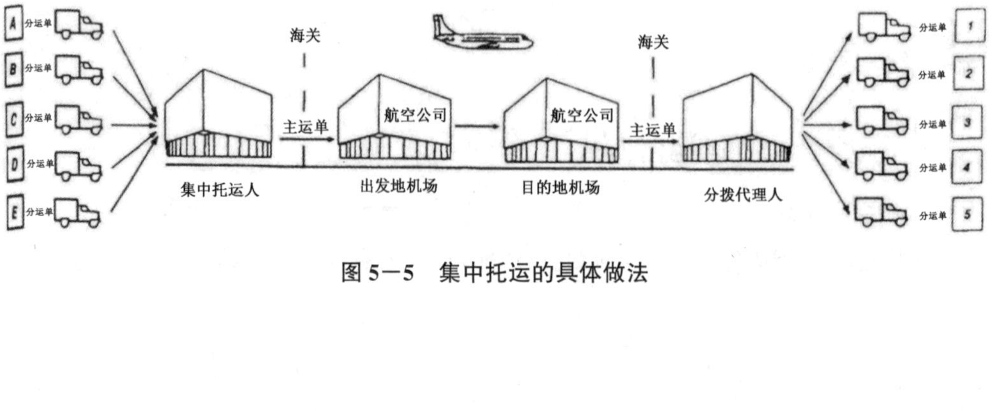

图5—5　集中托运的具体做法

1. 集中托运的流程

(1)对于每一票货物,分别制定航空运输分运单(house airway bill,HAWB)。

(2)将所有货物区分方向,按照其目的地相同的同一国家、同一城市来集中,向航空公司托运,与航空公司签订主运单(master airway bill,MAWB)。主运单的发货人和收货人均为航空货运公司。

(3)打出该主运单项下的货运清单(manifest),即该主运单有几个分运单,分运单包括各分运单号码、实际托运人与收货人、件数、重量等。

(4)把该主运单和货运清单作为一整票货物交给航空公司。一个主运单可视货物具体情况随附分运单(可以是一个分运单,也可以是多个分运单)。如一个主运单内有10个分运单,说明此总运单内有10票货,发给10个不同的收货人。

(5)货物到达目的地机场后,当地的货运公司作为主运单的收货人负责接货、分拨,按不同的分运单制定各自的报关单据并代为报关,为实际收货人办理有关接货事宜。

(6)实际收货人在分运单上签收以后,目的站货运公司以此向发货的货运公司反馈到货信息。

2. 集中托运的限制

(1)集中托运只适合普通货物,对于等级运价的货物,如贵重物品、危险品、活动物,以及文物等不能办理集中托运。

(2)目的地相同或临近的可以办理。如不能把到日本的货物与到欧洲的货物集中托运。

3. 集中托运的特点

(1)节省运费。航空货运公司的集中托运运价一般低于航空协会的运价。发货人可得到低于航空公司运价的价格,从而节省费用。

(2)提供方便。将货物集中托运,可以使货物能到达航空公司到达地点以外的地方,这延伸了航空公司的服务,方便了货主。

(3)提早结汇。发货人将货物交与航空货运代理后,即可取得货物分运单,可持分运单到银行尽早办理结汇。

集中托运已成为我国进出口货物的主要运输方式之一,在世界范围内普遍开展,形成较完善、有效的服务系统,为促进国际贸易发展起到了良好的作用。

(二)航空快递

航空快递又称快件、快运或速递,是指具有独立法人资格的企业将进出境的货物或物品,从发货人所在地通过自身的或代理的网络运达收货人的一种快速运输方式。航空快递特别适用于急需的药品和医疗器械、贵重物品、图样资料、货样、单证等小件物品,是目前航空货物运输中最快捷的运输方式。

1. 航空快递的特点

(1)航空快递业务主要以商务文件、资料、小件样品和小件货物等急需物品为主。

(2)中间环节少,速度快于普通的航空货物运输。

(3)航空快递中使用一种比普通空运分运单应用更为广泛的交付凭证——POD(Proof of Delivery)。

(4)办理航空快递业务的大多是国际性的跨国公司,如DHL、UPS、FedEx等。

2.航空快递的主要形式

(1)场到场的快递服务。发货人在航班始发站将货物交给航空公司,然后发货人通知目的地的收货人到机场取货。采取这种方式的一般是海关当局有特殊规定的货物。

(2)“门到门”(也称“桌到桌”)的快递服务。发货人需要在发货时通知快递公司,快递公司立即派人到发货人的办公室取货,直接送交航空公司空运,然后通知目的地的快递公司或代理人,按时取货并按照要求的时间将货送到收货人手中。送货后立即将货物交接时间及签收人姓名等通知发货人。

(3)快递公司派人随机送货。由专门经营该项业务的航空货运公司与航空公司合作,委派专人用最快的速度,在货主、机场、用户之间传送急件的运输服务业务。

在上述三种运输方式中,第一种简单、收费低,但不方便;第三种服务周到,但费用较高;一般采用第二种方式的较为普遍。

(三)陆空联运

陆空联运是火车、卡车和飞机的联合运输方式。陆空联运分为三种:一是TAT,即Train-Air-Truck的联运;二是TA,即Truck-Air的联运;三是TA,即Train-Air的联运。我国航空运输出口货物通常采用陆空联运方式。

任务实施

【关键技能】

√ 能够识别航空公司的货运运营方式

√ 根据任务选择合适的托运方式

【训练准备】

1.将学生进行分组,每组2—3人;

2.准备航空货物托运的单据。

【训练内容】

内容一　对学生航空货物托运的基本知识进行考核。

内容二　根据“任务导入”办理2月5日的货物托运。

内容三　做出2月5日A公司从昆明到天津再到日本东京的货运组织方案。

任务评价

被考评人或小组		考评任务:受理航空货物托运			
考评内容	分值	自我评价(30分)	小组评议(30分)	教师评价(40分)	合计得分
内容一	20分				
内容二	40分				
内容三	40分				

综合评定						
考评标准	知识掌握	资料准备	语言表达	团队合作	沟通能力	合计得分
分值	20分	20分	30分	15分	15分	
注:任务总评得分=考评内容得分×60%+综合评定得分×40%						

任务三　办理航空货物出港作业

任务导入

昆明A商贸有限公司继续和顺达货运公司合作,2022年3月1日,委托顺达货运公司将4 000包鲜花通过航空运输出口到东京。根据公司安排,李运、王通负责办理该项业务的航空出港作业。

任务分析

航空货运出口流程是指航空货运公司从发货人手中接货到将货物交给航空公司承运这一过程所需经过的环节、办理的手续,以及必备单证的缮制,它的起点是从发货人手中接货,终点是将货交航空公司,如图5—6所示。

一、托运受理

托运人即发货人。发货人在货物出口地寻找合适的航空货运公司,为其代理空运订舱、报关、托运业务;航空货运公司根据自己的业务范围、服务项目等接受托运人委托,并要求发货人填制国际货物托运书,以此作为委托与接受委托的依据,同时提供相应的装箱单、发票等,空运托单样本如图5—7所示。

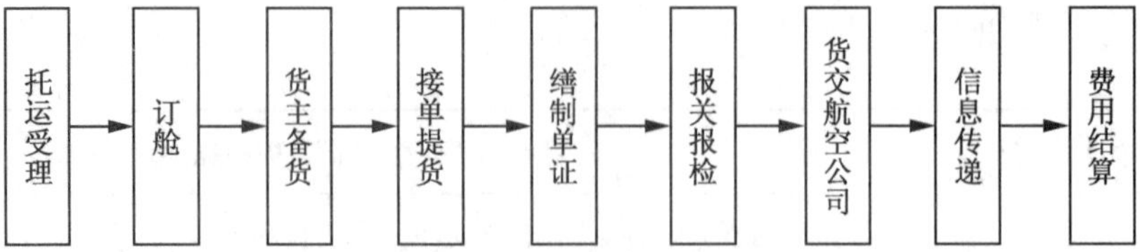

图 5—6 航空货运出口流程

小栏目

空运询价八要素

1. 品名(是否为危险品)
2. 重量(涉及收费)、体积(尺寸大小及是否泡货)
3. 包装(是否为木箱,有无托盘)
4. 目的机场(是否为基本点)
5. 要求时间(直飞或转飞)
6. 要求航班(各航班服务及价格差异)
7. 提单类别(主单及分单)
8. 所需运输服务(报关方式、代办单证、是否清关派送等)

二、订舱

航空货运公司根据发货人的要求及货物本身的特点(一般来说,对于非紧急的零散货物可以不预先订舱)填写订舱单,注明货物的名称、体积、质量、件数、目的港、时间等,要求航空公司根据实际情况安排航班和舱位,也就是航空货运公司向航空公司申请运输并预订舱位。

三、货主备货

航空公司根据航空货运公司填写的订舱单确认航班和舱位后,由航空货运公司及时通知发货人备单、备货。

四、接单提货

航空货运公司到发货人处提货并送至机场,同时要求发货人提供相关单证,如出口货物报关单、合同副本、商检证明、出口许可证、配额许可证、登记手册、装箱单(正本)、发票等。

对于通过空运与铁路运输等其他运输方式联运,从内地运往境外的出口货物,航空货运公司可以按发货人提供的运单号、航班号及接货地点和接货日期代其提取货物。

五、缮制单证

(1)航空货运公司审核托运人提供的单证，缮制报关单，报海关初审。

(2)缮制航空货物运单，要注明收货人和托运人的名称、地址、联络方法，始发港及目的港，货物的名称、件数、质量、体积，包装方式等，并将收货人提供的货物随行单据订在运单后面。如果是集中托运的货物，要制作集中托运清单、航空分运单，一并装入一个信袋，订在运单后面。航空运单如图 5—8 所示。

(3)将制作好的运单标签粘贴或拴挂在每一件货物上。

六、报关报检

持缮制完的运单、报关单、装箱单、发票等相关单证到海关报关。海关在报关单、运单正本上盖放行章，并在出口产品返税的单据上盖验讫章。

七、货交航空公司

将盖有海关放行章的航空货物运单与货物一起交给航空公司，由其安排航空运输，随附航空货物运单正本、发票、装箱单、产地证明、品质鉴定书等。航空公司验收单证和货物无误后，在交接单上签字。

八、信息传递

货物发出后，航空货运公司及时通知国外代理收货。通知内容包括航班号、运单号、品名、数量、质量、收货人的有关资料等。

托运人/地址 Shipper/Address

收货人/地址 Consignee/Address
目的港名称或目的港所在城市名称

TEL: FAX:

并通知 Also Notify

TEL: FAX:

托运单号:
联系人:
电 话:
传 真: 020-38785759
E-mail:
地 址: 广州市体育西路111号建和中心17楼D区

航空公司 Carrier	航班/日期 Flight/Day

始发地 Place/Airport of Departure	目的地 Place/ Airport of Destination	空运单号码 Air Waybill No.

唛头及号码 Marks and Numbers	件数 No. of Packages	货品名称 Description Of Goods	毛重(KGS.) Gross Weight	体积 (CBM.)

随货文件Accompany Doc
☐ Invoice ☐ Packing List ☐ C/O
☐ Form A ☐ Others

运输条款Transit term 运输条款
☐ CIF ☐ FOB
☐ DDU ☐ DDP

报关方式
Customs Clearance
☐ 自行报关
Self-Customs Clearnce
☐ 委托报关
Assigned

申报金额 Amount

保险 Cargo Insurance
☐ Required ☐ Not Required

保险金额 Insured Value

运费确认Freight Confirm

空运费率:
Freight Rates
☐ 预付 Prepaid
☐ 到付 Collect

本地费用:
Local Charges
☐ 预付 Prepaid
☐ 到付 Collect

托运人声明:
1. 非危险品声明,并承担一切相关不实行为责任后果。
2. 我公司/本人确认以上所填各项均正确,属实,货物符合国家海关及承运人的规定,我公司/本人愿对此负责。
3. 本公司/本人同意遵守国际运输公约的有关规定。
4. 如发生收货人拒提货物之事,本公司/本人愿承担所有由此产生的费用,包括:运费,地面费用,清关费及仓租等。
5. 如收货人拒付运费(在运费到付时),本公司/本人愿在5日内付清全部运费及有关费用。

特别事项Special Requirement

托运人签字盖章:
Stamp and Signature of the Shipper

航空公司审核生效

托运联系人: TEL:
Contact Person:
E-mail: FAX:

日期
Date

图 5—7 空运托单样本

Shipper's Name and Address SHANGHAI IMPORT & EXPORT TRADE CORPORATION 1321 ZHONGSHAN ROAD SHANGHAI CHINA	Shipper's Account Number 045686	Not negotiable **Air Waybill**　**中国东方航空公司** Issued by　CHINA EASTERN AIRLINES 2250 HONGQIAO ROAD SHANGHAI CHINA
Consignee's Name and Address P.T. HYCO LANGGENG 310 VIRA SEMARANG INDONESIA	Consignee's Account Number SO099	Copies 1,2 and 3 this Air Waybill are originals and have the same validity It is agreed that goods described herein are accepted in apparent good order and condition (except as noted) for carriage SUBJECT TO THE CONDITIONS OF CONTRACT ON THE REVESE HEREOF. ALL GOODS MAY BE CARRIED BY ANY OTHER MEANS INCLUDING ROAD OR ANY OTHER CARRIER UNLESS SPECIFIC CONTRARY INSRUCTIONS ARE GIVEN HEREON BY THE SHIPPER, AND SHIPPER AGREES THAT THE SHIPPMENT MAY BE CARRIED VIA INTERMEDIATE STOPPING PLACES WHICH THE CARRIER DEEMS APPROPRIATE. THE SHIPPER'S ATTENTION IS DRAWN TO THE NOTICE CONCERNING CARRIER'S LIMIATION OF LIABILITY. Shipper may increase such limitation of limitation of liability by declaring a higher value for carriage and paying a supplemental charge if required.
Issuing Carrier's Agent Name and City FUKANGWA EXS (030-424) SEMARANG EXPRESS CO., LTD.		Accounting Information FREIGHT: PREPAID D = 34　(20 CBM)
Agents IATA Code 08321550	Account No.	
Airport of Departure (Addr. Of First Carrier) and Requested Routing		

To	By First Carrier / Routing and Destination	To	By	To	By	Currency	Chgs Code	WT/VAL PPD	WT/VAL COLL	Other PPD	Other COLL	Declared Value for Carriage	Declared Value for Customs
						USD		XX		XX		N.V.D	

Airport of Destination	Requested Flight/Date		Amount of Insurance	
SHANGHAI	MU0514/02			If shipper requests insurance in accordance with the conditions thereof indicate amount to be insures in figures in box marked "Amount of Insurance".

Handing Information

AS PER REF NO: XY050401

No. of Place RCP	Gross Weight	kg lb	Rate Class	Commodity Item No.	Chargeable Weight	Rate / Charge	Total	Nature and Quantity of Goods (Incl. Dimensions or Volume)
1400	3200	K	S		3200	1.50	2400.00	DOUBLEOPENEND PANNER 20 CBM

Prepaid / Weight Charge / Collect	Other Charges
2400.00	
Valuation Charge	AWB FEE : 200.00
Tax	
Total other Charges Due Agent: 200.00	Shipper certifies that particular's on the face hereof are correct and agrees THE CONDITIONS ON REVERSE HEREOF. PUDONG / AIR EXPORT 华民彩 Signature Shipper or his Agent
Total other Charges Due Carrier	
Total Prepaid: 2200.00 / Total Collect	Carrier certifies that the goods described hereon are accepted for carriage subject to THE CONDITION OF CONTRACT ON THE REVERSE HEREOF. The goods then being in apparent good order and condition except as noted hereon. SEP. 20,2006　SHANGHAI,CHINA　CHINA EASTERN AIRLINES Executed on (date)　at (place)　Signature of issuing Carrier
Currency Conversion Rate / CC Charges in Dest. Currency	
For Carriers Use only at Destination / Charges at Destination	Total Collect Charges　789-3905 0933

图 5—8　航空运单样表

九、费用结算

费用结算主要涉及发货人、承运人和国外代理三个方面，即向发货人收取航空运费、地面运费及各种手续费和服务费，向承运人支付航空运费并向其收取佣金，按协议与国外代理结算到付运费及利润分成。

任务实施

【关键技能】

√ 掌握航空货物的出口运输代理业务流程

√ 能够根据实际业务需要，办理货物的托运受理、订舱、缮制单证

【训练准备】

1. 将学生分成若干小组；
2. 准备好航空托运单和航空运单等单证。

【操作任务】

内容一 对学生航空货物出口运输代理业务流程的基本知识进行考核。

内容二 根据任务导入要求，办理2022年3月1日的出口运输代理业务。

内容三 做出本次业务的货运组织方案，并填写本次业务的相关单证。

任务评价

<table>
<tr><td colspan="2">被考评人或小组</td><td colspan="5">考评任务：办理航空货物出港作业</td></tr>
<tr><td>考评内容</td><td>分值</td><td>自我评价(30分)</td><td>小组评议(30分)</td><td colspan="2">教师评价(40分)</td><td>合计得分</td></tr>
<tr><td>内容一</td><td>20分</td><td></td><td></td><td colspan="2"></td><td></td></tr>
<tr><td>内容二</td><td>40分</td><td></td><td></td><td colspan="2"></td><td></td></tr>
<tr><td>内容三</td><td>40分</td><td></td><td></td><td colspan="2"></td><td></td></tr>
<tr><td colspan="7">综合评定</td></tr>
<tr><td>考评标准</td><td>知识掌握</td><td>资料准备</td><td>语言表达</td><td>团队合作</td><td>沟通能力</td><td>合计得分</td></tr>
<tr><td>分值</td><td>20分</td><td>20分</td><td>30分</td><td>15分</td><td>15分</td><td></td></tr>
<tr><td colspan="7">注：任务总评得分＝考评内容得分×60%＋综合评定得分×40%</td></tr>
</table>

任务四　办理航空货物进港作业

任务导入

昆明A商贸有限公司2022年4月1日将京东的合作伙伴K株式会社的800箱高档化妆品进口到中国昆明，委托顺达货运公司办理进口代理业务。李运、王通想，这就是出口代理业务的反向操作吧？实际操作时有什么区别呢？

任务分析

航空货运进口流程，是指航空货物从入境到提取或转运的整个过程中所需通过的环节、所需办理的手续以及必备的单证。航空货物入境后，要经过各个环节才能被提出海关监管场所，而每经过一道环节，都要办理一定的手续，同时要出具相关的单证。在入境海关清关的进口货物，其进口流程如图5—9所示。

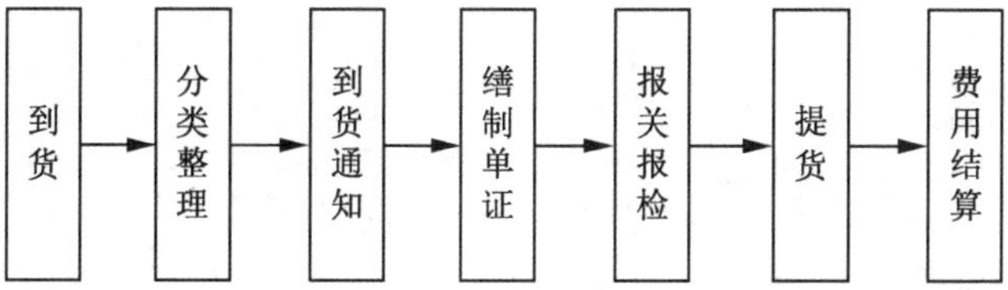

图5—9　航空货运进口流程

一、到货

航空货物入境后，即处于海关监管之下，货物存放在海关监管仓库内。同时，航空公司根据运单上的发货人发出到货通知，若运单上的第一收货人是航空货运公司，则航空公司会把有关货物运输单据交给航空货运公司。航空货运公司在与机场货站办理单据、货物交接手续时，应根据总运单及交接清单核对实际货物。

二、分类整理

航空货运公司在取得航空运单后，根据自己的习惯进行分类整理，对集中托运货物和单票货物、运费预付货物和运费到付货物应区分开来。集中托运货物，需要对总运单项下的货物进行分拨，对每一份运单的货物分类整理。分类整理后，航空货运公司编上公司内部的号码，以便于用户查询和内部统计。

三、到货通知

航空货运公司应尽快通知收货人,催促其速办报关、提货手续。通知时可采用电话通知或发提货通知单的形式。一般应在货物到达当日或 24 小时内发出到货通知;如为急件,应在到达后 2 小时内发出到货通知。对于动物、鲜活易腐物品及其他指定日期和航班运输的货物,托运人应当负责通知收货人在到达站机场提取。

小栏目

提货通知发出 7 天后,如收货人没有前来提货,应发出第二次提货通知;第一次提货通知 14 天后无人提货,发出第三次通知的同时向始发站征求托运人的处理意见;第一次通知发出后满 60 天无人提货也无托运人处理意见的,按无法交付货物处理。

四、缮制单证

根据运单、发票及证明货物合法进口有关批文缮制报关单,并在报关单的右下角加盖报关单位的报关专用章。

五、报关报检

将制作好的报关单连同正本的货物装箱单、发票、运单等递交至海关,向海关提出办理进口货物报关报检手续。海关经过初审、审单、征税等环节后,放行货物,同时被列入商检目录的商品须由海关检验检疫部门同步办理商检。自从 2018 年国家检验检疫局并入海关后,目前我国"关检合并",一次申报一次办理,通关时效有效提升。快件监管方面,目前优化为申报—动植物检疫—查验—放行四个环节。

六、提货

航空货运公司凭借盖有海关放行章的正本运单到海关监管场所提取货物并送货给收货人,收货人也可自行提货。收货人和工作人员共同查验货物,核对货物的件数、重量和包装,若无异议,则收货人需要在货物运单交付收据联上签字。

收货人对货物件数、重量、包装提出异议或货物发生遗失、损坏、延误,应填制"不正常运输事故记录",按不正常运输和赔偿的规定处理。

完成交付后,运输文件应存档,至少保存 2 年。

七、费用结算

货主或委托人在收货时,应结清各种费用。费用主要包括到付运费、垫付佣金及仓储费用。

任务实施

【关键技能】

√ 掌握航空货物运输进口程序

√ 能够根据具体业务要求，办理进口航空货运手续，并正确填写相关单证

【训练准备】

1. 将学生分成若干小组；
2. 准备办理航空货运进口手续的相关单证。

【操作任务】

内容一　对学生航空货物进口运输代理业务流程的基本知识进行考核。

内容二　根据任务导入要求，办理 2022 年 4 月 1 日的进口运输代理业务。

内容三　做出本次业务的货运组织方案，并填写本次业务的相关单证。

任务评价

被考评人或小组		考评任务：航空货物进港作业			
考评内容	分值	自我评价(30 分)	小组评议(30 分)	教师评价(40 分)	合计得分
内容一	20 分				
内容二	40 分				
内容三	40 分				
综合评定						
考评标准	知识掌握	资料准备	语言表达	团队合作	沟通能力	合计得分
分值	20 分	20 分	30 分	15 分	15 分	
注：任务总评得分＝考评内容得分×60%＋综合评定得分×40%						

任务五　核算航空货物运费

任务导入

2022 年 5 月 1 日，顺达货运公司接到一笔业务，由北京通过航空运输运往新加坡一箱五金配件，毛重 36.5 千克，运价如表 5—1 所示。

表 5—1 运价表

BEIJING	CN		BJS
Y. RENMINBI	CNY		KGS
SINGAPORE	SN.	M	200.00
		N	30.50
		45	22.49

李运、王通就本笔业务,学习如何计算航空货物运费。

任务分析

一、航空货物运费的构成

航空货物运费是指根据适用运价计得的发货人或收货人应当支付的每批货物的运输费用,主要由航空基本运费、声明价值附加费及其他附加费组成。

(1)航空基本运费(weight charge):货物从始发地机场至目的地机场之间的费用。

(2)声明价值附加费(valuation charge):货主向承运人声明货物价值,以减免运输风险而需要支付的费用。

(3)其他附加费(other charge):除了航空基本运费和声明价值附加费以外的费用,包括地面运费、燃油费、运费到付手续费等费用。

航空运费核算流程如图 5—10 所示。

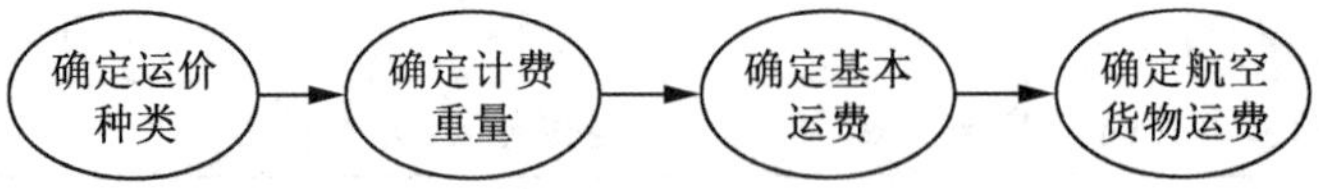

图 5—10 航空运费核算流程

二、航空基本运费的计算

(一)运价种类

运价是指承运人为了运输货物,按规定的单位重量(或体积)收取的费用。运价以始发机场所在国家的货币公布,或以美元公布。国际航协运价种类如表 5—2 所示。

表 5—2　运价种类

<table>
<tr><th colspan="3">运价种类</th><th>使用范围</th><th colspan="2">运价代码</th><th>运价率</th></tr>
<tr><td rowspan="7">公布直达运价（承运人在运价手册上对外公布的运价）</td><td colspan="2" rowspan="2">普通货物运价（General Cargo Rate，GCR）</td><td rowspan="2">是为一般货物制定的，仅适用于计收一般货物的运价</td><td>45 千克（或 100 磅）以下</td><td>N</td><td></td></tr>
<tr><td>45 千克以上</td><td>Q</td><td></td></tr>
<tr><td rowspan="2">等级货物运价（Class Cargo Rate，CCR）</td><td>等级运价加价</td><td>活动物、急件、生物制品、珍贵植物及植物制品、骨灰、灵柩、鲜活易腐物品、贵重物品、枪械、弹药、押运货物等</td><td colspan="2">S</td><td>按 45 千克以下的普通货物运价的 150%－200%计收</td></tr>
<tr><td>等级运价减价</td><td>报纸、杂志、书籍及出版物、作为货物托运的行李等</td><td colspan="2">R</td><td>按 45 千克以下的普通货物运价的 50%计收</td></tr>
<tr><td colspan="2">特种货物运价（Specific Commodity Rate，SCR）</td><td>又称指定商品运价，指公布的自始发地至目的地，适用于特定商品、特定品名的低于普通货物运价的某些指定商品的运价</td><td colspan="2">C</td><td>低于普通货物运价</td></tr>
<tr><td colspan="2">集装货物运价（Unitized Consignments Rate，UCR）</td><td>适用于采用集装箱运输的货物</td><td colspan="2">—</td><td>运价大大低于普通货物运价</td></tr>
<tr><td colspan="2">起码运费</td><td>起码运费也称最低运费，是航空公司承运一批货物所能接受的最低运费</td><td colspan="2">M</td><td>—</td></tr>
<tr><td rowspan="2">非公布直达运价</td><td colspan="2">比例运价</td><td colspan="4">一种不能单独使用的附加数。当货物的始发地或目的地无公布的直达运价时，可采用比例运价与已知的公布直达运价相加，构成非公布的直达运价</td></tr>
<tr><td colspan="2">分段相加运价</td><td colspan="4">两地间既没有直达运价也无法利用比例运价时，可以在始发地与目的地之间选择合适的计算点，分别找到始发地至该点、该点至目的地的运价，两段运价相加，组成全程的最低运价</td></tr>
</table>

小栏目

择优使用航空运价

(1)优先使用双边协议运价。

(2)直达货物运价优先于分段相加组成的运价。

(3)指定商品运价(特种货物运价)优先于等级货物运价和普通货物运价。

(4)等级货物运价优先于普通货物运价。

(5)无直达货物运价时,比例运价优先于分段相加运价。

(6)按重量计得的运费与最低运费相比取其高者。

当使用等级运价或普通货物运价计算出的运费低于按特种货物运价计算出的运费时,则可以使用等级运价或普通货物运价。

(二)计费重量

计费重量是按照实际重量和体积重量两者之中较高者计算的,也就是在货物体积小、重量大的情况下,以货物的实际重量作为计费重量;在货物体积大、重量轻(轻泡货物)的情况下,以货物的体积重量作为计费重量。

1.实际重量

实际重量是指一件货物包括包装在内的实际总重量。具体计算时,重量不足 0.5 千克的,按 0.5 千克计算;0.5 千克以上不足 1 千克的,按 1 千克计算;不足 1 磅的,按 1 磅计算。

2.体积重量

体积重量是指一件货物按照体积大小折算出来的重量,体积重量的计算方法如下:

(1)求体积。分别量出货物最长、最宽和最高的部分,三者相乘算出体积,尾数四舍五入。

(2)将体积折算成千克(或磅)。国际航空运输协会规定,在计算体积重量时,以 6 000 立方厘米折合 1 千克为计算标准。当一批货物由几件不同货物组成时(如集中托运的货物,其中有重货也有轻泡货),对其计费重量采用整批货物的总毛重或总体积重量两者之中较高者计算。

(三)基本运费的计算

基本运费＝运价率×计费重量

基本运费计算以“元”为单位,“元”以下四舍五入。

1.普通货物运价

(1)运单的填写。在运价类别代号栏内填写“N”或“Q”或“M”;在重量栏内填写“K”或“L”;如为轻泡货物,填写体积;货物品名多于两个时,须填写总重量。

(2)当一个较高的起码重量能提供较低运费时,则可以使用较高的起码重量作为计费重量。这个原则也适用于那些以一般货物运价加或减一定百分比的等级运价。

【例 5—1】 普通货物基本运费的计算

Routing(航线):Beijing,China (BJS) to Tokyo Japan (TYO)

Commodity(货物):Clothes(服装)

Gross Weight(毛重):28.4 千克

Dimensions(尺寸):82 厘米×48 厘米×32 厘米

公布运价，如表 5—3 所示。

表 5—3　运价表

BEIJING	CN		BJS
Y. RENMINBI	CNY		KGS
TOKYO	JP	M	200
		N	38.67
		45	29.04

第一步，求解运费。

Volume(体积)：82 厘米×48 厘米×32 厘米＝125 952(立方厘米)

Volume weight(容重)：125 952÷6 000＝20.99＝21.0(千克)

Gross weight(毛重)：28.4(千克)

Chargeable weight(计费重量)：28.5(千克)

Applicable rate(适用税率)：GCR N 38.67 CNY/千克

Weight charge(重量计价运费)：28.5 千克×38.67CNY/千克＝CNY1102

第二步，填写表 5—4 中航空运费计算栏。

表 5—4　运费计算

No. of Pieces RCP	Gross Weight	KgLb		Rate Class	Chargeable Weight	Rate/ Charge	Total	Nature and Quantity of Goods(Incl dimensions or volume)
				Commodity Item No.				
1	28.4	K	N		28.5	38.67	1102	CLOTHES DIMS:82cm ×48cm×32cm

2. 等级货物运价

(1)等级运价减价一般取 45 千克以下的普通货物运价的 50%；当运量较大时，若此重量分界点的普通货物运价率低于 45 千克以下普通货物运价的 50%，则采用普通货物 45 千克以下的运价，在运价类别代号栏应填写"N"。

(2)无人押运行李的最低计费重量不得小于 10 千克。

【例 5—2】　等级货物基本运费的计算

Routing(航线)：Beijing，China (BJS) to Boston，U. S. A(BOS)

Commodity(货物)：Gold Watch(金表)

Gross Weight(毛重)：32 千克

Dimensions(尺寸)：61 厘米×51 厘米×42 厘米

公布运价，如表 5—5 所示。

表 5—5　　　　运价表

BEIJING	CN		BJS
Y. RENMINBI	CNY		KGS
BOSTON	US	M	630
		N	79.97
		45	60.16
		100	53.19
		300	45.8

第一步,求解运费。

Volume(体积):61 厘米×51 厘米×42 厘米=130 662(立方厘米)

Volume weight(容重):130 662÷6 000=21.78(千克)=22.0(千克)

Gross weight(毛重):32 千克

Chargeable weight(计费重置):32 千克

Applicable rate(适用税率):S 200% of the Normal GCR,200%×79.97=159.94(CNY/千克)

Weight charge(重量计价运费):32 千克×159.94CNY/千克=CNY5118

第二步,填写表 5—6 中航空运费计算栏。

表 5—6　　　　运费计算

No. of Pieces RCP	Gross Weight	KgLb		Rate Class / Commodity Item No.	Chargeable Weight	Rate/ Charge	Total	Nature and Quantity of Goods(Incl dimensions or volume)
1	32.0	K	S	N200	32.0	159.94	5118	GOLDEN WATCH DIMS: 61cm×51cm ×42cm

3. 指定商品运价

(1)运单填写。在运价类别代号栏内填写“C”;在重量栏内填写“K”或“L”;如为轻泡货物,填写体积;货物品名多于两个时,须填写总重量。

(2)指定商品一般有最低计费重量的限制。当运量较小时,若采用普通货物运价计算的运费小于按特种货物运价计算的运费,则采用普通货物运价,在运价类别代号栏内应填写“N”。

【例 5—3】 指定商品基本运费的计算

Routing(航线): Beijing,China (BJS) to Osaka,Japan (OSA)

Commodity(货物)：Mushroom(蘑菇)

Gross Weight(毛重)：150(千克)

Dimensions(尺寸)：102 厘米×44 厘米×25 厘米×3

公布运价如表 5—7 所示。

表 5—7 运价表

BEIJING	CN		BJS
Y. RENMINBI	CNY		KGS
OSAKA	JP	M	200
		N	25.61
		45	19.23
	0300	100	12.41
	0300	500	11.53
	0850	100	14.89
	1093	100	11.09

第一步，求解运费。

查找品名表，编号 0850 所对应的货物名称为蘑菇，货主交运的货物重量符合指定商品运价使用时的最低运费要求。

Volume(体积)：102 厘米×44 厘米×25 厘米×3＝336 600(立方厘米)

Volume weight(容重)：336 600÷6 000＝56.1＝56.5(千克)

Gross weight(毛重)：150.0(千克)

Chargeable weight(计费重量)：150(千克)

Applicable rate(适用税率)：SCR 0850/Q100 14.89 CNY/千克

Weight charge(重量计价运费)：150 千克×14.89 CNY/千克＝CNY2 234

第二步，填写表 5—8 中航空运费计算栏。

表 5—8 运费计算

No. of Pieces RCP	Gross Weight	KgLb		Rate Class	Chargeable Weight	Rate/ Charge	Total	Nature and Quantity of Goods(Incl dimensions or volume)
				Commodity Item No.				
3	150.0	K	C	0850	150.0	14.89	2234	MUSHROOM DIMS：102cm ×44cm× 25cm×3

三、航空货运其他费用

(一)声明价值费

《关于统一国际航空运输某些规则的公约》(简称《华沙公约》)中对由于承运人自身的疏忽或故意造成的货物的灭失、损坏或延迟规定了最高赔偿责任限额,此限额一般被理解为每千克 20 美元或每磅 250 法郎。如果货物的价值超过了上述价值,即增加了承运人的责任,承运人就要收取声明价值费;否则,即使出现更多的损失,承运人对超出部分也不承担赔偿责任。

货物的声明价值是针对整件货物而言的,不允许对货物的某部分声明价值。声明价值费的收取依据货物的实际毛重,计算公式为:

声明价值费=(货物价值－货物毛重×20 美元/千克)×声明价值费费率

声明价值费的费率通常为 0.5%。大多数航空公司在规定声明价值费率的同时还要规定声明价值费的最低收费标准。如果根据上述公式计算出来的声明价值费低于航空公司的最低标准,则托运人要按照航空公司的最低标准缴纳声明价值费。

(二)其他附加费

其他附加费包括制单费、货到付款劳务费、提货费等,一般只有在承运人或航空货运代理人或集中托运人提供服务时才收取其他附加费。

任务实施

【关键技能】

√ 掌握航空运费的构成

√ 能够根据具体航空业务计算运费

【训练准备】

本次训练以个人为单位,在网上查找资料,准备相关素材。

【训练内容】

内容一 让学生说出航空运费的构成;

内容二 计算“任务导入”中 5 月 1 日航空运输五金配件的运费。

任务评价

被考评人		考评任务:核算航空运费		
考评内容	分值	自我评价(30 分)	教师评价(40 分)	合计得分
内容一	50 分			
内容二	50 分			

续表

综合评定					
考评标准	知识掌握	资料准备	语言表达	沟通能力	合计得分
分值	30 分	20 分	30 分	20 分	
注:任务总评得分=考评内容得分×60%+综合评定得分×40%					

综合实训项目

【项目说明】

顺达货运公司受理一单由北京运往日本东京一台机器样品的货运任务。

货物毛重 25.5 千克,尺寸 82 厘米×48 厘米×32 厘米。

从北京国际机场发运到东京,目的机场 TOKYO AIRPORT(TYO)。

托运人姓名及地址:CHINA LIGHT HOUSEWARE CO.,LTD,BEIJING P. R. CHINA

托运人电话:86(010)65872145

传真:86(010)64596677

收货人姓名及地址:TOKYO LIGHT HOUSEWARE IMPORTERS,TOKYO, JAPAN

收运人电话:79683350

采用运费预付,无声明价值。已定舱,班期/日期:CA921/30 JUL,2022。托运人要求货物装机时需保持向上放置,并附发票一张。公布运价,如表 5—9 所示。

表 5—9　　运价表

BEIJING	CN		BJS
Y. RENMINBI	CNY		KGS
TOKYO	JP	M	230.00
		N	37.51
		45	28.13

【项目要求】

能正确计算运费并填制航空运单。

同步检测

一、单项选择题

1.(　　)是各国航空运输企业之间的联合组织。

A. 国际货物发运人协会　　B. 国际航空运输协会

C. 国际货代协会　　D. 国际民用航空组织

2. 由航空公司签发的运单称为(　　)。

A. 航空运单　　B. 主运单　　C. 辅运单　　D. 分运单

3. 下列不适合于航空运输的货物是(　　)。

A. 高附加值产品

B. 时效性物品

C. 对运价极具敏感度的物品

D. 对运价具有敏感度但能承受一定运价的物品

4. 当一笔普通航空货物计费重量很小时,航空公司规定按(　　)计收运费。

A. 特种运价　　B. 声明价值费用　　C. 起码运费　　D. 指定运价

5. 普通货物运价适用于(　　)。

A. 指定等级的货物　　B. 指定商品运价

C. 特定商品、特定品名的运价　　D. 一般普通货物

6. 航空运输一面大型文艺演出用的鼓,其直径为 180 厘米,高 150 厘米,则体积重量为(　　)千克。

A. 810　　B. 433.65　　C. 260.2　　D. 486

二、多项选择题

1. 航空货物运输的特点是(　　)。

A. 具有较高的运送速度　　B. 安全准确

C. 可节省包装、保险、利息等费用　　D. 适宜运输大宗的货物

2. 航空货运单的作用是(　　)。

A. 证明托运人与承运人已订立国际航空货物的运输合同

B. 证明航空承运人接收了货物

C. 证明航空承运人收到货物的重量、尺寸、包装、件数等

D. 代表运单项下货物的所有权

3. 国际民用航空组织是(　　)。

A. 行业间的组织　　B. 企业间的组织

C. 政府间组织　　D. 联合国所属的专门机构之一

4. 目前,航空运输的主要货源有(　　)。

A. 鲜活产品　　B. 家电产品　　C. 电子产品　　D. 商务文件

5. 航空货物运输的计费重量是在(　　)之间选择大的。

A. 按外观形状　B. 实际重量　C. 体积重量　D. 按货物的价值

三、简答题

1. 简述航空运输的国际组织。
2. 航空货运运载工具有哪些?
3. 简述航空货运的组织形式。
4. 简述航空货运的组织方法。
5. 航空货物运价率有哪些?

项目六

集装箱运输业务与运作

知识目标

1. 了解集装箱及集装箱运输的概念；
2. 掌握集装箱箱型分类及交接方式；
3. 掌握集装箱进出口业务的流程；
4. 了解集装箱进出口业务的单证；
5. 掌握集装箱运输费用的核算。

能力目标

1. 能够区分集装箱类型及适装货物种类；
2. 能够根据实际情况选择集装箱的交接方式；
3. 能够组织集装箱进出口业务办理；
4. 能够读取集装箱进出口业务涉及单证信息；
5. 能够正确核算集装箱运输费用。

思政目标

通过学习，让学生充分感受中国高质量发展速度，培养民族自豪感，并适时进行低碳环保教育。

任务一　了解集装箱运输

任务导入

广州时尚服装有限公司有一批货物，委托顺达货运公司运输，准备出口到英国伦敦，基本信息如下：

出口货物名称：高档西服。

数量：20 000 套，单套重量为 0.5 千克。

包装：纸箱，纸箱尺寸为 100 厘米×80 厘米×80 厘米，一箱装 50 套高档西服。

交货方式：工厂交货，收货人在目的港口提货。

运输方式为海运，装运期限为接收订单后 30 天内。

部门主管要求李运和王通完成这一单货物的需求分析，提交一份初步运输方案。

任务分析

一、集装箱的概念

(一)认识集装箱的定义

集装箱(freight container)又称货柜，是一种大型的、标准化的，具有一定强度、刚度、规格，专供周转，便于用机械设备进行装卸与搬运的能够反复使用的大型装货容器。

根据《集装箱术语》(GB/T1992—2023)，集装箱应具备下列条件：

(1)具有足够的强度，在有效使用期内能反复使用；

(2)适用于一种或多种运输方式运送货物，途中无需倒装；

(3)设有供快速装卸的装置，便于从一种运输方式转到另一种运输方式；

(4)便于箱内货物装满和卸空；

(5)内容积大于或等于 1 立方米(35.3 立方英尺)。

集装箱一词既不包括车辆，也不包括一般包装。

小贴士

表 6—1　国际有关组织对集装箱的定义

国际标准化组织(ISO)	国际集装箱安全公约(CSC)
具有足够的强度，可长期反复使用	具有耐久性，因而其坚固程度足以重复使用
适于一种或多种运输方式运输，途中转运时，箱内货物不需换装	经专门设计，便于以一种或多种运输方式运输货物而无须中途换装

续表

国际标准化组织(ISO)	国际集装箱安全公约(CSC)
具有快速装卸和搬运的装置,特别便于从一种运输方式转移到另一种运输方式	为了紧固和(或)便于装卸,设有角件
便于货物的装满和卸空	四个外底角所围闭的面积应为下列两者之一:(1)至少为14平方米(150平方英尺);(2)如顶部装有角件,则至少为7平方米(75平方英尺)
具有1立方米(即35.32立方英尺)及以上的容积	集装箱一词不包括车辆及包装,但集装箱在底盘车上运送时,则底盘车包括在内

如表6—1所示,ISO定义中的“具有快速装卸和搬运的装置,特别便于从一种运输方式转移到另一种运输方式”,在CSC中改为“为了紧固和(或)便于装卸,设有角件”,从而明确了该“装置”是指角件。ISO定义中“具有1立方米及以上的容积”,在CSC中改为“四个外底角所围闭的面积应至少为14平方米;如顶部装有角件,则至少为7平方米”。将原来规定的集装箱应具有一定的内容积,改为具有一定尺寸的底面积,无形中打破了集装箱是一种“容器”的概念,奠定了后期将平台集装箱也纳入集装箱范畴的基础。

(二)集装箱的箱型和尺寸

目前适用于国际联运的系列1集装箱[集装箱的宽度均为2 438毫米(8英尺)]具有5种箱型,即A型、B型、C型、D型和E型,它们的尺寸和额定质量如表6—2所示。

表6—2　系列1集装箱的外部尺寸和总质量

规格	箱型	长度L	宽度W	高度H	额定总质量/千克
45英尺箱	1EEE	13716毫米(45英尺)	2438毫米(8英尺)	2896毫米(9英尺6英寸)	30480
	1EE			2591毫米(8英尺6英寸)	
40英尺箱	1AAA	12192毫米(40英尺)	2438毫米(8英尺)	2896毫米(9英尺6英寸)	30480
	1AA			2591毫米(8英尺6英寸)	
	1A			2438毫米(8英尺)	
	1AX			＜2438毫米(8英尺)	

续表

规格	箱型	长度 L	宽度 W	高度 H	额定总质量/千克
30 英尺箱	1BBB	9125 毫米（29 英尺 11.25 英寸）	2438 毫米（8 英尺）	2896 毫米（9 英尺 6 英寸）	36000
	1BB			2591 毫米（8 英尺 6 英寸）	
	1B			2438 毫米（8 英尺）	
	1BX			<2438 毫米（8 英尺）	
20 英尺箱	1CCC	6058 毫米（19 英尺 10.5 英寸）	2438 毫米（8 英尺）	2896 毫米（9 英尺 6 英寸）	36000
	1CC			2591 毫米（8 英尺 6 英寸）	
	1C			2438 毫米（8 英尺）	
	1CX			<2438 毫米（8 英尺）	
10 英尺箱	1D	2991 毫米（9 英尺 9.75 英寸）	2438 毫米（8 英尺）	2438 毫米（8 英尺）	10160
	1DX			<2438 毫米（8 英尺）	

为了便于计算和统计集装箱的数量，一般以 20 英尺的集装箱作为换算标准箱（Twenty-foot Equivalent Unit，简称 TEU），即 45 英尺箱＝2.25TEU、40 英尺箱＝2TEU、30 英尺箱＝1.5TEU、20 英尺箱＝1TEU、10 英尺箱＝0.5TEU。

在注意集装箱外部尺寸的同时，对于装载货物的重量、体积，还需要关注集装箱的内部尺寸，如表 6－3 所示。

表 6—3　　系列 1 集装箱的内部最小尺寸

集装箱型号	最小内部尺寸		
	高度(毫米)	宽度(毫米)	长度(毫米)
1EEE	箱体外部尺寸减 241	2330	13542
1EE			13542
1AAA			11998
1AA			11998
1A			11998
1BBB			8931
1BB			8931
1B			8931
1CCC			5867
1CC			5867
1C			5867
1D			2802

在实际运用中也会使用自然箱(unit)的概念,以有形个体计数的集装箱的计数单位,也就是不管何种尺寸的集装箱,均作为一个集装箱统计。

(三)集装箱的分类

集装箱按照运输方式、货物种类和箱体结构的不同,可以分为不同的类型,其中根据集装箱设计中所考虑装运货物品种的不同,可以分为普通货物集装箱、特种货物集装箱和航空集装箱,如表 6—4 所示。

表 6—4　　集装箱分类

按照装运货物品种分类		具体含义	图 片
普通货物集装箱	通用集装箱	具有风雨密性的全封闭集装箱。设有刚性箱顶、侧壁、端壁和底部结构,至少在一个端部设有箱门,以便于装运普通货物。通常用来装运文化用品、日用百货、医药产品、纺织品、工艺品、化工制品、五金交电产品、电子机械、仪器及机器零件等。这类集装箱约占集装箱总数的 70%—80%。	

续表

按照装运货物品种分类			具体含义	图 片
普通货物集装箱	专用集装箱	封闭式透气/通风集装箱	类似通用集装箱，但具有与外界大气进行气流交换的装置，其通风的方式可以是自然流通的，也可以借助通风机械来实现，适宜装运新鲜蔬菜和水果等怕热、怕闷的货物。	
		敞顶式集装箱	没有刚性箱顶的集装箱，但具有通过可以转动或可拆卸的顶梁来支撑的柔性顶篷或可以移动的刚性顶盖，其他部分与通用集装箱类似。可用起重机从箱顶上面装卸货物，装运时用防水布覆盖顶部，适合于装载玻璃板、钢制品、机械等重货。	
		平台式集装箱	一种没有上部结构的载货平台，其平面尺寸和最大总质量以及供搬运和紧固作业的设施等均符合标准集装箱的要求。平台集装箱的底板强度很大，适合于装运重货，在装载大件货时，如一个箱装纳不下，可拼接几个平台集装箱使用。	
		台架式集装箱	没有刚性侧壁，也没有像通用集装箱那种能够承受箱内载荷的侧壁等效结构，其底部结构类似平台式集装箱。适合装载形状不一的货物，如废钢铁、货车、叉车。	
特种货物集装箱	保温集装箱		隔热集装箱：设有隔热的壁板、箱门、箱底和箱顶，以减少箱内、外热量交换率的集装箱。 冷藏集装箱：带有或不带蒸发控制的使用(如液化气)制冷方式单元的(消耗冷剂式)保温集装箱，分外置和内置式，温度可在－60℃至30℃之间调整。具有冷藏功能，主要用于运输生鲜产品。	

续表

按照装运货物品种分类		具体含义	图 片
特种货物集装箱	罐式集装箱	由箱体框架和罐体两部分组成,用于运输食品、药品、化工品等液体货物。	
	干散货集装箱	用于装运无包装的干散货,如粮食、水泥等。一般在顶部设有 2-3 个小舱口,以便装货。底部有升降架,可升高成 40°的倾斜角,以便卸货。	
	以货种命名的集装箱	专门或基本上用于装运某种特定货物的集装箱,如装运汽车或动物的集装箱等。	
航空集装箱	空运集装箱	适用于空运的集装箱,它具有平齐的底面和在航空器内限动的相应装置,可以在空运设备中设置的辊道系统上平移或转向的轻型集装箱。	
	空陆水联运集装箱	除了空运集装箱所具有的特点之外,还能够适应水运和陆运条件并满足多式联运需求的联运集装箱。	

二、集装箱运输

（一）集装箱运输的概念

普通散件杂货的运输存在装卸及运输效率低、时间长，货损、货差严重，影响货运质量，货运手续繁杂，影响工作效率，对货主、船公司及港口的经济效益产生极为不利的负面影响。集装箱运输可以加速商品的流通过程，降低流通费用，节约物流的劳动消耗，实现快速、低耗、高效率、高效益地完成运输生产过程并将货物送达目的地交付给收货人。

集装箱运输是以集装箱为单元进行货物运输的一种货运方式，根据运输方式的不同可以分为水路集装箱运输、铁路集装箱运输、公路集装箱运输、集装箱多式联运等。

水路集装箱运输是现代贸易中货物运输最重要的运输方式，其中集装箱的海洋运输在水路集装箱运输中占据主要地位，使用船舶通过海上航道在不同国家和地区的港口之间运送货物，实现全世界范围的商品交换。

在国际贸易中，买卖双方订立贸易合同后，需组织国际货运，涉及港口、船公司、船代、货代、集装箱货运站、口岸监管部门以及银行、保险公司等多方面，需要各方相互配合，才能保证货运工作的顺利开展。图 6－1 是集装箱海洋运输涉及的主要流程。

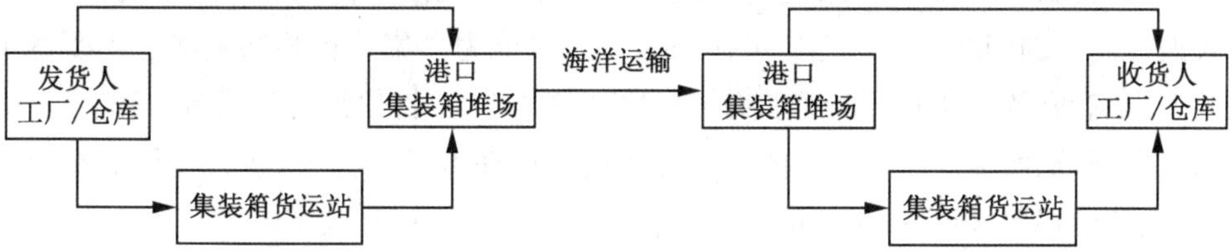

图 6－1　集装箱运输流程

（二）集装箱运输的特点

1. 高效益的运输方式

（1）简化包装，大量节约包装费用。为避免货物在运输途中受到损坏，必须有坚固的包装，而集装箱具有坚固、密封的特点，其本身就是一种极好的包装。使用集装箱可以简化包装，有的甚至无须包装，实现件杂货无包装运输，可大大节约包装费用。

（2）减少货损、货差，提高货运质量。货物装箱并铅封后，途中无须拆箱倒载，一票到底，即使经过长途运输或多次换装，也不易损坏箱内货物。同时，集装箱运输可减少被盗、潮湿、污损等引起的货损和货差。

小贴士

中国成功制定集装箱箱封的国际标准！

国际标准化组织（ISO）中央秘书处正式发布了集装箱国际标准《ISO/

TS7352:2023集装箱NFC/二维码箱封》,全面集成了机械箱封、电子箱封的技术内容,提出了机械性能、数据格式等关键技术指标,该标准由华东师范大学经济与管理学部国际航运物流研究院院长包起帆领衔制定。

作为集装箱物流重要交接凭证的机械箱封,存在两个问题:一是容易被非法打开或偷换,致使物流过程中出现走私、偷渡、货物失窃等问题;二是由于没有自动识别功能,每次安装箱封后,都必须由工作人员手工录入相关信息,不仅效率低,而且容易出现抄录错误。这项国际标准不仅有助于提高集装箱运输的安全性,减少偷盗、走私、偷渡等,也有助于集装箱多式联运中的责任界定。用户通过平台,可以实时掌控物流动向,提供集装箱物流全程监控服务。同时,还有助于加强海关和检验检疫等国家机构的监管,有助于箱封制造厂家产品升级,拓展NFC/二维码箱封市场。

这是中国交通运输领域国际标准化工作的一项重大进展,为提升国际集装箱运输智能化水平、降低物流成本,做出了积极贡献。

2. 高效率的运输方式

普通货船装卸,一般每小时为35吨左右,而集装箱装卸,每小时可达400吨左右。同时,集装箱装卸机械化程度高,每班组所需装卸工人数少,平均每个工人的劳动生产率大大提高,装卸时间缩短,港口可提高泊位通过能力。集装箱装卸基本上不受恶劣气候的影响,高效的装卸可使船舶周转加快,船舶非生产性停泊时间缩短,船舶生产效率随之提高,从而提高船舶运输能力。在不增加船舶数的情况下,船公司可提高航行率,减少营运费用,可完成更多的运量,增加船公司收入,以高效率带来高效益。

3. 高投资的运输方式

开展集装箱运输不仅涉及船舶、集装箱、机械设备和港口的投资,开展集装箱多式联运还需有相应的内陆设施及内陆货运站等,需要有公路、铁路、桥梁、涵洞等配套建设,耗资巨大。

4. 高协作的运输方式

集装箱运输系统包括海运、陆运、空运、港口、货运站以及与集装箱运输有关的海关、船舶代理公司、货运代理公司等单位和部门。部门和环节衔接不当,将影响运输系统功能的发挥。因此,要求运输系统各环节、各部门之间高度协作。

5. 适于组织多式联运

采用集装箱运输,在不同运输方式之间换装时,无需搬运箱内货物而只需换装集装箱,高效率的换装,适用于不同运输方式之间的联合运输。在换装转运时,海关及有关监管单位只需加封或验封、转关、放行,提高了运输效率。

由于国际集装箱运输与多式联运是一个资金密集、技术密集及管理要求很高的行业,涉及复杂的运输系统工程,要求管理人员、技术人员、业务人员等具有较高的素质,才能胜任工作，才能充分发挥国际集装箱运输的优越性。

（三）集装箱货物装箱方式

1. 整箱(Full Container Load，FCL)

发货人自行将货物装满集装箱以后，以箱为单位托运集装箱，由发货人负责装箱、计数、填写装箱单据，并由海关加封货物。通常是在发货人有足够货物装满一个或数个整箱时采用，发货人可以自备集装箱，也可以向承运人或集装箱租赁公司租用一定的集装箱。空箱运到工厂或仓库后，在海关人员的监管下，发货人把货装入箱内、加锁铅封后，交承运人并取得场站收据，最后凭收据换取提单或运单。

整箱运输的特点是货物批量大，可以装满一个或数个集装箱，全部货物均属于一个发货人，且目的地地址一致，中途无须拆箱、拼箱。

2. 拼箱(Less Than Container Load，LCL)

承运人(或代理人)接收发货人托运的货物数量不足整箱的小票货运后，根据货物种类、性质和目的地进行分类整理，把去往同一目的地的货物，拼装在一个集装箱。由于一个箱内有不同发货人的货拼装在一起，所以叫拼箱。这种方式在发货人托运数量不足以装满整箱时采用。拼箱货的分类、整理、集中、装箱(拆箱)、交货等工作均由承运人在集装箱货运站内完成。

（四）集装箱货物交接方式

集装箱货物在交接方式上大致有以下四类：

1. 整箱交，整箱接(FCL/FCL)

发货人在工厂或仓库把装满货后的整箱交给承运人，收货人在目的地以整箱接货，承运人以整箱为单位负责交接。货物的装箱和拆箱均由发货人和收货人负责。

2. 拼箱交，拆箱接(LCL/LCL)

发货人将不足整箱的小票货物在集装箱货运站交给承运人，由承运人负责拼箱、装箱并运到目的地集装箱货运站，承运人负责拆箱，收货人凭单接货。货物的装箱和拆箱均由承运人负责。

3. 整箱交，拆箱接(FCL/LCL)

发货人在工厂或仓库把装满货后的整箱交给承运人，在目的地的集装箱货运站内由承运人负责拆箱后，各收货人凭单接货。

4. 拼箱交，整箱接(LCL/FCL)

发货人将不足整箱的小票货物在集装箱货运站交给承运人，承运人分类调整，把同一收货人的货集中拼装成整箱，运到目的地后，承运人以整箱交，收货人以整箱接。

上述各种交接方式中，以整箱交、整箱接效果最好，也最能发挥集装箱的优越性。

（五）集装箱运输的交接方式

从图6－1可以看出，集装箱货物在运输过程中的交接地点包括：起运地发货人的工厂或仓库和目的地收货人的工厂或仓库(door)，起运地和目的地的集装箱堆场

(CY),起运地和目的地的集装箱货运站(CFS)。由此可归纳集装箱运输中常见的交接方式,如表6—5所示。

表6—5　　集装箱运输交接方式

序号	集装箱运输交接方式	含义	特征
1	门到门(door to door)	承运人在托运人的工厂或仓库整箱接货,负责运抵收货人的工厂或仓库,整箱交付收货人。	货物批量大、整箱交接,承运人负责全程运输
2	门到站(door to CFS)	承运人在托运人的工厂或仓库整箱接货,负责运抵目的地集装箱货运站,拆箱后,按件交付收货人。	整箱收货,拆箱交货
3	门到场(door to CY)	承运人在托运人的工厂或仓库整箱接货,负责运抵目的地集装箱堆场,整箱交付收货人。	整箱交接货 承运人不负责目的地的内陆运输
4	站到站(CFS to CFS)	托运人将货物运至起运地的集装箱货运站,按件交货,承运人在集装箱货运站按件接货并装箱,负责运抵目的地集装箱货运站,拆箱后,按件交付收货人。	拼箱交接货
5	站到场(CFS to CY)	托运人将货物运至起运地的集装箱货运站,按件交货,承运人在集装箱货运站按件接货并装箱,负责运抵目的地集装箱堆场,整箱交付收货人。	拼箱收货,整箱交货
6	站到门(CFS to door)	托运人将货物运至起运地的集装箱货运站,按件交货,承运人在集装箱货运站按件接货并装箱,负责运抵收货人的工厂或仓库,整箱交付收货人。	拼箱收货、整箱交货
7	场到场(CY to CY)	托运人负责装箱并运至起运地集装箱堆场,整箱交货,承运人在集装箱堆场整箱接货,负责运抵目的地集装箱场,整箱交付收货人。	整箱交接 承运人不负责内陆运输
8	场到门(CY to door)	托运人负责装箱并运至起运地集装箱堆场,整箱交货,承运人在集装箱堆场整箱接货,负责运抵收货人的工厂或仓库,整箱交付收货人。	整箱交接

续表

序号	集装箱运输交接方式	含义	特征
9	场到站(CY to CFS)	托运人负责装箱并运至起运地集装箱堆场,整箱交货,承运人在集装箱堆场整箱接货,负责运抵目的地集装箱货运站,拆箱后,按件交付收货人。	整箱收货,拆箱交货

任务实施

【关键技能】

√ 了解集装箱的箱型、尺寸及分类。

√ 掌握集装箱货物的装箱方式和交接方式。

√ 掌握集装箱运输的交接方式。

【训练准备】

本次任务是模拟完成广州时尚服装有限公司出口高档西服的运输方案初步设计,请各小组同学完成下列准备工作。

1. 分组。每组 4 人,具体分工如下:广州时尚服装有限公司工作人员 1 人,业务受理人员 1 人,资料信息核对人员 2 人。小组成员根据分工角色,完成对应岗位的主要工作内容。可多次循环训练,保证每个学生在每个岗位都进行训练。

2. 纸质资料准备。针对托运货物情况制作信息核对清单,制订运输方案初步计划。

3. 模拟训练地点。模拟顺达货运公司、模拟工厂仓储现场。

【操作步骤】

步骤一　人员分工与合作,核对资料信息,检查托运货物的基本信息和实物情况。

步骤二　与客户沟通,记录客户要求。主要包括:(1)货物的目的地或来源国家、出货时间。(2)货物性质:数量、品名、价值、包装,是否危险品(注意危险品级别)或特种货物,监管证件要求及特殊保管要求。(3)运输方式:海运、空运、汽运、铁运等要求。(4)时限要求,特别是对于国际速递要问清楚。(5)操作质量要求:货差率、货损率、接货及时性、包装等。(6)财务要求:付款方式、保险、发票、代收款等。

步骤三　根据广州时尚服装有限公司工作人员提供的货品清单、实物包装情况和具体数量,核对清楚托运货物情况,并进行记录,将情况反馈给业务受理人员。

步骤四　业务受理人员制定运输方案。

(1)业务受理人员根据资料信息核对现场货物情况,判断是否适合集装箱海洋运输。

(2)选定适用的集装箱类型、数量。根据货物的种类、特性,确定适用的集装箱类型;根据货物的件数、货物包装总箱数、集装箱内容积尺寸等信息,确定需要使用的集装箱数量。

(3)确定装箱地点、装箱方式以及集装箱货物的交接方式。根据客户要求的交接方式进行确定。

(4)确认并安排集装箱卡车提空箱、送重箱的时间和地点。预留装箱时间。

(5)初步确定海运的运输路线。确定出发港和目的港,选定运输路线(查资料)。

(6)整合形成初步的集装箱海运方案,与客户沟通方案。

任务评价

<table>
<tr><td colspan="2">班级:</td><td>姓名:</td><td colspan="3">学号:</td></tr>
<tr><td colspan="2">项目六　集装箱运输业务与运作</td><td colspan="4">任务一　了解集装箱运输</td></tr>
<tr><td colspan="2">项目评价</td><td>评价标准</td><td>分值</td><td>学生自评</td><td>教师评价</td></tr>
<tr><td colspan="2">考勤(10%)</td><td>未出现无故迟到、早退、旷课现象</td><td>10</td><td></td><td></td></tr>
<tr><td colspan="2">课前任务准备(10%)</td><td>完成课前预习、资料查询等</td><td>10</td><td></td><td></td></tr>
<tr><td rowspan="4">工作过程
(60%)</td><td rowspan="3">实操准备</td><td>小组分工情况</td><td>10</td><td></td><td></td></tr>
<tr><td>实操资料准备情况</td><td>15</td><td></td><td></td></tr>
<tr><td>实操过程模拟情况</td><td>20</td><td></td><td></td></tr>
<tr><td>总结客户需求分析及方案制定情况</td><td>实操完成,小组总结</td><td>15</td><td></td><td></td></tr>
<tr><td rowspan="4">任务成果
(20%)</td><td>工作态度</td><td>态度端正,工作认真,对不会的问题能主动提问</td><td>5</td><td></td><td></td></tr>
<tr><td>工作完整性</td><td>能按时完成任务</td><td>5</td><td></td><td></td></tr>
<tr><td>工作规范</td><td>能按规范要求完成表格填写</td><td>5</td><td></td><td></td></tr>
<tr><td>成果展示</td><td>能准确表达、汇报工作成果</td><td>5</td><td></td><td></td></tr>
<tr><td>合计</td><td colspan="2"></td><td>100</td><td></td><td></td></tr>
<tr><td>综合评价</td><td>自我评价
(40%)</td><td>教师评价
(60%)</td><td colspan="3">综合得分</td></tr>
</table>

任务二　集装箱货物进出口作业

任务导入

顺达货运公司的港口货运部因接到客户反馈,进口货物单证有误,部门主管将问题单证交给李运和王通等人,要求他们梳理相关材料,找出单证中不符之处,并提出修改意见。

相关资料:

卖方:MIGUEL PEREZ TRADING COMPANY LTD 2811 47TH TER SW

NAPLES HAIFA，ISRAEL

买方：TIANJIN ESHOW IMPORT AND EXPORT CO.，LTD. NO. 21 JIANGSU ROAD，HEXI DISTRICT，TIANJIN，CHINA

货物描述：24，000PCS OF CANNED CHILI SAUCE　　单价：FOB HAIFA USD35 PER DOZ.

包装：4000 CARTONS　　G. W.：25，000KGS　　N. W：22，000KGS　　MEAS.：31 CBM

唛头：ESHOW

　　TIANJIN

　　NOS. 1—2000

收货人：To order　发票号：MPT1905007　汇票日期：2023 年 6 月 5 日

装运期：2023 年 5 月 30 日　　目的港：TIANJIN

提单号：CKG1358/90　船名、航次：MAYA V. 135　汇票期限：见票后 30 天

信用证号：TKB2468/33　开证日期：2023 年 5 月 5 日　通知行：Bank Hapoalim

开证行：BANK OF CHINA

海运提单如表 6—6 所示。

表 6—6　　　　海运提单

<table>
<tr><td colspan="2">Shipper Insert Name, Address and Phone</td><td colspan="3">B/L No. CKG1358/09</td></tr>
<tr><td colspan="2">MIGUEL PEREZ TRADING COMPANY LIMITED
2811 47TH TER SW NAPLES HAIFA, ISRAEL</td><td colspan="3" rowspan="8">AML
Arrow Maritime Line
ORIGINAL
Port-to-Port
BILL OF LADING
Shipped on board and condition except as other-……</td></tr>
<tr><td colspan="2">Consignee Insert Name, Address and Phone</td></tr>
<tr><td colspan="2">TIANJIN ESHOW IMPORT AND EXPORT CO., LTD.
NO. 12 JIANGSU ROAD, HEXI DISTRICT, TIANJIN, CHINA</td></tr>
<tr><td colspan="2">Notify Party Insert Name, Address and Phone</td></tr>
<tr><td colspan="2">TIANJIN ESHOW IMPORT AND EXPORT CO., LTD.
NO. 21 JIANGSU ROAD, HEXI DISTRICT, TIANJIN, CHINA</td></tr>
<tr><td>Ocean Vessel Voy. No.</td><td>Port of Loading</td></tr>
<tr><td>RIWA　V.128</td><td>HAIFA</td></tr>
<tr><td>Port of Discharge</td><td>TIANJIN</td></tr>
<tr><td>Mark & Nos.</td><td>No. of Containers or Packages</td><td>Description of Goods</td><td>Gross Weight Kgs</td><td>Measurement</td></tr>
<tr><td>N/M</td><td>12000CARTONS</td><td>CANNED MUSHROOM</td><td>20,000KGS</td><td>30 CBM</td></tr>
<tr><td colspan="5">Total Number of containers and/or packages (in words) SAY TWELVE THOUSAND CARTONS ONLY</td></tr>
<tr><td>Ex. Rate:</td><td>Prepaid at</td><td>Payable at</td><td colspan="2">Place and date of issue</td></tr>
<tr><td rowspan="3"></td><td></td><td>HAIFA</td><td colspan="2">HAIFA　MAY 30，2023</td></tr>
<tr><td>Total Prepaid</td><td>No. of Original B(s)/L</td><td colspan="2">Signed for the Carrier</td></tr>
<tr><td></td><td>THREE</td><td colspan="2">ARROW MARITIME LINE　+++</td></tr>
<tr><td colspan="5">LADEN ON BOARD THE VESSEL
DATE: MAY 30，2023　　BY: ARROW MARITIME LINE　+++</td></tr>
</table>

任务分析

一、集装箱货物进出口运输作业参与方

集装箱海洋运输是各种运输方式中组织程序最为复杂的一种，参与方众多，除托运人(货主)和收货人之外，还涉及以下参与方。

(一)船公司/船代

船公司，俗称船东，在国际集装箱运输中占主导地位，他们拥有规模化的船队，专业从事远洋、国际、国内沿海及国内大江大河各港间海上货物运输、租船定舱、船舶管理、船员派遣的船务企业。船公司可能有自己的集装箱，也可租赁集装箱，主要负责集装箱的航运工作，把货物从一个国家的港口，运输到另外一个国家的港口。例如：来自丹麦的马士基航运(MAERSK)素有"世界第一大航运公司"之称；中远集运(COSCO)成立于1998，是中国最大的航运企业，拥有各类船舶360余艘，服役型号覆盖所有级别集装箱船舶，总体运力达到180万标准箱，从内陆航线至大洋航线，从浅水港至深水港，均可提供相应的船队运力服务。长荣海运股份有限公司(EMC)来自中国台湾，成立于1968年，首开我国全货柜船队之先例。

船代，即代理与船舶有关业务的单位，其工作范围有办理引水、检疫、拖轮、靠泊、装卸货、物料、证件等。船代负责船舶业务，办理船舶进出口手续，协调船方和港口各部门，以保证装卸货顺利进行，另外完成船方的委托事项，如更换船员、物料、伙食补给、船舶航修等。有时船方也会委托船代代签提单。

(二)集装箱货运站

集装箱货运站(Container Freight Station ,CFS)主要提供装箱拆箱的业务，可以把不同类型的货物办理拼箱货交接，配载、积载后，把整个集装箱交往堆场以安排出口；也接受来自堆场的进口集装箱，进行拆箱、理货、保管，最后分拨给不同的收货人。

(三)集装箱堆场

集装箱堆场(Container Yard,CY)是指办理集装箱重箱或空箱装卸、转运、保管、交接的场所，是箱或货装卸、交换、保管的具体经办部门。负责安排集装箱船的靠泊，装卸集装箱，每航次编制配载图，办理有关货运单证的编制和签验。

(四)国际货运代理人

一般货主会将货物的运输业务委托给具有专门知识的国际货运代理公司，由货代公司代理货主进行集装箱订舱、报关、拆装箱、理货、租箱，办理装卸业务和货物保险业务。

国际货运代理人在集装箱运输中具备双重身份，一方面作为承运人，与货物托运人签订承运合同；另一方面作为货物托运人，与运输企业签订托运合同。

(五)海关

海关是国家设在各个口岸的进出境监督管理机关，隶属中华人民共和国海关总署。其主要任务是按照《中华人民共和国海关法》和其他有关法律、法规，监管经各地

口岸进出境的运输工具、货物、行李物品、邮递物品和其他物品，征收关税和其他税费，出入境检验检疫，查缉走私并编制海关统计和办理其他海关业务。

二、集装箱货物进出口业务优化发展

集装箱货物进出口运输业务涉及订舱、报检、报关、办理设备交接、提箱等。

需要注意的是，在传统的集装箱进出口业务中的物流环节，几乎都需要提交纸质单证，纸质单证通过人工传递，纸质单证需要在船公司、货代、车队、集卡司机、堆场、码头等之间流转，此外，客户还需要频繁往返于船公司、船代、码头、堆场业务受理窗口之间办理相关业务，流程繁琐，耗时耗力，效率不高。基于此，国家口岸管理部门提出进一步优化口岸营商环境，提升我国跨境贸易便利化水平，主要包括以下方面：

（一）实现集装箱设备交接单及港口提箱作业信息电子化流转

进出口企业在统一平台上办理集装箱设备交接、提箱作业计划申报、费用结算等手续，实现无纸化操作，减少单证流转环节和时间。

（二）取消海运提单换单环节

在报关报检环节不再要求进出口企业向海关、检验检疫部门提交纸质海运提单或提货单，协调推动进出口企业、港口企业、船公司加快实现提货单电子化。

传统的集装箱进口业务中有一个换单环节，是收货人/货代收到发货人邮寄的有关货运单证（正本提单、装箱单、发票和合同），在收到船方的到货通知后，先在船方/船代网站查询办理换单的时间并进行预约，然后持正本提单到现场（窗口）换取提货单，缴纳相关费用（船公司核对正本提单无误后，即签发提货单），并办理集装箱设备交接单。

小贴士

集装箱海运提货单无纸化改革

传统的海运进口集装箱货物的各类单证均为纸质，需要人工流转。从码头提取一票进口货物，提货单证需要在货主、报关行、拖车公司、集卡司机、码头等多个环节间流转，整个流程耗费了大量人力、财力和时间。经过对口岸通关便利化提升、改造，我国各大港口不断探索海运进口集装箱提货单无纸化运作，货主提箱时无须再提供纸质提货单。

假设某港口每年进口货物约 2 000 万标准箱，产生近 80 万票进口提货单，纸质提货单的制作成本 40 余万元，客户的交通燃油费约 1 300 余万元，船公司、企业、码头的人工成本约 7 000 多万元。通过实行提货单无纸化放行后，收货人无须再将纸质提货单送至码头，彻底改变了海运进口串联式作业情况，船代、码头在第一时间将提货单信息进行共享，收货人和集装箱卡车司机不再需要在船代和码头间往返，平均提货时间将从原来的 1 天左右（海关放行后）提速至海关放行即可提货，疏港时效得到大幅提升。

（三）推进口岸物流信息电子化

在海运集装箱货物申报、查验、放行等通关环节推动口岸查验单位和港航企业之间应用集装箱运输电子数据交换报文标准，协调并推动海关、检验检疫部门、船公司、港口、企业间实现海运提单、提货单、装箱清单（载货清单）等信息电子化流转。

（四）加快实现报检报关“串联”改“并联”

改变现有货物报检报关“串联”流程，实现报检、报关同步“并联”受理，将通关单电子数据联网核查从电子审单环节后移至报关单放行环节。电子数据比对不符的，系统转入现场人工处置，并将处置情况反馈给检验检疫部门。

小贴士

关检合一

2018年4月20日起，原出入境检验检疫系统统一以海关名义对外开展工作，口岸一线旅检、查验和窗口岗位实现了统一上岗、统一着海关制服、统一佩戴关衔。

对于外贸企业来说，统一通过“单一窗口”实现报关报检，对进出口货物全面实施一次查验，凭海关放行指令提离货物，实现一次放行。

在关检业务整合前，进口货物到港存入进口监管库后，需先分别进行报检、报关，如被系统布控查验，需首先将进口货物调拨至海关查验中心，接受海关查验，海关放行后，再将货物二次调拨至检验检疫查验场地，接受检验检疫查验，再进行后续的处置放行手续，总共需要6个操作环节。

关检业务整合后，各地海关可以根据查验场地的实际操作能力，结合关检人力资源、技术专业、监管设备的各自优势与侧重，将进口货物按照类别进行区分，将原先的“串联式”查验调拨流程整合为“并联式”。将关检业务整合前的“两次申报、两次查验、两次放行”6个步骤，优化整合为“一次申报、一次查验、一次放行”3个步骤，大大简化了现有的查验环节与流程，降低了企业的操作成本。

关检业务的整合优化，有利于口岸监管资源的统筹配置，通过流程简化切实降低了企业成本，增强了进出口贸易企业的获得感。

（五）应用电子委托代理

应用电子委托代理取代纸质报关报检委托协议书。海关实现与“单一窗口”平台对接，进出口企业应用无纸化委托模块电子授权委托功能，在通关环节不再需要递交纸质委托协议书。

小贴士

取消纸质报关委托书

从2018年12月起，我国各大口岸海关逐步取消纸质报关委托书，全面实施电子代理报关委托书（委托协议），即进出口货物收发货人（即报关单上的“境内收货人”或者“境内发货人”）委托报关企业（即报关单上的“申报单位”）办理报关手续的，可通过中国电子口岸网站/中国国际贸易单一窗口网站签订电子代理报关委托书，建立委托关系。报关企业申报时将电子代理报关委托书（委托协议）的编号填写在报关单随附单证栏。

（六）深化国际贸易“单一窗口”建设

丰富国际贸易“单一窗口”标准版功能，提升货物申报、舱单申报和运输工具申报应用率。支持扩大跨部门联网核查监管证件范围，凡可通过部门间联网查验的证件、资料，企业不需重复提供，减少企业在各业务环节提交单证的数量。

小贴士

国际贸易“单一窗口”

“单一窗口”是使国际贸易和运输相关各方在单一登记点递交满足全部进口、出口和转关相关监管要求的标准资料和单证的一项措施。如果为电子报文，则只需一次性提交各项数据。

我国国际贸易“单一窗口”自2016年建设以来，目前已对接了口岸和外贸领域25个部委系统，提供739项对外服务，累计注册用户已经达443万余家，日申报业务量达1 200万票。覆盖水运、空运、公路、铁路等各类口岸，以及特殊监管区域、自贸试验区、跨境电商综试区等各类区域，服务于生产、贸易、仓储、物流、电商、金融等各类企业，基本满足企业“一站式”业务办理需求。

“单一窗口”的主要功能是“三大”，即大通关、大物流、大外贸；它的主要特点是“三跨”，跨地区、跨行业、跨部门。企业足不出户，就可向海关、外汇、税务等部门一次性提交相关申请资料，一窗通办相关部门业务，实现了口岸各部门间的信息共享和业务协同，进出口环节38种监管证件全部通过“单一窗口”实现联网核查。

“单一窗口”将大通关流程由“串联”改为“并联”，实现一点接入、一次提交、一次查检、一键跟踪、一站办理的“五个一”功能特色，有效促进了“减优提降”（减环节、优流程、提效率、降成本）。

通过“单一窗口”提高了国际贸易供应链各参与方系统间的互操作性，优化通关业务流程。

可以看出,在互联网高度发达的今天,集装箱海运单证从纸质版到电子化的演变,在减少企业跑单办证时间、提高口岸通关效率、降低企业相关成本和物流成本、避免港区拥堵等方面将起到积极作用,有助于推动智慧港口、绿色港口的建设,营造良好的港口航运行业生态链,真正做到优化口岸营商环境,促进贸易便利化。

三、集装箱货物进出口业务流程

货主将货物委托给货代公司开展集装箱运输后,集装箱运输的进出口业务流程如图 6—2 所示。

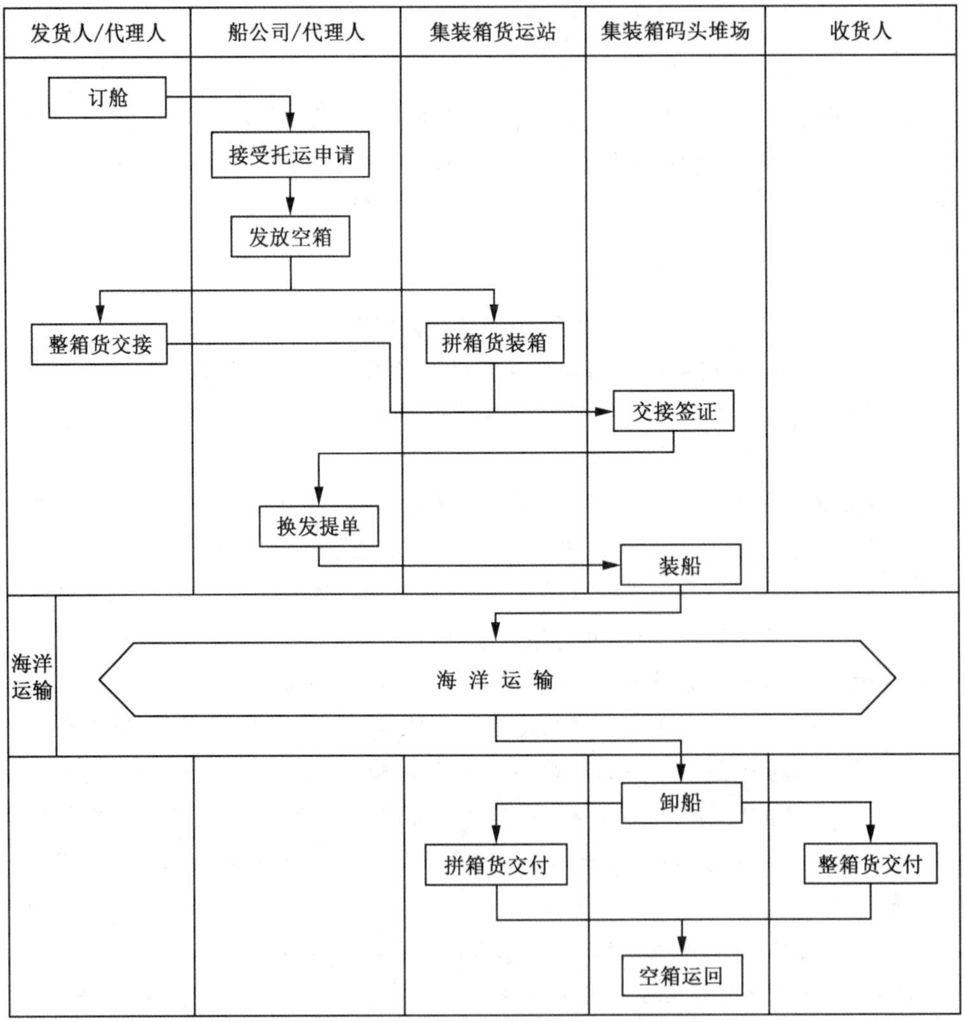

图 6—2 集装箱运输进出口业务流程

(一)订舱

发货人或其货运代理人根据贸易合同或信用证条款的规定,向船公司或其代理人申请订舱，填制订舱单。

（二）接受托运申请

船公司或其代理人在决定是否接受发货人的托运申请时，应考虑其航线、船舶、运输要求、运输时间等方面能否满足发货人的要求。接受托运申请后，应着手编制订舱清单，然后分送集装箱码头堆场、集装箱货运站，据以办理空箱及货运交接。

（三）发放空箱

整箱货运输的，空箱由发货人（或委托车队）到集装箱码头堆场领取；拼箱货运输的，由集装箱货运站负责领取。车队在相应的集装箱设备交接单电子化公共平台上接单后，由平台派发集装箱设备交接单到集卡司机 APP 上。

（四）集装箱货物交接

对于整箱货，发货人自行负责装箱并加海关封箱标志，在船公司指定平台填写装箱单相关信息，然后运输至集装箱码头堆场，码头堆场根据订舱清单，核对场站收据，验收货物。对于拼箱货，发货人将不足一整箱的货物送到集装箱货运站，货运站根据订舱清单，核对发货人的场站收据，负责整理装箱，在船公司指定平台填写装箱单相关信息。

集装箱码头堆场在验收货箱后，在场站收据上签字，并将签署的场站收据交还给发货人或货运代理人，由发货人据以换取提单。

发货人或货运代理人凭已签署的场站收据，向船公司换取提单，作为向银行结汇的凭证。

（五）装船

码头堆场根据待装船的货箱情况，制订装船计划，等船靠泊后安排装船。

小贴士

什么是出口货物“抵港直装”？

出口货物“抵港直装”，即通过提前申报、闸口触发运抵、根据指令分流放行和查验货物，使海关放行货物可直接装船离境。

“抵港直装”模式下，企业可根据自身生产计划与码头“预约”抵港时间，灵活安排库区装货出厂，按照“提前申报—货到放行—抵港直装”的流程，大幅提升通关效率，帮助企业实现物流“零库存”。“抵港直装”模式大幅缩短了出口货物通关时间，避免了因延期交货给出口企业带来的罚款、取消订单等损失。对时效性要求高的货物，“抵港直装”模式提供了更为快捷的通关选择。

（六）海洋运输

船舶根据预定的航线航行至目的港。

（七）卸船理货

卸货港码头堆场根据装货港的货运单证制订卸船计划，待船舶抵达卸货港后，由码头公司负责进行集装箱卸船工作，码头作业人员将货物从船上卸下，并运至口岸指定区域。完成全部卸船工作后，理货公司进行理货，理货完成 6 小时内发送理货报告给海关部门。目的港船公司/船代于货物到港前通知目的港货代结清进口运杂费等，收货人/货代向海关申请清关。

- 查一查：2021 年主要集装箱港口平均在泊时间 1.07 天。你知道现在主要的集装箱港口平均在泊时间是多久吗？

(八)办理提箱

进口货物在获取海关放行指令后，发货人可在目的港港口公司指定的集装箱进口提货单电子化平台上传提单文件扫描件，授权提箱。收货人/货代(即提箱人)登录平台申请提箱，获取提箱验证码，填报网上预约提箱计划，并按港口等水运口岸收费目录清单缴纳相关费用。实际提箱时，集装箱卡车司机不再提交纸质版提货单证。

对于整箱货交付的，卸货港码头堆场根据集装箱卡车司机出具的提货二维码，将整箱货交付，或者由承运人安排内陆运输，将整箱货物运至指定的地点交付；拼箱货交付的，在指定的集装箱货运站掏箱，由集装箱货运站根据电子提货单将拼箱货交付给收货人或其货运代理人。

据统计，宁波海运口岸海关放行后，90%以上的提货车辆可在 1 小时内完成从进港至提货出港作业。天津海运口岸海关通知货物放行当日，企业可申请并完成提货，货主或货代在 3 天内提取货物。

小贴士

什么是进口货物“船边直提”？

“船边直提”，顾名思义就是直接从船边提离货物。

“船边直提”改革是以进口集装箱货物向海关提前申报为基础，企业充分利用货物在途运输时间办理报关申报、单证审核、税款缴纳等通关手续，有关进境船舶抵港后，无需海关查验的货物即可被放行并实现企业车辆从船边直接接卸、提货。

二维码 6.1 “船边直提”办理流程

在原进口提箱模式下，港口部门需先卸船仓储，再在码头开放提箱时间段内受理提箱申请，无法完全满足企业快速提箱需求。经过进口通关流程再造，允许社会车辆直接在船舶卸载时从船边装箱提离，实现了第一时间从卸载作业到企业仓库间的快速提离转运。

(九)还箱

收货人拆空进口货物集装箱后，及时将空箱返还至指定的回箱场站(一般是委托车队还箱)。

(十)报关报检

集装箱货物无论是出口还是进口，都需要进行报关报检。

收发货人/货代通过国际贸易“单一窗口”“互联网＋海关”办理进口货物报关报检。关检合一后，收发货人/货代按照《中华人民共和国海关进出口货物报关单填制规范》的要求向海关传送报关单电子数据及随附单证（包括合同、发票、运输单据、装箱单等商业单据，进出口所需的许可证件及随附单证，以上材料均需原件电子版扫描件各1份），电子数据报关单经过海关计算机检查后被接受。

海关根据有关工作规范、企业信用类别、产品风险等级，判断是否需要实施现场检验以及是否需要对产品实施抽样检测。货物如被抽中检测，海关查验人员依据检查作业指令对货物实施检查，经海关抽查合格的，签发抽查结果通知单，准予该批货物销售、使用或出口；经海关抽查不合格的进口商品，签发抽查结果通知单，在海关的监督下进行技术处理，经重新检测合格后，方可销售或者使用；不能进行技术处理或者经技术处理后仍不合格的，由海关责令当事人退货或者销毁。经海关抽查不合格的出口商品，签发抽查结果通知单，在海关的监督下进行技术处理，经重新检测合格后，方准出口；不能进行技术处理或者经技术处理后，重新检测仍不合格的，不准出口。

二维码6.2 货物查检流程

法定检验的进出口商品，由海关依照商检法规定实施检验，列入目录的进出口商品，按照国家技术规范的强制性要求进行检验，对法定检验以外的进出口商品，可根据国家规定实施抽查检验。法定检验的进口商品经检验涉及人身财产安全、健康、环境保护项目不合格的，由海关责令当事人销毁或者退运；其他项目不合格的，可以在海关监督下进行技术处理，经重新检验合格的，方可销售或者使用。海关对检验不合格的成套设备及其材料，签发不准安装使用通知书，经技术处理，并经海关重新检验合格的，方可安装使用。法定检验的出口商品经海关检验或者口岸查验不合格的，可以在海关监督下进行处理，经重新检验合格的，方准出口；不能进行技术处理或者技术处理后重新检验仍不合格的，不准出口。

海关还可在放行后由电脑随机进行抽查。

我国部分大型港口在企业向海关申报时，全面实行电子委托。进口申报时，企业无须向海关提交装箱清单，海关审核时如需要再提交；出口申报时，企业无须向海关提交发票、装箱清单，海关审核时如需要再提交。

关于集装箱货物出口的海关申报，根据集装箱运输的特点，很多国家缔结了关于集装箱货物运输的海关公约，将海关手续简化到最低限度，集装箱货物只要在启运国内陆地点经海关检验并在箱子加注海关封志，即可直运至进口国最终交货地点，由目的地海关检验放行。运输过程中所经国家海关仅对集装箱作一记录，无须检查箱子内货物的实际情况。

我国出口的集装箱货物，如果装箱地点设有海关的，则由发货人或货运代理向当地海关申报，出境地海关负责监督装船。

四、集装箱货物进出口业务单证

国际集装箱运输单证是整个集装箱运输过程中有关各方责任、权利和义务转移的凭证,它与集装箱货物的交接、责任划分、保险、索赔等问题有着十分密切的关系。在集装箱运输中,从办理货物托运手续开始,到货物装船、卸货,直至货物交付的完整流程中的各个环节都需要编制和填报相应的单证。

(一)订舱单

订舱单(Booking Note)是船公司或其他承运人在接受发货人(或托运人)的订舱时,根据发货人的口头或书面申请,用以安排集装箱货物运输而制作的单证。该单证一经承运人确认,便作为承运人和托运人双方订舱的凭证。

二维码 6.3
查看订舱单格式

订舱单的主要内容包括:货名、件数、包装式样、标记、重量、尺码;目的港;装运期限;结汇期限;能否分批运输、转船运输等。

发货人与货运代理建立委托代理关系的,可由货代根据发货人的货运需求填写 Booking Note(B/N),然后传给船公司/船代,船公司/船代填好船名、船期等信息。发货人、货代和船公司三方共用一份订舱单。

(二)订舱清单

订舱清单(Booking List)是船公司或其代理根据众多的订舱单以及舱单上所记载的内容,分别根据不同的货物交接地、装卸地等信息绘制的一览表。订舱清单绘制后,船公司或其代理应分别寄送至有关部门,如集装箱码头堆场、集装箱货运站,作为上述部门接收货物、集装箱交接的资料。

订舱清单是用箱人与集装箱码头堆场交接空箱的依据、集装箱货运站接收货物的参考资料、货物集装箱作业的指导书,也是集装箱运输经营人配置不同种类、规格、数量集装箱的依据。

(三)装箱单

集装箱装箱单是详细记载集装箱和货物名称、数量等内容的单据,对每个载货的集装箱都要制作该单据。不论是由货主装箱(FCL),还是由集装箱货运站负责装箱(LCL),都需要根据已装进集装箱内的货物情况,制作集装箱装箱单。这是详细记载每个集装箱内所装货物情况的唯一单据。

集装箱装箱单的作用是:在装货地点作为向海关申报货物出口的代用单据;作为发货人、集装箱货运站与集装箱码头堆场之间货物的交接单;作为向承运人通知集装箱内所装货物的明细表;在进口国、途经国家作为办理保税运输手续的单据之一;单据上所记载的货物与集装箱的总重量是计算船舶吃水深度、稳性的基本数据。装箱单的内容记载得准确与否,对保证集装箱货物的安全运输至关重要。

每个集装箱有一份传统的纸质版集装箱装箱单,一式五联,其中,码头、船代、承运人各一联，发货人、装箱人两联。发货人或货运站将货物装箱，缮制装箱单一式五联后，连同装箱货物一起送至集装箱堆场，堆场业务人员在五联单上签收后，留下码头联、船代联和承运人联，将发货人联、装箱人联退还给送交集装箱的发货人或集装箱货运站。发货人或集装箱货运站除自留一份备查外，将另一份寄交给收货人或卸箱港的集装箱货运站，供拆箱时使用。

小贴士

电子集装箱装箱单

目前，我国各大港口口岸推行物流作业无纸化，实行出口集装箱进港时不再向港区码头提交纸质集装箱装箱单，货主/货代/车队凭电子装箱单信息即可完成出口集装箱进港业务，码头不收取、留存纸质集装箱装箱单。

电子装箱单的生成方式：一是到电子装箱单预录站录入并发送电子装箱单，如图6—3所示；二是用港口EDI中心提供的免费客户端软件录入、生成并发送电子装箱单；三是升级或重新购买货代软件。

生成的电子装箱单由货代/货主经港口EDI中心发送到集装箱码头、船公司、海关等相关方，载有出口重箱的集装箱车辆进港时，在码头道口读取集装箱车辆所携带IC卡信息，如电子装箱单的箱号与IC卡上箱号符合、其他相关内容准确无误，道口则准予放行。

对比纸质装箱单需随车由司机带至码头道口，再由道口工作人员录入信息，电子装箱单的实施提高了出口业务的运作效率，增加了码头道口的通行能力，缩短了货主的出口时间，加速了出口运输进程。

（四）集装箱设备交接单

集装箱设备交接单（Equipment Interchange Receipt，EIR）是集装箱进出港区、场站时，箱管单位、用箱人/运箱人及码头（场、站）经营人相互之间据以交接并记载箱体及其附属设备交接状态的凭证，确保集装箱交接过程的准确、合规和安全。

其主要用途如下：

（1）记录集装箱的状态。EIR用于记录集装箱在交接过程中的实际状态，包括集装箱的外观、损坏、封条、铅封等情况，以便在交接双方之间确认集装箱的实际状态。

（2）跟踪集装箱的责任人。EIR用于记录集装箱的交接责任人，包括交接前的责任人和交接后的责任人，以便在交接过程中明确各方的责任和义务。

集装箱设备交接单分进场设备交接单和出场设备交接单，包括三联（三进三出合计六联），各联采用不同颜色，以示区别，分别为：

第1联：箱管单位留底联；

第2联：码头、堆场联；

第3联：用箱人、运箱人联。

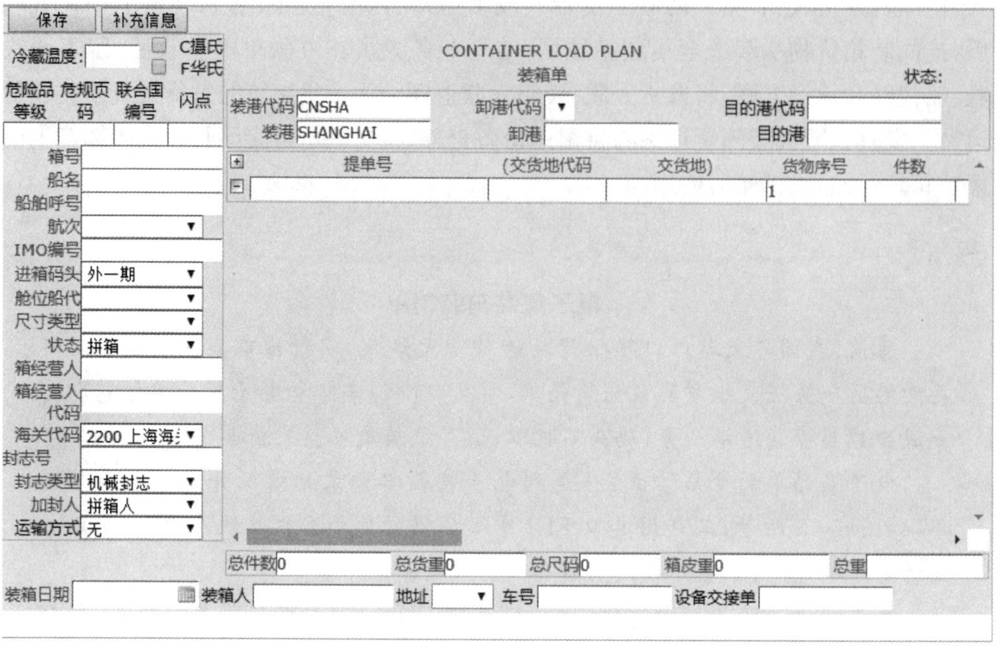

图 6—3　电子装箱单预录入界面

箱管单位是指集装箱所有人或经营人抑或其代理人,设备交接单应由箱管单位提供。

传统的设备交接单的单证申请、发放、流转方式已经无法适应现代化社会经济飞速发展的现状,电子化的集装箱设备交接单应运而生,其对改善运输流程、提高运输效率,意义重大。

小贴士

集装箱码头实施闸口设备交接单无纸化操作

近几年,我国各大港口开启建设智慧型港口,打造节能环保的集疏运体系,持续提升跨境贸易便利化水平,纷纷开始进行智能闸口建设,拖车进闸作业实现设备交接单无纸化操作。

集卡车进出闸效率和闸口集疏运能力得到大幅提升。一是过闸效率提高,运箱车辆从进入通道到抬杆放行,全程不到 25 秒,相比之前平均 1.5 分钟的通行时间,整整缩短了 72%。二是过闸的精度更高,先进智能识别技术能够精准地识别车牌、车重等信息,有效避免了人工操作失误的风险,显著提高进出闸数据的准确性。三是该模式每年可节省至少 75 万张的 A4 纸,大大节约了拖车公司纸质单证交接的时间、管理成本,为客户提供更便捷、更高效、更环保的服务。四是大大降低拖车司机在闸口下车递单的安全风险,有效避免了疫情防控期间人员直接接触。

二维码 6.4 集装箱设备交接单样单及其流转过程

上海口岸各船公司自 2019 年 2 月 14 日起,全面停止发放纸质设备交接单，实现集装箱设备交接单（EIR）在船公司、码头、堆场、集卡之间的全流程无纸化流转。

（五）场站收据

场站收据（Dock Receipt，D/R）又称为集装箱货物托运单，是由发货人或其代理人编制，承运人签发，证明船公司已从发货人处接收了货物，并证明当时货物状态，船公司对货物开始负有责任的凭证，托运人据此向承运人或其代理人换取待装提单或装船提单。集装箱货物托运单也是出口货运报关的凭证之一，用以换取海运提单或联运提单的凭证、运费结算的依据，可作为向银行结汇的单证。

一般当船公司或船代确认订舱并在场站收据上加盖有报关资格的单证章后，将场站收据交给托运人或其代理人，意味着运输合同开始执行。

场站收据是一份综合性单证，它把货物托运单、装货单、理货单、配舱回单、运费通知等单证汇成一份，对于提高集装箱货物托运效率和流转速度有很大意义。场站收据有 7 联、9 联、10 联、12 联不等，此处以标准格式 10 联单进行说明，具体如下：

第一联：集装箱货物托运单（货主留底）（B/N）。

第二联：集装箱货物托运单（船代留底）（B/N）。

第三联：运费通知（1），向发货人收取运费用单。

第四联：运费通知（2）。

第五联：场站收据（装货单）（S/O）。

第六联：大副联（场站收据副本）。

第七联：场站收据（D/R），用该联换取提单。

第八联：货代留底。

第九联：配舱回单（1）。

第十联：配舱回单（2）。

二维码 6.5 场站收据（十联单）

集装箱货物托运单的流转过程如下：

（1）托运人（发货人/货代）填制集装箱货物托运单，即场站收据一式十联，发货人自留第一联；

（2）货运代理人将第二至第十联送船公司/船代处办理托运订舱手续；

（3）船公司/船代审核编号，在第五联即装货单上盖签单章确认订舱，填写船名、航次和提单号，船公司自留第二至第四联，将第五至第十联退还给货代；

（4）货代将第五至第七联单配合报关使用，向海关报关；

（5）海关核准出口后在第五联上加盖海关放行章，将第五至第七联返还给货代；

（6）货代负责将箱号、封志号、件数等内容填入第五至第七联，并将集装箱货物与这些联在规定的时间送到集装箱堆场或集装箱货运站。

（7）场站业务员在集装箱货物进场、验收完毕后，在第五至第七联上填入实收箱数、进场完毕日期,完成签收并加盖场站公章。其中第五联由场站留底,第六联(大副联)在货物装船时,用以码头与船上大副交接货物时使用。

(8)货物装上船后,第七联由船上大副签字(通常由集装箱码头堆场签章),退还给货代,货代用该联向船公司/船代换取提单。

(9)货代自留第八联,将第九、第十联退还给发货人作配舱回执。

集装箱货物托运单在各个部门的流转过程如图 6—4 所示。

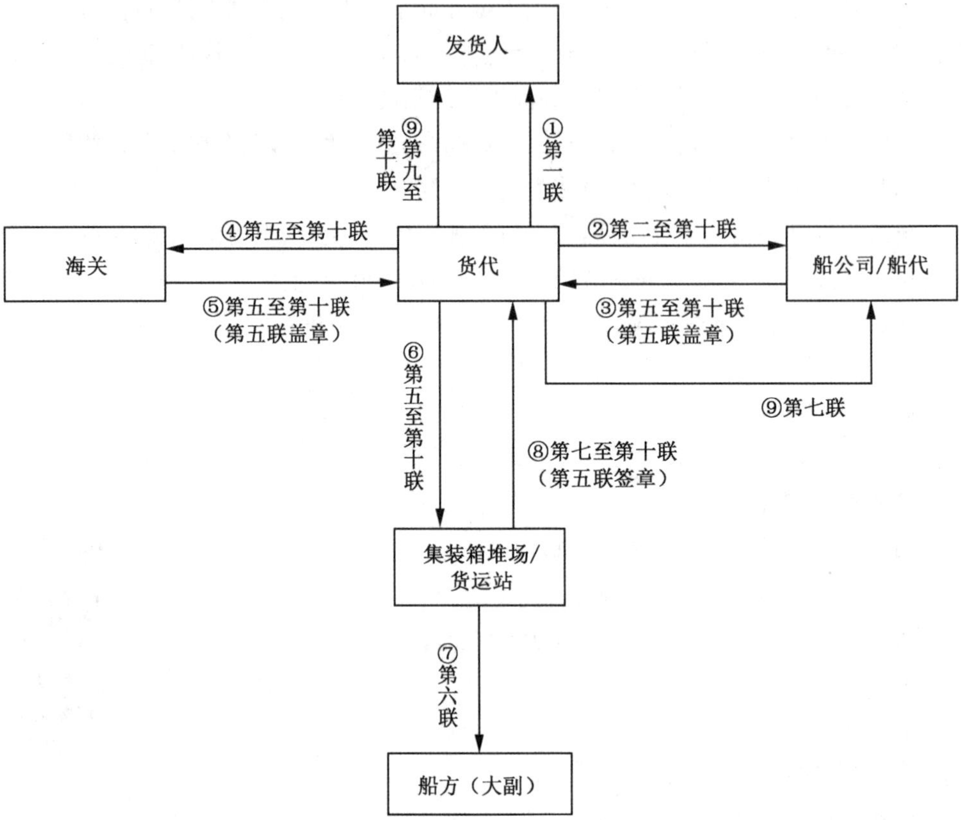

图 6—4 集装箱货物托运单在各个部门的流转过程

(六)集装箱提单

集装箱提单(Container B/L)是指承运人在接管货物或把货物装船之后签发给托运人,证明双方已订立运输合同,并保证在目的港按照提单所载明的条件交付货物的一种凭证。货代用由大副签字的集装箱托运单第七联向船公司/船代换取提单,证明船方已收到货物。

集装箱提单根据货物是否装船可以分为已装船提单和收货待运船提单。

集装箱海运提单的格式很多,每个船公司都有自己的提单格式,但基本内容大致相同。

提单通常有正本 2-3 份,为防止提单在流通过程中遗失,可以用另一份正本,但用其中一份正本提货后，其余各份均告失效，如表 6－7 所示。副本提单承运人不用签署，只用于日常业务，不具备法律效力。

表 6－7　　　　　　　　　　　海运提单范本（正面）

<table>
<tr><td>Registry No. 注册号</td><td colspan="3">提单号 B/L NO.</td></tr>
<tr><td>Shipper 托运人</td><td colspan="3" rowspan="6">XXXXXXX 公司
* * * * * * * * * LIMITED
OCEAN BILL OF LADING

SHIPPED on board in apparent good order and condition (unless otherwise indicated) the goods or packages specified herein and to be discharged at the mentioned port of discharge or as near thereto as the vessel may safely get and be always afloat. The weight, measure, marks and numbers, quality, contents and value, being particulars furnished by the Shipper, are not checked by the Carrier on loading.
The Shipper, Consignee and the Holder of this Bill of Lading hereby expressly accept and agree to all printed, written or stamped provisions, exceptions and conditions of this Bill of Lading, including those on the back hereof.
IN WITNESS whereof the number of original Bills of Lading stated below have been signed, one of which being accomplished the other(s) to be void.</td></tr>
<tr><td>Consignee or order 收货人或凭指示</td></tr>
<tr><td>Notify party and address 通知人和地址</td></tr>
<tr><td>Port of loading 装货港</td></tr>
<tr><td>Vessel 船舶</td></tr>
<tr><td>Port of discharge 卸货港</td></tr>
<tr><td>Container/Seal No. or Marks & Nos.
箱号和封志号或标记（唛头）和号码</td><td>number and kind of Packages Measurement
包装件数及类型
尺码（立方米）</td><td>Description of Goods
货物描述</td><td>Gross Weight Kgs
毛重（公斤）</td></tr>
<tr><td>Freight and charges
运费和费用</td><td colspan="3">ORIGINAL
Regarding transshipment information please contact
转运信息联系方发生转运情况的联系人及地址</td></tr>
<tr><td rowspan="2">Number of original Bill of Lading
正本提单份数</td><td colspan="3">Place and date of issue 签发地点和日期</td></tr>
<tr><td colspan="3">Stamp and signature 签字和盖章

As agent</td></tr>
</table>

小贴士

2028年实现50%提单电子化,2030年实现100%!

2023年2月,数字集装箱航运协会(DCSA)宣布,其九家航运公司成员已签署一份承诺,在未来五年内将50%的原始纸质提单转换为数字化电子提单,到2030年100%采用电子提单(eBL)。DCSA成员包括MSC、马士基、达飞、赫伯罗特、ONE、长荣、阳明、HMM和以星。

提单作为所有权凭证、装运货物收据以及约定条款和条件的记录,是集装箱运输中重要的贸易单据之一。其2021年,海运公司每年签发的约4 500万份提单中只有1.2%为电子提单(1.2%的电子提单属于传统提单的电子使用,也就是用电子的方式传递提单的PDF格式)。按照DCSA所定义的电子提单标准,eBL是一个用于收集、处理和分析承运人签发提单端到端文档流程中使用的数字化数据的框架。

放弃使用实物纸质提单,可为客户、银行、海关/政府当局、海运服务提供商等所有海运供应链利益相关者节省65亿美元/年的直接成本,并实现每年30亿~400亿美元的全球贸易增长。

(七)提货单

提货单(Delivery Order,DO)又称为“小提单”“交货单”“交割单”,是指收货人凭正本提单或副本提单随同有效的担保向船公司或其代理人换取的,可向港口装卸部门提取货物的凭证。提货单的性质与提单完全不同,它是船公司或其代理人指令仓库或装卸公司向收货人交付货物的凭证,不具备流通或其他作用。

在传统的集装箱海运进口中,船到卸货港后,进口人需持正本提单(或副本提单随同有效担保)向船公司或其代理换取提货单,然后向海关进行进口货物申报,海关审核单据和货物无误后,在提货单上加盖海关放行章,并退还给进口人。进口人再持盖有海关放行章的提货单向海关监管仓库领取货物。

小贴士

上海港3-4分钟完成500票提单电子换单

上海港研发的港区区块链电子放货平台通过区块链技术实现进口环节的单证无纸化和流程优化,为货主或其代理等市场主体提供无接触、无时限的服务。平台完成500票提单电子换单仅需要3-4分钟,比原手工换单操作效率提升数十倍,大大提高了贸易结算和港口提货效率,有效减少了清关时间。此外,该平台大大节约了跨境单据邮寄及交易成本,帮助缩短了贸易全流程周期,减少了周转资金占用,降低了货物滞留港区产生的相关物流费用。

如今,上海港主要进口电商货物集装箱单证基本已实现上链办理。原先客户需要持盖章的纸质海运单和保函等凭证，去船公司代理柜台换取纸质提货单，再凭纸质提货单去码头办理进口提箱业务。现在通过海运单上链、提货单上链，这些单证在船公司和码头之间可以实现区块链上的流转，借助区块链可追溯、可信任的技术特点，实现船公司、港口系统的互联互通和流程上的互信和协作，客户可以链上一次完成所有操作流程，实现进口放货全流程无纸化。

从进口审单、换单到将进口货柜提出码头，流程透明，实现了码头堆场和疏运的货物提货畅通，有效缓解了上海港港口码头资源（堆存）紧张的问题，保障了大批量的原材料及重要的货物能够通畅地到达客户手中。

航运业是一个古老又传统的行业，单证过多是制约港口通关效率的“牛鼻子”。近几年，许多单证实现了电子化，集装箱货物流转三大纸质单证（设备交接单、装箱单、提货单）的电子化实施，为进一步畅通港口货物装卸及运输环节、持续提升业务链条整体数字化水平提供了有力支撑，有效提升口岸综合服务能力，持续优化口岸营商环境，持续提升口岸货物装卸及运输智慧发展水平，更好地服务于区域发展，推进5G网络、区块链、大数据等先进技术与港口深度融合，打造智慧港口。

2023年4月，全国口岸深入开展智慧口岸试点建设，鼓励有条件的口岸申报试点。将在全国深入开展智慧口岸试点建设与国际贸易单一窗口有机结合，针对不同口岸类型分类施策，结合口岸发展需要，重点开展升级智能化设施设备、建设集约化信息系统、提升数字化运行管理、提供便利化综合服务、开展常态化跨境合作五大类建设任务。此外，智慧口岸建设将与“智慧海关”建设、“智关强国”行动协同推进、相辅相成、共生共荣，旨在进一步促进跨境贸易便利化，提升口岸现代化治理水平，助力国家双循环发展格局，服务于高质量共建“一带一路”。

小贴士

认识一下GSBN

全球航运业务网络（GSBN）在中国香港注册成立，是世界上第一个独立的、非营利性的技术联盟，旨在通过构建区块链技术赋能的操作系统，助力全球航运转型，重新定义全球贸易。GSBN联盟由8个全球知名航运和港口公司联合创建，联合创始人的总业务量占全球集装箱处理量的三分之一。创始成员包括：中远海运集运、中远海运港口、赫伯罗特、和记港口集团、东方海外、上海国际港务集团、山东港口青岛港和PSA国际港务集团。联盟的使命是搭建一个现代、高效的全球贸易所需的数据基础设施。

GSBN与8家中国港口集团达成合作意向，包括广州港集团有限公司、福建省港口集团有限责任公司、浙江省海港投资运营集团有限公司、江苏省港口集团有限公司、安徽省港航集团有限公司、山东省港口集团有限公司、天津港（集团）有限公司、海南港航控股有限公司。

2021年7月21日,GSBN宣布,该联盟成立以来的首个应用产品“无纸化放货”在中国正式上线。“无纸化放货”为客户提供了一种无纸化、高效和透明的解决方案,将进口口岸链条上的航运公司、收货人、代理和码头等各方都连接起来。伴随着纸质单证的取消,大大简化了数据交换方式,节约了各方之间的操作时间,将进口货物单证手续办理完成的时间从几天缩短到几个小时。

任务实施

【关键技能】

√ 了解集装箱海运完整的业务流程。

√ 了解集装箱海运业务涉及的单证。

【训练准备】

本次任务需根据“任务导入”中提供的相关资料清单,核对海运提单是否存在问题。请各小组同学完成下列准备工作。

1. 分组。每组3-4人,具体分工是:客户代表1-2人(提出提单中存在的问题),单证缮制人员2人(1人核对,1人检查)。小组成员根据分工角色,完成对应岗位的主要工作内容。可多次循环训练,保证每个学生在每个岗位都进行训练。

2. 纸质资料准备。提前准备相关信息资料、需要检查的单证资料、对应的提单标准模板等纸质资料。

3. 模拟训练地点。模拟顺达货运公司。

【训练要求】

1. 客户代表针对海运提单,提出问题,要求顺达货运公司业务人员进行核查。

2. 顺达货运公司单证缮制人员之一,根据客户提交的相关材料,逐一对海运提单内容进行仔细核对,找出不符之处,并进行改正。

3. 顺达货运公司单证缮制人员之二,针对1号单证缮制人员的检查、改正结果,进行再次核对,对于有误之处,进行商议。

4. 由两位单证缮制人员共同核对、检查,并将改正后的海运提单,与客户沟通,确定最终版本海运提单。

任务评价

<table>
<tr><td colspan="2">班级:</td><td colspan="2">姓名:</td><td colspan="2">学号:</td></tr>
<tr><td>项目六　集装箱运输业务与运作</td><td colspan="5">任务二　集装箱货物进出口作业</td></tr>
<tr><td>项目评价</td><td colspan="2">评价标准</td><td>分值</td><td>学生自评</td><td>教师评价</td></tr>
</table>

续表

考勤(10%)		未出现无故迟到、早退、旷课现象	10		
课前任务准备(10%)		完成课前预习、资料查询等	10		
工作过程(60%)	实操准备	小组分工情况	10		
		实操资料准备情况	15		
		实操过程模拟情况	20		
	完成任务单证核对和改正	指出所有不符之处,并进行改正	20		
任务成果(20%)	工作态度	态度端正,工作认真,对不会的问题能主动提问	5		
	工作完整性	能按时完成任务	5		
	工作规范	能按规范要求完成表格填写	5		
	成果展示	能准确表达、汇报工作成果	5		
合计			100		
综合评价	自我评价(40%)	教师评价(60%)	综合得分		

任务三　核算集装箱海运成本

任务导入

李运和王通等人所在的港口货运部接到一份新的货物托运订单,广州康意公司计划托运一批杂货——人造纤维运往欧洲某港口,该票货物体积为34立方米,毛重为17.4吨,客户要求选择卸货港Rotterdam或Hamburg,Rotterdam和Hamburg均为基本港口,其基本运费率为USD80.0/计费吨,三个以内选卸港的附加费率为每计费吨加收USD3.0,如果用集装箱运输,则选择TEU装货,海运费的基本费率为USD250/计费吨,货币附加费10%,燃油附加费10%。部门主管要让李运等人负责跟进订单,初步进行集装箱海运费用核算,并反馈至客户。

任务分析

集装箱海运成本主要包括海运费用和围绕集装箱产生的杂费。

一、集装箱海运费用

集装箱货物海洋运输的费用可分为拼箱运费和整箱运费。

(1)拼箱(LCL)运费。沿用杂货运费计算方法,即以每运费吨为单位(俗称散货价或拼箱价)，由“基本运费＋附加费”构成。基本运费以运费吨(W/M)为计算单位，再乘以规定的基本费率，多数航线上采用等级费率。

(2)整箱(FCL)运费。对于从起运港到达目的港航行的距离，需要收取海运费，有两种计费方式：一种方法同拼箱货一样，按照实际运费吨计收；另一种目前采用得较为普遍，又称为包箱价，根据集装箱的类型按箱计收运费。

详细内容见项目四任务五核算班轮运费一节内容，此处不再赘述。

二、整箱海运费用

在整箱托运集装箱货物且所使用的集装箱为船公司所有的情况下，承运人按“集装箱最低利用率”(Container Minimum Utilization)和“集装箱最高利用率”(Container Maximum Utilization)支付海运费用。海运费用由船公司制定，在一定时间内不会改变。

(一)集装箱最低利用率

一般来说，班轮公会在收取集装箱海运费用时只计算箱内所装货物的吨数，对集装箱自身的重量或体积不进行收费，但是对集装箱的装载利用率有一个最低要求，即“最低利用率”。如果集装箱所装载货物的吨数(重量或体积)没有达到规定的要求，则仍然按该集装箱的最低利用率对应的计费吨计收运费，以确保承运人的利益。

部分承运人或班轮公会规定，当采用专用集装箱船运输集装箱时，不收取集装箱自身的运费；当采用常规船运输集装箱时，按集装箱的总重(含箱内货物重量)或总体积收取海运费用。

集装箱的最低利用率在确定的时候，通常已经包括了货板的重量或体积。最低利用率的大小主要取决于集装箱的类型、尺寸和集装箱班轮公司所遵循的经营策略。部分班轮集装箱的最低利用率仅与箱子尺寸有关，而不考虑集装箱的类型。

按集装箱最低利用率计收运费的形式主要有三种：最低装载吨、最低运费额以及上述两种形式的混合形式，如表6—8所示。

表6—8　　集装箱最低利用率计收运费形式

<table>
<tr><th>集装箱最低利用率计收运费的形式</th><th colspan="2">确定方式</th></tr>
<tr><td rowspan="2">最低装载吨</td><td>按照重量吨或体积吨</td><td>根据集装箱的类型和尺寸的不同而不同</td></tr>
<tr><td>按照占集装箱装载能力(载重或容积)的一个百分比</td><td>一般是集装箱箱内容积的60%，该比例对于集装箱的载重能力和容积能力通常都是一样的</td></tr>
<tr><td>最低运费额</td><td>每吨或每个集装箱规定一个最低运费数额</td><td>按每个集装箱规定的最低运费数额称为“最低包箱运费”</td></tr>
<tr><td rowspan="2">最低装载吨和最低运费额混合</td><td colspan="2">集装箱载重能力或容积能力的一定百分比＋集装箱单位容积或按每个集装箱规定的最低运费额</td></tr>
<tr><td colspan="2">最低重量吨或体积吨＋集装箱容积能力的一定百分比</td></tr>
</table>

【例 6—1】

一只 20 英尺干货柜内(FCL)装有 10 级货橱具(16MT,18CBM),查询所走航线费率表后可知,10 级货费率为 USD160/计费吨。20 英尺干货柜的最低装载吨为:重量吨 17.5,体积吨 21.5。试求其运费。

求解思路:由于该批 10 级货橱具的体积吨 18>重量吨 16,以体积吨作为运费吨,故其计费吨为 18,经过对比可知,计费吨未达到最低装载吨的体积吨 21.5 的要求,故应收运费为:21.5×160=3 440(美元)

当集装箱内所装载的货物总重或体积没有达到规定的最低重量吨或体积吨,而导致集装箱装载能力未被充分利用时,货主将支付亏箱运费。

(二)集装箱最高利用率

当集装箱内所载货物的体积吨超过集装箱规定的容积装载能力时,运费按规定的集装箱内容积计收,即对超出部分免收运费。集装箱最高利用率鼓励货主使用集装箱装运货物,并最大限度地利用集装箱的内容积。为此,在集装箱海运费用的计算中,船公司通常为各种规格和类型的集装箱规定了一个按集装箱内容积折算的最高利用率。最高利用率之所以以体积吨而不以重量吨为计算单位,是因为每一个集装箱都有其最大载重量,在运输中超重是不允许的。因此,在正常情况下,不应出现超重的集装箱,更谈不上鼓励超重的做法。

例如,一般是按箱内容积的 85%计算,20 英尺集装箱的最高利用率为 31 立方米,40 英尺集装箱的最高利用率为 67 立方米。

如果箱内货物的费率等级只有一种,则按该费率计收。如果箱内装有不同等级的货物,计收运费时通常采用下列两种做法:一种做法是对箱内所有货物均按箱内最高费率等级货物所适用的费率计算运费;另一种做法是按费率高低,从高费率到低费率计算,直至货物的总体积吨与规定的集装箱内容积相等为止。如果货主没有按照承运人的要求,详细申报箱内所装货物的情况,运费则按集装箱内容积计收,并且,费率按箱内货物所适用的最高费率计算。如果箱内货物只有部分没有申报数量,那么,对于未申报部分的运费按箱子内容积与已申报货物运费吨之差计收。

【例 6—2】

一只 40 英尺 HQ 柜中装 A、B、C 三种货(属同一货主 FCL 货),分别属于第 5、8、15 级货,查此柜所走航线的费率表,5 级货为 USD85/计费吨,8 级货为 USD100/计费吨,15 级货为 USD130/计费吨。求此柜运费。

已知 A、B、C 的重量与体积分别为:A(10MT、15CBM);B(9MT、20CBM);C(8M、40CBM)。按照船公司的规定,40 英尺 HQ 的最高利用率为 67 立方米体积吨,20 英尺 HQ 最高利用率为 31 立方米体积吨。

求解思路:关于集装箱最高利用率的规定仅适用于体积吨,若柜中所装货物的体积吨大于集装箱规定的容积装载能力时,运费则按规定的集装箱内容积计收,对超出部分免收运费;若一个柜中装有几种不同运费等级的货物,则免收部分的运价应是便宜的。

C 货物的运费=40×130

B 货物的运费=20×100

A 货物的运费=[67-(40+20)]×85。

说明:由于集装箱最高利用率的规定,使 A 货物免掉了 8 立方米的运费。

故,此柜运费为 40×130+20×100+[67-(40+20)]×85=7 795(美元)。

三、集装箱海运附加费

由于船舶、货物、港口及其他方面的种种原因,船方在运输货物时增加费用开支或蒙受经济损失,船方为补偿这些开支或损失,除基本费率外,规定另外收取的费用,就叫附加费(Surcharge 或 Additional)。附加费种类繁多,而且随着一些情况的改变,会取消或制定新的附加费。

与普通班轮一样,对于集装箱海运费用,除计收基本运费外,也要加收各种附加费。附加费的标准与项目,根据航线和货种的不同而有不同的规定。集装箱海运附加费通常包括以下形式:

1. 码头操作费(Terminal Handling Charge,THC)

集装箱码头装卸作业费,简称码头操作费,包括把箱子从码头堆场拉到岸边集装箱起重机的拖车费(包括龙门式起重机把箱子装上拖车的费用)、岸边集装箱起重机把箱子吊上船舱或甲板的装船费等。可进一步分为起运港码头操作费(Origin Terminal Handling Charge,OTHC)和目的港码头操作费(Destination Terminal Handling Charge,DTHC),THC 的费用一般以人民币计算。

2. 原产地收货费(Original Receiving Charge,ORC)

ORC 和 THC 既有区别又有联系。ORC 针对从华南地区(广东、广西、云南和海南)出口至欧洲国家的货物,主要是广东的港口有 ORC。THC 则在所有港口(包括广东的港口)都有。对 ORC 和 THC 只收取其中一个,如果收 ORC,则不会再收 THC;如果收 THC,则不会再收 ORC。

ORC 专门针对从华南地区各港口启运,目的港为北美、中南美、欧洲和北非等地区的远洋航线。对于从华南地区各港口到其他地区目的港的,则跟其他地区的港口一样,只征收 THC。

3. 集装箱不平衡附加费(Container Imbalance Charge,CIC)

集装箱不平衡附加费也称“设备管理费”,是指由于贸易量的不平衡或季节性变化导致货流量和集装箱不平衡,船公司为了弥补调运空集装箱的成本而加收的附加费。

4. 超重附加费(Over Weight Surcharge,OWS)

超重附加费是指集装箱超出了船公司规定的限重而收取的费用,这一费用主要针对 20 英尺货柜(也称 20GP 小重柜)。仅对拼箱货收取,如果集装箱交接形态为 FCL—LCL 或 LCL—FCL,则按 50%计收。

5. 超长附加费(Bulky Additional)

仅对拼箱货收取,一般规定大于 6 米就算超长,如果集装箱交接形态为 FCL—LCL 或 LCL—FCL,则按 50%计收。

6. 燃油附加费(Bunker Adjustment Factor,BAF)

燃油附加费是指因国际市场上燃油价格上涨而征收的附加费,分别按拼箱货和整箱货的计算标准征收。如整箱货以 20 英尺或 40 英尺一个箱子加收若干元。

7. 币值附加费(Currency Adjustment Factor,CAF)

币值附加费是指因某一挂靠港所在国币值与美元相比升值,为补偿船舶港口使用费而征收的附加费。

8. 港口拥挤附加费(Port Congestion Surcharge,PCS)

在集装箱运输中港口拥挤附加费主要是指港口拥挤或集装箱进出不平衡,导致船舶长时间等待泊位或集装箱在港积压而增收的附加费,在南美西岸的一些港口收取。

9. 选港附加费(Optional Additional)

选择卸货港或交货地点,仅适用于整箱托运、整箱交付的货物,而且对于一张提单的货物,只能选定在一个交货地点交货,并按箱收取选港附加费。整箱货选港附加费以每箱(20 英尺/40 英尺)计收。

选港货应在订舱时提出,经承运人同意后,托运人可在承运人经营范围内直航的或经转运的三个交货地点内选择指定卸货港,其选卸范围必须按照船舶挂靠顺序排列。此外,提单持有人还必须在船舶抵达选卸范围内第一个卸货港 96 小时前向船舶代理人宣布交货地点,否则船长有权在第一个或任何一个选卸港将选卸货卸下,即应认为承运人已终止其责任。

10. 变更目的港附加费(Alternative of Destination Surcharge,ADS)

变更目的港仅适用于整箱货,并按箱计收变更目的港附加费。提出变更目的港的全套正本提单持有人,必须在船舶抵达提单上所指定的卸货港 48 小时前以书面形式提出申请,经船方同意后变更。如变更目的港的运费超出原目的港的运费,申请人应补交运费差额,反之,承运人不予退还。由于变更目的港所引起的翻舱及其他费用也应由申请人负担。

由于拼箱货涉及不同的收货人,因而不能接受拼箱货主提出的有关选港或变更目的港的要求,所以,在拼箱货海运费用中没有选港附加费和变更目的港附加费。

11. 苏伊士运河附加费(Suez Canal Surcharge,SCS)

从亚洲、大洋洲、东非等地区到欧洲的航线基本都要经过苏伊士运河,船舶通过苏伊士运河时船公司需要向运河当局支付一定的通航费用,这种成本以船东通过苏伊士运河附加费的形式向客户收取。

12. 巴拿马运河附加费(Panama Canal Transit Fee,PTF)

与苏伊士运河附加费同理,从远东地区和美国西边(简称美西)到美国东边(简称美东)的航线一般要经过巴拿马运河,船舶通过巴拿马运河时船公司需要向运河当局支付一定的通航费用,这种成本以船东通过巴拿马运河附加费的形式向客户收取。

13. 文件费(Document,DOC)

在货代行业中,DOC 有 2 项费用:一项是船公司收取的 DOC,固定收费,按人民币收取;另一项是目的港收取的 DOC,也算是目的港的基本费用之一,目的港代理按美金收取,每个代理收费不一样。文件费是一项人民币费用,以每票为计费单位。

14. 旺季附加费(Peak Season Surcharge,PSS)

旺季附加费是指在旺季货运比较繁忙的时候,很多船公司会为弥补因为业务繁忙、人手投入增加和机械损耗增大导致成本上升而收取的一项费用,在欧洲线比较常见,以美元为计费货币,以每 TEU 为单位收取。跟我国的"春运"涨价有点类似。每年的 4—11 月份一般为世界货运的旺季。

除上述各项附加费外,其他有关的附加费计收规定与普通班轮运输的附加费计收规定相同。这些附加费包括:因港口情况复杂或出现特殊情况所产生的港口附加费(Port Additional);因战争、运河关闭等原因迫使船舶绕道航行而增收绕航附加费(Deviation Surcharge);对于贵重货物,如果托运人要求船方承担超过提单上规定限额的责任时,则船方要增收超额责任附加费(Additional for Excess of Liability);凡运往非基本港的货物,需转船运往目的港,船方收取的附加费,其中包括转船费和二程运费(Transhipment Surcharge)。

集装箱海运选用不同的航线,上述费用的表现形式略有不同。例如,在欧洲线和西非线会单独计算 BAF 和 CAF,在其他航线则将这部分费用直接计入基本海运费用中,表面上只显示 ALL IN 价格。

附加费表达形式举例:

BAF:USD651/TEU,BAF 按固定的每 TEU 651 美金费用来计算。

CAF:14.98%,CAF 按照 14.98%数值计收。

STS:USD9/20GP,USD18/40GP,苏伊士运河附加费:20 英尺柜,每个柜子 9 美元,40 英尺柜,每个柜子 18 美元。

THC:RMB725/20GP,RMB1 200/40GP,码头操作费:20 英尺柜,每个柜子 725 元;40 英尺柜,每个柜子 1 200 元。

常见各航线的海运费构成示例如下:

(1)欧洲线:O/F+ORC+BAF+CAF+DOC。

(2)美线:O/F+ORC+AMS+DOC(+DDC+BAF)。

(3)中南美线:O/F+ORC(THC)+ DOC。

(4)东南亚线:O/F+THC+DOC(+T/R)。

(5)印巴线:O/F+THC+DOC。

(6)大洋洲线:O/F+THC+DOC。

(7)红海线:O/F+THC+DOC。

(8)非洲线:O/F+THC+DOC。

其中,O/F为基本海运费用。

四、集装箱海运其他费用

1. 滞箱费

对于进出口集装箱货物,客户从承运人堆场或货运站提取重箱或空箱,为了加速集装箱的流通,避免积压,船公司为集装箱制定了免费使用期限,在这个期限内,货物占用集装箱可免费,超过期限,需要支付规定费用。滞箱费一般按天计算,对于进口货物集装箱,在卸船当日的00:00起到空箱还到指定堆场当日为止,计算集装箱的滞期费;对于出口货物集装箱,在客户提取空箱当日00:00起至装船当日或从内陆点起运当日为止,计算集装箱的滞期费。超出承运人规定的免费时间后,承运人要向货主收取滞箱费。

如中远集团(COSCO)规定中国大陆地区进出口滞箱费费率因地区不同而有所区别,在华东/华北地区(除广东、广西、贵州、海南和云南以外的地区)的外贸货流,20/40GP有7天的免费期,超过7天的,在8—14天,按照CNY85/20GP/天和CNY170/40GP/天收取滞箱费;在15—21天按照CNY170/20GP/天和CNY340/40GP/天收取滞箱费;超过22天,按照CNY340/20GP/天和CNY680/40GP/天收取滞箱费。

华南地区(包括广东、广西、贵州、海南和云南所属地区)的外贸货流,针对40HQ/45HQ有7天的免费期,超过7天的,在8—14天按照CNY260/40HQ/天和CNY300/45HQ/天收取滞箱费;在15—21天按照CNY520/40HQ/天和CNY600/45HQ/天收取滞箱费;超过22天,按照CNY780/20GP/天和CNY900/40GP/天收取滞箱费。

除对于外贸货流需要收取滞箱费外,对于内贸物流也需要收取滞箱费用。

进出口滞箱费率中不含在码头或内陆堆场的重箱堆存费及冷箱等费用。

如果是客户的SOC箱,则不存在滞箱费。

2. 卸货港拆箱费

主要是针对拼箱货,海运货物到达目的地后,承运人根据收货人的情况将集装箱货物进行拆箱,产生的费用需由收货人承担。

任务实施

【关键技能】

√ 了解集装箱拼箱和整箱货运输费用的构成。

√ 掌握集装箱整箱货海运费中各项费用的含义,并且能够查询相关船公司制定的费率。

√ 掌握集装箱整箱货海运费的核算。

【训练准备】

本次任务是模拟完成广州康意公司出口人造纤维货物的集装箱海运成本核算,请各小组同学完成下列准备工作。

1. 分组。每组 4 人,具体分工是广州康意公司工作人员 1 人,成本核算人员 1 人,资料信息核对人员 2 人,小组成员根据分工角色,完成对应岗位的主要工作。可多次循环训练,保证每个学生在每个岗位都进行训练。

2. 纸质资料准备。信息核对清单(针对托运货物情况制作)。

3. 模拟训练地点。模拟顺达货运公司、模拟货物仓储现场。

【训练要求】

1. 人员分工与合作,资料信息核对人员检查托运货物的基本信息和实物情况。

2. 与客户沟通,记录客户的要求。主要有:货物的目的地或来源国家、出货时间;货物性质,如数量、品名、价值、包装,是否危险品(注意危险品级别)或特种货物,监管证件要求及特殊保管要求;运输方式,如海运、空运、汽运、铁运等要求;时限要求,特别是国际速递要问清楚;操作质量要求,如货差率、货损率、接货及时性、包装等;财务要求,如付款方式、保险、发票、代收款等。

3. 成本核算人员进行成本核算。

(1)成本核算人员根据资料信息分析与罗列本票货物采用集装箱海运时可能会产生的费用,填入表 6—9 中。

表 6—9 **成本核算**

运输费用分类	根据资料分析,主要包括项目
集装箱海上运费	
集装箱海运附加费	
集装箱其他费用(预估)	

(2)根据整理得出的可能存在费用的项目,测算每一种收费项目具体收费金额,填入表 6—10 中。

表 6－10　　成本核算

运输费用分类	根据资料分析，主要包括项目	费用测算
集装箱海上运费		
集装箱海运附加费		
集装箱其他费用（预估）		
合　计		

注：通过查询可知一个 TEU 的单位容重：17.5MT/33.126 CBM。

（3）复核费用测算结果，向客户进行报价。

任务评价

班级：		姓名：		学号：	
项目六　集装箱运输业务与运作		任务三　核算集装箱海运成本			
项目评价		评价标准	分值	学生自评	教师评价
考勤（10%）		未出现无故迟到、早退、旷课现象	10		
课前任务准备（10%）		完成课前预习、资料查询等	10		
工作过程（60%）	实操准备	小组分工情况	10		
		实操资料准备情况	15		
		实操过程模拟情况	20		
	完成集装箱成本核算	成本核算无误，考虑其他可能发生的情况	20		
任务成果（20%）	工作态度	态度端正，工作认真，对不会的问题能主动提问	5		
	工作完整性	能按时完成任务	5		
	工作规范	能按规范要求完成表格填写	5		
	成果展示	能准确表达、汇报工作成果	5		
合计			100		
综合评价	自我评价（40%）	教师评价（60%）	综合得分		

综合实训项目一

【项目说明】

河北省某国有外贸公司经秦皇岛港出口一批散装干玉米到印度孟买港，已知该批干玉米重量为50 000千克,体积为130立方米,请帮该外贸公司选择合适的集装箱,并确定集装箱的用箱量。

【项目要求】

判断待运货物是否适合集装箱运输(运输路程远近、运输货物数量),如果货物适用集装箱运输,选择合适的集装箱类型(待运货物包装形式,是否需要冷藏等),确定哪些尺寸的集装箱可作为选择对象,根据货物尺寸和重量,确定集装箱用箱量。

综合实训项目二

【项目说明】

请根据下面已知相关资料信息,缮制装箱单。

1. 信用证资料

20: DOC. CREDIT NUMBER: TK24680

50: APPLICANT: MARCO FOERSTER GMBH NUERTINGER STR. 5 METZINGEN, HAMBURG, GERMANY.

59: BENEFICIARY: TIANJIN ESHOW CO., LTD.

81 FUHUA ROAD, TIANJIN, CHINA

32B: AMOUNT: CURRENCY USD AMOUNT 153,000.00

44E: PORT OF LOADING: TIANJIN, CHINA

44F: PORT OF DISCHARGE: HAMBURG, GERMANY

44C: LATEST DATE OF SHIPMENT: 190530

45A: DESCRIPTION OF GOODS

10,000 PCS OF RETEVIS BRAND RT628 PORTABLE WALKIE TALKIE 0.5W UHF EUROPE FREQUENCY 446MHZ.

UNIT PRICE: USD18/PC CFR HAMBURG COUNTRY OF ORIGIN: P. R. CHINA PACKING: 50 PCS/CTN.

46A: DOCUMENTS REQUIRED

(1) COMMERCIAL INVOICE IN 3 COPIES INDICATING COUNTRY OF ORIGIN OF THE GOODS AND L/C NO.

(2) PACKING LIST

(3) SHIPPING NOTE.

2. 附加资料

SHIPPING MARK: M. F. G

EXP0905033
HAMBURG
C/NO. 1—200

合同号:EXP0905033　　发票号码: EXP2023033
发票日期:2023.5.20　　提单号:TSGC09/77
装船日期:2023.5.30　　受益人授权签字人:江海
N.W. 10KG/ CTN　　G.W. 13.5KG/ CTN
MEAS. 20×30×40CM/ CTN　　船名:REDRIVER V.999
HS CODE: 85171220

【项目要求】

请根据资料完成表6—11装箱单制作。

表6—11　　装箱单(Packing List)

1. 出口商(Exporter)		3. 装箱单日期(Packing list date)	
2. 进口商(Importer)		4. 合同号(Contract No.)	
		5. 发票号和日期(Invoice No. and Date)	
6. 运输标志和集装箱号(Shipping marks; Container No.)	7. 包装类型及件数;商品名称 Number and kind of packages; Commodity name	8. 毛重 kg Gross weight	9. 体积 m^3
10. 出口商签章 Exporter stamp and signature			

综合实训项目三

【项目说明】

在本项目任务三的实训中,顺达货运公司完成报价之后,客户要求核算按照杂件运输的海运成本,计费标准为“W/M”,请你完成杂件货运输费用的核算,并从节省海运费的角度考虑,该票货物应该采用杂件货运输还是集装箱运输。

【项目要求】

作为顺达货运公司的业务员,需要按照客户要求核算该票货物按照杂件货运输的成本,并与客户沟通两种运输方案,最终敲定节省运费的方案。

同步检测

一、单选题

1. 集装箱长、宽、高的外部尺寸分别是 40 英尺、8 英尺、9. 5 英尺,这种集装箱是(　　)。

A. 1A　　B. 1AAA　　C. 1C　　D. 1B

2. 集装箱运输中,TEU 表示(　　)。

A. 20 英尺标准集装箱　　B. 25 英尺标准集装箱

C. 30 英尺标准集装箱　　D. 40 英尺标准集装箱

3. 下列货物中,(　　)不适合装载于通风集装箱。

A. 兽皮　　B. 菠萝　　C. 黄油　　D. 柚子

4. 为了保持在一定时期内基本费率的稳定,又能正确反映出各港的各种货物的航运成本,班轮公司在基本费率之外,又规定了各种附加费,B. A. F 表示(　　)附加费。

A. 燃油附加费　　B. 货币贬值附加费

C. 港口附加费　　D. 绕航附加费

5. 下列(　　)单证是接受了托运人提出的装运申请的船公司,签发给托运人,凭此命令船长将承运的货物装船的单据。

A. D/R　　B. B/N　　C. S/O　　D. D/O

6. 门到门(Door to Door)的集装箱运输最适合于(　　)交接方式。

A. 整箱交,整箱接　　B. 整箱交,拆箱接

C. 拼箱交,拆箱接　　D. 拼箱交,整箱接

7. 站到站(CFS to CFS)的集装箱运输适合于(　　)交接方式。

A. 整箱交,整箱接　　B. 整箱交,拆箱接

C. 拼箱交,拆箱接　　D. 拼箱交,整箱接

8. 用以记录集装箱的状态,包括集装箱的外观、损坏、封条、铅封等情况,以便在交接双方之间确认集装箱的实际状态,该单证为(　　)。

A. 提单　　B. 装货单

C. 集装箱设备交接单　　D. 集装箱装箱单

9. 详细记载每个集装箱内所装货物情况的唯一单据是(　　)。

A. 提单　　B. 装货单

C. 集装箱设备交接单　　D. 集装箱装箱单

10. 集装箱的使用超出了免费使用期时,承运人可向集装箱使用者收取(　　)。

A. 滞箱费　　B. 储存费　　C. 保管费　　D. 无须收费

11. 提货单是（　　）。

A. 货物收据　B. 交货凭证　C. 运输合同　D. 运输合同证明

12. 下面的集装箱中（　　）不是特种集装箱。

A. 罐式集装箱　B. 平台式集装箱　C. 汽车集装箱　D. 干货集装箱

二、多选题

1. 下列术语中不属于集装箱整箱接受、拆箱交付方式的是（　　）。

A. door to CY　B. door to CFS　C. tackle to CFS　D. CY to tackle

2. 集装箱运输的优越性包括（　　）。

A. 提高装卸效率，减轻劳动强度

B. 减少货损货差，提高货物运输的安全性与质量

C. 缩短货物的在途时间，加快车船的周转

D. 免除包装费用，减少成本

E. 减少货物运输费用。

3. 散装货集装箱主要用于运输（　　）等货物。

A. 豆类　B. 谷物　C. 树脂　D. 服装

4. 在我国大部分港口已经实现集装箱三大单证电子化，三大单证是（　　）。

A. 场站收据　B. 集装箱设备交接单

C. 装箱单　D. 提货单

5. 集装箱货物的装货方式有（　　）。

A. 拼箱　B. 散装　C. 整箱　D. 件装

三、判断题

1. 集装箱装箱单是详细记载集装箱和货物名称、数量等内容的单据，对每个载货的集装箱都要制作该单据，根据已装进集装箱内的货物情况，制作集装箱装箱单。（　　）

2. 集装箱的最高利用率可以根据集装箱内所载货物的体积吨或重量吨确定。（　　）

3. 场到站（CY to CFS）交接方式下，运输经营人一般是以整箱形态接受货物，以拼箱形态交付货物。（　　）

4. 正本提单是随船单证。（　　）

四、简答题

1. 简述“整箱货”与“拼箱货”的基本概念，并说明它们之间的区别与联系。

2. 集装箱货物的交接方式有几种？

3. 请画出货物海关查检流程图。

项目七

多式联运业务与运作

知识目标

1. 理解国际多式联运的定义、特点；
2. 掌握国际多式联运的业务程序、组织方式；
3. 掌握经营人的具体责任划分。

能力目标

能根据理论知识分析多式联运中出现的纠纷。

思政目标

加强职业责任心的培养，不滥用赔偿责任限制权力。

任务一　了解国际多式联运

任务导入

2022 年 11 月，星星服装公司将装载女士服装的 6 个集装箱委托顺达货运公司，顺达货运公司在货物由中国长沙通过铁路托运到中国香港后，委托远程航运公司装船，运往美国西雅图港，集装箱在西雅图港卸船后再通过铁路运抵交货地美国底特律。李运负责处理这笔进出口业务。星星服装公司的这笔进出口业务中，顺达货运公司扮演什么角色？顺达货运公司有没有资格作为多式联运的经营人呢？

任务分析

20 世纪 60 年代末，美国首先试办多式联运业务，受到货主的欢迎。随后，国际多式联运在北美、欧洲和远东地区开始采用，20 世纪 80 年代，国际多式联运已逐步在发展中国家实行。目前，国际多式联运已成为一种新型的重要的国际集装箱运输方式，实践证明，多式联运不仅是实现门到门运输的有效方式，也是符合客观经济规律、取得较高经济效益的运输方式。

一、国际多式联运的定义

国际多式联运（International Multimodal Transport）是一种以实现货物整体运输的最优化效益为目标的联运组织形式。它通常是以集装箱为运输单元，将不同的运输方式有机地组合在一起，构成连续的、综合性的一体化货物运输。通过一次托运、一次计费、一份单证、一次保险，由各运输区段的承运人共同完成货物的全程运输，即将货物的全程运输作为一个完整的单一运输过程来安排。

在《联合国国际货物多式联运公约》（以下简称《多式联运公约》）中关于多式联运的定义为：国际多式联运是按照多式联运合同，以至少两种不同的运输方式，由多式联运经营人将货物从一国境内接管货物的地点运到另一国境内指定交付货物的地点。

此处所说的两种以上不同的运输方式可以是海—陆、海—空、陆—空等，与一般意义上的海—海、空—空、陆—陆联运有着根本的区别。后者虽然也称为联运，但只是同一种运输工具之间的运输方式，不属于完整意义上的国际多式联运。图 7－1 为国际多式联运的物流解决方案示意图。

二、国际多式联运的特点

按照《多式联运公约》第一条规定，构成国际多式联运必须具备以下几个条件。

1. 只有一份多式联运合同

在货物的运输过程中，无论使用多少种运输方式，发货人都必须与多式联运经营人签订一份多式联运合同。该合同是多式联运经营人与托运人之间权利、义务、责任与豁免的合同关系和运输性质的确定，也是区别多式联运与一般货物运输方式的主要依据。该合同约束整个多式联运过程。多式联运经营人根据合同规定，负责完成或组织完成货物的全程运输并且一次性收取全程运费。

2. 使用一份多式联运单据

在多式联运中，必须使用一份全程多式联运单据（Multi－modal Transport Docu-

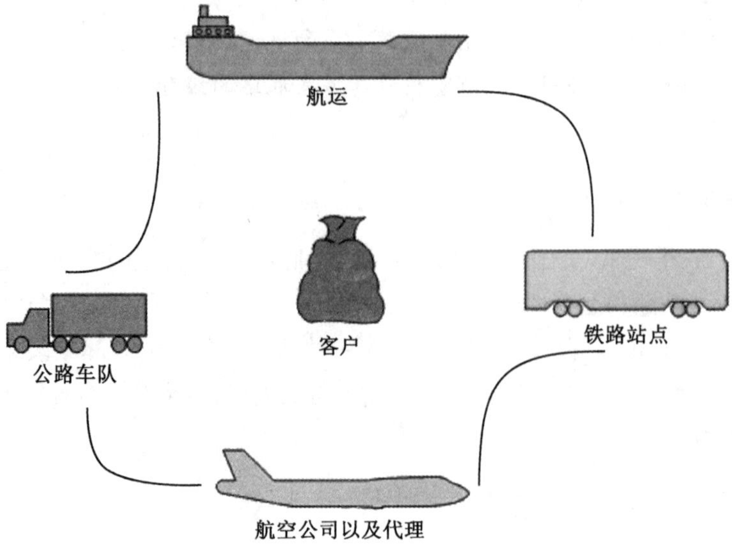

图 7—1 多式联运的物流解决方案

ment)。全程多式联运单证是指证明多式联运合同以及多式联运经营人已经接收货物并负责按照合同交付货物而签发的一种证据。该单据应满足不同运输方式的需要,实行一票到底、全程单一费率的运输,即发货人只要办理一次托运、一次计费、一次保险,通过一张单据即可实现从起运地到目的地的全程运输。该单据是一种物权凭证和有价证券。根据国际商会《联合运输单证统一规则》和国际商会 UCP500 的规定,除非信用证另有规定,银行可以接受多式联运经营人或其代理人签发的多式联运单据。

3. 至少通过两种不同的运输方式连贯运输

国际多式联运全程运输中至少是用两种不同的运输方式,而且是不同运输方式、不同运输区段的连续运输。

4. 国际货物联运

多式联运经营人接管的货物必须是国际运输的货物。也就是说,货物必须跨越国境进行国际运输。这不仅有别于国内货物运输,还涉及国际运输法规的适用问题。

5. 由一个多式联运经营人对全程负责

必须由一个多式联运经营人对国际多式联运货物运输的全程负责。多式联运经营人不仅是订立多式联运合同的当事人,还是多式联运单证的签发人。一般而言,在多式联运经营人履行多式联运合同所规定的运输责任的同时,可将全部或部分运输委托他人完成,并订立分运合同。但分运合同的承运人与托运人之间不存在任何合同关系。无论涉及几种运输方式,分为多少个区段,多式联运的全程运输都是由多式联运经营人完成或组织完成的,多式联运经营人都要对运输的全程负责。

6. 全程单一运费率

多式联运经营人按单一运费率计收全程运费,以包干形式一次收取。

三、国际多式联运的优越性

国际多式联运是货物运输集装箱化后蓬勃发展的一种新的运输组织形式。货主只要指定交货地点，运输经营人就可将各种不同的运输方式组合起来，设定最佳的运输路线，提供统一的货运单证和统一的费率，实现“门到门”运输。特别是在国际长途运输中，多式联运无疑是最便捷和最有效的一种运输组织形式，是今后国际运输发展的方向，深受货主的欢迎。

1. 简化手续

在国际多式联运方式下无论货物运输距离有多远，由几种运输方式共同完成，且不论运输途中货物经过多少次转换，所有一切运输事项均由多式联运经营人负责办理。而托运人只需办理一次托运，订立一份运输合同，支付一次费用，办理一次保险，便可省却托运人办理托运手续的许多不便。同时，由于多式联运采用一份货运单证，统一计费，因而也可简化制单和结算手续，节省人力和物力。此外，一旦运输过程中发生货损、货差，就会由多式联运经营人对全程运输负责，从而也可简化理赔手续，减少理赔费用。

2. 缩短运输时间

在国际多式联运方式下，各个运输环节和各种运输工具之间配合密切，大大减少了货物的在途停留时间。同时，多式联运是以集装箱为运输单元进行直达运输，尽管货运途中须经多次转换，但由于使用专业机械装卸，且不涉及箱内货物，因而货损、货差事故大为减少，从而在很大程度上提高了货物的运输质量。

3. 降低运输成本

由于多式联运可实行“门到门”运输，因此对货主来说，在货物交由第一承运人以后即可取得货运单证，并据以结汇，从而提前了结汇时间。此外，由于货物是在集装箱内进行运输的，因此从某种意义上来看，可相应地节省货物的包装、理货和保险等费用的支出。

4. 提高运输管理水平

由不同的运输经营人共同参与多式联运，经营的范围就可以大大扩展，同时可以最大限度地发挥其现有设备的作用，选择最佳运输线路，组织合理化运输。

此外，从政府的角度来看，发展国际多式联运有利于加强政府部门对整个货物运输链的监督与管理；保证本国在整个货物运输过程中获得较大的运费收入分配比例；有助于引进新的先进运输技术；减少外汇支出；改善本国基础设施的利用状况；通过国家的宏观调控与指导职能，保证使用的运输方式尽量减少环境破坏，达到保护本国生态环境的目的。

四、国际多式联运当事人

1. 货方

货方主要是指与多式联运经营人签订多式联运合同后，托运货物并产生索赔等关系的发货人及其代理人。

2. 国际多式联运经营人

国际多式联运经营人或称契约承运人,是指本人或委托他人以本人名义与托运人订立一项国际多式联运合同并以承运人身份承担此项合同责任的人。在运用集装箱运输开展多式联运业务时,国际多式联运经营人负责全程运输的安排、组织、协调与管理工作,货物从发货人仓库途经海、陆、空等运输区段,最终被运送到收货人仓库。通俗地说,国际多式联运经营人是经营国际多式联运的企业或机构,是全程运输的组织者,是负责完成或组织完成多式联运合同规定的货物全程运输的责任人。

3. 分承运人

分承运人是受多式联运经营人的委托,办理有关地区段(如海运、空运、铁路运输、公路运输)实际运输任务的承运人。分承运人与发货人或其代理人不发生任何联系,它与多式联运经营人之间是承托关系。

五、国际多式联运经营人

(一)性质

(1)多式联运经营人不是发货人的代理人,也不是参加联运的承运人的代理人,而是多式联运的当事人,是一个独立的法律实体。

(2)对于货主来说,是货物的承运人,对于分承运人来说,是货物的托运人。他一方面同货主签订多式联运合同,另一方面又与分承运人以托运人身份签订各段运输合同,具有双重身份。

(3)在多式联运方式下,根据合同规定多式联运经营人始终是货物运输的总承运人,对货物负有全程运输责任。

(二)条件

1. 具有强大的实力

能够有效组织各种运输方式,受货主信任,具有良好的沟通能力,与货运相关的各个机构都建立了良好的合作关系。

2. 在国内外建立完善的多式联运经营网络

经营人不仅在国内外的港口拥有自己的分支机构,而且在内陆城市也具备开展业务的条件,可以实现港口、场站、机场等节点的货物顺利交接。

3. 在国内外建立开展多式联运的集装箱货运站

由于存在货物的周转,经营人有自己的中转机构和中转站,包括货场、堆场、仓库、大型装卸搬运机械设备等。

4. 拥有一支专业的人才队伍

要求工作人员不仅具备娴熟的专业技术,知识面广,经历丰富,而且要具有良好的沟通能力和敬业精神,以为用户提供优质服务为宗旨。

5. 具有完善的信息管理系统

为保证运输链的畅通、信息畅通、处理问题及时，经营国际多式联运的企业或机构需要建立完善的信息管理和信息交换系统。

（三）类型

1. 承运人型——国际多式联运经营人

这是指有运输工具，能够直接承担并完成全程运输中一个或一个以上的货物运输区段的国际多式联运经营者。

2. 无船承运人型——无船承运人

无船承运人（Non-Vessel Operating Common Carrier，NVOCC），是指在集装箱运输中，经营集装箱货运的揽货、装箱、拆箱、内陆运输以及集装箱货运站或内陆集装箱货运站，但不经营船舶的无运输工具的承运人。

在集装箱多式联运中，联运经营人可以由参与某一运输区段的实际承运人来担任，如海运承运人、陆运承运人（包括公路、铁路承运人），也可以由不参与实际运输的经营者来充当，这就是通常所说的无船承运人。无船承运人是随着集装箱多式联运的发展而出现的联运经营人。无船承运人若根据本国法律向政府主管部门登记，并在其监督下进行活动，则在法律地位上相当于实际的船舶经营人。不同类型承运人特点的比较如表 7－1 所示。

表 7－1　　不同类型承运人的比较

<table>
<tr><th colspan="2">比较项目</th><th>多式联运经营人</th><th>无船承运人</th><th>传统货运代理</th></tr>
<tr><td colspan="2">相同之处</td><td colspan="3">它们均属于运输中间商，其主要业务是为供需双方提供运输服务或代理服务，以求赚取运费或代理费</td></tr>
<tr><td rowspan="8">不同之处</td><td>运输方式</td><td>至少两种运输方式</td><td>海运</td><td>海运、陆运或空运</td></tr>
<tr><td>法律地位</td><td>承运人</td><td>承运人</td><td>代理人</td></tr>
<tr><td>资金占用</td><td>很大</td><td>较大</td><td>很少</td></tr>
<tr><td>拥有船舶</td><td>必要时可以</td><td>不允许</td><td>不允许</td></tr>
<tr><td>拥有陆运或空运工具</td><td>必要时可以</td><td>必要时可以</td><td>不允许</td></tr>
<tr><td>拥有提单</td><td>有</td><td>有</td><td>没有</td></tr>
<tr><td>拥有运价表</td><td>有</td><td>有</td><td>没有</td></tr>
<tr><td>收入性质</td><td>运费差价</td><td>运费差价</td><td>代理费</td></tr>
</table>

任务实施

【关键技能】

√ 根据国际多式联运的条件，识别国际多式联运与其他联运的区别。

√ 了解国际多式联运的优越性。

√ 掌握国际多式联运经营人的条件和类型。

【训练准备】

学生分组,每组 4～5 人,每组成员去当地运输公司进行实地调研,或利用课余时间上网收集各种实际案例,来分析一下国际多式联运在实际工作中的应用条件,以及为货物运输带来的好处,并识别当事人的类型。

【操作步骤】

步骤一 根据国际多式联运的定义和条件特点,来分析案例中的行为。

步骤二 分析案例中因为使用了联运的方式,为货物运输带来的各种便利性。

步骤三 分析案例中各个当事人的角色,并且说出承运人的类型。

任务评价

<table>
<tr><td colspan="2">被考评人</td><td colspan="5">考评任务:了解国际多式联运</td></tr>
<tr><td>考评步骤</td><td colspan="2">考评内容及分值</td><td>自我评价
(30%)</td><td>小组评价
(40%)</td><td>教师评价
(30%)</td><td>合计得分
(100%)</td></tr>
<tr><td>步骤一
30 分</td><td colspan="2">认识国际多式联运的定义和特点</td><td></td><td></td><td></td><td></td></tr>
<tr><td>步骤二
40 分</td><td colspan="2">分析国际多式联运的优越性</td><td></td><td></td><td></td><td></td></tr>
<tr><td>步骤三
30 分</td><td colspan="2">分析当事人和经营人的类型</td><td></td><td></td><td></td><td></td></tr>
<tr><td colspan="7">综合评定</td></tr>
<tr><td>考评
标准</td><td>资料
准备</td><td>知识
掌握</td><td>语言
表达</td><td>团队
合作</td><td>沟通
能力</td><td>合计得分</td></tr>
<tr><td>分值</td><td>20 分</td><td>30 分</td><td>20 分</td><td>15 分</td><td>15 分</td><td></td></tr>
<tr><td colspan="4">注:任务总评得分=考评步骤(70%)+综合评定(30%)</td><td colspan="2">任务总评得分</td><td></td></tr>
</table>

任务二 组织国际多式联运

任务导入

了解国际多式联运的特点和自己公司的经营人角色后,李运要跟着师傅进一步了解国际多式联运的组织运营。

任务分析

一、国际多式联运的业务程序

国际多式联运的业务程序如图 7—2 所示。

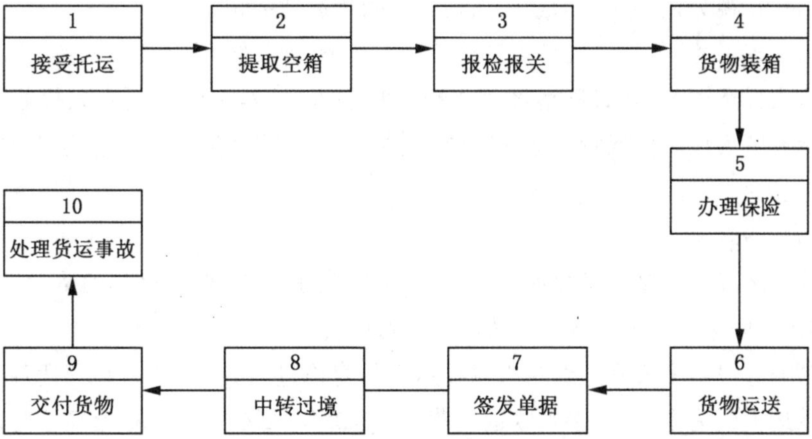

图 7—2　国际多式联运的业务程序

（一）接受托运

多式联运经营人根据发货人提交的托运单或场站收据和自己的运输路线决定是否接受托运。如能接受，则在托运单或场站收据上签章，以表明“承诺”，并填写运输工具名称、提单号等。

（二）提取空箱

1. 集装箱来源

(1)多式联运人自己购置。

(2)租箱公司租用。

(3)由全程运输的分承运人提供。

2. 程序

(1)多式联运人签发提箱单，连同设备交接单一并交给托运人。

(2)托运人到指定的集装箱堆场或集装箱站提取空箱。

(3)提箱时必须出具提箱单，并由双方代表在设备交接单上签字，办理交接手续。

（三）报检报关

1. 凡列入商检机构《进出口商品种类表》和合同规定必须由海关商检部门出证的商品，必须报检。

2. 若联运从港口开始，则在港口报关；若联运从内陆地区开始，则在货物所在地报关报检(关检合一)。

(四)货物装箱

货物装箱分为发货人自行装箱和多式联运经营人装箱。

发货人自行装箱包括发货人或其代理人提取空箱后在发货人工厂或仓库自行装箱,或在发货人代理人的集装箱货运站装箱。

多式联运经营人装箱分为在多式联运经营人或其代理人货运站装箱,在区段承运人货运站装箱视为在多式联运经营人代理人的货运站装箱。

(五)办理保险

发货人投运输险,多式联运经营人投保货物责任险,集装箱所有人投集装箱险。多式联运经营人代为投保货物运输险时,应注意货物买卖合同和信用证规定的险别、保险金额和保险期间。

(六)货物运送

多式联运经营人接收货物后,交第一程运输的承运人,此实际承运人接收装箱货物后,向多式联运经营人签发本区段运输提/运单。

此项业务可由多式联运经营人以托运人的身份进行,与发货人和其代理人无关。若第一承运人代为中转时,多式联运经营人应通知第二区段承运人,准备接运货物。

(七)签发单据

多式联运人或其代理人接收货物后,在场站收据上签章,发货人凭此到多式联运经营人处或其分支机构,或其代理人处换取多式联运全程运输单据。发货人凭多式联运提单、保险单和发票等信用证要求的有关单据到银行结汇。

(八)中转过境

在中转站不同运输方式间的中转,是由多式联运经营人分支机构或其代理组织,也可由各区段的实际承运人代为办理。由此产生的全部费用由发货人或收货人负担。如果货物在目的港交付,则结关在港口所在地海关进行。若在内陆地交货,则在口岸办理保税运输手续,海关加封后运往内陆目的地,然后在内陆海关办理结关手续,即转关。

(九)交付货物

货物到达目的地后,一般放在保税仓库的集装箱堆场或货运站,由当地代理通知收货人提货,收货人或其代理人需凭多式联运提单换取提货单,凭提货单到进口国海关办理进口结关手续。

如是整箱,则收货人掏箱后需返还空箱至指定堆场,运输合同才终止。如为拼箱,则可直接提货。

(十)处理货运事故

如果全程运输中发生了货物灭失或损坏,则无论是否可确定灭失或损坏的区段,收货人或发货人均可在有效的时间内向多式联运人提出索赔。如能确知事故发生的区段和实际责任人,则由多式联运经营人向其追偿。如不能确知事故发生的区段和实际责任人，则根据此次多式联运适用的法律或国际规则，或多式联运人与分区段承包人的分合同约定处理。如已对所运货物及责任投保，也可先向保险公司索赔，然后由保险公司向责任人追偿。如果索赔人和责任人不能达成一致，那么可在有效诉讼期内，通过协议进行仲裁或向法院提起诉讼。

二、国际多式联运的组织方式

（一）协作式多式联运

协作式多式联运的组织者是由参加多式联运的运输企业和中转港站，在政府主管部门协调下共同组成的联运办公室，是当前多式联运（特别是大宗、重要物资运输）主要采用的形式，如图 7—3 所示。

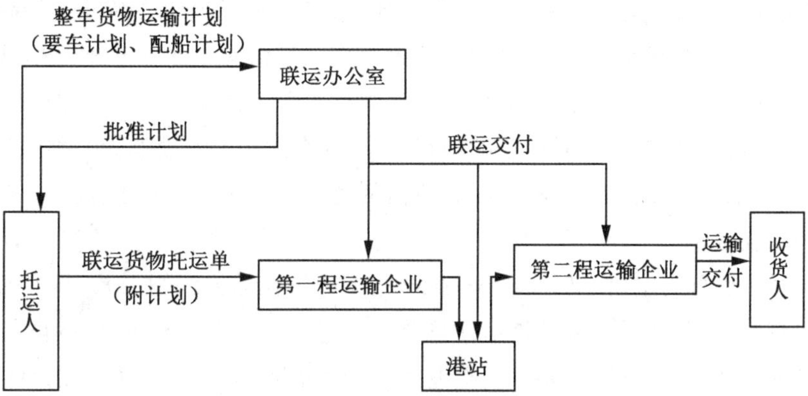

图 7—3　协作式多式联运

（二）衔接式多式联运

在衔接式多式联运中，发货人先向多式联运经营人（Multimodal Transport Operator，MTO）提出托运申请，多式联运经营人接受后，双方订立多式联运合同，交接货物，经营人签发多式联运单据。联运经营人与区段承运人订立区段运输合同，是市场经济体制下国际货物联运的基本形式，如图 7—4 所示。

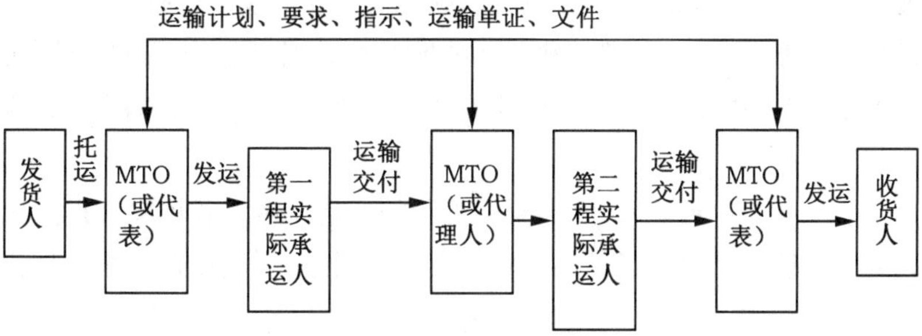

图 7—4　衔接式多式联运

三、国际多式联运的组织形式

(一)海陆联运

海陆联运是国际多式联运的主要组织形式,也是远东/欧洲多式联运的主要组织形式之一。目前组织和经营远东/欧洲海陆联运业务的主要有班轮公会的三联集团、北荷、冠航和丹麦的马士基等国际航运公司,以及非班轮公会的中国远洋运输公司、中国台湾长荣航运公司和德国那亚航运公司等。这种组织形式以航运公司为主体,签发联运提单,与航线两端的内陆运输部门开展联运业务,与大陆桥运输展开竞争。

(二)陆桥运输

在国际多式联运中,陆桥运输(Land Bridge Service)起着非常重要的作用。它是远东/欧洲国际多式联运的主要形式。所谓陆桥运输,是指采用集装箱专用列车或卡车,把横贯大陆的铁路或公路作为中间"桥梁",使大陆两端的集装箱海运航线与专用列车或卡车连接起来的一种连贯运输方式。严格地讲,陆桥运输也是一种海陆联运形式。只是因为其在国际多式联运中的独特地位,故在此将其单独作为一种运输组织形式。目前,远东/欧洲的陆桥运输线路有西伯利亚大陆桥和北美大陆桥。

(三)海空联运

海空联运也称为空桥运输(Airbridge Service)。在运输组织形式上,空桥运输与陆桥运输有所不同:陆桥运输的货物在整个货运过程中使用的是同一个集装箱,不用换装,而空桥运输的货物通常要在航空港换入航空集装箱。不过。两者的目标是一致的,即以低费率提供快捷、可靠的运输服务。

海空联运方式始于20世纪60年代,但到20世纪80年代才得到较大的发展。采用这种运输形式,运输时间比全程海运少,运输费用比全程空运便宜,20世纪60年代,将从远东海运至美国西海岸的货物,再通过航空运输至美国内陆地区或美国东海岸,从而出现了海空联运。当然,这种联运组织形式是以海运为主,只是最终交货运输区段由空运承担。1960年底,苏联航空公司开辟了经由西伯利亚至欧洲的航空线,1968年,加拿大航空公司参加了国际多式联运,20世纪80年代,出现了经由中国香港、新加坡、泰国等至欧洲的航空线。目前,国际海空联运线主要有:

(1)远东—欧洲。目前,远东与欧洲间的航线有以温哥华、西雅图、洛杉矶为中转地,也有以中国香港、曼谷、符拉迪沃斯托克为中转地。此外还有以旧金山、新加坡为中转地。

(2)远东—中南美。近年来,远东至中南美的海空联运发展较快,因为此处港口和内陆运输不稳定,所以对海空运输的需求很大。该联运线以迈阿密、洛杉矶、温哥华为中转地。

(3)远东—中近东、非洲、澳大利亚。这是以中国香港、曼谷为中转地至中近东、非洲的运输线路。在特殊情况下,还有经马赛至非洲、经曼谷至印度、经中国香港至澳大利亚等联运线，但这些线路货运量较小。

总的来讲，运输距离越远，采用海空联运的优越性就越大，因为同完全采用海运相比，其运输时间更短。同直接采用空运相比，其费率更低。因此，从远东出发，将欧洲、中南美以及非洲作为海空联运的主要市场是合适的。

四、国际多式联运单据（提单）

《多式联运公约》对国际多式联运单证（Multimodal Transport Document，M. T. D，或 Combined Transport Document，C. T. D.）的定义为：证明国际多式联运合同以及证明多式联运经营人接管货物，并负责按照合同条款交付货物的单证。它是适应国际集装箱运输业务的发展需要而产生的，在办理国际多式联运业务时使用。

国际多式联运单据是运输合同的证明，但不是运输合同，是多式联运经营人收到货物的收据和凭此交付货物的凭证。

（一）国际多式联运单据分类

（1）可转让单据。可转让国际多式联运单据分为指示单据（提单）和不记名单据（提单）。

（2）不可转让单据。不可转让国际多式联运单据是记名单据（提单），是在单据下面收货人一栏中载明作为收货人的特定人（或公司）的提单。一般不能流通转让。

（二）国际多式联运单据的内容

（1）货物的外表状况；

（2）多式联运经营人的名称和主要营业场所；

（3）发货人、收货人名称；

（4）多式联运经营人接收货物的地点和日期；

（5）交付货物的地点；

（6）经双方明确协商，交付货物的时间、期限；

（7）表示单据为可转让或不可转让的声明；

（8）多式联运单据的签发时间和地点；

（9）多式联运经营人或其授权人的签字；

（10）有关运费支付的说明；

（11）有关运输方式和运输路线的说明；

（12）其他有关声明等。

关于国际多式联运单证的表现形式，目前并没有统一的格式。实践中，多式联运单证可以有各种不同的格式、名称，其记载的内容和特点可能也有差别。

在国际多式联运实际业务中，由多式联运经营人签发的多式联运单证与各运输区段的实际承运人签发的运输单据（提单或运单等）在缮制上既有一定的联系，又有一定的区别，如表 7－2 所示。

表 7—2 多式联运单证与各运输区段承运人单据的区别与联系

项 目	多式联运单证	各运输区段承运人单据
收货地	起始收货地点	运输工具实际收货地
装货港	一程承运船的装货港	区段运输工具(船)的实际装货港
卸货港	最末程承运船的卸货港	区段运输工具(船)的实际卸货港
交货地	最终交货地点	区段运输工具的实际交货地
签单地	起始收货地点	区段运输工具的收货地(港)
托运人	依贸易合同而定	多式联运经营人或其代理人
通知人	依贸易合同而定	多式联运经营人或其代理人
收货人	依贸易合同而定	多式联运经营人或其代理人
签发人	多式联运经营人或其代理人	区段承运人或其代理人
责任区段	承担全程责任	承担各自责任区段的责任
主要用途	结汇与提货	货物交接与提取

五、多式联运单证与海运提单的异同点

(一)多式联运单证与海运提单的相同点

多式联运单证和海运提单在单据的具体实质内容上非常相似。总体上,多式联运单证和海运提单都是由承运人或其代理人签发给托运人的,是运输合同的证明以及证明承运人接管货物并负责按照合同条款交付货物的单证,即都具备了合同证明以及货物收据的功能。

根据《跟单信用证统一惯例》(简称 UCP600)的规定,如信用证要求提供至少包括两种不同运输方式(多式运输)的运输单据,除非信用证另有规定,银行将接受多式联运单证。这表明货物的托运人在交付货物给承运人或其代理人后,可以向银行提交附有海运提单或者多式联运单证的全套单证以结算货款,即两种单证均能在跟单信用证项下发挥结汇的功能。

(二)多式联运单证与海运提单的不同点

1. 适用的运输方式不同

海运提单只适用于海上运输;而多式联运单证在存在两种或两种以上方式的连续运输过程中(无论是否包括海运)都可适用。

2. 签发人不同

海运提单的签发人通常是海上运输工具的承运人或其代理人,即实际运输货物的承运人;而多式联运单证的签发人是多式联运经营人,他对全程运输负责,但并不一定是实际承运人,而只是控制全程运输,将各段的运输分派给各个实际承运人。

3. 签发时间不同

海运提单在货物装船完毕后签发，属于已装船单据；而多式联运单证一般在经营人接收货物后即可签发，常见的是收妥待运单据或已接管单据。

4. 签发地点不同

海运提单在货物的装船港口签发，由实际承运人向托运人签发；而多式联运单证的签发地点随着货物接收地点的不同而各异，可能是内陆的集装箱堆场，可能是托运港口，甚至可能在发货人的工厂或者仓库。

5. 运输条款和贸易术语不同

海运提单对应的运输条款中常用的贸易术语是 FOB、CIF、CFR；而多式联运单证对应的运输条款中除了以上几种贸易术语外，还可以运用 FCA、CPT、CIP 等。

6. 责任形式不同

海运提单对应的海上运输往往采取统一责任制的责任形式，即实际承运人对全程运输负责，并且全程运输采用单一的责任制度；而多式联运单证对应的多式联运则通常采用网状责任制的形式，即多式联运经营人对全程运输负责，其责任根据所适用的货物损害发生区段的法律来确定。

7. 责任期间不同

海运提单对应的海上运输的责任期间一般为从货物上船起到货物卸下船时为止；而多式联运的责任期间则一般是从接收货物时起到交付货物时结束。

8. 适用的法律法规不同

海运提单对应的海上运输受到国际海运法规以及关于提单的国际公约的约束，在跟单信用证统一惯例中规定了银行对提单的处理依据；而多式联运单证的情况则比较复杂，目前在多式联运领域最具约束力的国际公约是 1991 年国际商会关于多式联运单证的规则，除此之外，多式联运在各段运输过程中还要受到各种运输方式的运输法规以及相关国际公约的约束，在银行对多式联运单证的处理方面，则适用 UCP600 的规定。

任务实施

【关键技能】

√ 能够掌握国际多式联运的业务程序。

√ 能够了解国际多式联运的运输组织形式。

√ 能够掌握国际多式联运单据的内容以及与海运单据的异同点。

【训练准备】

学生分组，每组 4～5 人，每组成员去当地运输公司进行实地调研，或利用课余时间上网收集各种实际的案例，进一步了解国际多式联运的运输组织形式和操作步骤。

【操作步骤】

步骤一 能够熟练掌握国际多式联运业务程序。

步骤二 能够了解国际多式联运的运输组织形式。

【实战演练】

根据以下业务程序的描述,将下列序号按照先后顺序进行排列。

A. 多式联运经营人签发提箱单,连同设备交接单一并交给托运人。托运人到指定的集装箱堆场或集装箱站提取空箱。双方代表在设备交接单上签字,办理交接手续。

B. 发货人投保运输险,多式联运经营人投保货物责任险,集装箱所有人投保集装箱险。

C. 货物到达目的地后,一般放在保税仓库的集装箱堆场或货运站,由当地代理通知收货人提货,收货人或其代理人需凭多式联运提单换取提货单,凭提货单到进口国海关办理进口结关手续。

D. 在中转站不同运输方式间的中转,是由多式联运经营人分支机构或其代理组织,也可由各区段的实际承运人代为办理。如果货物在目的港交付,则在目的港海关报关,若在进口国内地交付,则在口岸办理在海关监管下的保税运输手续,即转关。

E. 多式联运经营人根据发货人提交的托运单或场站收据和自己的运输路线决定是否接受托运。如能接受,则在托运单或场站收据上签章,以表明"承诺",并填写运输工具名称、提单号等。

F. 凡列入商检机构《进出口商品种类表》和合同规定必须由商检机构出证的商品,必须报检。如联运从港口开始,则在港口报关;若联运从内陆地区开始,则在货物所在地报关,到口岸后检验。

G. 多式联运经营人接收货物后,交第一程运输的承运人,此实际承运人接受装箱货物后,向多式联运经营人签发本区段运输提/运单。若第一承运人代为中转,则多式联运经营人应通知第二区段承运人,准备接运货物。

H. 如果全程运输中发生了货物灭失或损坏,要进行相应的追偿处理。

I. 发货人或其代理人提取空箱,在发货人工厂或仓库自行装箱,或在发货人代理人的集装箱货运站装箱,或多式联运经营人或其代理人在货运站装箱。

J. 多式联运经营人或其代理人接收货物后,在场站收据上签章,发货人凭此到多式联运经营人处或其分支机构,或其代理人处换取多式联运全程运输单据。发货人凭多式联运提单、保险单和发票等信用证要求的有关单据到银行结汇。

程序1 ____;程序2 ____;程序3 ____;程序4 ____;程序5 ____;

程序6 ____;程序7 ____;程序8 ____;程序9 ____;程序10 ____。

任务评价

被考评人			考评任务:组织国际多式联运			
考评步骤	考评内容及分值		自我评价（30%）	小组评价（40%）	教师评价（30%）	合计得分（100%）
步骤一	掌握国际多式联运业务程序 70分					
步骤二	了解国际多式联运的运输组织形式 30分					
综合评定						
考评标准	资料准备	知识掌握	语言表达	团队合作	沟通能力	合计得分
分值	20分	30分	20分	15分	15分	
注:任务总评得分＝考评步骤(70%)＋综合评定(30%)				任务总评得分		

任务三　国际多式联运责任划分

任务导入

星星公司将装载服装的6个集装箱委托顺达货运公司，由中国长沙通过铁路托运到中国香港后，委托远程航运公司装船，运往美国西雅图港，集装箱在西雅图港卸船后再通过铁路运抵交货地美国底特律。星星服装公司的这批服装由顺达货运公司出具全程货运提单，提单记载:“装船港中国香港，卸船港美国西雅图，交货地美国底特律。”提单同时记载了“由货主计数及装载”的批注。在西雅图港卸船时，6个集装箱中有3个集装箱的外表有较严重的破损，顺达货运公司在西雅图港的代理与船方代理对此破损进行了记录，双方在破损记录上共同签字。6个集装箱在运达底特律后，收货人开箱时发现，外表有破损的3个集装箱内的服装已经严重受损，共计1 200千克。收货人根据提单上“由货主计数及装载”的批注，向货主星星公司提出赔偿请求。但货主拒赔，理由是服装在出运后，顺达货运公司签发的是清洁提单，这证明货主交给承运人的货物是完好的，并且装箱单上也没有对服装在装箱时的状况进行任何批注。于是收货人向顺达货运公司提出赔偿请求。作为联运经营人的顺达公司是否应该负责赔偿呢?

一、多式联运经营人的责任形式

多式联运的发展改变了传统的货物交接界限,也从根本上改变了多式联运经营人的承运责任范围。《中华人民共和国民法典》第838条、第839条规定:“多式联运经营人负责履行或者组织履行多式联运合同,对全程运输享有承运人的权利,承担承运人的义务”“多式联运经营人可以与参加多式联运的各区段承运人就多式联运合同的各区段运输约定相互之间的责任;但是,该约定不影响多式联运经营人对全程运输承担的义务”。

原有的有关承运人的责任形式已不能满足发展要求,新的多式联运经营人的责任形式不断形成。

(一)统一责任制

统一责任制(Uniform Liability System)又称同一责任制,就是多式联运经营人对货主负有不分区段的统一原则责任,也就是说经营人在整个运输中都使用同一责任向货主负责。即经营人对全程运输中货物的灭失、损坏或延期交付负全部责任,无论事故责任是明显的还是隐蔽的,是发生在海运段,还是发生在内陆运输段,均按统一原则由多式联运经营人统一按约定的限额进行赔偿。但如果多式联运经营人已尽了最大努力仍无法避免的或确实证明是货主的故意行为、过失等原因所造成的灭失损坏,经营人则可免责。

统一责任制是一种科学、合理、手续简化的责任制度。但这种责任制对联运经营人来说责任负担较重,目前在世界范围内采用得还不够广泛。

(二)经修正后的统一责任制

经修正后的统一责任制,是指多式联运经营人在全程运输中对货损事故按统一赔偿标准负责向货主赔偿,但同时又规定,如果该统一赔偿标准低于实际货运事故发生区段的适用法律法规所规定的赔偿标准时,就按该区段高于统一赔偿标准的标准,由多式联运经营人负责向货主赔偿。

(三)网状责任制

网状责任制(Net Work Liability System)是将多式联运经营人对货主承担的全部责任局限在各个运输部门规定的责任范围内,也就是由经营人对全程运输负责,而对货物的损害赔偿与统一责任制不同,它是按造成该货损的实际运输区段的责任限制予以赔偿,在各运输分段中作为依据的法律规范主要有:

(1)公路运输,根据《国际公路货物运输合同公约》(简称CMR)或国内法。

(2)铁路运输,根据《国际铁路货物运输公约》(简称CIR)或国内法。

(3)海上运输,根据《海牙规则》、国际公约或国内法。

(4)航空运输,根据《统一国际航空运输某些规则的公约》(简称华沙公约)或国内法。

网状责任制是介于全程运输负责制和分段负责制这两种负责制之间的一种责任制，故又称混合责任制。也就是说该责任制在责任范围方面与统一责任制相同，而在赔偿限额方面则与区段运输形式下的分段负责制相同。

(四)经修正的网状责任制

经修正的网状责任制是指在网状责任制的基础上规定，如果货物的灭失、损坏发生的区段不能确定，则多式联运经营人按照合同规定的某一标准来确定赔偿责任和责任限制。1975 年修改的《联合运输单证统一规则》(简称 1975 年规则)和 1992 年制定的《多式联运单证统一规则》(简称 1992 年规则)采纳了该责任制，我国《海商法》和《合同法》也采用了这种责任制。

二、多式联运经营人责任制的区别

(一)责任范围不同

统一责任制不分区段，采用一个原则赔偿；分段责任制是按分段内的不同国际公约(海牙规则、航空公约、公路运输公约等)或强制的国家法律规定承担的责任。

(二)赔偿限额不同

统一责任制不分区段，采用一个标准赔偿；分段责任制是按分段内的不同国际公约(海牙规则、航空公约、陆运公约等)或强制的国家法律规定赔偿标准进行赔偿。

相对于统一责任制而言，网状责任制减轻了多式联运经营人的风险责任，对保护刚刚起步的我国多式联运经营人的积极性，保证我国多式联运业务顺利、健康的发展具有积极意义。

但是从国际多式联运发展来考虑，网状责任制并不理想，容易在责任轻重、赔偿限额高低等方面产生分歧。因此，随着我国国际多式联运的不断发展与完善，统一责任制将更为符合多式联运的要求。

(三)责任期限不同

责任期限是指多式联运经营人对货物负责的时间或期限。自《海牙规则》制定以来，承运的责任期限随着运输的变化也在不断变化。《海牙规则》对承运人关于货物的责任期限规定为“自货物装上船舶时起至卸下船舶时止”的一段时间，也就是说货物的灭失、损害发生在该期间，才适用《海牙规则》。《汉堡规则》则延长了承运人的这一期限，规定承运人对货物负责的期间包括在装船港、运输途中和卸船港由承运人掌管的整个期间，也就是说，从接管货物时起至交付货物时止。《汉堡规则》的这一规定突破了《海牙规则》对承运人的最低责任期限，向货物装卸前后两个方面发展，在一定程度上加重了承运人的责任。

《多式联运公约》根据集装箱运输时，货物在货主仓库、工厂以及集装箱货运站、码头堆场进行交接的特点，仿照《汉堡规则》，对多式联运经营人规定的责任期间是“多式联运经营人对于货物的责任期间，自其接管货物之时起至交付货物时止”。

● 议一议:依照《多式联运公约》条款的规定,多式联运经营人接管货物有两种形式,交付货物有三种形式。你知道有哪些形式吗?

三、多式联运经营人赔偿责任限制

(一)赔偿责任限制基础

目前,各单一运输公约对承运人赔偿责任限制基础的规定不一样,但大致可分为过失责任制和严格责任制两种。

1.《多式联运公约》对多式联运经营人规定的赔偿责任基础

(1)多式联运经营人对于货物的灭失、损害或延迟交货所引起的损失,如果该损失发生在货物由多式联运经营人掌管期间,则应负赔偿责任。除非多式联运经营人能证明其本人、受雇人、代理人,或其他有关人为避免事故的发生及其后果已采取了一切能符合要求的措施。

(2)如果货物未在议定的时间内交货,或者如无此种协议,未在按照具体情况对多式联运经营人提出的合理要求的时间内交付,即构成延迟交货。

(3)如果货物未在按照相应条款确定的交货日期届满后连续90日内交付,索赔人即可认为这批货物业已灭失。

从上述规定中可以看出,《多式联运公约》对多式联运经营人所规定的赔偿责任基础仿照了《汉堡规则》。

《多式联运公约》采用的是完全过失责任制,即除对由于多式联运经营人本人所引起的损害负责赔偿外,对于其受雇人或代理人的过失也负有赔偿责任。

在国际货物运输中,一般的国际货物公约对延迟交货责任有明确的规定,只是有的规定明确,有的则相反。如海上货物运输,由于影响运输的原因较多,很难确定在什么情况下构成延迟交货,因此,《海牙规则》中对延迟交货未做任何规定。相比之下,《多式联运公约》的规定是明确的。

《多式联运公约》对在延迟交货下,多式联运经营人的赔偿责任规定有两种情况:(1)未能在明确规定的时间内交货;(2)未能在合理时间内交货。

在运输实务中,延迟交货情况一旦发生,收货人通常会采取两种处理方法:

(1)接收货物,再提出由于延迟交货而引起的损失赔偿;

(2)拒收货物,并提出全部赔偿要求。

2.《中华人民共和国民法典》对多式联运经营人规定的赔偿责任基础

(1)多式联运经营人收到托运人交付的货物时,应当签发多式联运单据。按照托运人的要求,多式联运单据可以是可转让单据,也可以是不可转让单据。

(2)因托运人托运货物时的过错造成多式联运经营人损失的,即使托运人已经转让多式联运单据,托运人仍然应当承担赔偿责任。

(3)货物的毁损、灭失发生于多式联运的某一运输区段的,对于多式联运经营人的赔偿责任和责任限额，适用调整该区段运输方式的有关法律规定；货物毁损、灭失发生的运输区段不能确定的，依照《民法典》第十九章的规定承担赔偿责任。

（二）赔偿责任限制额度

赔偿责任限制系指多式联运经营人对每一件或每一货损单位负责赔偿的最高限额。《海牙规则》对每一件或每一货损单位的赔偿最高限额为 100 英镑；《维斯比规则》则为 10 000 金法郎，或毛重每千克 30 金法郎，两者以较高者计。此外，《维斯比规则》对集装箱、托盘或类似的装运工具在集装运输时也做了规定。如在提单上载明这种运输工具中的件数或单位数，则按载明的件数或单位数负责赔偿。《汉堡规则》规定每一件或每一货损单位为 835 个特别提款权（国际货币基金组织规定的记账单位，全称 Special Drawing Rights，简称 SDR），或按毛重每千克 2.5 个特别提款权，两者以较高者为主。《汉堡规则》对货物用集装箱、托盘或类似的其他载运工具在集装时所造成的损害赔偿也做了与《维斯比规则》相似的规定。对于延迟交货的责任限制，《汉堡规则》规定相当于该延迟交付货物应付运费的 2.5 倍，但不超过运输合同中规定的应付运费的总额。关于货物延迟交付的赔偿限额，各国际公约均有不同的规定，如表 7－3 所示。

表 7－3　各国际公约关于货物延迟交付的赔偿责任限额的规定

公约	赔偿责任限额	赔偿责任总额
多式联运公约	应付运费的 2.5 倍（40%以下）	不超过合同应付运费总额
华沙公约	无限额规定	无限额规定
海牙规则	无限额规定	无限额规定
汉堡规则	应付运费的 2.5 倍	不超过合同应付运费总额
CIR（铁路）	应付运费的 2 倍	无限额规定
CMR（公路）	延误货物运费总额	无限额规定

已通过的《多式联运公约》规定，货物的灭失、损害赔偿责任按每一件或每一货损单位计，不得超过 920 个特别提款权，或毛重每千克 2.75 个特别提款权，两者以较高者计。如果货物系用集装箱、托盘，或类似的装运工具运输，赔偿额则按多式联运单证中已载明的该种装运工具中的件数或包数计算，否则，这种装运工具的货物应视为一个货运单位。如表 7－4 所示。

表 7—4　　国际货物运输公约有关赔偿责任限额的规定

公约名称	每一件或每一单位		每千克毛重(千克)		备 注
	责任限额 SDR	多式联运公约所占比例(%)	责任限额 SDR	多式联运公约所占比例(%)	
多式联运公约	920		2.75		包括海运或内河运输
海牙规则	161	570			
维斯比规则	680	135	2.04	135.0	
汉堡规则	835	110	2.50	110.0	
CMR(公路)			8.33	33.0	
CIR(铁路)			16.67	16.5	
华沙公约(空运)			17.00	16.0	
多式联运公约			8.33		不包括海运或内河运输
CMR(公路)			8.33	100.0	
CIR(铁路)			16.67	49.9	
华沙公约(空运)			17.00	49.0	

有关延迟交货的赔偿是建立在运费的基数上的,与运费基数成正比。多式联运的运费基数是由各种货物、各运输区段的运费作为总的赔偿基数,表示为:

$$X=a+b+c$$

式中,X 为运费总数,a、b、c 为各段的运费。

从表 7—4 中可以看出,多式联运中不论是否包括海运或内河运输,多式联运经营人赔偿责任限额均比《海牙规则》高出 5 倍以上,比《维斯比规则》高出 35%,与铁路、公路、华沙货运公约相比较,多式联运经营人的赔偿责任限额显得较低,只有公路承运人赔偿限额的 1/3、航运承运人的 1/6。

(三)赔偿责任限制权力的丧失

为了防止多式联运经营人利用赔偿责任限制的规定,对货物的安全掉以轻心,致使货物所有人遭受不必要的损失,从而影响国际贸易与国际运输业的发展,《多式联运公约》明确规定在下列情况下,多式联运经营人将丧失赔偿责任限制。

(1)如经证明货物的灭失、损害,或延迟交货是由于多式联运经营人有意造成,或明知有可能造成而又毫不在意的行为或不作为所引起,多式联运经营人则无权享受赔偿责任限制的权益。

(2)如经证明货物的灭失、损害,或延迟交货是由于多式联运经营人的受雇人或代理人或为履行多式联运合同而使用其服务的其他人有意造成,或明知可能造成而又毫不在意的行为或不行为所引起,则该受雇人、代理人或其他人无权享受有关赔偿责任限制的规定。

但在实际业务中，作为明智的多式联运经营人，在有赔偿责任限制的保护下，故意造成货物灭失、损害而失去责任限制，这是不现实的。所谓毫不在意的行为或不作为，即多式联运经营人已经意识到这种做法有可能引起损失，但他仍然采取了不当的措施，或没有及时采取任何措施，即为明知而又毫不在意。

（四）发货人的赔偿责任

在多式联运过程中，如果多式联运经营人所遭受的损失是由于发货人的过失或疏忽，或者是由于他的受雇人或代理人在其受雇范围内行事时的疏忽或过失所造成，则发货人对这种损失应负赔偿责任。

发货人在将货物交给多式联运经营人时应保证：

(1)所申述的货物内容准确、完整；

(2)集装箱铅封牢固，能适合多种方式运输；

(3)标志、标签准确、完整；

(4)如系危险货物，说明其特性和应采取的预防措施；

(5)自行负责由于装箱不当、积载不妥引起的损失；

(6)对由于自己或其雇员、代理人的过失对第三者造成的生命、财产损失负责；

(7)在货运单证上订有“货物检查权”的情况下，海关和承运人对集装箱内的货物有权进行检查，其损失和费用由发货人自行负责。

四、索赔与诉讼

在国际货运公约中，一般规定了货物的索赔与诉讼条款。如《海牙规则》和各国船公司对普通货运提单的索赔与诉讼规定为，收货人应在收到货物 3 天之内，将有关货物的灭失、损害情况以书面的形式通知被索赔人，如货物的状况在交货时已由双方证明，则不需要书面的索赔通知。收货人提出的诉讼时间是从货物交付之日或应交付之日起 1 年内，否则，承运人将在任何情况下都免除对货物灭失或损害所负的一切责任。不同国际公约关于承运人责任、诉讼时效等方面的规定如表 7—5 所示。

一般的国际货运公约对货损提出的诉讼时效通常为 1 年，但自《汉堡规则》制定以后，诉讼时效有所延长。由于集装箱运输的特殊性，有的集装箱提单规定在 3 天或 7 天内书面通知承运人以说明有关货损的情况。至于诉讼时效，有的集装箱提单规定为 1 年，有的规定为 9 个月，如属全损，有的集装箱提单仅规定为 2 个月。

表 7—5　　各国际公约关于承运人责任、诉讼时效等方面的规定

公约或法律名称	责任限额			责任期间	责任基础	诉讼时效
	计算货币单位	每一件或每一单位	每千克毛重			
海牙规则	英镑	100		船/船	不完全过失责任制	1 年

续表

公约或法律名称		责任限额			责任期间	责任基础	诉讼时效
		计算货币单位	每一件或每一单位	每千克毛重			
维斯比规则		金法郎	1 000	30	船/船	不完全过失责任制	1 年,3 月追偿期
		SDR	666.67	2			
汉堡规则		SDR	835	2.5	港/港	完全过失责任制	2 年,3 月追偿期
		金法郎	12 500	37.5			
我国海商法		SDR	666.67	2	非集装箱货:船/船 集装箱货:港/港	不完全过失责任制	1 年,3 月追偿期
华沙公约		金法郎		250	机场/机场	不完全过失责任制	2 年
蒙特利尔议定书		SDR		17	机场/机场	完全过失责任制	2 年
		金法郎		250			
我国民航法				SDR	机场/机场	双重责任制	2 年
多式联运公约	包含水运	SDR	920	2.75	收货/交货	完全过失责任制	2 年,3 月追偿期
		金法郎	13 750	41.25			
	不含水运	SDR		8.33			
		金法郎		124			
CIR(铁路)		金法郎		50	车站/车站	严格责任制	1 年,故意或严重过失为 2 年
		折算 SDR		16.66			
CMR(公路)		金法郎		25	车站/车站	严格责任制	1 年,故意或严重过失为 3 年
		折算 SDR		8.33			

《多式联运公约》规定货物受损人在收到货物 2 年之内没有提起诉讼或交付仲裁,即失去时效。如果货物在交付之日后 6 个月内,或在货物未交付后 6 个月之内没有提出书面通知,说明索赔性质和主要事项,则在期满后失去诉讼时效。表 7—6 为不同国际公约和国内法律关于货物损失的通知时限。但要使一个索赔案成立,作为提出索赔的人必须具备的条件如下:

(1)提出索赔的人具有正当的索赔权;

(2)货物的灭失、损害具有赔偿事实;

(3)被索赔人负有实际赔偿责任;

(4)货物的灭失、损害系在多式联运经营人掌管期间;

(5)索赔、诉讼的提出在规定的有效期内。

表 7—6　　有关国际公约或国内法律所规定的货物损失通知时限

公约名称	灭失或损坏显而易见	灭失或损坏非显而易见	延迟交付
海牙规则和维斯比规则	交付前或交付时	3 个连续日	未规定
汉堡规则	1 个工作日	15 个连续日	60 日
中国海商法	交付时	非集装箱货，7 个连续日 集装箱货，15 个连续日	60 日
中国铁路货物运输规程（简称货规）	交付时		未规定
华沙公约与民用航空法	应当于发现时提出，最迟不超过 14 日，货物无法交付时自货运单填开之日起 120 天内提出		21 日
CMR（公路）	交付前或交付时	7 日	21 日
CIR（铁路）	在接收货物 7 日内要求检验，如终止日为星期天或法定节假日，该期限应顺延至下个工作日		60 日
国际铁路货物联运协定（简称国际货协）	未规定		
多式联运公约	1 个工作日	6 个连续日	16 日
联合运输单证统一规则（简称 1975 年规则）	交付前或交付时	7 个连续日	未规定

任务实施

【关键技能】

√ 掌握和区分国际多式联运经营人的责任形式。

√ 了解国际多式联运经营人的责任期限。

√ 掌握并运用国际多式联运经营人的赔偿责任限制。

【训练准备】

学生分组，每组 4—5 人，每组成员根据所学知识，讨论和分析任务导入中的案例，在不同的责任形式下，经营人与分段承运人分别需要承担什么责任。

【操作步骤】

步骤一　正确区分国际多式联运经营人的责任形式。在“任务导入”案例中，多式联运经营人顺达公司须对全程承担责任，而区段分运人远程航运公司须对本区段负责。但运输合同采用网状责任制与统一责任制的理赔结果又不同，网状责任制是多式联运经营人对整体负责，但可以使用各区段的责任限制；而统一责任制则是多式联运经营人对整体负责，但不可以使用各区段的责任限制。

步骤二　破损的集装箱可以按海运区段的相关法规要求进行赔偿。外表有破损的 3 个集装箱内的服装，共计 1 200 千克。根据不同的国际货物运输公约的规定，确定多式联运经营人相应的赔偿责任限额，填入表 7—7 中。

表 7—7 案例中多式联运经营人赔偿责任限额

公约名称	每一件或每一单位责任限额(SDR)	每千克毛重责任限额(SDR)	本案赔偿限额(SDR)	备注
多式联运公约	920	2.75		包括海运或内河运输
汉堡规则	835	2.50		
CMR(公路)		8.33		
CIR(铁路)		16.66		
华沙公约(空运)		17.00		

任务评价

被考评人		考评任务:国际多式联运责任划分				
考评步骤	考评内容及分值		自我评价(30%)	小组评价(40%)	教师评价(30%)	合计得分(100%)
步骤一	掌握和区分国际多式联运经营人的责任形式(30分)					
步骤二	经营人的赔偿责任限额计算(70分)					
综合评定						
考评标准	资料准备	知识掌握	语言表达	团队合作	沟通能力	合计得分
分值	20分	30分	20分	15分	15分	
注:任务总评得分=考评步骤(70%)+综合评定(30%)				任务总评得分		

综合实训项目

【项目说明】国际多式联运合同纠纷

2021年,原告堆正公司作为货主,与被告商船会社签订以“轮船加汽车”作为运输方式的多式联运合同,要求商船会社将一批货物运往墨西哥。双方约定在中国宁波港装货,在墨西哥曼萨尼约卸货,在墨西哥城交货。交货期为2021年9月3日。商船会社作为多式联运经营人如期将货物运送到曼萨尼约,但货物在从曼萨尼约运送到交货地墨西哥城的途中被持械劫走。堆正公司遂以自己无法按时取货、利益受到损失为由向宁波海事法院提起诉讼,要求多式联运经营人商船会社进行赔偿。最后宁波海事法院依据墨西哥合众国《道路、桥梁和联邦汽车运输法》做出了判决。

【项目要求】

1. 分析案例中各个当事人分别是多式联运中的什么角色。
2. 案例中经营人的责任形式是哪种责任制度?
3. 分析此案例分别适用哪些赔偿条款,为什么?

同步检测

一、单项选择题

1. 多式联运经营人对货物承担的责任期限是(　　)。

A. 自己运输区段　　B. 全程运输

C. 实际承运人运输区段　　D. 第三方运输区段

2.(　　)是指多式联运经营人尽管对全程运输负责,但对货运事故的赔偿原则仍按不同运输区段所适用的法律规定,当无法确定货运事故发生区段时,则按双方约定原则进行赔偿。

A. 统一责任制　　B. 统一修正责任制

C. 网状责任制　　D. 责任分担制

3. 根据《联合国国际货物多式联运公约》,多式联运经营人对每件货物的赔偿限额为(　　)。

A. 900SDR　　B. 910SDR　　C. 920SDR　　D. 930SDR

4. 根据《联合国国际货物多式联运公约》的规定,多式联运经营人对延迟交付货物,同时伴随货物的灭失或损坏时的赔偿责任限额为(　　)。

A. 延迟交付货物应付运费的 2.5 倍

B. 延迟交付货物应付运费的 2 倍

C. 应付运费的 2.5 倍和责任限额的总和

D. 延迟交付货物应付运费的 2.5 倍且不得超过整个合同运费额

5. 根据《联合国国际货物多式联运公约》的规定,有关国际多式联运的任何诉讼,如果收货人在多式联运经营人交付货物之日起(　　)内没有提起诉讼,则失去诉讼时效。

A. 6 个月　　B. 1 年　　C. 18 个月　　D. 2 年

二、判断题

1. 非集装箱化的货物不能进行国际多式联运。(　　)

2. 在统一责任制下,多式联运经营人按损失发生区段适用的法律确定责任及赔偿数额。(　　)

3. 多式联运在全程运输中要使用两种或两种以上运输方式,但不一定要连续运输。(　　)

4. 如果全程运输中发生了货物灭失、损害和运输延误,如不能确定损害发生的区段,则

发(收)货人不可向多式联运经营人提出索赔。(　　)

三、简答题

1. 多式联运的含义是什么?
2. 多式联运有哪些特征和优越性?
3. 简述多式联运经营人的性质。
4. 比较与说明多式联运的不同责任制度的特点。

四、案例分析

2022年6月5日,A货主与B货代公司签订一份关于货物全程运输的协议,约定由B货代公司承运A货主的货物,包括从A货主所在地通过汽车运输至新加坡的海上船舶,A货主一次性支付全程运费。该协议并无关于运输烟花等危险品的约定,且B货代公司的经营范围仅为普通货物运输服务。在A货主处装车时,B货代公司发现所运货物为16 000箱烟花并表示拒绝运输,但A货主坚持要B货代公司承运,B货代公司遂承担了运输任务。在汽车运输过程中,由于司机违章抢道行驶与火车相撞,导致货物发生爆炸而全损。A、B双方当事人就有关责任和赔偿发生纠纷并诉至法院。根据案例请分析并回答:

(1)本案是否属于国际多式联运合同纠纷?为什么?

(2)A货主对此是否有责任?为什么?

(3)B货代公司是否有责任?为什么?

项目八

特殊货物运输业务与运作

知识目标

1. 了解危险货物运输许可相关规定；
2. 了解超限货物的分级标准和特点；
3. 掌握危险货物、超限货物运输作业流程；
4. 掌握常见货物冷链运输要求、冷链运输操作规程及管理要求；
5. 掌握贵重货物运输作业流程及注意事项。

能力目标

1. 能够正确识别出危险货物的种类；
2. 能够快速识读危险货物安全标签；
3. 能够组织危险货物运输工作；
4. 能够判断超限货物的级别；
5. 能够完成超限货物、贵重货物运输作业各个环节的工作。

思政目标

党的二十大报告中强调：推进国家安全体系和能力现代化，坚决维护国家安全和社会稳定，提高公共安全治理水平，坚持安全第一、预防为主。特殊货物安全运输，直接影响交通系统的通畅、社会环境的安全,在学习中培养学生严格执行国家相关法律法规和条款,精心设计运输过程,认真审核和管理,培养严谨的工作作风。

任务一 办理危险货物运输

任务导入

李运和王通等人本月开始轮转到顺达货运公司公路货运部进行岗位实习,部门主管要求他们尽快熟悉公司特殊货物运输作业的相关业务。接下来的一段时间里,他们积极查询资料,虚心向同事学习和观察,认真总结在办理危险货物运输业务时的注意事项,熟悉各个岗位的主要工作内容和职责。一天,公司将一单危险货物运输任务交给公路货运部负责,并要求李运和王通跟进任务并做好记录。

具体任务:东东石油化工有限责任公司委托顺达货运公司托运 14 吨柴油,从山东滨州运往上海,收货人为耀发机械制造有限公司,客户要求在 10 天内将货物送到。

任务分析

对于李运和王通来说,完成这单危险货物的安全运输任务,首先要掌握危险货物的分类、特性、运输许可以及相关规定。

一、危险货物的含义

具有爆炸、易燃、毒害、腐蚀、放射性等危险性质,在运输、储存、生产、经营、使用和处置中,容易造成人身伤亡、财产毁损和环境污染而需要特别防护的物质和物品,称为危险货物。其定义中包含了以下三项要素,三项缺一,不能成为危险货物。

一是具有爆炸、易燃、毒害、腐蚀、放射性等危险性质。这是危险化学品本身所具有的物理、化学性质所决定的,是危险货物能造成火灾、灼伤、中毒、辐射伤害与污染等事故的先决条件。

二是能引起人身伤亡、财产损毁和环境污染。这是指危险货物在一定外界因素作用下,如受热、明火、摩擦、振动、撞击、洒落及与性质相抵触物品接触等,发生化学变化所产生的危险效应,不仅使货物本身受损,而且危及人身安全和破坏、污染周围环境。

三是在运输、储存、生产、经营、使用和处置中需要特别防护。如对某种爆炸品必须添加抑制剂,对有机过氧化物必须控制环境温度等。大多数危险货物的配载都有所忌的物品。

危险货物运输在货物运输中占有重要比例。据统计,2016 年我国危险货物运输总量约为 16 亿吨,占全年货物运输总量的 4%,居全球第二位。近年来,随着危险货物运输总量和运输频率的剧增，其引发的安全事故也愈加频繁，特别是“桑吉”轮事故发生后，有关危险货物的相关知识越来越受到人们的重视，危险货物相关知识主要来源于国际公约、国内法规、规章及一些技术标准。国际公约方面主要有由国际海事组织颁布的《国际海运危险货物规则》(International Maritime Dangerous Goods Code，IMDG Code)、《联合国关于危险货物运输的建议书》(UN Recommendations on the Transport of Dangerous Goods，UN RTDG)等，另外其他国际组织或大型企业也在危险货物方面制定了很多规范。国内方面主要有《危险化学品安全管理条例》等行政法规以及《道路危险货物运输管理规定》《船舶载运危险货物安全监督管理规定》等各部门规章。另外，还有一些技术标准也是重要的危险货物知识来源，包括《化学品安全技术说明书》(Material Safety Date Sheet，MSDS)、《危险货物品名表》等。危险货物知识来源如图 8—1 所示。

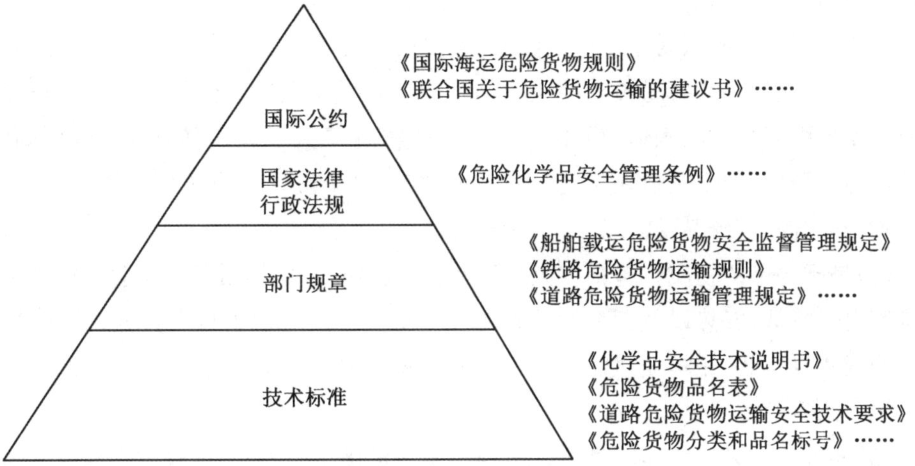

图 8—1　危险货物知识来源

● **想一想：在运输过程中为防止精密仪器震动破损，需要进行特别防护，精密仪器是否属于危险货物？**

二、危险货物的分类

目前海上运输危险货物已接近 3 000 种，根据《危险货物分类和品名编号》(GB 6944—2012)，将危险货物按照货物具有的危险性或最主要的危险性分为 9 个类别，分别是：

二维码 8.1 爆炸品类别

第 1 类：爆炸品

爆炸品系指受到高热、摩擦、撞击、震动或其他外界作用，能迅速发生剧烈化学反应，瞬间产生大量气体和热量，形成巨大的压力而发生爆炸，对周围环境造成破坏的物品。

第2类:气体

本类危险品是指压缩、液化、加压溶解的气体,具有易燃、易爆、有毒、窒息等危险特性,符合下述两种情况之一的物质:(1)在50℃时,蒸气压大于300千帕的物质;(2)20℃时在101.3千帕标准压力下完全是气态的物质。

二维码8.2 危险气体分类

第3类:易燃液体

在闭杯试验61℃(相当于开杯试验65.6℃)以下时放出易燃蒸气的液体或液体混合物,或含有处于溶液中呈悬浮状态固体的液体(如油漆、清漆等)。

易燃液体具有较强的挥发性,在常温下挥发,形成蒸气压,如遇明火,极易燃烧。易燃液体与强酸或氧化剂接触,反应剧烈,能引起燃烧和爆炸。且易燃液体的蒸气,大多有麻醉作用,如长时间吸入乙醚蒸气,会引起麻醉,失去知觉。深度麻醉或长时间麻醉,可能导致人死亡。

第4类:易燃固体、易于自燃的物质、遇水放出易燃气体的物质

(1)易燃固体。具有易被外部火源(如火星和火焰)点燃的固体和易于燃烧、助燃或通过摩擦引起燃烧的固体以及能自发反应的物质,包括浸湿的爆炸品。易燃固体燃点低,对热、摩擦、撞击及强氧化剂作用较为敏感,易于被外部火源所点燃,燃烧迅速。如红磷、硝化沥青、硫磺、镁、萘、安全火柴等。

(2)易于自燃的物质。包括发火物质和自热物质,本类物质无论是固体还是液体,都具有自燃点低、发热以及着火的共同特征。易于自燃的物质自燃点低,受外界热源的影响或本身发热,化学变化热量积聚而使其温度升高引起燃烧。如黄磷、油布及其制品。

(3)遇水放出易燃气体的物质。本项物质与水接触或受潮,可能放出易燃气体,这种气体与空气混合,能够形成爆炸性混合物。这种混合物极易被引燃,所产生的冲击波和火焰可能对人和环境造成危害。如金属钠、钾、碳化钙(电石)、保险粉等。

第5类:氧化性物质和有机过氧化物

本类危险品具有强氧化性,易引起燃烧、爆炸。

(1)氧化性物质。指易分解并产出氧和热量的物品,其本身不一定可燃,但能导致可燃物的燃烧,与粉末状可燃物能组成爆炸性混合物,对热、震动或摩擦较敏感。碱金属或碱土金属的盐类,性质极不稳定,如过氧化钠、过氧化钾等;性质较稳定的如硝酸钾、亚硝酸钠、铬酸等。

(2)有机过氧化物。指分子组成中含有过氧基的有机物质,属热不稳定物质(需加入一定的稳定剂方能运输),可能发生放热自加速分解(必须控温运输),可能发生爆炸性分解、迅速燃烧,对碰撞或摩擦敏感,与其他物质起危险反应,损害眼睛。

第6类:毒性物质和感染性物质

(1)毒性物质。在吞食、吸入或与皮肤接触后可能损害人类健康、造成严重损伤甚

至死亡，可分为剧毒品和有毒品。

(2)感染性物质。含有病原体的物质，包括生物制品、诊断样品、基因突变的微生物、生物体和其他媒介，如病毒蛋白等。

第7类：放射性物质

此类物质能自发地、不断地放出α、β、γ射线或中子流，具有不同的穿透能力，过量的射线照射对人体细胞有杀伤作用，有些放射性物质还具有易燃、易爆、腐蚀和毒害等危险性。

第8类：腐蚀性物质

腐蚀性物质是指通过化学作用使生物组织接触时造成严重损伤或在渗漏时会严重损害甚至毁坏其他货物或运载工具的物质。本类包括满足下列条件之一的物质：(1)使完好皮肤组织在暴露超过60分钟、但不超过4小时之后开始的最多14天观察期内全厚度毁损的物质；(2)被判定不引起完好皮肤组织全厚度毁损，但在55℃试验温度下，对钢或铝的表面腐蚀率超过6.25毫米/年(即每年金属被腐蚀的毫米深度)的物质，如硫酸、硝酸、盐酸、烧碱等。

第9类：杂项危险物质和物品

杂项危险物质和物品包括危害环境的物质，是指存在危险但不能满足其他类别定义的物质和物品。包括危害环境的物质、高温物质(如运输或要求运输的物质液态温度达到或超过100℃，或固态温度达到或超过240℃)、经过基因修改的微生物或组织，不属感染性物质，但可以非正常地天然繁殖结果的方式改变动物、植物或微生物物质。

三、道路危险货物运输许可的相关规定

(一)道路危险货物运输许可

申请从事道路危险货物运输经营的企业，应当具备符合要求的专用车辆及设备、停车场地、从业人员和安全管理人员、健全的安全生产管理制度。

(1)专用车辆及设备应符合以下要求：①自有专用车辆(挂车除外)5辆以上，运输剧毒化学品、爆炸品的，自有专用车辆(挂车除外)10辆以上。②专用车辆的技术要求应当符合《道路运输车辆技术管理规定》(2022年修正)有关规定。③配备有效的通信工具。④专用车辆应当安装具有行驶记录功能的卫星定位装置。⑤运输剧毒化学品、爆炸品、用于制成爆炸品的原料或辅料，应当配备罐式、厢式专用车辆或者压力容器等专用容器。⑥罐式专用车辆的罐体应当经质量检验部门检验合格，且罐体载货后总重量与专用车辆核定载重量相匹配。运输爆炸品、强腐蚀性危险货物的罐式专用车辆的罐体容积不得超过20立方米，运输剧毒化学品的罐式专用车辆的罐体容积不得超过10立方米，但符合国家有关标准的罐式集装箱除外。⑦运输剧毒化学品、爆炸品、强腐蚀性危险货物的非罐式专用车辆，核定载质量不得超过10吨，但符合国家有关标准的集装箱运输专用车辆除外。⑧配备与运输的危险货物性质相适应的安全防护、环境

保护和消防设施设备。

(2)停车场地应符合以下要求:①自有或者租借期限为3年以上,且与经营范围、规模相适应的停车场地,停车场地应当位于企业注册地市级行政区域内。②运输剧毒化学品、爆炸品专用车辆以及罐式专用车辆,数量为20辆(含)以下的,停车场地面积不低于车辆正投影面积的1.5倍,数量为20辆以上的,超过部分,每辆车的停车场地面积不低于车辆正投影面积;运输其他危险货物的,专用车辆数量为10辆(含)以下的,停车场地面积不低于车辆正投影面积的1.5倍;数量为10辆以上的,超过部分,每辆车的停车场地面积不低于车辆正投影面积。③停车场地应当封闭并设立明显标志,不得妨碍居民生活和威胁公共安全。

(3)从业人员和安全管理人员应符合以下要求:①专用车辆的驾驶人员取得相应机动车驾驶证,年龄不超过60周岁。②从事道路危险货物运输的驾驶人员、装卸管理人员、押运人员应当经所在地设区的市级人民政府交通运输主管部门考试合格,并取得相应的从业资格证;从事剧毒化学品、爆炸品道路运输的驾驶人员、装卸管理人员、押运人员,应当经考试合格,取得注明为"剧毒化学品运输"或者"爆炸品运输"类别的从业资格证。③企业应当配备专职安全管理人员。

(4)健全的安全生产管理制度包括:①企业主要负责人、安全管理部门负责人、专职安全管理人员安全生产责任制度。②从业人员安全生产责任制度。③安全生产监督检查制度。④安全生产教育培训制度。⑤从业人员、专用车辆、设备及停车场地安全管理制度。⑥应急救援预案制度。⑦安全生产作业规程。⑧安全生产考核与奖惩制度。⑨安全事故报告、统计与处理制度。

另外,对于符合《道路危险货物运输管理规定》(2019)条件的企事业单位,可以使用自备专用车辆从事为本单位服务的非经营性道路危险货物运输。

(二)道路危险货物运输经营企业资质凭证

道路危险货物运输的资质凭证是证明道路危险货物运输者、作业者的基本条件符合规定要求,并经过申报批准手续,有资格从事道路危险货物运输、作业的凭证。

申请从事道路危险货物运输经营的企业,应当依法向工商行政管理机关办理有关登记手续后,向所在地设区的市级道路运输管理机构提出申请。设区的市级道路运输管理机构应当按照《中华人民共和国道路运输条例》(2022修订)和《交通行政许可实施程序规定》,以及《道路危险货物运输管理规定》(2019)所明确的程序和时限实施道路危险货物运输行政许可,并进行实地核查。决定准予许可的,道路运输管理机构向道路危险货物运输经营申请人发放《道路运输经营许可证》,向非经营性道路危险货物运输申请人发放《道路危险货物运输许可证》。

从业者持《道路运输经营许可证》或者《道路危险货物运输许可证》,依法向工商行政管理机关办理登记手续。

从事道路危险货物运输的专用车辆应获取《道路运输证》,在《道路运输证》经营范围栏内注明允许运输的危险货物类别、项别或者品名，如果为剧毒化学品，应标注“剧毒”；对从事非经营性道路危险货物运输的车辆，还应当加盖“非经营性危险货物运输专用章”。

(三)道路危险货物运输车辆技术

二维码 8.3 危险货物标志牌

道路危险货物运输车辆标志的功能是为了加强安全警戒和安全避让，在装运危险货物和存放时向人们示警，对保障安全生产具有重要作用。凡装运危险货物的车辆，必须按国家标准《道路运输危险货物车辆标志》(GB13392－2005)，在驾驶室上方悬挂规定的标志灯和标志牌。标志灯灯体正面为等腰三角形状，正、反面中间印有“危险”字样，侧面印有“!”。标志牌形状为菱形，4 个内角均为直角，边长、厚度根据车辆载重量确定。

道路危险货物运输车辆技术性能符合国家标准《机动车安全技术检验项目和方法》(GB38900－2020)的要求，车辆外廓尺寸、轴荷和质量符合国家标准《汽车、挂车及汽车列车外廓尺寸、轴荷及质量限值》(GB1589－2016)的要求，车辆技术等级达到行业标准《道路运输车辆技术等级划分和评定要求》(JT/T 198－2016)的规定。

四、道路危险货物运输作业程序

(一)危险货物的托运

(1)托运人对承运人的承运资质进行检查与核实。

(2)托运人按照《危险货物道路运输规则》(JT/T617)，提交危险货物信息，包括危险货物的类别、项别、品名、编号，遵守相关特殊规定要求，在外包装设置相应的危险货物标志，确认该货物是否被允许进行道路运输。

(3)需要添加抑制剂或者稳定剂的，托运人应当按照规定添加，并将有关情况告知承运人。

(4)托运人制作并向承运人提交电子或者纸质形式的危险货物道路运输托运清单，载明：托运人的名称和地址、收货人的名称和地址、装货单位名称、实际发货/装货地、实际收货/卸货地、运输企业名称、所托运危险货物的 UN 编号、危险货物正式运输名称、危险货物类别及项别、危险货物品名及编号、危险货物包装类别及规格、危险货物运输数量(体积/质量/件数)、24 小时应急联系电话，必要的危险货物危险特性信息。作为托运清单附录，主要包括操作、装卸、堆码、储存安全注意事项、急救措施、消防措施、泄漏应急处置、次生环境污染处置措施以及特殊应急处理措施等信息。

(5)托运人应将危险货物安全技术说明书(SDS)提供给承运人。

(6)托运剧毒化学品、民用爆炸物品、烟花爆竹或放射性物品时，应向承运人提供公安部门核发的许可或批准文件；托运一级放射性物品时，应向承运人提供国务院核安全监管部门核发的放射性物品运输核与辐射安全报告批准书；托运危险废物(含医疗废物)时，应向承运人提供环境保护主管部门核发的危险废物转移联单。

(二)危险货物的承运

(1)承运人根据托运人托运的危险货物情况,匹配适宜的运输车辆和设备,在派发危险货物道路运输运单、开展运输作业之前,要做好车辆、人员的检查工作,主要包括:车辆卫星定位装置是否正常运行,上次运输任务期间车辆运输轨迹是否正常,车辆道路运输证经营范围是否与承运货物相符,车辆是否按期年审,驾驶员和押运员是否具备有效的危险货物道路运输从业资格证等。

(2)制作危险货物运单。承运人可通过计算机、手机 App 软件等方式,在线或离线填写电子运单信息,在运单派发完成后、出车之前,承运人应将运单上传到行业管理部门,并打印纸质单据或以 App 软件形式随车携带。电子运单需按顺序编号,至少保存 1 年以上。

(3)承运人对驾驶人员和押运人员进行运输安全告知。

(4)驾驶人员和押运人员对专用运输车辆进行外观检查,确认危险标志悬挂情况。

(5)在运输开始前,承运人应告知驾驶员所装载的危险货物的信息,并提供道路危险货物运输安全卡,确保其掌握安全卡的内容并正确操作。

二维码 8.4 道路危险货物运输安全卡

(三)危险货物的装卸

(1)装货人在装载货物前查验:①车辆是否具有有效行驶证和营运证;②驾驶人员、押运人员是否具有有效资质证件;③运输车辆、罐式车辆罐体、可移动罐柜、罐箱是否在检验合格有效期内;④所装载的危险货物是否与危险货物运单载明的事项相一致;⑤所装载的危险货物是否在罐式车辆罐体的适装介质列表范围内。

除非另有规定,危险货物不能与含有食品、药品、动物饲料及其添加剂的货物混装在同一车辆或集装箱中。危险货物包件与普通货物装载在同一辆车或集装箱时,应使用与包件等高的隔离物隔离或者四周至少保持 0.8 米的间隔。

二维码 8.5 危险货物装/卸车安全检查记录表

(2)货物装载时,在车辆或集装箱上,应视情况配备紧固和搬运装置。

(3)装货人确保危险货物交付运输时按照要求安装、悬挂标志。

(4)装货人确保包装容器没有损坏或者泄漏,罐式车辆罐体、可移动罐柜、罐箱的关闭装置处于关闭状态。

(5)危险货物卸载后,若发现有危险货物遗洒,应及时对其进行清洗,方可再次装载。如果不可能在卸载点清洗,应将车辆或集装箱安全运输到最近的合适地点进行清洗。

(6)装货人建立危险货物装货记录表并妥善保存。

二维码 8.6 危险货物运输单样表

(四)危险货物的运输

(1)危险货物道路运输,需随车携带以下单据和证件:道路运输证、危险货物运输单、危险货物道路运输安全卡、危险货物道路运输车组成员从业资格证、其他要求必须携带的证件，如托运特殊货物要求配备的审批文件。

(2)在运输过程中配备必要的押运人员，确保危险货物处于押运人员监管之下，禁止搭乘无关人员，非紧急情况下，车组人员不应打开含危险货物的包件。

(3)运输车辆需悬挂安全标示牌。

(4)危险货物运输车辆在高速公路上行驶速度不得超过每小时 80 公里，在其他道路上行驶速度不得超过每小时 60 公里。运输车辆在高速公路服务区停车时，驾驶人员、押运人员应当采取相应的安全防范措施。

(5)运输民用爆炸物品，烟花爆竹和剧毒、放射性危险物品时，应当按照公安机关批准的路线、时间行驶。熟知限制危险货物运输车辆通行情况：①城市(含县城)重点地区、重点单位、人流密集场所、居民生活区；②饮用水水源保护区、重点景区、自然保护区；③特大桥梁、特长隧道、隧道群、桥隧相连路段及水下公路隧道；④坡长坡陡、临水临崖等通行条件差的山区公路；⑤法律、行政法规规定的其他可以限制通行的情形。

(五)危险货物的交付

(1)危险货物运达卸货地点后，因故不能及时卸货，在待卸期间行车和随车人员应负责看管车辆和所装危险货物，同时承运人应及时与托运人联系、妥善处理。

(2)严格危险货物交接，双方应做到点收点交、签证手续完善。收货人在运单上签收，及时收货，并按照安全操作规程进行卸货作业。

(3)装货时发现包装不良或不符安全要求，承运人应拒绝装运，待改善后再运。

(4)卸货时发生货损货差，收货人不得拒收，并应及时采取安全措施，在运输单证上批注清楚。发生剧毒、爆炸、放射性物品货损、货差时，一般涉及泄漏，可能会发生安全事故，按照《道路危险货物运输管理规定》，应及时向公安部门先报告，但收货人不得拒收货物，除非有明确的不可抗拒原因。

● 议一议　请判断下列危险货物运输作业各个环节的程序是否正确

作业环节	描述	判断
受理托运	对包装、规格和标志是否符合国家规定要求进行检查	
	危险货物托运人有权查验承运人是否具有道路危险货物运输许可证	
	受理前应检查包装等情况，对危险货物外包装上安全标志模糊不清的，可先受理，再要求托运人改善	
	需检查按规定需要的“准运证件”是否齐全	
货物运送	《道路营业运输证》一车一证，携带复印件即可	
	尽量按货物性质和托运人要求安排作业	
	要注意气象预报，掌握雨雪和气温的变化	

续表

作业环节	描述	判断
交接保管	发现包装不合要求时应拒绝装运	
	卸货时发现货损货差,收货人不得拒收	
	承运单位及驾驶、装卸人员和押运人员应明确各自应负的责任	
	严格货物交接,对于危险货物必须点收点交、签证手续完善	

任务实施

【关键技能】

√ 知道危险货物运输的完整作业流程。

√ 掌握危险货物运输的各个环节的作业内容及注意事项。

√ 知道危险货物运输作业各个岗位的职责。

【训练准备】

为模拟完成“任务导入”中14吨柴油的公路运输,请各小组同学完成下列准备工作。

1. 分组。每组6人,具体分工是:托运人1人,承运人(受理、接收与查验货物)1人,装货人1人,驾驶员1人,押运人1人,收货人1人,小组成员根据分工角色,完成对应岗位的主要工作内容。可多次循环训练,保证每个学生在每个岗位都进行训练。

2. 纸质资料准备。基于本次运输的柴油货物运输要求,准备对应的危险货物托运单、危险货物运输单、道路运输危险货物安全卡、危险货物装货记录表、危险货物道路运输经营许可证或者备案证明、危险货物标志。

3. 机械工具准备。模拟危险货物(本次模拟的危险货物为柴油,属于液体)及容器,模拟危险货物运输车、危险货物车辆标牌等。

4. 模拟训练地点。模拟顺达货运公司,模拟运输过程中的交接货地点。

本次模拟训练所需要的纸质资料和机械工具,请各个小组同学协作,共同完成。

【操作步骤】

步骤一 掌握危险货物托运工作的主要内容

东东石油化工有限责任公司的托运工作人员(托运人)核查顺达货运公司是否具备运输危险货物的资质,确定其各项经营、执业资质证书是否在有效期范围内,标注允许运输的危险货物类别、项别或者品名是否涵盖本次需要运输的危险货物柴油。

托运人制作并向顺达货运公司工作人员(承运人)提交纸质的危险货物柴油的道路运输托运单,并在柴油的外包装设置相应的危险货物标志,确认柴油是否被允许进行道路运输。确认是否需要添加抑制剂或者稳定剂,并将有关情况告知承运人(请同学们查询资料,进行判断)。

步骤二 掌握危险货物承运工作的主要内容

顺达公司承运工作人员(承运人)根据托运单的危险货物信息,按照10天从山东滨州运往上海等要求,选择与14吨柴油相匹配的运输车辆和驾驶员、押运员。(注意做好车辆、人员的检查工作)

承运工作人员通过计算机、手机App等方式,先填写电子运单信息,在出车之前,将运单上传到行业管理部门,并打印纸质单据或以App形式派发给驾驶员和押运员,要求随车携带。(模拟训练时,可使用学习平台、交流类的App,模拟上传电子运单的步骤)

承运工作人员对分派的驾驶人员和押运人员进行运输安全告知,提供柴油的运输安全卡,检查车辆外观和危险标志悬挂情况。

步骤三　熟悉在危险货物装卸环节需要完成的主要内容

顺达公司的装货工作人员,在进行柴油装车前对车辆、人员、罐体、运单等信息进行"五必查",无误后进行装车,完成装车后,确保模拟罐体上的关闭装置处于关闭状态,确保运输车辆上已按照要求安装、悬挂危险标志。

装货工作人员在完成装货工作后,建立危险货物装货记录表并妥善保存。

步骤四　了解危险货物在运输途中的注意事项

驾驶员在运输前,检查车辆是否悬挂安全标示牌,进行危险货物道路运输过程中需携带相应的单据和证件。在高速公路服务区停车时,驾驶人员、押运人员应当采取相应的安全防范措施。

步骤五　熟悉危险货物交付环节的工作内容

随车押运人员与耀发机械制造有限公司的收货工作人员取得联系,约定到达时间和收货时间。14吨柴油在规定时间到达指定交货地点后,双方工作人员进行点收点交,及时完成收货和卸货作业。

任务评价

班级:		姓名:		学号:	
项目八　特殊货物运输业务与运作		任务1　办理危险货物运输			
项目评价		评价标准	分值	学生自评	教师评价
考勤(10%)		未出现无故迟到、早退、旷课现象	10		
课前任务准备(10%)		完成课前预习、资料查询等	10		
工作过程(60%)	实操准备	实操资料准备情况	10		
		实操器械准备情况	10		
		小组分工情况	5		
	实操模拟	实操过程模拟情况	25		
	总结道路危险货物运输的注意事项	实操完成,小组总结	10		

续表

任务成果(20%)	工作态度	态度端正,工作认真,对不会的问题能主动提问	5		
	工作完整性	能按时完成任务	5		
	工作规范	能按规范要求完成表格填写	5		
	成果展示	能准确表达、汇报工作成果	5		
合计			100		

综合评价	自我评价(40%)	教师评价(60%)	综合得分

任务二　办理超限货物运输

任务导入

顺达货运公司受某电气公司委托,需要将2台大型变压器设备由长沙运往广州,如图8—2所示。由于该设备检验程序复杂、不可控因素较多,为了能够很好地完成本次运输委托任务,部门主管决定安排李运和王通等人协助完成这项大型设备的运输作业。李运和王通第一次与同事一起制订大件货物运输作业计划,需要掌握哪些与业务相关的专业知识,才能保证高效、安全地完成运输任务呢?

图8—2　大型变压器外形

基本参数——

名称:180000 K 变压器

规格:9米(长度)×3.3米(宽度)×4米(高度)

重量:145吨(初步预计)

体积:120立方米

数量:每台变压器都有独立主体部分和配件若干

任务分析

一、道路大型物件的含义

道路大型物件也称大件货物,是指货物外形尺寸和重量超过常规(指超长、超宽、超重、超高)车辆、船舶装载规定的大型货物,大件货物也称超限(超重)货物。

大件运输包括超限和超重两个方面。超限设备(货物)是指装载轮廓尺寸超过车辆限界标准;超重设备(货物)是指车辆总重量对桥梁的作用超过设计活载荷。

根据《超限运输车辆行驶公路管理规定》(2021 年修正),在公路或城市道路上运输的不可解体物品,且在车辆上装载后符合下列情形之一的,就称之为道路大型物件:(1)车货总高度从地面算起超过 4 米;(2)车货总宽度超过 2.55 米;(3)车货总长度超过 18.1 米;(4)车货总质量超过 4 900 千克。

二维码 8.7 公路货运车辆超限超载认定标准

小栏目

根据《交通运输部关于废止 20 件交通运输规章的决定(中华人民共和国交通运输部令 2016 年第 57 号)》,其中就包括《道路大型物件运输管理办法》,该办法从 2016 年 5 月 30 日起废止。因此,我们在定义大型物件运输时需要将货物装车后,根据车货总体情况来判断是否属于大件运输。

二、道路大件货物的特点

大件运输一般是指大型设备的运输与配送,需要使用特殊的运输工具来完成。

(一)特殊装载要求

一般情况下超重货物装载在超重型挂车上,需用昂贵的、由高强度钢材和大负荷轮胎制成的超重型牵引车牵引。常见的车是超重型汽车列车,这种重型车辆是由一辆超重型牵引车与一辆或一辆以上超重型挂车组成的载货汽车。主要用于完成其他运输车辆所不能或难以完成的、运载尺寸和重量超过公路交通法规定限界并有特定要求的物资运输。

(二)特殊运输条件

运载大件货物的超重型车组要求通行的道路有足够的宽度和净空、良好的道路线形,桥涵要有足够的承载能力。

(三)特殊安全要求

超限货物一般多为国家重点工程的关键设备,因此超限货物运输必须确保安全,万无一失。

三、道路大件货物运输作业流程

从事道路大件运输的承运人应取得道路运输管理机构颁发的经营范围为大型物件运输的道路运输经营许可证。大件运输车辆行驶前,承运人

二维码 8.8 超限运输车辆通行证

应当向公路管理机构申请公路超限运输许可，公路管理机构批准公路超限运输申请，根据大件运输的具体情况，指定公路行驶的时间、路线和速度，并颁发“超限运输车辆通行证”(JT/T 1454.1—2023，式样由交通运输部统一制定)，大件运输车辆应当随车携带有效的“超限运输车辆通行证”。

大件运输作业有极强的特殊性，其工作流程如图 8—3 所示。

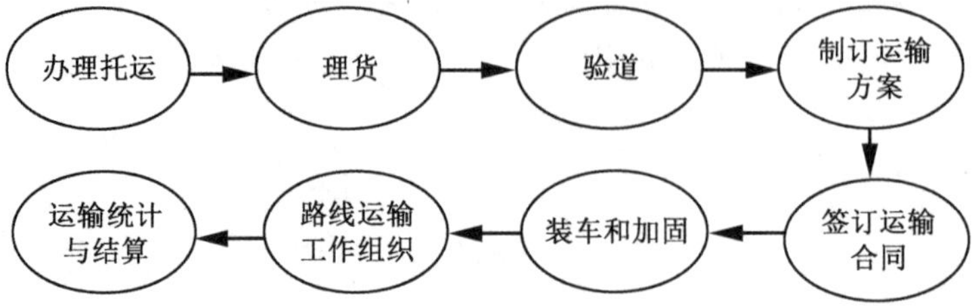

图 8—3　大件货物运输作业流程

(一)办理托运

由大件货物托运人(单位)向已取得大件货物运输经营资格的运输企业或其代理人办理托运。

托运人在运单上如实填写大型物件的名称、规格、件数、件重、起运日期、收发货人详细地址及运输过程中的注意事项。凡未按上述规定办理大型物件托运或运单填写不明确，由此发生运输事故的，由托运人承担全部责任。

在办理托运手续时，除按一般规定外，托运人必须提交货物说明书，以及装卸、加固等具体要求，在特殊情况下，还需向有关部门办理准运证。

承运人应根据托运人提供的有关资料进行审核，掌握货物的具体特征，选择适合的车辆，在具备安全运输条件和能力的情况下，再办理承运手续。

(二)理货

理货是大件运输企业事先取得关于货物几何形状、质量、重心位置等可靠数据和图样资料的工作过程。

通过理货工作分析，可为确定运输形式、查验道路以及制订运输方案提供依据。

理货工作的主要内容有：(1)调查大型物件的几何形状、质量；(2)调查大型物件的重心位置和质量分布情况；(3)查明货物承载位置及装卸方式；(4)查看特殊大型物件的有关技术经济资料；(5)完成书面形式的理货报告。

(三)验道

承运人根据大型物件的外形尺寸和车货重量，在起运前会同托运人勘察作业现场和运行路线，了解沿途道路线形(道路的路面、路基、横向坡度、纵向坡度及弯道超高处的横坡坡度、道路的竖曲线半径、通道宽度及弯道半径等)和桥涵通过能力，了解沿线地理环境及气候情况；查看装卸货现场、倒载转运现场。清楚货物本身的特点、业主对时间费用等要求，明确运输要求、运输方式的选择(公路、铁路、水路)，运输工具的选择和运输路线的选择，根据上述查验结果预测作业时间，编制运行路线图，完成验道报告。

（四）制订运输方案

在充分研究、分析理货报告及验道报告的基础上，承运人制订安全可靠、可行的运输方案，涉及其他部门的，应事先向有关部门申报并征得同意。

运输技术方案的主要内容包括：(1)配备牵引车、挂车组及附件；(2)配备动力机组及压载块；(3)限定最高车速；(4)制订运行技术措施；(5)配备辅助车辆；(6)制订货物装卸与捆扎加固方案；(7)制订和验算运输技术方案；(8)完成运输方案书面文件。运输方案制订流程如图 8—4 所示。

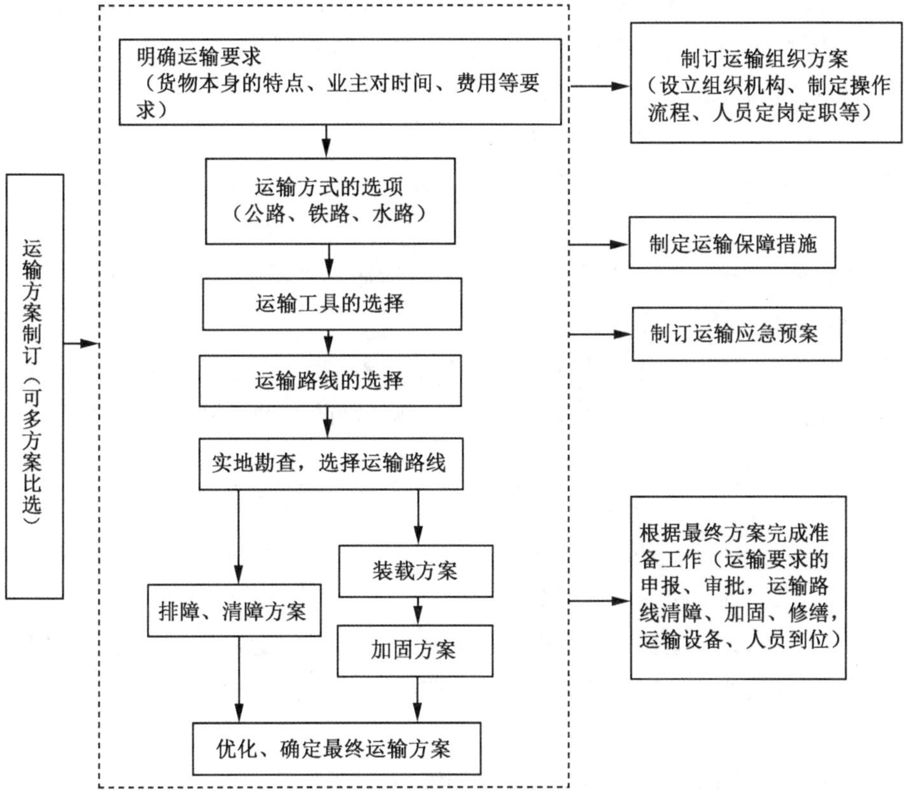

图 8—4　运输方案制订流程

（五）签订运输合同

根据托运方填写的委托运输文件及承运方进行理货分析、验道、制订运输方案的结果，承托双方签订书面形式的运输合同，其主要内容包括：明确托运与承运方、大型物件数据及运输车辆数据、运输起讫地点、运距与运输时间，明确合同生效时间、承托双方应负责任、有关法律手续及运费结算方式、付款方式等。

(六)装车和加固

(1)根据承运货物尺寸、重量、属性等方面的特点,结合装卸场地情况,配备和选择技术性能和使用功能良好的装卸、加固器具,对相应器具要做好保管、检查、维护工作,并按照使用说明书做好防护措施,保持装卸、加固器具的使用性能良好。

(2)根据承运货物的具体情况,采取合理的装车方式。安排统一的起重指挥和专人进行安全监护,作业人员在起重指挥的统一指挥下,严格按照方案进行装车。

(3)对于承运的货物,应尽量均衡、稳定、合理地分布在载货平台上,不超载、偏载,能够经受运输过程中所产生的各种力的作用,不发生移动、滚动、倾覆、倒塌或坠落等情况。

(4)承运的货物与载货平台接触处应铺设防滑材料。对于有防潮、防震等特殊要求的承运货物,应加装相应的监测仪器,采取相应的防护措施。

(5)按照运输实施方案中的装载加固方案开展相关操作。

(6)应在货物和车体的合理位置张贴标志。应检查并配齐运输过程中可能用到的行驶资料、安全警示、通信等配套设备,以及"超限运输车辆通行证"等证件。

(七)路线运输工作组织

路线运输工作组织包括建立临时性的大件运输工作领导小组,具体负责实施运输方案、执行运输合同和对外联系。

领导小组下设行车、机务、后勤生活、安全、材料供应等工作小组及工作岗位,并制定相关工作岗位责任制,组织大型物件运输工作所需的牵引车驾驶员、挂车操作员、装卸工、修理工、工具材料员、技术人员及安全员等,依照运输工作岗位责任制及整体要求认真操作、协调工作,保证大件运输工作全面、准确地完成。

大件运输车辆应严格按照"超限运输车辆通行证"规定的内容以及公安机关交通管理部门指定的时间、路线和速度要求行驶。

运输过程中,大件运输车辆应按照相关规定及拟定的运输方案规范使用警示灯、警示标志,提醒其他社会车辆和行人避让,并与护送车辆保持实时、畅通的通信联系和安全距离。

对于运输过程中的每次检查情况,应详细、及时地进行记录。

需开展护送活动的,护送车辆应严格按照护送方案护送,与被护送的大件运输车辆保持实时、畅通的通信联系。

(八)运输统计与结算

运输统计是指完成大型物件运输工作各项技术经济指标统计,运输结算是指完成运输工作后按运输合同有关规定结算运费及相关费用。

运输费用由承、托双方协商确定。因运输大型、特型笨重物件发生的道路改造、桥涵加固、清障、护送、装卸等费用,由托运人负担。

【注意事项】

(1)制订货物装卸、加固等技术方案和操作规程,并严格执行,确保合理装载、加固牢靠、安全装卸。装卸作业由承运人负责的,应根据托运人的要求、大件货物的特点和装卸操作规程进行作业。由托运人负责的,承运人应按约定的时间将车开到装卸地点,并监装、监卸。

(2)超限运输。在市区运送大件货物时,要经公安机关和市政工程部门审查并发给准运证,方可运送。

(3)按指定的路线和时间运行,并在货物最长、最宽、最高部位悬挂明显的安全标志,白天行车时,悬挂标志旗;夜间行车和停车休息时装设标志灯,以警示来往车辆。对于特殊的货物,要有专门车辆引路,及时排除障碍。

任务实施

【关键技能】

√ 知道超限货物运输中的托运与承运过程。

√ 掌握超限货物作业各个环节中的主要内容。

√ 知道超限货物运输中接收作业流程及各个岗位的职责。

【训练准备】

1.分组。每组7人,具体分工是:受理作业1人,制订运输方案2人,车辆运行组织3人(含装卸人员和现场指挥人员),结算工作1人。可进行多次循环训练,保证每个学生在每个岗位都进行训练。

2.纸质资料准备。货物托运单,货物说明书,超限运输车辆通行证等。

3.机械工具准备。模拟超限货物、运输车辆、测量工具。

4.训练地点。能模拟大件运输企业及验道过程的场所。

【操作步骤】

步骤一　掌握超限货物托运、承运办理,完成理货分析

电气公司工作人员(托运人)查验顺达货运公司(承运人)大件货物运输经营资格。

托运人提交本次托运货物的托运单。注意,货物质量是指货物的毛重,即货物的净重加上包装和支撑材料后的总重,一般以生产厂家提供的货物技术资料所标明的质量为参考数据。本次运输的大件重量按照145吨进行估算。托运人提交货物说明书,以及装卸、加固等具体要求。

承运人应根据托运人提供的有关资料进行审核,掌握货物的具体特征,从公路、铁路、水路三种运输方式中,选择、确定技术上可行、经济上合理的运输方式,经综合分析、研究,采用公路运输最为经济可靠。随后,选择适合的车辆,在具备安全运输条件和能力的情况下,再办理承运手续。

顺达货运公司的理货工作人员整理本次运输货物(变压器:9米×3.3米×4米、

145吨、120立方米)的几何形状、质量、装卸方式、需要使用的装卸器械等数据和图样，形成书面理货报告。

步骤二 熟悉验道流程，能够制订大件运输方案，完成运输合同签订

承运人根据变压器的理货分析会同托运人勘察作业现场和运行路线(请查询地图，整理本次运输路线中的重要路段)，了解沿线地理环境及气候情况，编制运行路线图，形成纸质验道报告。

制订运输方案的工作人员，在收到理货和验道报告后，按照流程制订大件运输方案(包含装载设备、加固要求、应急预案、保障措施、工作人员确定等)。

承托双方根据委托运输文件、理货分析、验道、制订运输方案的结果，协商确定本次变压器运输费用，签订书面形式的运输合同。

步骤三 掌握运输组织工作的主要内容

根据之前制订好的大件运输方案，完成相关装卸设备现场检查，确保其使用性能良好。现场装车后注意捆扎和加固。

装卸人员在现场指挥人员的统一指挥下，进行安全装车、加固等操作。

检查行驶资料、安全警示、通信等配套设备，以及“超限运输车辆通行证”等证件。

大件运输车辆严格按照“超限运输车辆通行证”规定的内容以及公安机关交通管理部门指定的时间、路线和速度要求行驶。

对于运输过程中的检查情况，详细、及时地进行记录。

步骤四 掌握大件运输的统计与结算工作

变压器运输工作完成后，结算工作人员按运输合同有关规定结算运费及相关费用。

任务评价

<table>
<tr><td colspan="2">班级：</td><td>姓名：</td><td colspan="3">学号：</td></tr>
<tr><td colspan="2">项目八　特殊货物运输作业</td><td colspan="4">任务二　办理超限货物运输</td></tr>
<tr><td></td><td>项目评价</td><td>评价标准</td><td>分值</td><td>学生自评</td><td>教师评价</td></tr>
<tr><td colspan="2">考勤(10%)</td><td>未出现无故迟到、早退、旷课现象</td><td>10</td><td></td><td></td></tr>
<tr><td colspan="2">课前任务准备(10%)</td><td>预习课程内容</td><td>10</td><td></td><td></td></tr>
<tr><td rowspan="5">工作过程
(60%)</td><td rowspan="3">实操准备</td><td>实操单据准备情况</td><td>10</td><td></td><td></td></tr>
<tr><td>实操器械准备情况</td><td>10</td><td></td><td></td></tr>
<tr><td>小组分工情况</td><td>5</td><td></td><td></td></tr>
<tr><td>实操模拟</td><td>实操过程模拟情况</td><td>30</td><td></td><td></td></tr>
<tr><td>任务完成</td><td>实操完成，小组总结完成情况</td><td>5</td><td></td><td></td></tr>
</table>

续表

任务成果（20%）	工作态度	态度端正，工作认真，对不会的问题能主动提问	5		
	工作完整性	能按时完成任务	5		
	工作规范	能按规范要求完成表格填写	5		
	成果展示	能准确表达、汇报工作成果	5		
合计			100		
综合评价	自我评价（40%）	教师评价（60%）	综合得分		

任务三　办理冷链货物运输

任务导入

近年来全国动物疫病呈多发、复杂态势，活猪调运是引发疫病在全国大范围传播的重要因素。2018 年 8 月，辽宁省沈阳市发生第一起非洲猪瘟疫情，不到一年时间就蔓延至全国绝大部分省份和地区，生猪运输车“功不可没”。2019 年初，根据非洲猪瘟防控需要，广东、福建、江西、湖南、广西和海南等六省（区）开展了分区防控试点工作，重点是变革传统生猪调运方式，推进“调猪”向“运肉”转变，冷鲜肉运输的规模快速增长。

顺达货运公司积极响应农产品仓储保鲜冷链设施建设，由公路货运部牵头开发冷链货物运输模块业务，首先需要对部门员工进行冷链货物运输业务知识的培训，部门主管将本次业务知识培训任务交给李运、王通两人，要求培训内容涵盖冷藏货物分类、冷藏货物特点、冷藏货物运输方式及设备、常见冷藏货物的运输温度条件、冷藏货物的运输作业程序等。

一、冷藏货物分类

冷藏货物是指在一般条件下保管和运输时，极易受到外界气温及湿度的影响而腐败变质的货物。包括肉、鱼、蛋、奶、鲜水果、鲜蔬菜、鲜活植物等。

冷藏货物按其温度状况（即热状态）的不同，可分为三类：

（1）冷冻货物，是指经过冷冻加工成为冻结状态的冷藏货物。冻结货物的运输温度（除冰外）应在－10℃以下。适合动物性食品。

（2）冷却货物，是指经过预冷处理后，货物温度达到运输温度范围之内的冷藏货物。冷却货物的运输温度,除香蕉、菠萝为11－15℃外,其他冷却货物的运输温度在0－7℃之间。适合植物性食品。

(3)未冷却货物,是指未经过任何加工处理,完全处于自然状态的冷藏货物。如采摘后以初始状态进行运输的瓜果、鲜蔬菜之类。

按热状态来划分冷藏货物种类的目的,是便于正确确定冷藏货物的运输条件(如车种、车型的选用,装载方法的选取,以及运输方式、控温范围、冰盐比例、途中服务等),合理制定运价和便于采取相应管理措施。

冷藏货物按运输季节划分,外界平均气温在20℃及其以上为热季;外界平均气温在0℃以上,不满20℃为温季;外界平均气温在0℃及其以下为寒季。

虽然冷藏货物的运输季节是依据平均气温划分的,但同一运输季节的温度幅度比较大。例如温季的幅度就有20℃,并且冷藏车运行的地区都可能不处于同一运输季节,所以实际运输过程中应视具体外温采取不同的运输方法。

二、冷藏货物的特点

冷藏货物一般含有营养丰富的物质,这些物质包括蛋白质、脂肪、糖类、维生素等有机物质以及水和矿物质等无机物质。这些有机物质,在一定条件下会发生分解变化,失去食用价值,这个过程称为腐败。引起冷藏货物腐败的原因主要是微生物的作用、呼吸作用和化学作用。所以在对冷藏货物进行保存、运输的过程中要注重防止货物变质腐败。

(1)需有人随车押运照料。如运输兽、畜、蜜蜂、鱼、虾以及鱼苗、鳗苗等活动物,需有人在运输途中添加饲料、上水、换水、注氧气等,可用一般敞式货车(装运耕牛或生猪时,不能使用全铁底板车厢的货车),或经适当改装的专用车、高栏板车等运输。

(2)对温度要求不同。运送肉类的温度要低,蛋类温度要适中,水果、蔬菜或鲜花均怕热又怕冷,如苹果和梨要保持－4℃,香蕉和菠萝要保持12－14℃、8－10℃等。运输此类货物,适宜使用冷藏车、保温车。对于要保持零度以上温度的货物,可采取加盖保温材料和封闭车厢车辆运输。

(3)季节性强、货流波动幅度大。如水果主要产于夏季与秋季,海洋水产有冬汛和春汛期,鲜蛋的运输旺季在4－6月,蔬菜运输旺季在11月至次年的5月等。由于各地自然条件不同和气候变化不一样,往往影响这些物资产量,使货流产生波动。

三、冷藏货物运输方式及设备

2021年11月国家发布的《“十四五”冷链物流发展规划》中,要求到2025年,初步形成衔接产地销地、覆盖城市乡村、联通国内国际的冷链物流网络。从布局上来看,国家明确提出农产品骨干冷链物流基地、区域性农产品产地仓储冷链物流设施、乡镇田头仓储冷链物流设施、村级仓储保鲜设施四个层面。

这对冷链物流运输信息管理系统提出了较高的要求，系统对运单、托运人、货物、路线、车辆、货物交付、操作人员等信息要进行跟踪管理、设定温度监测范围，实时上传和监控货物位置、温度信息、温度异常报警，并实现对上述信息的在线查询和历史数据调取。

道路冷链运输(road cold-chain transportation)，是指根据货物特性和保持品质的要求、采用专用设施和设备使货物始终处于规定或约定的温度范围环境下的一种道路货物专用运输方式。常见的冷藏货物运输设备主要有：

(1)冷藏车，是指装备有隔热结构的车厢和制冷装置，用于冷藏运输的厢式专用运输汽车。驾驶室应设置车厢温度显示装置和警示装置，驾驶员在驾驶位置能方便地观察显示的温度、接收超温警示。

(2)冷藏集装箱，是指设有制冷装置，带隔热层的壁板、箱门、箱底和箱顶，以减缓箱内、外热量交换的集装箱的总称。

(3)冷藏箱，是指配备蓄冷剂和蓄冷装置或配备制冷装置以维持箱内一定温度范围的隔热箱体。

上述设备均应配备环境空气温度监测设备，对环境空气温度进行实时监测和记录，记录的温度数据应能读取、下载和传输。采用适用的温度测量设备测量货物中心温度或货物表面温度。

冷藏货物装卸作业场所应设置在低温、尽可能封闭的区域，保持清洁、卫生、无毒、无害、无异味、无污染物，配备符合要求的温度监测设备。冷藏货物装卸作业场所环境温度不宜高于 15℃，冷冻货物装卸作业场所环境温度不宜高于 7℃，温度波动范围不应超过±3℃。

四、常见冷藏货物的运输温度条件

在冷藏货物的运输过程中，为了防止货物变质，需要保持一定的温度，该温度一般称为运输温度。温度的高低要根据实际情况而定。常见冷冻货物和冷却货物的运输温度如表 8—1、8—2 所示。

表 8—1　　常见冷冻货物的运输温度

货名	运输温度/℃	货名	运输温度/℃
鱼	—17.8～—15.0	蛋	—15.0～—13.3
虾	—17.8～—15.0	黄油	—12.2～—11.1
肉	—15.0～—13.3	浓缩果汁	—20

表 8—2 常见冷却货物的运输温度

货名	运输温度/℃	货名	运输温度/℃
肉	－5～－1	葡萄	6.0～8.0
腊肠	－5～－1	菠萝	11.0 以内
黄油	－0.6～0.6	橘子	2.0～10.0
带壳鸡蛋	－1.7～15	柚子	8.0～15.0
苹果	－1.1～16	红葱	－1.0～15.0
白兰瓜	1.1～2.2	土豆	3.3～15.0
梨	0.0～5.0		

● **想一想:为什么黄油既有冷冻运输温度又有冷却运输温度,二者有何区别?**

除控制环境温度外,环境的湿度高低,植物性食品适时地通风换气以及有无良好的贮藏卫生条件对食品的质量都大有影响。在实际储运过程中,温度和湿度可以互相配合。例如,温度越低,为了减少干耗,要求相对湿度大一些;相反,温度高一些时,相对湿度则可以小一些。

五、冷藏货物的运输作业程序

冷藏货物储运与一般货物不同,在储运过程中,一是要保持适宜的温度,二是要快速送达目的地。对冷藏货物的主要要求是保证连续冷藏,即冷藏货物从食品的生产、加工、储存、运输、销售直到消费各部门之间要建成一条连续冷藏链条,才能保持冷藏食品的质量。

(一)冷藏货物的承运

冷藏货物的承运是保证运输质量的第一关,直接影响运输全过程的其他环节。

承运冷藏货物时,除像普通货物一样,检查货物运单上所填记的事项是否符合运输条件外,还应核查其热状态,并在货物运单"货物名称"栏内填记货物名称,并注明其品类序号及热状态,同时需注明冷藏货物容许运到的期限(日数)。业务员填写运单,交给企业驾驶员随车携带。承运人应向托运人明确货物包装要求(包件尺寸与质量等)。

托运人托运需检疫的冷藏货物时,应按国家有关规定提供检疫证明。

不同热状态的货物不得按一批托运。按一批托运的整车冷藏货物,一般限同一品名。但不同品名的冷藏货物,如在冷藏车内保持或要求的温度上限(或下限)差别不得超过 3℃,才允许拼装在同一冷藏车内,按一批托运。此时托运人应在货物运单"托运人记载事项"栏内记明"车内保持温度(或途中加冰掺盐)按××品名规定的条件办理"。

（二）冷藏车辆的选择

发运易腐商品，应根据商品质量、运输距离、装载方法、气候条件以及市场要求等情况，合理选用车种。如冻结的水果、蔬菜等低温商品，以及未预冷的娇嫩水果、发热量大的叶菜，应优先选用B18、B19、B20型机械冷藏车装运，因为这些车辆产冷量大，有强制循环装置，能够按商品的要求保持车内温度。B16、B17型机械冷藏车，因其产冷量较小（最低只能保持在－9℃～12℃），适用于大宗冷却商品和冻结商品的长途运输。夹冰鱼、夹冰菜等本身具有冷源的商品，以及萝卜、大白菜等也可以使用加冰冷藏车或保温车。有些商品如西瓜、南瓜、土豆、番茄等坚实耐运，在温季可用敞篷车运输。

机械冷藏车及金属结构的加冰冷藏车，不可装运无包装的水果（西瓜、哈密瓜、南瓜、冬瓜除外）、蔬菜、卤鱼，以防损坏车辆。

对经过充分预冷并放置于冷藏箱内的货物，可选择能确保冷藏箱固定牢靠、装卸方便的厢式货车运输。

（三）冷藏货物装车

1. 装车前的准备

驾驶员或车辆技术管理员应对冷藏车辆、冷藏集装箱及设备进行检查，并根据作业环境、货物运输要求对冷藏车厢、冷藏集装箱进行预冷，预冷达到温度要求后方可装载。装载冷藏货物的车厢（箱）预冷温度应与货物运输要求的温度接近，装载冷冻货物的车厢（箱）预冷温度不宜高于7℃。

货物装载前，驾驶员或业务员应在冷库或装卸作业场所进行验货，检查和确认货物名称、种类、规格、数（质）量、保质期、随货文件资料等信息，取样测量货物温度，检查所有货物包装，包装、温度不符合要求的，不应运输。

2. 装载作业

装卸员按照包装外部的储运图示标志要求搬运、装载和码放货物，轻搬轻放。

有毒、有害、有异味、易污染的货物不应与其他货物拼装；药品不应与其他货物拼装；易产生乙烯气体的货物不应与对乙烯敏感的货物拼装；不同温度要求的货物不应放置在车厢的同一控温空间内。

货物堆码应符合下列要求：(1)对于冷藏货物，采取紧密堆码、稳固装载或稳固装载并留通风空隙；(2)货物堆放时不遮挡出风口和回风口，高度不超过厢（箱）体的最大装载限制；(3)货物不宜直接接触厢（箱）体底板，底板宜设置通风槽或可通风托板，保持充分的冷气循环通道；(4)低温敏感货物远离出风口；(5)采用固定装置固定货物，防止货物移动。

在装载过程中应关闭冷藏车辆或冷藏集装箱的制冷机组，保持厢（箱）门随开随关，作业如需中断时，应立即关闭厢（箱）门，启动制冷机组。装载完毕，应及时关闭厢（箱）门，检查厢（箱）门密闭情况，启动制冷机组并设定温度。

装载作业应在约定时限内完成。未约定的，作业时间不宜超过1.5小时，冷冻货物在装卸平台停留时间不宜超过 15 分钟,冷藏货物在装卸平台停留时间不宜超过 30 分钟。

对装卸场所环境温度应进行实时监测,温度异常报警时,应立即进行检查,采取措施,将温度调控至允许的范围内。

(四)冷藏货物运输

冷藏货物装车完毕后,关闭冷藏车厢门,待车厢内温度达到冷藏车制冷设备设定的自动停机温度后,由冷库发货员将“车载 GPRS 远程监测记录打印仪”打开,待该设备正常地与公司电脑软件连接后,填写冷链运输单,开始启运。

为安全、准时地将货物运输到目的地,途中不宜长时间停留,车辆尽量保持平稳行驶,减少起伏和震动。

运输过程中应全程实时监测并记录冷藏车辆、冷藏集装箱内的环境空气温度数据。托运人未做特殊要求的,冷冻货物运输时应保持厢(箱)体内部环境空气温度不高于−18℃,冷藏货物运输时应保持厢(箱)体内部环境空气温度在货物冻结点以上的低温状态,温度波动范围不应超过±3℃。车厢(箱)温度异常报警时,驾驶员应立即进行检查,采取措施将温度调控至允许的范围内。运输途经地域的气温低于货物控制温度时,对冷藏货物应采取防冻措施。

运输途中发生交通拥堵、交通事故、异常天气、车辆故障、制冷设备故障等突发事件,应按照应急预案采取相应的应对措施,并立即向企业报告,企业应及时通报托运人。

(五)冷藏货物卸货与交付

卸货与交付应在冷库或装卸作业场所进行,驾驶员或业务员确认收货人身份正确、有效,并再一次进行验货,向收货人提供装载前的验货记录、装载作业记录及运输作业记录。

货物包装、温度不符合要求的,应与收货人按约定处理。

卸货时的注意事项同装货过程一致。

货物交付完成后,收货人应在运单上签字确认。

(六)中转仓储

运输过程中需要进行中转仓储的,应在冷库中仓储,中转仓储的装卸作业同前。仓储单位进行货物搬运、堆码、保管、环境控制、信息处理等作业时,同时保留货物仓储全程温度记录、保管和盘点记录,并提供给承运人等相关方。

任务实施

【关键技能】

√ 知道冷链货物运输的分类及运输条件与要求。

√ 掌握冷链货物运输流程的主要内容。

√ 知道冷链货物运输接收作业各个岗位的职责。

√ 熟练使用办公软件。

【训练准备】

1. 分组。每组 7 人，具体分工是：资料查询 2 人，PPT 制作 2 人，汇报人 1 人，设备准备和后勤对接 1 人，宣传 1 人。

2. 资料准备。笔记本电脑，设备调试。

3. 训练要求。本次任务为模拟开展关于冷藏货物运输业务的知识培训，需要小组同学团结协作、共同完成，并展示成果。

【操作步骤】

步骤一　整理本次培训内容的大纲和基础信息

1. 明确培训内容。本次培训的背景是顺达货运公司的公路货运部计划开展冷链运输业务，由于原有部门员工对冷链知识了解较少，本次培训需要从“开展冷链业务的必要性”“冷藏货物分类及特点”“冷藏货物运输方式及设备”“常见冷藏货物的运输温度条件”“冷藏货物的运输作业程序”等几方面展开。

<table>
<tr><td colspan="6">顺达货运公司公路货运部冷链运输业务培训会</td></tr>
<tr><td>培训会主题</td><td colspan="5"></td></tr>
<tr><td>会议时间</td><td></td><td>会议地点</td><td></td><td>参会人员</td><td></td></tr>
<tr><td colspan="6">培训主要内容</td></tr>
<tr><td colspan="5">(1)</td><td rowspan="5">主讲人</td></tr>
<tr><td colspan="5">(2)</td></tr>
<tr><td colspan="5">(3)</td></tr>
<tr><td colspan="5">(4)</td></tr>
<tr><td colspan="5">(5)</td></tr>
<tr><td colspan="6">会议反馈：</td></tr>
</table>

2. 发布培训信息。确定培训会议时间、地点后，与相关人员协商使用设备、发布会议通知等事宜。

步骤二　查询、收集培训资料，制作培训 PPT

为组织一场丰富生动的冷链业务知识培训会，需要小组同学协作，通过各种途径获取相关资料，可以采取上网搜索文献、新闻报告、宣传视频，现场实地调研等方式，收集文字、图片、视频等资料。对收集到的各类资料整理与归纳后，制作一份精美的 PPT。

步骤三 调试设备播放,完成本次培训任务

设备准备人员提前到场调试设备,确认 PPT 播放无误,声音和效果正常,组织参会人员进行签到。

汇报人员进行冷链运输业务知识培训讲解。讲解完成后,预留一部分答疑时间,小组成员负责解答。

宣传人员全程拍照记录,记录可从前期调研资料准备阶段开始。

步骤四 注重经验总结,撰写文稿,在平台发布

完成培训后,小组成员从人员分工、资料准备、制作 PPT、现场效果等各个环节对本次培训会议完成情况进行复盘研讨,总结经验。

宣传人员将本次会议过程撰写成一篇宣传稿,发布在公司社交媒体平台。

任务评价

班级:		姓名:		学号:	
项目八 特殊货物运输业务与运作		任务三 办理冷链货物运输			
	项目评价	评价标准	分值	学生自评	教师评价
考勤(10%)		未出现无故迟到、早退、旷课现象	10		
课前任务准备(10%)		提前预习课程内容	10		
工作过程(60%)	实操准备	小组分工情况	5		
		小组收集资料情况	15		
		小组 PPT 制作情况	15		
	实操模拟	小组培训会议上汇报情况	20		
	任务完成	实操完成,小组总结完成情况	5		
任务成果(20%)	工作态度	态度端正,工作认真,对出现的问题能一起解决	5		
	工作完整	能按时完成任务	5		
	工作规范	能完成整个会议流程对接	5		
	成果展示	能准确表达、汇报工作成果	5		
合计			100		
综合评价	自我评价(40%)	教师评价(60%)	综合得分		

任务四 办理贵重货物运输

任务导入

红星集团计划2023年5月在华东总部(上海)建设一个先进的多功能专业摄影棚,按照欧美风格进行装饰,因此,需要从各个国家进口摄影器材、装饰品及深圳摄影棚制作的半成品道具,合计90个独立包装品,从深圳运到上海,如图8—5所示。

图8—5 客户拟托运物资

红星集团计划将上述的贵重货物运输任务委托给顺达货运公司,顺达货运公司货运部主管非常重视本次运输任务,要求李运、王通等人负责对接客户,根据客户需求,完成本次贵重货物的运输任务全程跟踪与控制。

任务分析

一、贵重货物

贵重货物是指价格昂贵、运输责任重大的货物。承运贵重货物时,在技术措施和组织措施上需要进行特殊的处理。

在航空运输中,对贵重货物的定义为毛重每千克运输声明价值在国际运输中超过1 000美元或其等值货币,在国内运输中超过2 000元人民币的货物,以及珍贵文物(包括书籍、古玩、字画等)、黄金制品、各类宝石、有价证券、重要文件等。

二维码8.9 航空运单样单

贵重货物不能和其他货物混运,即混运货物中不能含有贵重货物。贵重货物空运时,必须在航空运单的“Nature and Quantity of Goods”栏内注明“Valuable Cargo”字样。

二、贵重货物声明价值

声明价值是指托运人向承运人特别声明的、其托运货物在目的地交付时的价值,托运人在办理货物声明价值时需要按规定向承运人交付专项费用作为声明价值附加费。

二维码8.10 声明价值的由来

声明价值附加费=(货物价值−货物毛重×169 元人民币/千克)×声明价值费费率。声明价值费的费率通常为 0.75%,在规定声明价值费率的同时还要规定声明价值费的最低收费标准。如果根据上述公式计算出的声明价值费低于最低标准,则托运人要按照规定的最低标准缴纳声明价值费。

在国际空运中,货物的每千克毛重价值超过 100 元人民币,可以办理货物声明价值,对贵重货物运输有保障。

三、贵重货物保价运输

保价运输是指运输企业与托运人共同确定的以托运人声明货物价值为基础的一种特殊运输方式,保价就是托运人向承运人声明其托运货物的实际价值。凡按保价运输的货物,托运人除缴纳运输费用外,还要按照规定缴纳一定的保价费。

保价运输有助于修正托运人和承运人之间的不完全契约,如果托运品发生损毁灭失,承运人要按照声明价值赔偿;如果没有保价,只能够得到基本的赔偿,因为对托运货物的价值没有进行确定。

运输保险即为货物运输保险,是指承保运输中货物因自然灾害或意外事故所致损失的保险。按货物运输方式可分为海上货物运输保险、陆上货物运输保险、航空货物运输保险、邮包保险以及联运保险。

四、贵重货物运输作业环节

(一)贵重货物的受理

托运贵重货物,承运人按货物实际的价值,购买商业保险或进行保价,在货运单上准确填写承保货物的声明价值。

贵重货物的包装需完整、牢固,承运人需要安排专人按照约定的时间负责贵重货物的交接,并妥善放置(一般要求配置严密的安保措施),确保运输前的货物安全。

为保证贵重货物运输安全性,托运人应对货物特性及其运送、装卸搬运、存放注意事项和运到时间等提出要求,便于承运人重视。如需专人跟车押运,则由托运人委派专门人员跟车押运。

对于整批量大的贵重货物,在正常情况下受理业务流程以后要分配全车直通运送。对于小批量零星、贵重货物,组成零担运输的,应在货运单上盖有“贵重货物”提示标记,便于起运前、抵达后妥当装卸、搬运和存放。

(二)贵重货物的包装

贵重货物的包装需要完整、牢固,适合运送要求,不得有损坏,应符合国家行业标准,使用硬质木箱或铁箱包装,不得使用纸质包装,必要时外包装上应用“井”或“十”字条加固。

箱内需有内衬垫物,使箱内物品不移动和互相碰撞。外包装箱接缝处须有铅封或封条，封条上可标注托运人的特殊印记。

货物的外包装上不可有任何对内装物做出提示的标记，但需注明托运人和收货人名称、详细地址等运输标志。

【注意事项】

正常情况下，承运人会提前将贵重货物包装要求告知托运人，要求托运人事先包装好贵重货物，然后承运人接收贵重货物。

（三）贵重货物的装载

装车时需要托运人和承运人双方工作人员均在现场，共同监督、记录贵重货物装车情况。注意全程记录装载情况。

包装后的贵重货物需要保证轻搬、轻放，大不压小、重不压轻、标示靠外、箭头符号往上，严禁扔或抛，不可将包装箱倒置搬运。

装车时，保证货物之间不被挤压、旁边没有棱角突出物挤靠、堆垛高度不超过货物受压上限等。严禁随意摆放货物，大件货物在车厢中一定要捆扎牢固，对于小件货物在车厢中摆放，一定要紧凑有序，货物间积载妥当，不留间隙。

装货完成后，双方工作人员对货物进行确认、拍照、签字等，确认货物取走时完好。

（四）贵重货物的运输

运输贵重货物时要有风险意识，通过货物运输保险、保价运输业务的办理将在途风险降至最低，如车辆在途出险，货物遭到损坏，保险公司会按照条例进行赔偿。

为保证货物在途的安全性，如运距较长，应配置双班驾驶员，日夜兼程。中途定时查验车辆封装情况，运输途中不可随意紧急停车。

（五）贵重货物的交货

承运人提前通知托运人和收货人到货时间和地点。

承运人的工作人员和收货人根据发货前的影像资料（货物清单、照片、视频等）逐一检查货物封装情况，随后根据货运单逐一点验货物数量和完整程度。

确认无误后，双方签字，完成收货。相关信息由发、运、收三方共享。

【注意事项】

(1)在贵重货物包装、搬运、运输等各环节的主要任务都是确保贵重货物安全运送到目的地。导致货损的原因很多，例如包装不到位，流转环节出问题，搬运技术不到位、运输中安全措施不到位，都容易磕、碰坏货物，或损坏货物。

(2)贵重货物的包装因货而议，但用木材制作外包装木框或木箱，可增加安全系数，在内包装上，用珍珠棉、气泡袋等缠绕、包裹好，货物在包装箱中不能摇晃不定。叉车作业起步要平稳，升降要缓慢，严禁货物在货叉上不平衡时起叉。承运人的工作人员严格按照提前制订的物流运输方案中明确的操作注意事项进行包装和运输。

(3)运输贵重精密仪器，可在外包装箱上安装震撞定时器。若震动超过一定的级别,定时器便会停止,冻结时间点,提供运输中过度震动发生的相关时间信息。从货物离开仓库之时起,即定时器激活时起,定时器会判断事故发生的确切时间,这些信息可用于查找事故发生地,并找出责任人。

(4)托运人在办理贵重货物运输保险时,要如实声明货物的价值。

任务实施

【关键技能】

√ 知道贵重货物运输中受理、包装、卸车等过程。

√ 掌握贵重货物运输中各个作业环节的注意事项。

√ 知道贵重货物运输作业中各个岗位的职责。

√ 掌握贵重货物运输中各个环节相关资料的整理、归档。

【训练准备】

各小组同学根据“任务导入”的要求,做好训练准备工作,尤其是本次实操模拟所需相关道具,注意所扮演角色的工作职责和细节问题。

1. 分组。每组 6 人,具体分工是:受理作业 1 人,包装检查处理 1 人,记录人员 1 人,托运人 1 人,收货人 1 人,收货方卸货人 1 人。可以进行循环训练,保证每个学生在每个岗位都进行训练。

2. 纸质资料准备。货运清单、封条、包装材料、货运单等。

3. 机械工具准备。货物若干,模拟车辆若干,相机(手机)。

4. 训练地点。模拟顺达货运公司货物堆场、模拟交货点。

【操作步骤】

步骤一　掌握托运环节的工作内容和注意事项

红星集团工作人员(托运人)制作 EXCEL 表格的物料清单(即托运清单),将所有展品、道具和物料分类装箱,在每个外包装箱做好号码标记,将所有分装好的物品拍照、编辑、存档,再将物品的包装信息记录于物料清单上。

托运人员根据包装箱数量和体积,联系顺达货运公司,沟通运输需求,明确是否购买货物运输保险。

步骤二　掌握受理环节的工作内容和注意事项

顺达货运公司受理本项业务的工作人员,根据托运人提供的物品数量和体积信息,预定运输车辆,约定提货方式和提货时间(提货方式可以是托运人将货物送至指定装货点,或者由承运人派车,前往托运人处提货至指定装货点)。

在提货时,受理人员与包装检查处理人员需根据托运人提交的物料清单现场一同点清物品,确认无误后,在双方人员均在场的情况下,完成货物的封装工作,并拍照、存档。

步骤三　掌握装车的注意事项和运输的过程管理

1. 包装检查人员、记录人员与托运人共同按照物料清单进行装车物品核对，核对无误后，进行装车，并在货运单上签字确认。

2. 装车完成后，记录人员与托运人员对装入卡车的箱体摆放状态多角度拍照，并对双方车厢门上锁时和上锁后的状态进行拍照、记录（注意显示清晰的车牌号码）。

3. 考虑贵重物品运输安全问题，托运人可以自行准备大锁，在双方确认装车无误后，分别对货车的后门和侧门上锁，托运人通过其他快递方式将钥匙邮寄给收货人，顺达货运公司的工作人员无法接触钥匙。

4. 车辆运输过程中不可随意紧急停车，注意定期检查车辆封装情况。

5. 受理作业人员根据定位系统，时刻关注车辆的运行情况。

步骤四　掌握贵重货物交货验收环节的工作内容

1. 受理作业人员提前与红星集团上海的收货人联系，沟通到货时间等情况，请收货人提前做好收货准备。

2. 货车到达上海收货人所在摄影棚后，与收货人核对身份信息，确认无误后，双方人员共同打开货车后门和侧门。（收货人可利用托运人装车过程的照片资料逐一核对物品是否出现移位情况）

3. 收货人安排卸货工作人员进行卸车，需要做到每卸一件货，均要对照图片资料，进行无破损核对，并做好记录，待全部货物卸车完成后，收货人在货运单上签字确认。

4. 上述过程可全程进行录像。

5. 双方确认完好收货后，红星集团向顺达货运公司支付尾款。

步骤五　整理模拟演练中的各项资料，归档并汇报、答辩。

任务评价

<table>
<tr><td colspan="3">班级：</td><td colspan="2">姓名：</td><td>学号：</td></tr>
<tr><td colspan="2">项目八　特殊货物运输业务与运作</td><td colspan="4">任务四　办理贵重货物运输</td></tr>
<tr><td></td><td>项目评价</td><td>评价标准</td><td>分值</td><td>学生自评</td><td>教师评价</td></tr>
<tr><td colspan="2">考勤（10%）</td><td>未出现无故迟到、早退、旷课现象</td><td>10</td><td></td><td></td></tr>
<tr><td colspan="2">课前任务准备（10%）</td><td>提前预习课程内容</td><td>10</td><td></td><td></td></tr>
<tr><td rowspan="4">工作过程（50%）</td><td rowspan="2">实操准备</td><td>小组分工情况（分工是否合理）</td><td>5</td><td></td><td></td></tr>
<tr><td>小组准备道具情况</td><td>5</td><td></td><td></td></tr>
<tr><td>实操模拟</td><td>小组模拟整个贵重货物运输过程（注意细节）</td><td>30</td><td></td><td></td></tr>
<tr><td>任务完成</td><td>实操完成，小组总结完成情况</td><td>10</td><td></td><td></td></tr>
</table>

续表

任务成果（30%）	工作态度	态度端正，工作认真，对不会的问题能主动提问	5		
	工作完整	能按时完成任务	5		
	工作规范	能按规范要求完成表格填写	5		
	成果展示	能准确表达、汇报工作成果	15		
合计			100		
综合评价	自评（40%）	教师评价（60%）	综合得分		

综合实训项目一

【项目说明】

近日顺达货运公司公路货运部主管接到公司领导安排，要求货运部根据公司危险品运输板块的业务情况，重新梳理、制作关于危险货物运输的《泄漏现场处置方案》《车辆着火现场处置方案》《爆炸现场处置方案》《交通事故现场处置方案》四个应急方案，部门主管将该项任务中《泄漏现场处置方案》的制作任务委托给李运、王通等人。请你协助李运等人开展此项工作，填写该项处置方案的关键信息。

【项目要求】

请以小组为单位，查询相关资料，自学关于危险货物运输过程中的应急处置方案等内容，并完成处置方案中空白内容的补充，要求应急措施合理、有可操作性，注意处置步骤在时间上的逻辑关系。

泄漏现场处置方案		
事故特征	事故可能发生的类型	泄漏
	事故现象特点	油品泄漏、槽车液位下降、油罐液位下降
	事故危险程度及后果	
应急处置职责	1. 发生事故时，驾驶员或押运员： 2. 车队负责人： 3. 主管部门：	

续表

应急处置措施	至少写6个点			
人员防护	应急处置人员应穿劳保工作服与防砸工作鞋，戴防毒面具、防酸碱手套、安全帽、护目镜。			
注意事项	1. 进入泄漏区的应急处置人员须两人以上，并设专人做好监护。 2. 警戒范围内不能使用非防爆的电话进行通信联络，不能使用非防爆的工具进行处置，不能启动非防爆的用电设备。特别是在夜间或视线不清的情况下，注意不要使用非防爆的电器开关或非防爆的手电筒。 3. 人员疏散时应根据风向标指示，撤离至上风口的紧急集合点，并清点人数。 4. 夜间照明要充足，防止人员摔倒。			
应急器材	应急器材名称	型号	数量	存放位置
	干粉灭火器		2	运输车辆内
	消防沙土		大量	堆场
	空气呼吸器	PSS 3600(德尔格)	2	操作室

综合实训项目二

【项目说明】

近日顺达货运公司接到两笔业务，部门主管安排李运等人完成这两单任务，请你帮助他们完成相应的项目分析。

1. 一批25米长铺设管道的运输任务，管道总重量超过3 500吨，且收货方强调管道的成品保护，要求保证管道的平直度。

2. 一批出口缅甸的冻猪肉。

【项目要求】

1. 请分析第一笔业务需要考虑的各种因素。

2. 请对第一笔业务进行分析，写出运输方案。

3. 请分析第二笔业务需要考虑的各种因素和设备。

4. 请对第二笔业务进行分析，写出具体方案和操作步骤。

同步检测

一、单项选择题

1. 根据《危险货物分类和品名编号》，危险货物分为(　　)类。

A. 8　　B. 9　　C. 7　　D. 10

2.“危险货物”的定义是指(　　)。

A. 具有爆炸、易燃、毒害、感染、腐蚀、放射性等危险特性,在运输、储存、生产、经营、使用和处置中,容易造成人身伤亡、财产损毁或环境污染而需要特别防护的物质和物品

B. 价值极其昂贵的货物

C. 包装精美、需要特别防护的货物

3. 符合危险货物道路运输经营性企业资质条件的是(　　)。

A. 车辆技术等级达到二级　　B. 专用车辆5辆以下

C. 配备有效的通信工具

4. 在“道路运输危险货物安全卡”上,应包括危险货物的(　　)。

A. 中英文名称、联合国编号和灭火方法　B. 沸点

C. 凝点　　D. 燃点

5.《道路运输证》的经营范围栏内注明了允许运输危险货物的类别、项别。危险货物道路运输车辆(　　)按照《道路运输证》规定的经营范围进行运输。

A. 不一定　　B. 必须　　C. 可以不

6. 易腐货物的冷藏方法中,冷却运输的温度通常要求为(　　)。

A. 0℃以下　　B. 0～7℃　　C. 7～15℃　　D. 不低于－20℃

7. 下列关于大件货物运输作业流程顺序正确的是(　　)

(1)办理托运(2)验道(3)理货(4)制定运输技术方案(5)运输报价

(6)制订路线运输组织方案(7)签订运输合同(8)装车组织(9)加固组织

(10)运输统计与结算(11)车辆运行组织

A. (1)(2)(3)(4)(5)(6)(7)(8)(9)(10)(11)

B. (2)(11)(3)(1)(5)(6)(4)(7)(8)(9)(10)

C. (5)(1)(7)(2)(4)(3)(6)(8)(9)(11)(10)

D. (1)(3)(2)(4)(5)(7)(6)(8)(9)(11)(10)

8. 凡装运危险货物的车辆,必须按国家标准(　　)悬挂规定的标志和标志灯。

A.《道路运输危险货物车辆标志》　　B.《道路营业运输证》

C.《危险货物作业证》　　D.《工商营业执照》

9. 大型物件是指车货总长度超过(　　)米以上的货物。

A. 18　　B. 18.1　　C. 20　　D. 20.1

10. 大型物件是指车货总宽度在(　　)米以上的货物。

A. 2.5　　B. 2.55　　C. 3　　D. 3.5

11. 大型物件是指车货总高度从地面算起超过(　　)米以上的货物。

A. 2　　B. 3　　C. 4　　D. 5

12. 大多数水果在运输中要求温度保持在(　　)以上。

A. −1℃　　B. −2℃　　C. −3℃　　D. −4℃

13. 冻肉的运输温度应在(　　)以下。

A. −10℃　　B. −12℃　　C. −13℃　　D. −16℃

14. 冷藏货物装载作业应在约定时限内完成，未约定的，作业时间不宜超过(　　)小时，冷冻货物在装卸平台的停留时间不宜超过 15 分钟，冷藏货物在装卸平台的停留时间不宜超过 30 分钟。

A. 1　　B. 1.5　　C. 2　　D. 2.5

15. 如在外界气温为−5℃以上时运送蔬菜、水果，可用(　　)进行防寒运输。

A. 棚车　　B. 漏斗车　　C. 敞车　　D. 钳夹车

二、判断题

1. 危险货物是指具有爆炸、易燃、毒害、腐蚀、放射性等性质的货物。(　　)

2. 危险货物受理前无须对货物名称、性能、形态、包装、单件质量、安全措施等情况进行详细了解并注明。(　　)

3. 危险货物自货物交付承运起至运达止，承运单位及驾驶、装卸人员应负保管责任。(　　)

4. 安排大批量爆炸物品与剧毒物品跨省市运输时，应安排有关负责人员带队指导装卸和运行，确保安全生产。(　　)

5. 鲜活易腐商品主要是指农、牧、副、渔产品及其加工品，并且绝大多数是食品。(　　)

6. 发运易腐商品，应根据商品质量、运输距离、装载方法、气候条件以及市场要求等情况，合理地选用车种。(　　)

7. 机械冷藏车及金属结构的加冰冷藏车，不可装运无包装的水果。(　　)

8. 贵重货物可以和普通货物混合进行运输。(　　)

9. 危险货物道路运输过程中，押运人员可以坐在车辆的任意位置上，以利于押运观察。(　　)

三、多项选择题

1. 危险货物道路运输时需携带的单据和证件有(　　)。

A. 道路运输证

B. 危险货物运输单

C. 危险货物道路运输安全卡

D. 危险货物道路运输车组成员从业资格证

E. 其他必须携带的证件

2. 在道路货物运输中,属于特殊货物运输的是(　　)。

A. 长大笨重货物运输　　B. 危险货物运输

C. 贵重货物运输　　D. 特快件货物运输

E. 鲜活货物运输

3. 对于冷藏货物可采取的运输方式有(　　)。

A. 陆运　　B. 空运　　C. 海运　　D. 管道运输

4. 对于易燃固体、自燃物品和遇湿易燃物品运输的安全要求,描述正确的是(　　)。

A. 避免明火　　B. 运输车辆不能通过隧道

C. 防止包装渗漏　　D. 定时停车检查货物

5. 毒害品的运输安全要求(　　)

A. 严防货物丢失

B. 行车要避开高温、明火场所

C. 防止袋装、箱装毒害品淋雨受潮

D. 用过的苫布,或被毒害品污染的工具及运输车辆,未清洗消毒前不能继续使用

6. 道路大件货物运输具有(　　)等特点。

A. 运输对象特殊　　B. 运输工具特殊

C. 实施分类经营许可制度　　D. 实行预先审批与通行证制度

7. 理货可为(　　)提供依据。

A. 超限货物级别　　B. 运输形式　　C. 查验道路　　D. 制定运输方案

8. 冷藏货物在装载时可采取的装载方法有(　　)

A. 紧密堆码　　B. 稳固装载　　C. 稳固装载并留通风空隙

9. 大件货物运输组织与一般货物运输相比具有(　　)

A. 特殊装载要求　　B. 特殊运输条件

C. 特殊安全要求　　D. 特殊人员要求

项目九
运输方案与决策

知识目标

1. 熟悉运输方式的选择方法；
2. 了解各种运输方式的技术经济特征；
3. 了解承运商选择的服务质量比较法；
4. 了解承运商选择的运输价格比较法；
5. 掌握常用的运输路线优化方法。

能力目标

1. 能根据实际运输需求选择合适的运输方式；
2. 理解非竞争因素分析法（成本比较法）和竞争因素分析法；
3. 掌握用层次分析法选择运输服务供应商；
4. 能用常见的优化方法进行运输路线优化；
5. 掌握运输问题的图上作业法；
6. 掌握运输问题的表上作业法。

思政目标

1. 培养爱岗敬业、诚实守信、廉洁自律、客观公正的职业道德；

2. 具有分析问题和决策判断的能力;

3. 实施科教兴国战略,强化现代化建设人才支撑。

任务一 选择运输方式

任务导入

一天,一位客户来电咨询,说有一批货物准备托运到斯里兰卡某地,托运时间不紧急,但也不能拖很长时间,价格上希望可以优惠一些,希望顺达货运公司推荐一个合理的运输方案。对此,李运推荐了海运,对方说时间太长,推荐了空运,对方又说价格太贵,中国又没有铁路可以直达斯里兰卡,公路运输的价格更是高得离谱了。李运一时不知所措,到底该如何设计运输方案,才能让顾客满意呢?

任务分析

一、物流主要运输方式

随着社会的发展和物流的需要,现代物流运输的方式越来越多样化,运输工具的创新和运用也越来越丰富,但本质上讲还是不能脱离海陆空这样的空间结构。具体来说海路运输分为江河运输和远洋运输;陆路运输分为公路运输和铁路运输以及地下管道运输;空路运输即飞机等交通工具提供的航空运输。各种运输方式的优缺点和技术经济特征如表 9－1 和表 9－2 所示。

表 9－1　各种运输方式的优缺点

特点 运输方式	优点	缺点
铁路	运输量大,连续性强,速度较快,受天气影响小,运费较低	投资多,建设周期长,短途运输成本高
公路	速度较快,比较灵活,受自然条件限制较小	投资较多,运输量小,运费高
水路	运量大,运费低,投资少	速度较慢,连续性差,受自然条件限制大
航空	速度快,机动灵活	运输量小,运费高,受天气影响较大
管道	运输量大,运费低,连续性强	投资较多,运货种类少

表 9—2　　各种运输方式的技术经济特征

特征＼运输方式	铁路	公路	水运	管道	航空
运载工具	火车	汽车	船舶	管道	飞机
运速	较快	较快	最慢		最快
运量	较大	较小	大	大	最小
运价	较低	较低	最低		最高
货运选择	长途大宗货物的运输和客运	各种少量的短途货运和客运	运输时间不受限制的大宗或笨重货物	运输液体和气体,粉末状和颗粒状的货物	客运为主,轻型、贵重或急需的货物
其他	造价较高、占地多、耗材多	机动灵活、耗能多、污染大	受自然条件影响大	连续性强、安全可靠,受天气影响小,但设备投资大,灵活性差	造价高,要求设备、技术条件高,受气候影响大

二、运输方式选择原因

运输方式的选择之所以重要,是由物流活动的本质要求决定的,物流的本质就是在有限条件下实现最低成本的最合理、最优的服务。

(一)合理的成本

任何公司或者团体甚至国家都会考虑物流的成本和效益的关系,只有不断地压缩物流成本,才能给公司、团体以及国家带来更多的经济利益,这和古代勤俭持家是一个道理。

(二)合理的服务水平

我们不能任意拔高公司的物流服务水平,因为服务水平和成本之间存在效益背反关系,公司的基础条件和资源始终是有限制的,有多大的能力就提供多好的服务,把服务保持在合理的水平比一味地超出自己能力提供更好的服务所带来的利益更大。

(三)符合运输商品本身特点

运输商品本身的特点有时会限制运输方式的选择,必须选择适合运输商品本身的特点,综合考虑各方面因素,比如西气东输工程的管道运输就是适合天然气的运输特点选择的最优运输方式。

三、运输方式选择方法

货主或物流运输企业针对某一次或某一批,甚至是一系列货物的运输需求而选择运输方式及其服务内容时,其结果是取决于运输服务方式的众多特性,如运输能力、运输速度、运输设备、运输服务的可靠性、可得性、安全性、理赔质量和货物跟踪等。研究表明,并非所有的服务特性对货主来说都同样重要,在货主心目中,只有某些服务特性是至关重要的。

(一)非竞争因素分析方法(成本比较法)

如果运输服务不是主要的竞争手段,那么能使该运输服务的成本与采用该运输服务水平而必须保持的库存成本之间达到平衡的运输服务就是最佳方案。也就是说,运输速度和可靠性会影响货主库存水平(订货库存和安全库存),以及他们之间的在途库存水平。

任务实施

【关键技能】

√ 熟悉运输方式选择方法;

√ 理解非竞争因素分析法(成本比较法)。

【训练准备】

分组。每组3人,具体分工是:案例分析1人,分析计算1人,结果分析1人,最后提交小组分析结果。

任务背景:某公司欲将产品从坐落位置A的工厂运往坐落位置B的公司自有的仓库,年运量D为700 000件,每件产品的价格C为30元,每年的存货成本I为产品价格的30%。公司希望选择使总成本最小的运输方式。据估计,运输时间每减少一天,平均库存水平可以减少1%。各种运输服务的有关参数如表9—3所示。

表9—3 运输服务的有关参数

运输方式	运输费率(元/件)R	运达时间(天)T	每年运输批次	平均存货量(件)Q/2
铁路	0.10	21	10	100 000
驮背运输	0.15	14	20	50 000×0.93
卡车	0.20	5	20	50 000×0.84
航空	1.40	2	40	25 000×0.81

注:安全库存约为订货量的1/2。

在途运输的年存货成本为ICDT/365,两端储存点的存货成本各为ICQ/2,但其中的C值有差别,工厂储存点的C为产品的价格,购买者储存点的C为产品价格与运费率之和。

【操作步骤】

步骤一 结合背景资料,分析与计算各运输服务方案成本,比选运输服务方案,结果如表9—4所示。

表 9—4　　**运输服务方案比选表**

成本类型	计算方法	运输服务方案			
		铁路	驮背运输	卡车	航空
运输	R×D	70 000	105 000	140 000	980 000
在途存货	ICDT/365	363 465	241 644	86 301	34 521
工厂存货	ICQ/2	900 000	418 500	378 000	182 250
仓库存货	ICQ/2	903 000	420 593	380 520	190 755
总成本		2 236 465	1 185 737	984 821	1 387 526

步骤二　根据运算结果，比选运输服务方案。

由表 9—4 的计算可知，在四种运输服务方案中，卡车运输的总成本最低，因此应选择卡车运输。

任务评价

如果选择速度慢、可靠性差的运输服务，物流渠道中就需要有更多的库存。这样，就需要考虑库存持有成本可能升高，而抵消运输成本的情况。因此现有方案中最合理的方案应该是既能满足顾客需要，又使总成本最低的服务。

(二)竞争因素分析方法

综合各种成本费用，选择合适的运输方式有助于创造有竞争力的服务优势。如果供应渠道中的货主从多个物流运输企业那里购买商品，那么物流运输服务就会与价格一样影响货主对物流运输企业的选择。相反，如果物流运输企业针对各自的销售渠道选择不同的运输方式，就可以控制其物流服务的各项要素，进而影响货主的购买。因为，对货主而言，更好的运输服务(运送时间更短、波动更少)意味着可以保持更少的库存，更加优质地完成生产运作计划。所以，货主会选择提供最理想运输服务的物流运输企业，进而降低成本。因为，经营业务的扩大会带来利润的进一步增加，而增加的利润可以弥补由于选择快速运输服务带来的成本增加，因而许多时候，货主会将采购订单转给能提供更优质服务的物流运输企业。如果分拨渠道中有多个物流运输企业可供选择，运输服务的选择就会成为物流运输企业和货主的共同决策。物流运输企业通过选择运输方式来争取货主的更多订单，理智的货主则会通过更多的购买来回应运输企业的选择。货主增加购买的数量取决于互相竞争的物流运输企业提供运输服务的差异。在动态的竞争环境下，只提供单一运输服务的物流运输企业很难生存，因为其他物流运输企业会通过提供更多的服务来反击竞争对手。

任务实施

【关键技能】

√ 熟悉运输方式选择方法;

√ 理解竞争因素分析法。

【训练准备】

分组。每组3人,具体分工是:案例分析1人,分析计算1人,结果分析1人,最后提交小组分析结果。

任务背景:某制造商分别从两个供应商处购买了共3 000个配件,每个配件单价100元。目前这3 000个配件是由两个供应商平均提供的,如供应商缩短运达时间,则可以多得到交易份额,每缩短一天,可从总交易量中多得5%的份额,即150个配件。供应商从每个配件可赚得占配件价格(不包括运输费用)20%的利润。于是供应商A考虑,如将运输方式从铁路转到卡车运输或航空运输是否有利可图。

各种运输方式的运费率和运达时间如表9—5所示。供应商A只是根据他可能获得的潜在利润来对运输方式进行选择决策。

表9—5　　各种运输方式的运费率和运达时间

运输方式	运费率(元/件)	运达时间(天)
铁路	2.50	7
卡车	6.00	4
航空	10.35	2

供应商A的潜在利润=运输毛利−运输成本。运输毛利=100×20%×数量,运输成本为三种运输方式运费率(元/件)与数量的乘积。

【操作步骤】

步骤一　结合背景资料,分析与计算不同运输方式的利润,结果如表9—6所示。

表9—6　　供应商A使用不同运输方式的利润比较

运输方式	配件销售量(元)	毛利(元)	运输成本核算(元)	净利润(元)
铁路	1 500	30 000.00	3 750.00	26 250.00
卡车	1 950	39 000.00	11 700.00	27 300.00
航空	2 250	45 000.00	23 287.50	21 712.50

步骤二　根据运算结果,比选运输服务方案。

由表9—6的计算可知,在四种运输服务方案中,卡车运输的总成本最低,因此应选择卡车运输。

任务评价

通过上述关于运输服务选择问题的讨论，我们已经认识到，在考虑运输服务的直接成本的同时，有必要考虑运输方式对库存成本和运输绩效对购买选择的影响。当然，除此之外，还有其他一些因素需要考虑，其中有些是决策者不能控制的。

(1)如果供应商和买方对彼此的成本有一定了解，则会促进双方的有效合作。但供应商和买方如果是相互独立的法律实体，二者之间若没有某种形式的信息交流，双方就很难获得完全的成本信息。在任何情况下，合作都应该朝着更密切关注对方对运输服务选择的反应或对方购买量的变化的方向发展。

(2)如果分拨渠道中有相互竞争的供应商，买方和供应商都应该采取合理的行动来平衡运输成本和运输服务，以获得最佳收益。当然，无法保证各方都会理智行事。

(3)还没有考虑对价格的影响。假如供应商提供的运输服务优于竞争方，他很可能会提高产品的价格来补偿至少是部分补偿增加的成本。因此，买方在决定是否购买时应同时考虑产品价格和运输绩效。

(4)运输费率、产品种类、库存成本的变化和竞争对手可能采取的反击措施都增加了问题的动态因素，在此并没有直接涉及。

(5)这里没有考虑运输方式的选择对供应商存货的间接作用。供应商也会和买方一样由于运输方式变化改变运输批量进而导致库存水平的变化。供应商可以调整价格来反映这一变化，反过来又影响运输服务的选择。

任务二　选择承运商

任务导入

安徽马鞍山市常立发机械制造有限公司是顺达货运的老客户了，每年订购农机等设备，均由顺达货运公司承运。现在物流市场很大，物流企业很多，李运感觉互相之间的报价和服务都差不多，站在客户的角度，他们到底希望找什么样的公司为自己服务？站在自己公司的角度，如何留住稳定的客源？

任务分析

货主把货物交给承运人后，承运人会根据双方的合同和行业的惯例履行运输的义务，把货物安全、及时地送交收货人。只要运输业没有垄断存在，对于同一种运输方式，货主都有机会面对相同的物流运输企业，此时选择适合货主标准和偏好的承运人就成了货主需要考虑的头等重要的问题。虽然货主在选择承运人时，其结果取决于运输服务的众多特性,如运输速度、服务的可靠性、运输能力、运输设备的可得性和充足性、服务的可得性、理赔服务的质量、货物服务以及对解决问题是否有帮助等。但一般来说,货主在选择承运人时会用以下几种方法进行比较。

一、服务质量比较法

运输所体现的价值是借助于运输工具将货物从一个地方运送到另一个地方,使其产生空间上的移动。“移动”这种产品是运输企业的最终产品,“移动”的量就是指它的使用价值在运输生产过程中使货物产生位移,并且在产生移动的过程中,保证被移动货物完整无损、无差错,满足货主的要求。由于运输业的特殊性,运输质量与一般工农业产品质量相比较,有特殊的质量要求,它主要是指物流运输企业向社会提供运输劳务、满足货主需要的程度。

(一)运输的安全性

运输货物的“移动”必须首先保证货主货物完整无损、平安顺利地运达目的地,这是运输企业的基本职责,也是货主最基本的要求。这里所说的完整无损、平安顺利包含两层意思:一是货主从托运开始到收货结账为止,全过程的安全工作,包括偷盗扒窃等事故的防止;危险品、禁运品的检查、运输和防护、货物的妥善装卸、运输、保管和收缴,不发生短缺差错;二是安全运行不出事故,保证货物不发生损坏、污染和变质。因此,大多数货主会将运输货物的安全性作为选择承运人的首要因素。具体应考虑以下几方面:

(1)运输设备的完好状态。

(2)装卸公司的服务质量。

(3)员工工作的经验和责任心。

(4)运输流程的控制情况。

(二)运输的及时性

货主不仅要求货物安全地运达目的地,许多时候还要求运输企业按照协议、合同或企业承诺的期限,在保证安全的情况下,争取最快地运达目的地。特别是对于需要及时、快捷运送的货物,货主会更多地考虑运输的及时性。同时,还会在以下几方面提出要求:

(1)运输的准确率。

(2)单证的准确率。

(3)运输的合理间隔。

二、运输价格比较法

货主要求承运人在运送货物时做到运价便宜、运费少。承运人应千方百计地降低运输成本,降低各项消耗,以最经济的运输方案和较低的运价运达货物。在运输技术及运输工具不断发展的今天，各承运人之间提供的运输质量差异越来越小，货主在选择承运人时，对一些运送质量要求不高的货物，会更多地考虑运输的经济性。在经济上主要是考虑：

(1)运输费率的高低。

(2)运输单位成本的水平。

三、综合选择法

许多货主在选择承运人时考虑的不仅仅是某一个方面的因素，综合因素的考虑会显得更为重要。如同时考虑服务质量和运输价格，以及承运人的品牌、经济网点数量、运输价格、总资产状况以及其他货主需要考虑的因素。用公式表示为：

$$S=\frac{k_1Q}{k_2P}+k_3B+k_4C+k_5N+\cdots+k_nO$$

其中：S——综合因素；

kn——不同因素的权数；n=1,2,3,…

Q——服务质量；

P——运输价格；

B——运输服务商的品牌；

C——运输服务商的总资产状况；

N——运输服务商的网点数；

O——其他因素。

客户可以根据自己的需要，调整不同因素的权数，然后做出决策。

任务实施

【关键技能】

√ 熟悉选择承运商的方法；

√ 理解综合选择法。

【训练准备】

分组。每组 3 人，具体分工是：案例分析 1 人，分析计算 1 人，结果分析 1 人，最后提交小组分析结果。

任务背景：某企业针对其采购的某种物资对其供应商进行考评，假定提供此种物资的供应商有四家，分别是 A、B、C、D，有关供应商的统计资料数据(在一定时间内)如表 9－7 所示。

表 9—7　　供应商统计资料数据

供应商	收到的物资数量(件)	验收合格的物资数量(件)	供应商提供的物资价格(元/件)	合同完成率(%)
A	2000	1920	89	98
B	2400	2200	86	92
C	600	480	93	95
D	1000	900	90	100

任务中,企业评价供应商的比例定为:产品质量占 40 分,价格占 35 分,合同完成率占 25 分。假定得分在 90～100 分者为优秀供应商,得分在 70～89 分者为合格供应商,得分在 60～69 分者为不理想供应商,得分在 59 分以下者为不合格供应商,综合评分 Tn=产品合格率×质量权重+合同完成率×合同权重+价格率×价格权重,根据以上资料,计算各供应商的综合得分,并确定应选用哪个供应商。

【操作步骤】

步骤一　结合任务资料,计算综合得分,计算过程如表 9—8 所示。

表 9—8　　分析过程和结果

承运商	产品合格率得分	价格率得分	合同完成率得分	综合得分
A	1920/2000×40	86/89×35	98%×25	97.15
B	2200/2400×40	86/86×35	92%×25	94.7
C	480/600×40	86/93×35	95%×25	87.95
D	900/1000×40	86/90×35	100%×25	94.6

步骤二　根据运算结果,比选承运商。

根据上述分析,承运商 A 的分数最高,应选承运商 A。

任务评价

(1)不同因素的权数确定,货主可根据自己所运送货物的具体情况,确定各因素权数的大小(如表 9—8 中权数依次为 40,35,25);而对于不同因素评分的确定,货主可根据自己对承运人运输的安全性、及时性、经济性和服务性等众多因素确定其应有的分数(如表 9—8 中确定的合理价格为 86 元/件,86 是四个供应商中价格最低的,价格越低,则该项分数越高)。

(2)一般来说,承运人的综合计分越高,说明其运输条件越好。综合计分最高,运输费用又相对合理的运输商将是托运人的首选。

四、层次分析法

层次分析法(AHP)是20世纪70年代由著名运筹学家T. L. 塞惕(T. L. Satty)提出的，韦伯(Weber)等提出利用层次分析法分别用于供应商(合作伙伴)的选择。它的基本原理是根据具有递阶结构的目标、子目标(准则)、约束条件、部门等来评价方案，采用两两比较的方法确定判断矩阵，然后把判断矩阵的最大特征根对应的特征向量的分量作为相应的系数，最后综合给出各方案的权重(优先程度)。由于该方法让评价者对照相对重要性函数表，给出因素两两比较的重要性等级，因而可靠性高、误差小，不足之处是遇到的因素众多。分析规模较大的问题时，该方法容易出现问题，如判断矩阵难以满足一致性要求，往往难以进一步对其分组。它作为一种定性和定量相结合的工具，目前已在许多领域得到了广泛的应用。

关于判断矩阵的一致性检验，理论上可以证明，如果判断矩阵是一个正互反矩阵，且各元素存在着$a_{ij}=a_{ik}/a_{jk}(i,j,k=1,2,\cdots,n,i\neq j)$的关系，或矩阵的阶数n=1或2的话，则称该判断矩阵为完全一致性矩阵，此时判断矩阵A的最大特征根值$\lambda_{max}=n$。然而，由于客观事物的复杂性、人们认识上的多样性和可能产生的片面性，使得在建立判断矩阵时，不可能做到使每一个判断矩阵都具有完全的一致性。但是，我们要求所建立的判断矩阵应具有大体满意的一致性，否则，当所建立的判断矩阵偏离一致性过大时，排序向量(即权系数)的计算结果将是不可靠的，从而会导致做出错误的决策。

为了检验判断矩阵的一致性，简单的办法就是计算随机一致性比率CR，此值愈小，判断矩阵的一致性愈好，其极限为零；若$n>2$且$CR\leqslant 0.1$，就可以认为判断矩阵基本符合一致性条件，或称为具有满意的一致性，否则，就要调整判断矩阵中的元素赋值，直至使其具有满意的一致性时为止。而CR又等于判断矩阵的一致性指标CI与相应阶数的平均随机一致性指标RI之比，即$CR=CI/RI$，式中的CI可按$CI=(\lambda_{max}-n)/(n-1)$计算求得。

关于RI值，塞惕曾用随机方法构造了3500个样本矩阵，对于不同的矩阵阶数n得到一批RI数值，天津大学的学者又对它做了修正，它可根据矩阵的阶数n从表9－9中查得。

表9－9　　RI数值

n	1	2	3	4	5	6	7	8	9	10	11	12	13	14	15
RI	0.00	0.00	0.52	0.89	1.12	1.26	1.36	1.41	1.46	1.49	1.52	1.54	1.56	1.58	1.59

任务实施

【关键技能】

√ 熟悉选择承运商的方法；

√ 掌握用层次分析法选择承运商。

【训练准备】

分组。每组 4 人,具体分工是:案例分析 1 人,分析计算 2 人,结果分析 1 人。结合图 9—1 供应商选择层次结构模型,进行供应商选择决策,最后提交小组分析结果。

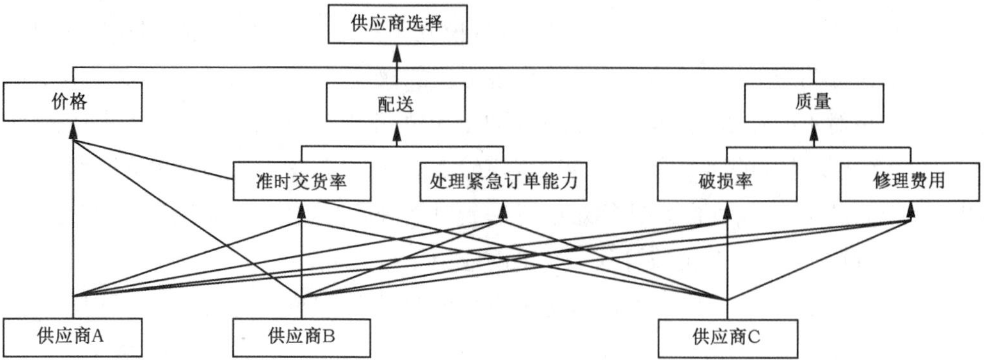

图 9—1 供应商选择层次结构模型

【操作步骤】

步骤一 构建两两比较矩阵。

(1)价格、配送、质量上两两比较矩阵

	价格	配送	质量
价格	1	3	1
配送	1/3	1	1/3
质量	1	3	1

(2)准时交货率、处理紧急订单能力上两两比较矩阵

	准时交货率	处理紧急订单能力
准时交货率	1	5
处理紧急订单能力	1/5	1

(3)破损率、修理费用上两两比较矩阵

	破损率	修理费用
破损率	1	1/5
修理费用	5	1

(4)价格满足程度

	A	B	C
A	1	1	1/5
B	1	1	1/3
C	5	3	1

(5)各供应商在准时交货率、处理紧急订单能力、破损率和修理费用上两两比较矩阵。

		A	B	C
准时交货率	A	1	5	3
	B	1/5	1	1
	C	1/3	1	1
处理紧急订单能力	A	1	1/3	2
	B	3	1	5
	C	1/2	1/5	1
破损率	A	1	1/2	1/3
	B	2	1	1/2
	C	3	2	1
修理费用	A	1	1	1/2
	B	1	1	1/2
	C	2	2	1

步骤二　用元决策软件(yaahp),进行案例分析。

方案层中要素对决策目标的排序权重

备选方案	权重
供应商 C	0.5243
供应商 A	0.2518
供应商 B	0.2239

第 1 个中间层中要素对决策目标的排序权重

中间层要素	权重
质量	0.4286
价格	0.4286
配送	0.1429

二维码 9.1
yaahp(AHP 计算)
使用说明

二维码 9.2
层次分析法
(AHP)案例演算

第 2 个中间层中要素对决策目标的排序权重

中间层要素	权重
修理费用	0.3571
准时交货率	0.1190
破损率	0.0714
处理紧急订单能力	0.0238

1.供应商选择

一致性比例:0.0000;对“供应商选择”的权重:1.0000;λ_{max}:3.0000

供应商选择	价格	配送	质量	Wi
价格	1.0000	3.0000	1.0000	0.4286
配送	0.3333	1.0000	0.3333	0.1429
质量	1.0000	3.0000	1.0000	0.4286

2.价格

一致性比例:0.0279;对“供应商选择”的权重:0.4286;λ_{max}:3.0291

价格	供应商 A	供应商 B	供应商 C	Wi
供应商 A	1.0000	1.0000	0.2000	0.1562
供应商 B	1.0000	1.0000	0.3333	0.1852
供应商 C	5.0000	3.0000	1.0000	0.6586

3.配送

一致性比例:0.0000;对“供应商选择”的权重:0.1429;λ_{max}:2.0000

配送	准时交货率	处理紧急订单能力	Wi
准时交货率	1.0000	5.0000	0.8333
处理紧急订单能力	0.2000	1.0000	0.1667

4.质量

一致性比例：0.0000；对“供应商选择”的权重：0.4286；λ_{max}：2.0000

质量	破损率	修理费用	Wi
破损率	1.0000	0.2000	0.1667
修理费用	5.0000	1.0000	0.8333

5.准时交货率

一致性比例：0.0279；对“供应商选择”的权重：0.1190；λ_{max}：3.0291

准时交货率	供应商B	供应商A	供应商C	Wi
供应商B	1.0000	0.2000	1.0000	0.1562
供应商A	5.0000	1.0000	3.0000	0.6586
供应商C	1.0000	0.3333	1.0000	0.1852

6.处理紧急订单能力

一致性比例：0.0036；对“供应商选择”的权重：0.0238；λ_{max}：3.0037

处理紧急订单能力	供应商C	供应商A	供应商B	Wi
供应商C	1.0000	0.5000	0.2000	0.1220
供应商A	2.0000	1.0000	0.3333	0.2297
供应商B	5.0000	3.0000	1.0000	0.6483

7.破损率

一致性比例：0.0088；对“供应商选择”的权重：0.0714；λ_{max}：3.0092

破损率	供应商A	供应商B	供应商C	Wi
供应商A	1.0000	0.5000	0.3333	0.1634
供应商B	2.0000	1.0000	0.5000	0.2970
供应商C	3.0000	2.0000	1.0000	0.5396

8.修理费用

一致性比例：0.0000；对“供应商选择”的权重：0.3571；λ_{max}：3.0000

修理费用	供应商A	供应商B	供应商C	Wi
供应商A	1.0000	1.0000	0.5000	0.2500
供应商B	1.0000	1.0000	0.5000	0.2500
供应商C	2.0000	2.0000	1.0000	0.5000

步骤三 根据运算结果，比选承运商，如表9—10所示。

层次法的总得分 W_n=价格得分$_n$+配送权重(准时交货得分$_n$+处理紧急订单能力得分$_n$)+质量权重(破损率得分$_n$+修理费用得分$_n$)

表 9—10　　分析最终结果

	价格得分	配送得分	质量得分	总分
供应商 A	0.0669	0.0839	0.1010	0.2518
供应商 B	0.0794	0.0340	0.1105	0.2239
供应商 C	0.2823	0.0249	0.2171	0.5243

根据上述分析,承运商 C 分数最高,应选承运商 C。

任务评价

运用层次分析法有很多优点,其中最重要的一点就是简单明了。层次分析法不仅适用于存在不确定性和主观信息的情况,还允许以合乎逻辑的方式运用经验、洞察力和直觉。也许层次分析法最大的优点是提出了层次本身,它使得买方能够认真地考虑和衡量指标的相对重要性。

任务三　选择优化运输路线

任务导入

百源木业公司位于 0 点,需给 1,2,3,…,9 位客户配送细木工板,配送路线如图 9—2 所示。该公司现有 1 辆 7 吨的货车和 2 辆 11 吨的货车,7 吨卡车最大容量为 300 张,每百公里油耗 21L,11 吨卡车最大载量为 500 张,每百公里油耗 27L,已知柴油每升 7.07 元,司机每天工资 100 元。各客户货运量和配送距离见表 9—11,百源木业公司和各客户之间的距离如表 9—12 所示。基于人性化与安全的考虑,当运输里程超过 350 千米时,需配备两名司机,为防止突发运输事件,车辆必须当天回到公司,减去由于装、卸货等影响因素,各车最大运输距离为 600 公里。

表 9—11　　运输任务表

客户	1	2	3	4	5	6	7	8	9
货运量(张/周)	180	120	120	60	80	220	70	90	200
配送距离(千米)	75.9	89.2	186.7	170.3	57	153.8	87	81.5	82.5

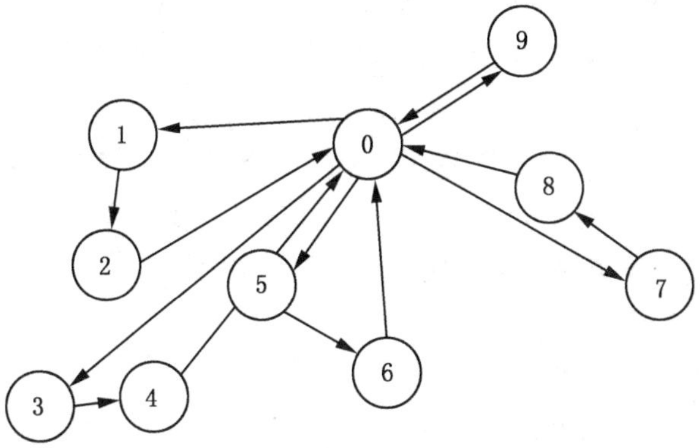

图 9—2　现有的小客户公司采用的配送路线

表 9—12　　**百源木业公司和各客户之间的距离**　　（单位：千米）

距离	0	1	2	3	4	5	6	7	8	9
0	0	75.9	89.2	186.7	170.3	57.0	153.8	87.0	81.5	82.5
1		0	48.6	157.1	173.8	86.1	194.3	161.2	148.9	154.7
2			0	97.3	117.0	48.6	143.1	158.1	156.4	170.5
3				0	16.4	125.0	98.5	170.2	206.3	268.7
4					0	107.2	81.5	153.9	190.1	251.3
5						0	104.6	103.2	98.3	103.1
6							0	83.3	115.7	232.0
7								0	34.2	126.8
8									0	91.4
9										0

根据表 9—11 和表 9—12 中的数据，可求得各配送路线的里程、运货量、所需司机数量的基本情况，数据如表 9—13 所示。

表 9—13　　**配送信息表**

路线	运距（千米）	运货量（张）	车型	司机
0—1—2—0	213.7	300	7 吨货车	1
0—3—4—0	373.4	180	7 吨货车	2
0—5—6—0	315.4	300	7 吨货车	1
0—7—8—0	202.7	160	7 吨货车	1
0—9—0	165.0	200	7 吨货车	1

由表 9—13 可知,公司每周需 7 吨货车 5 车次配送,司机 6 人次,所需工资 600 元,运输总里程为 1 270.2 千米,消耗的柴油 266.75 升,所需燃油费 1 885.87 元,一共花费 2 485.87 元。

公司运营部门发现,上述配送路线的选择不合理,优化不彻底,导致运距过长,消耗作业时间偏多,不能充分利用车辆配载容积,浪费较多人力和物力资源,影响公司盈利。请分析并优化该公司的配送路线。

任务分析

运输路线优化问题涉及运输路线的选择,进而制订排车计划,定性分析时通常需要综合考虑各项因素,定量分析时运用运筹学等数学理论,进行建模处理,以达到在实现运输服务的同时,缩短运输里程,减少回程空载及交叉迂回等不合理运输形式。

一、多回路运输—VRP 模型

VRP(vehicle routing problem)模型是解决多回路问题的一个比较成功的模型。该问题研究目标是:对一系列顾客需求点设计适当的路线,使车辆有序地通过它们,在满足一定的约束条件下(如货物需求量、发送量、车辆容量限制、行驶里程限制等),达到一定的优化目标(如里程最短、费用最小、时间尽量少等)。它涉及多辆交通工具的服务对象的选择和路径确定两方面问题。

一个典型的 VRP 模型可以如下表述:

基本条件:现有 m 辆相同的车辆停在一个共同的源点 v_0,它需给 n 个客户提供货物,顾客为 $v_1, v_2, \cdots, v_n$。

模型目标:确定所需的车辆数 N,并指派这些车辆到一个回路中,同时包括回路内的路径安排和调度,使总费用最小。

限制条件:N 不大于 m;每一个订单都要完成;每辆车完成任务后都要回到源点 v_0。

二、节约算法(节约里程法)

节约算法(saving algorithm),也称节约里程法,是用来解决运输车辆数目不确定的 VRP 问题,它是目前用来解决 VRP 模型常用的启发式算法。

(一)节约算法的基本原理

节约算法的核心思想是将运输问题中存在的两个回路(0,…,i,0)和(0,j,…,0)合并成一个回路(0,…,i,j,…,0)。在上面的合并操作中,整个运输问题的总运输距离会发生变化,如果变化后总运输距离下降,则称节约了运输距离。相应的变化值叫做节约距离$\triangle C_{ij}$,$\triangle C_{ij}=c_{i0}+c_{0j}-c_{ji}$。调整过程如图 9—3 所示。

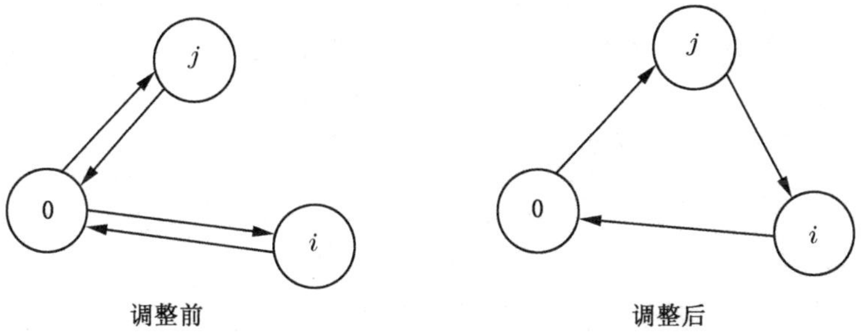

图 9—3 节约算法的图像描述

(二)节约算法的主要步骤

已知条件:需求点集 $N_R=\{1,2,\cdots,n\}$,各点需求量 R_i,各点间最短距离 c_{ij}。

第一步,形成一个初始解。确定各车辆配送点集 $I_1,I_2,\cdots,I_m$,令 $I_j=\{j\}$,$j=1,2,\cdots,n$(先采取单点配送)。

第二步,进行节约度的计算。计算所有点对的节约度,然后对计算结果进行升序排列。

第三步,进行回路的合并。从升序排列的节约度序列中的最上面的值开始,直到节约里程的队列空为止,重复下列步骤:按照节约里程队列从大到小的顺序,分析客户 i 和 j 之间合并的可能性(是否满足装载限制条件、不在同一路径内以及合并次数不超过 2),将 i,j 连接起来,即可令 $I_i=I_i \cup I_j$;$I_j=\varnothing$。如果不是这样,则从节约里程队列中去除当前的节约里程,分析下一个客户。

任务实施

【关键技能】

√ 掌握常用的运输线路优化方法;

√ 用节约算法解决多回路运输问题。

【训练准备】

分组。每组 6 人,具体分工是:案例分析 2 人,分析计算 3 人,结果分析 1 人,首先根据任务导入的背景资料建立多回路运输 VRP 模型,之后用节约算法进行分析与计算,最后提交小组分析结果。

1. 基本条件

百源木业公司需给 9 个客户送货,客户依次为 1,2,…,9,现有 1 辆 7 吨(长 7.8 米,宽 2.2 米,高 3.6 米)的货车(每百公里油耗 21L),2 辆 11 吨(长 9.5 米,宽 2.3 米,高 3.6 米)的货车(每百公里油耗 27L),柴油每升 7.07 元,司机每天工资 100 元。

2. 模型目标

确定所需要的车辆的数目 N、车辆类型、司机数量以及各车行走的路径,并指派这些车辆到一个回路中,同时包括回路内的路径安排和调度,使得运输总费用最小。

3. 限制条件

(1)基于人性化与安全的考虑,当运输里程超过 350 公里时,需配备两名司机,为防止突发运输事件,车辆必须当天回到公司,减去由于装卸货等影响因素,各车最大运输距离为 600 公里。

(2)每辆车完成任务之后都要回到源点 0 处。

(3)车辆的容量限制不能超标。7 吨的货车最多可装 300 张细木工板,11 吨的货车最多可装 500 张细木工板。11 吨货车运输单价比 7 吨货车的低,优先使用 11 吨货车,若不超过 300 张细木工板,则使用 7 吨货车。

【操作步骤】

步骤一　求节约里程。

设各点间的距离为 C,$C=\{c_{ij}|i,j=1,2,\cdots,9\}$,节约距离为$\triangle c_{ij}$。每辆车的载货量为 r_i,各点需求量为 $R_i(i=1,2,\cdots,9)$,每辆车的行驶里程为 $L_i(i=1,2,\cdots,9)$,$L_i\leqslant 600$ 公里,婺源为 0 点,客户点 1,2,…,9。

根据最短距离表,根据$\triangle C_{ij}=c_{i0}+c_{0j}-c_{ji}$ 计算出用户间的节约里程,并由大到小排列,编制节约里程$\triangle c_{ij}$、顺序表,如表 9—14 所示。

表 9—14　　节约里程顺序表　　单位:千米

连接点	节约里程	连接点	节约里程	连接点	节约里程	连接点	节约里程
3—4	340.6	3—5	118.7	1—4	72.4	2—7	18.1
4—6	242.6	1—2	116.5	3—8	61.9	2—8	14.3
3—6	242.0	5—6	106.2	4—8	61.7	1—8	8.5
2—3	178.6	1—3	105.5	1—5	46.8	6—9	4.3
6—7	157.5	3—7	103.5	7—9	42.7	1—9	3.7
2—4	142.5	4—7	103.4	5—7	40.8	1—7	1.7
7—8	134.3	2—6	99.9	5—8	40.2	4—9	1.5
4—5	120.1	2—5	97.6	5—9	36.4	2—9	1.2
6—8	119.6	8—9	72.6	1—6	35.4	3—9	0.5

步骤二　按节约里程从大到小合并路径

(1)对于$\triangle c_{34}=340.6\text{km}$;$r_3+r_4=120+60=180<500$;路线(0—3—4—0)的运距 $L=186.7+170.3+16.4=373.4\text{km}<600\text{km}$,两者都满足限制条件,故可合并 3,4 两点。

(2)对于$\triangle c_{46}=242.6\text{km}$;$r_3+r_4+r_6=180+220=400<500$,路线(0—3—4—6—

0)的运距 L=186.7+16.4+81.5+153.8=438.4km<600km,两者都满足限制条件,故可合并 4,6 两点。

(3)对于$\triangle c_{67}$=157.5km;$r_3+r_4+r_6+r_7$=400+70=470<500,路线(0—3—4—6—7—0)的运距 L=186.7+16.4+81.5+83.3+87=454.9km<600km,两者都满足限制条件,故可合并 6,7 两点。

(4)余下各点的货运量均大于 30,故回路 0—3—4—6—7—0 不能再与其他点合并。接下来的讨论将跳过与点 3,4,6,7 相关的$\triangle c_{ij}$。

(5)对于$\triangle c_{12}$=116.5km;r_1+r_2=180+120=300<500;路线(0—1—2—0)的运距 L=75.9+48.6+89.2=213.7km<600km,两者都满足限制条件,故可合并 1,2 两点。

(6)对于$\triangle c_{25}$=97.6km;$r_1+r_2+r_5$=300+80=380<500;路线(0—1—2—5—0)的运距 L=75.9 +48.6+48.6+57=230.1km<600km,两者都满足限制条件,故可合并 2,5 两点。

(7)对于$\triangle c_{89}$=72.6km ;r_8+r_9=90+200=290<300;路线(0—8—9—0)的运距 L=81.5+91.4+82.5=255.4km<600km,两者都满足限制条件,故可合并 8,9 两点。

(8)$r_1+r_2+r_5+r_8+r_9$=380+290=670>500,故路线 0—1—2—5—0 与路线 0—8—9—0 不能合并。

至此,合并结束。

步骤三　分析运算结果,得出最优配送路线。

如表 9—15,优化路线图如图 9—4 所示。

表 9—15　　**节约法优化结果**

路线	运距(km)	运货量(吨)	车型	司机
0—3—4—6—7—0	454.9	470	11 吨货车	2
0—1—2—5—0	230.1	380	11 吨货车	1
0—8—9—0	255.4	290	7 吨货车	1

由表 9—15 可知,公司每周需 11 吨货车 2 车次和 7 吨货车 1 车次配送,司机 4 人次,所需工资 400 元,运输总里程为 940.4 千米,消耗的柴油 238.584 升,所需燃油费 1 686.79 元,一共花费 2 086.79 元。

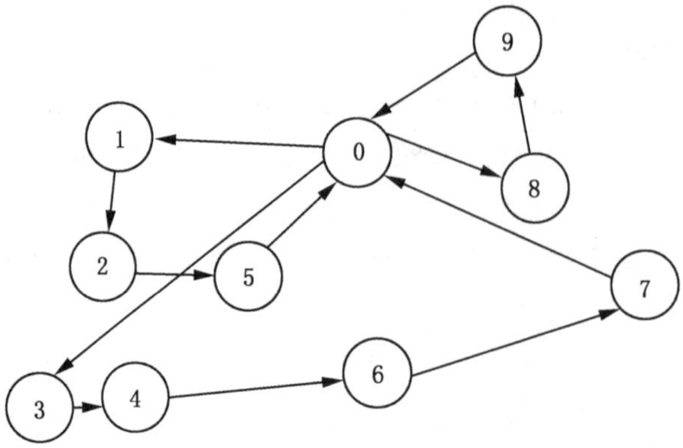

图 9—4　节约算法求解路线结果

任务评价

小组/学生姓名					
评价标准	考评内容	分值	自我评价	小组互评	教师评价
	原配送路线基本数据分析	20			
	用节约算法进行配送路线优化分析与计算	20			
	绘制优化后配送路线图	20			
	根据优化前后数值进行比较分析	20			
	体现协作精神和认真严谨的工作作风	20			
合计		100			
最终得分 (自评 30%+互评 30%+师评 40%)					
说明:测评满分为 100 分,60—74 分为及格,75—84 分为良好,85 分以上为优秀,60 分以下的学生,需重新进行学习,直到达到合格为止					

任务四　运输作业法的运算

任务导入

有某物资 7 万吨,由发点 A_1、A_2、A_3 发出,发量分别为 3、3、1 万吨,收发量平衡,交通路线如图 9—5 所示,请问应如何调运,才能使运输成本最小?

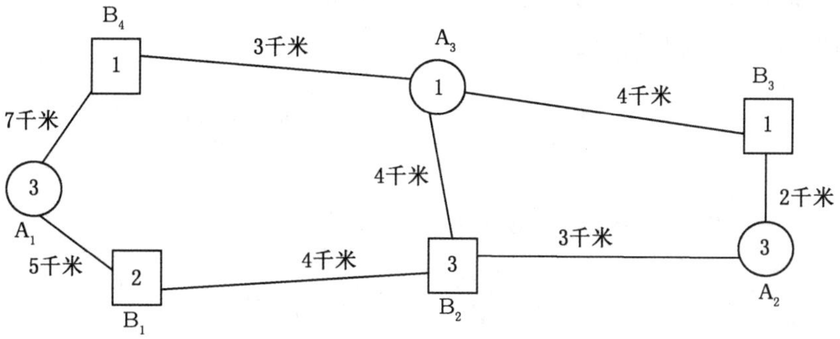

图 9—5 交通路线

任务分析

一、图上作业法

运输问题的图上作业法是解决多起点、多终点的运输路线的选择优化问题。有多个货源地服务于多个目的地时，运输路线选择优化的任务是要指定为各目的地服务的供货地，同时要找到供货地、目的地之间的最佳路径。解决这类问题常常可以运用一类特殊的线性规划方法即物资调运问题图上作业法进行求解。

图上作业法是在运输图上求解线性规划模型的方法。交通运输及类似的线性规划问题，都可以首先画出流向图，然后根据有关规则进行必要调整，直至求出最小运输费用或最大运输效率的解。

图上作业法适用于交通路线呈树状、圈状，而且对产销地点的数量没有严格限制的情况。图上作业法的求解规则可以归纳为：流向划右方，对流不应当；里圈、外圈分别算，要求不能超过半圈长；若超过半圈长，应去运量最小段；反复运算，可得最优方案。

任务实施

【关键技能】

√ 理解图上作业法的基本原理。

√ 能够熟练运用图上作业法。

【训练准备】

分组。每组 4 人，具体分工是：案例分析 1 人，分析计算 2 人，结果分析 1 人，最后提交小组分析结果。

任务背景：有一批粮食，要由 3 个发货点（A_1，A_2，A_3）运往 4 个收货点（B_1，B_2，B_3，B_4）。3 个发货点的供应量分别是 40 吨、30 吨、30 吨，4 个收货点的需求量分别是 10

吨、20 吨、30 吨、40 吨。各点之间的距离如图 9—6 所示。如何制定一个调运方案，使得完成调运任务的总吨公里数最小？

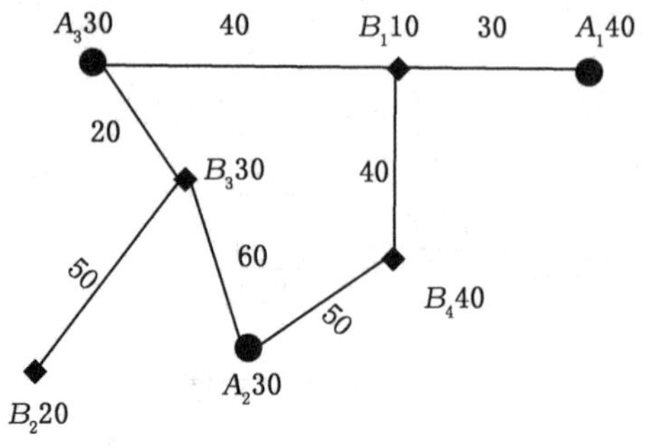

图 9—6　发货点与收货点间距示意图

【操作步骤】

步骤一　做一个没有对流的流向图，用“去线破圈”的方法，去一线破一圈，把有圈的交通图，化为不成圈的交通图。

A_1 的 40 吨货物必然要先运到 B_1，然后要么 40 吨货物全部运往 B_4 或者把 30 吨货物运到 B_4，其余的 10 吨货物留在 B_1。如果 A_1 把 40 吨货物全部运往 B_4，则 A_2 就无需再往 B_4 运货，可去掉 A_2B_4；如果 A_1 把 10 吨货物留在 B_1，把其余的 30 吨货物运到 B_4，则 A_3 就无需再往 B_1 运货，可去掉 A_3B_1。一般是先去掉最长的交通线，比如先去掉 A_2B_4 这条交通线，破 $A_3B_1B_4A_2B_3$ 圈。这样，原有圈的交通图，变成了不成圈的交通图，如图 9—7 所示。

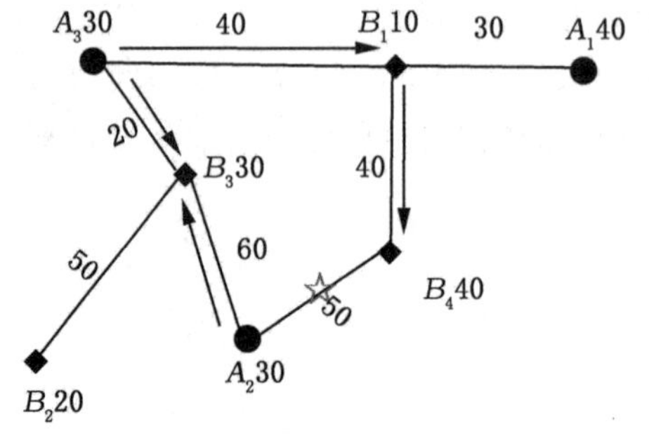

图 9—7　调运流向

步骤二　检查里外圈长度。

分别计算里圈(顺时针方向长度之和)和外圈(逆时针方向长度之和)的长度，如果内圈或外圈的长度超过了周长的一半，这个就不是最优方案，需要改进。由图 9—9 可知，环线的周长＝ 40＋40 ＋50＋60＋20＝210 公里，则周长的一半等于 105 公里。里圈长度＝40＋40＋60＝140 公里超过了周长的一半，所以去掉 A_2B_4，这条交通线不合适。改为去掉另一条交通线 A_3B_1，得出新的流向图，如图 9—8 所示。新的流向图中，

在 $A_3B_1B_4A_2B_3$ 圈内，里圈长＝40＋60＝100 公里，外圈长＝20＋50＝70 公里，都不超过全圈的一半。因此这个流向图没有迂回现象，是本问题的最优调运方案，如表 9—16 所示。

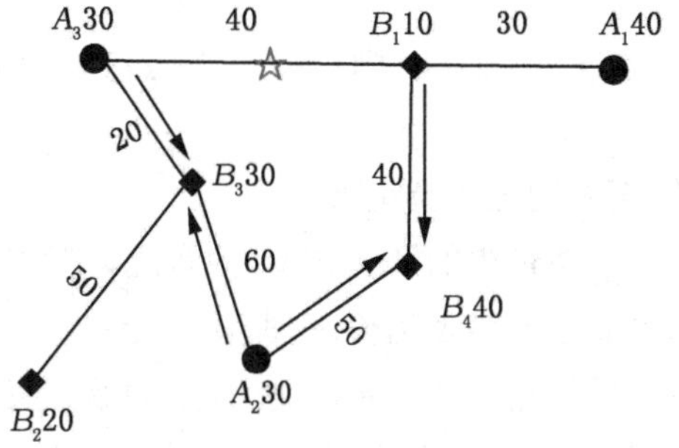

图 9—8　调整后的流向

表 9—16　调运方案

调运量 收点 / 发点	B_1	B_2	B_3	B_4	发量
A_1	10			30	40
A_2			20	10	30
A_3		20	10		30
收量	10	20	30	40	100

最小吨公里 ＝ 10×30＋30×40＋20×60＋10×40＋20×70＋10×20 ＝ 5 700 吨公里

任务评价

图上作业法是我国物资部门从实际工作中创造出来的一种物资调运的方法，是一种行之有效的方法。利用图上作业法，可以帮助企业避免物资调运工作中的对流和迂回现象，提高运输过程中的里程利用率、减少空驶、增加运量、充分利用现有运输设备，是一个有效的工具。这种方法使用图解的形式，直观易操作，计算简单，效果明显。

二、表上作业法

当某些线性规划问题采用图上作业法难以进行直观求解时，就可以将各元素列成相关表，作为初始方案，然后采用检验数来验证这个方案，如果检验通不过，就要采用闭合回路法、位势法或矩形法等方法进行调整，直至得到满意的结果，这种列表求解方法就是表上作业法。其主要内容如下：

(1)列出调运物资的供需(产销)平衡表及运价表；

(2)按最小元素法建立初始调运方案;

(3)采用闭合回路法计算初始方案每个空格的闭合回路的检验数? χ_{ij};

(4)检查检验数,如所有? $\chi_{ij} \geqslant 0$,说明方案是最优的,已经得到想要的方案,结束求解;

(5)如果有某个或某几个? $\chi ij < 0$,则选择负检验数中绝对值最大的闭合回路进行调整,建立新的方案;

(6)重复3~5步,直至获得最优调运方案。

利用表上作业法寻求运费最少的调运方案,简言之,要经过三个基本步骤:首先依据问题列出调运物资的供需平衡表及运价表;其次确定一个初始的调运方案(当然不一定就是最优的方案);然后根据一个判定法则,判定初始方案是否为最优方案。当判定初始方案不是最优方案时,再对这个方案进行调整。一般来说,每调整一次得到一个新的方案,而这个新方案的运费比前一个方案要少些,如此经过几次调整,就会得到最优方案。

【关键技能】

√ 理解表上作业法的基本原理。

√ 能够熟练运用表上作业法。

【训练准备】

分组。每组4人,具体分工是:案例分析1人,分析计算2人,结果分析1人,最后提交小组分析结果。

任务背景:有一批粮食,要从3个产地(A_1,A_2,A_3)运往4个销地(B_1,B_2,B_3,B_4)。3个产地的供应量分别是7吨、4吨、9吨,4个销地的需求量分别是3吨、6吨、5吨、6吨。试确定最优运输方案,使总运输费用最省并求出最低运输费用。

【操作步骤】

步骤一 依据问题列出调运物资的供需平衡表及运价表,具体如表9—17所示。

表9—17 **调运方案表**

单位运价 销地 / 产地	B_1	B_2	B_3	B_4	供应量
A_1	3	11	3	10	7
A_2	1	9	2	8	4
A_3	7	4	10	5	9
需求量	3	6	5	6	20

步骤二 根据运价高低,确定一个初始的调运方案(当然不一定就是最优的方案),如表9—18所示。

表 9—18 **调运方案表**

销地 / 产地	B_1	B_2	B_3	B_4	供应量
A_1			4	3	7
A_2	3		1		4
A_3		6		3	9
需求量	3	6	5	6	20

步骤三 对每个非基变量(如 χ_{11}),求它的闭合回路和它的检验数,其他以此类推,如表 9—19 所示。

表 9—19 **闭合回路检验表**

单位运价 销地 / 产地	B_1	B_2	B_3	B_4	供应量
A_1	3 ①	11 2 ②	3 4	10 3	7
A_2	1 3	9 ①	2 1	8 (−1)	4
A_3	7 ⑩	4 6	10 ⑫	5 3	9
需求量	3	6	5	6	20

由表 9—19 可知,非基变量 χ_{24} 检验数为负,不是最优解;利用它的闭合回路调整:min(1,3)=1;调整:奇加偶减,新方案再检验……如表 9—20 所示,检验数全部非负,找到最优解,需要说明的是,此最优解并不唯一。

表 9—20 **新闭合回路检验表**

单位运价 销地 / 产地	B_1	B_2	B_3	B_4	供应量
A_1	3 ①	11 ②	3 5	10 2	7
A_2	1 3	9 ①	2 ①	8 1	4
A_3	7 ⑩	4 6	10 ⑫	5 3	9
需求量	3	6	5	6	20

最低运输成本$=5\times3+2\times10+3\times1+1\times8+6\times4+3\times5=85$千元。$X_{13}=5$、$X_{14}=2$说明发地$A_1$的最优调运方案为分别运5吨给销地$B_3$,运2吨给销地$B_4$;$X_{21}=3$、$X_{24}=1$说明发地$A_2$的最优调运方案为分别运3吨给收货点$B_1$,运1吨给销地$B_4$;$X_{32}=6$、$X_{34}=3$说明发地$A_3$的最优调运方案为分别运6吨给销地$B_2$,运3吨给销地$B_4$。

任务评价

运输问题是一类常见而且极其典型的线性规划问题(即 Linear programming,简称 LP)。从理论上讲,运输问题可以用单纯型法来求解,但由于运输问题数学模型具有特殊的结构,存在一种比单纯型法更简便的计算方法——表上作业法。用表上作业法来求解运输问题比单纯型法可节约计算时间与计算费用,但表上作业法实质上仍是单纯型法。

综合实训项目一

【项目说明】

某制造企业是专门为产品生产工厂提供零部件和半成品的零部件制造厂,共有S_1、S_2、S_3、S_4、S_5、S_6、S_7七个零部件制造厂和D_1、D_2、D_3、D_4、D_5、D_6、D_7七个生产工厂。各零部件制造厂的产量(椭圆框内数字)、各生产工厂的零部件需求量(矩形框内数字)以及它们的位置和相互间距离如图 9—9 所示,其中产量和需求量的单位为吨,距离的单位为千米。

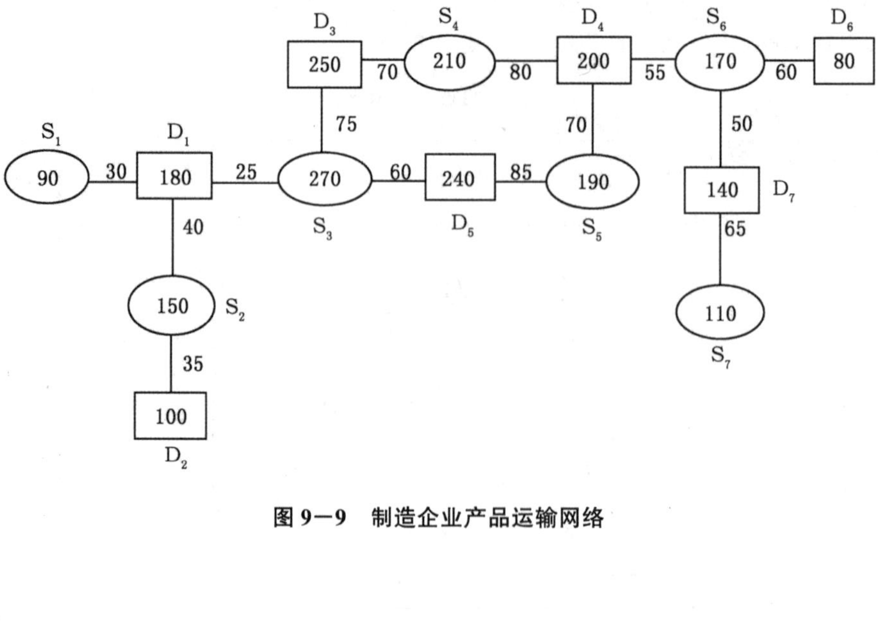

图 9—9 制造企业产品运输网络

【项目要求】

请确定最佳的零部件调运方案。

综合实训项目二

【项目说明】

某运输公司正与某公司谈判某商品运输合同，分别从 A_1、A_2、A_3、A_4 四地向 B_1、B_2、B_3、B_4、B_5 运输商品，有关运输量及单价如表 9－21 所示。

表 9－21　　运输量及单价表

单价	B_1	B_2	B_3	B_4	B_5	供应量
A_1	3	2	3	5	3	100
A_2	3	3	1	3	4	300
A_3	7	8	4	2	2	600
A_4	5	4	7	7	8	800
需求量	250	300	350	400	500	1 800

【项目要求】

请确定该运输合同的最低报价（设成本加成率为 10％）。

同步检测

一、单项选择题

1. 下列运输方式的选择，正确的是（　　）。
   A. 从火车站运送 50 吨货物到 20 千米远的市区各仓库，选择公路运输
   B. 从成都运送 100 吨钢材到拉萨，选择铁路运输
   C. 从山西运送 5000 吨煤到北京，选择水路运输
   D. 从深圳运送 20 千克急救药品到香港，选择飞机运输
2. 阿根廷的牛肉进入埃及市场，最短的海上航线经过（　　）。
   A. 大西洋，直布罗陀海峡　　B. 开普敦附近，印度洋，红海
   C. 巴拿马运河，直布罗陀海峡　　D. 巴拿马运河，马六甲海峡，苏伊士运河
3. 格尔木到拉萨段铁路的修建，说明影响现代铁路区位的决定性因素已不再是（　　）。
   A. 经济因素　　B. 社会因素　　C. 技术因素　　D. 自然因素
4. 投资少、运费低、运速慢、运量大的运输方式为（　　）。
   A. 水路　　B. 管理　　C. 铁路　　D. 公路

5. 机动灵活、周转速度快、装卸方便、对自然条件适应性强的运输方式是(　　)。

A. 航空　　B. 公路　　C. 铁路　　D. 水路

6. 就交通运输的连续性而言,按下列排列顺序渐强的是(　　)。

A. 铁路运输 公路运输 管道运输　　B. 水路运输 铁路运输 公路运输

C. 水路运输 公路运输 铁路运输　　D. 航空运输 公路运输 管道运输

7. 考查运输设备的完好状态、装卸作业的服务质量、员工工作的经验和责任心、运输流程的控制情况等内容是属于检验(　　)。

A. 运输的安全性　B. 运输的及时性　C. 运输服务性　D. 运输经济性

8. 下列不属于对运输商的服务性考查内容的是(　　)。

A. 运输费率的高低　　B. 信息查询的方便程度

C. 运输纠纷的理赔状况　　D. 提供高附加值的内容

9. 将运输问题中存在的两个回路(0,…,i,0)和(0,j,…,0)合并成一个回路(0,…,i,j,…,0),是(　　)的核心思想。

A. 节约算法　　B. 扫描法　　C. 遗传算法　　D. 蚁群算法

二、多项选择题

1. 属于对运输的及时性考查内容的是(　　)。

A. 运输的准确率　　B. 单证的准确率

C. 运输的合理间隔　　D. 运输纠纷的理赔状况

2. 属于对运输的经济性考查内容的是(　　)。

A. 运输费率的高低　　B. 运输单位成本的水平

C. 信息查询的方便程度　　D. 提供高附加值的内容

3. 从微观上看运输方式选择受(　　)和运输成本等多因素的影响。

A. 运输货物的种类　　B. 运输量

C. 运输距离　　D. 运输时间

4. 运输方式选择的原因是(　　)。

A. 合理的成本　　B. 合理的服务水平

C. 符合运输商品本身特点　　D. 可以改变产品的理化性质

5. 运输方式的选择如果直接涉及竞争优势,则应考虑采用(　　)。

A. 成本比较法　　B. 竞争因素法　　C. 图上作业法　　D. 表上作业法

6. 图上作业法的运算步骤是(　　)。

A. 做一个无对流的运输流向图　　B. 将路线长度与货运量相乘

C. 减去最长运输路线　　D. 去掉迂回路线,调整为最优路径

7. 运输路线合理化的方法是(　　)。

A. 直线法　　B. 表上作业法

C. 图上作业法　　D. t・km 收入与支出对比法

8. 表上作业法的基本步骤是（　　）。

A. 找出调运方案问题　　B. 列出调运物资平衡表和运价表

C. 确定初始调运方案　　D. 方案的检验与调整

三、名词解释

1. 层次分析法
2. 图上作业法
3. 表上作业法

四、计算题

某托运人在一定时期内有一批货物需要运输到某地，已经确定选择公路运输方式，其备选的承运人信息如表 9—22 所示，确定选择哪家承运人。

表 9—22　备选承运人信息

承运人	运价/(元/吨)	信誉等级	安全性	运输时间/天	运输能力
A	0.25	AAA	8	3	9
B	0.2	AAB	7	4	10
C	0.3	AAA	9	2	8
D	0.3	AAB	10	2	10
权重	30%	10%	25%	25%	10%

注：安全性指标以 10 分为最安全，运输能力指标以 10 分为运输设备最好和运输网络最发达。

项目十

货运合同与保险

知识目标

1.掌握货物运输合同的概念和特征，合同订立、变更和解除的法律规定；

2.掌握各种货物运输当事人的权利和义务；

3.掌握货物运输保险的种类、特点；

4.熟悉货物运输合同纠纷的解决。

能力目标

1.能办理货物运输合同的订立、变更或解除业务；

2.能根据货物特性和运输方式选择适当的险别；

3.具备处理货物运输保险基本业务的能力。

思政目标

1.树立货物运输风险意识，学会运用法律手段维护自己的利益，保障货物安全；

2.具有法律意识，能够履行货物运输合同。

任务一 认识货物运输合同

任务导入

经过全公司的不懈努力，在所有的运输业务中都取得了不错的业绩，各种订单纷至沓来，李运、王通也开始忙碌起来，需要和各个合作伙伴签订运输合同。2022年3月14日，顺达货运公司接受天津A纺织品公司的委托，承运800捆纺织制品自天津港至鹿特丹港的业务，并签发了一式三份的正式提单交与A公司。提单载明，托运人是A公司，收货人是B公司。2022年3月16日，A公司又根据订单的变化，把到达港改成了汉堡港。作为实习生的两位小伙子，对于这笔业务又忙碌了起来。

任务分析

一、货物运输合同概述

（一）货物运输合同的含义

根据《中华人民共和国民法典》（简称《民法典》）第八百零九条的规定：运输合同是承运人将旅客或者货物从起运地点运输到约定地点，旅客、托运人或者收货人支付票款或者运输费用的合同。

货物运输合同的当事人是托运人和承运人，是货物运输合同权利的享有者和义务的承担者。

托运人是指将货物委托承运人运输的人，承担支付运费的义务，享受其货物从一地运输到另一地的权利，包括自然人、法人或其他组织，托运人不一定是货物的所有人。

承运人包括签约承运人和实际承运人，在运输合同中是指与托运人签订运输合同的人，享受收取运费的权利，承担运输货物或组织完成运输货物的义务，多为法人。

（二）货物运输合同的特征

1.货物运输合同原则上为双务合同、有偿合同

在货物运输合同中，承运人负有将货物运输到约定地点的义务，托运人或收货人负有按规定支付运费的义务，故货物运输合同属于双务合同、有偿合同。但是作为例外情形，货运合同也有无偿的情况，如运输救济品，即属于免费运输。

2.货物运输合同一般是诺成合同

合同双方当事人意思表示一致，货运合同即宣告成立，不以交付实际标的物为要件。虽然在货运合同中常有托运单、提单等货运单证的填发，但是这些单据并不是作

为货物的交付出现的,不是货运合同成立的要件,故不得将此类合同作为实践合同。

3.货物运输合同多为格式合同

货物运输合同多为承运人提供的、可重复使用、预先拟定的格式条款,在订立合同时,托运人只有同意或不同意的权利。海运提单、航空货运单等货运单证均为依照专门法规统一印制的,运费一般也是执行统一的规定。当然,货物运输合同一般为格式合同,这并不排除有的货运合同不采用格式合同的形式,而是由双方协商订立。

4.货物运输合同往往涉及第三人

货物运输合同由托运人和承运人双方订立。托运人和承运人为合同的当事人。但托运人既可以为自己的利益托运货物,也可以为第三人的利益托运货物。托运人既可以把自己作为收货人,也可以指定第三人为收货人。在第三人为收货人的情况下,收货人虽然不是订立合同的当事人,但是却是合同的利害关系人,且享有对托运人的直接请求权。在此情况下的货运合同即属于为第三人利益订立的合同。

5.货物运输合同以货物交付收货人为履行完毕

根据货物运输合同,承运人将货物运输到目的地,其义务并不能完结,只有将货物交付给收货人后,其义务才宣告履行完毕。

二、货物运输合同的表现形式

1.海运提单

海运提单是承运人在接管货物或者把货物装船之后签发给托运人,证明双方已订立运输合同,并保证在目的港按照海运提单所载明的条件交付货物的一种书面凭证。

2.航空货运单

航空货运单是在国内航班和国际航班上使用的货物运输凭证。航空货运单是一份不可转让的单据,也是航空运输的货物收据,表明承运人已经接收航空货运单上所列的货物,并有责任把货物按照指定的条件送达目的地机场。

3.铁路货运单

与航空货运单类似,铁路货运单也是一份不可转让的单据,是铁路运输的货物收据,表明承运人已经接收铁路货物运单上所列的货物,并有责任把货物按照指定的条件送达目的地车站。

4.公路货物托运单

托运人向公路运输企业托运货物时,需要填写公路货物托运单(或称运单)。

5.快递面单

快递面单是消费者与快递公司之间签订的运输合同,也是快递公司接收货物的收据。

● 练一练 上述单证的记载内容有哪些?

三、货物运输合同的订立、变更或解除

（一）货物运输合同订立的方式

不同的运输方式、不同种类的货物、不同的运输要求、不同的运输组织形式，都会对合同的订立产生不同程度的影响。货物运输合同还涉及国家对货物运输的一些具体规定，不仅要考虑货物是否属于禁运品、国家是否允许进出口，还要考虑承运人是否具有承运资格。例如，文物运输需要符合国家对文物的规定；运输危险品的承运人要经公安部门审批，并且取得承运资格等。

大宗货物的运输具有长期性、连续性和多批次等特点，因此对于大宗货物的运输可以按月、半年、一年或者更长期的合作协议来订立合同。长期货物运输合同使当事人之间形成了长期合作关系，不能通过一次运输过程将合同履行完毕。

零担货物的运输和集装箱货物的运输，一般适用于格式合同。合同的订立一般以托运人提出运输货物的请求为要约，承运人同意运输即为承诺。托运人托运货物时，要办理托运手续。《民法典》第八百二十五条规定：托运人办理货物运输，应当向承运人准确表明收货人的姓名、名称或者凭指示的收货人，货物的名称、性质、重量、数量，以及收货地点等有关货物运输的必要情况。因托运人申报不实或者遗漏重要情况，造成承运人损失的，托运人应当承担赔偿责任。托运人按照上述内容办理托运手续，经承运人签字认可后，合同即宣告成立。

小资料

订立运输合同的主要步骤

订立运输合同的程序，是当事人依法就运输合同的主要条款达成一致意见的过程，在实际运输往来中，一般经过要约和承诺两个主要步骤。

1. 要约。要约是当事人一方向他方提出订立运输合同的提议，也可称为订约提议。其中发出要约的一方为要约人，要约发向的一方为受要约人或相对人。要约是一种法律行为。

(1)要约应具备的条件。应明确表示以要约内容订立运输合同的意思或愿望；要约的内容应具体、肯定，涵盖合同的主要条款；要约应送达受要约人；要约应由特定的当事人做出。

(2)要约的效力。要约的效力是指要约所引起的法律后果，分为对要约人的效力和对受要约人的效力两个方面。要约生效后，对受要约人来说，只是取得承诺的资格，并没有承诺的义务，受要约人不为承诺，只是使合同不能成立，此外不负任何责任。而对要约人来说，要约人在要约的有效期内不得随意撤销或变更，并附有与对方订立运输合同的义务；若以特定物为合同标的时，不得以该特定物为标的的同时向第三人发出相同的要约，或与第三人订立运输合同，否则应承担法律效力。

(3)要约不生效或要约终止。①要约被撤回。②要约被拒绝。③要约的有效期限届满。④其他情况。要约人是法人时,要约人被撤销法人资格等,要约也会失去效力。

2.承诺。承诺是指受要约人向要约人做出的对要约完全同意的表示,也可称为接受提议。承诺也是一种法律行为。

(1)承诺应具备的条件。必须是由受要约人做出;承诺的内容要与要约的内容完全一致;承诺应在要约的有效期内做出;承诺应送达要约人。

(2)承诺的效力。承诺的效力是指承诺所引起的法律后果。其效力在于合同成立,订立合同的阶段结束。如果国家法律规定或当事人双方约定,合同必须经过鉴证、公证或主管部门批准登记的,则履行有关手续后,合同方为成立。

(3)不发生法律效力的承诺。①承诺被撤回。承诺在生效期内可以撤回,但撤回的通知必须先于承诺或与承诺同时到达要约人。②承诺迟到。承诺在要约的有效期届满后到达要约人,称为承诺迟到,不发生效力。

(二)货物运输合同的变更或解除

托运人或货物凭证持有人可以请求货物运输合同中以下具体内容的变更或解除:

(1)要求解除合同,由承运人中止运输,并返还货物。

(2)要求承运人变更到达地。

(3)要求承运人将货物交给其他收货人,即变更收货人。

托运人并非可以随时变更或解除货物运输合同,根据《民法典》第八百二十九条的规定,在承运人将货物交付收货人之前,托运人可以要求承运人中止运输、返还货物、变更到达地或者将货物交给其他收货人,但是应当赔偿承运人因此受到的损失。如果承运人已将货物交付收货人,则货物运输合同已履行完毕,由此失去了变更和解除的必要与可能。

托运人要求变更或解除货物运输合同的情形,是由托运人或提货凭证持有人所致,并非由承运人的过错引起。而这种变更和解除,一定会给承运人增加额外负担,加重了承运人的义务,因此,对承运人因变更和解除合同所遭受的损失,托运人负赔偿责任。

任务实施

【关键技能】

√ 能够熟悉合同的含义和特征

√ 能够根据具体的运输方式签订合同

√ 能够根据货物运输合同的变化进行变更和解除

【训练准备】

1. 本次任务按个人进行。

2. 提前准备好货物运输合同的范本。

【操作任务】

内容一：让学生熟练地说出合同的含义和特征。

内容二：根据任务导入的内容完成 3 月 14 日的合同。

内容三：根据任务导入的内容完成 3 月 16 日的合同变更。

内容四：判断如果 5 月 5 日 A 公司要求将货物退回天津港的行为是否属于运输合同规定的变更合同或者解除合同的权利，并给出依据。

任务评价

被考评人		考评任务：认识货物运输合同			
考评内容	分值	自我评价(50%)		教师评价(50%)	合计得分
内容一	15 分				
内容二	30 分				
内容三	15 分				
内容四	40 分				
综合评定					
考评标准	知识掌握	资料准备	语言表达	沟通能力	合计得分
分值	30 分	20 分	30 分	20 分	
注：任务总评得分＝考评内容得分×60%＋综合评定得分×40%					

任务二　办理货物运输保险

任务导入

2023 年 1 月 10 日，顺达公司和昆明 C 商贸公司签订了运输协议，将 800 箱鲜花饼从昆明运往天津，1 月 15 日，将其中 200 箱鲜花饼通过航空运输运往美国洛杉矶，600 箱鲜花饼通过水路运输运往日本神户港。李运、王通根据公司安排，协助 C 商贸公司办理运输保险。1 月 20 日，在运输途中因海上突然遇到大风浪，导致 352 箱鲜花饼受到海水浸泡，全部损失。

任务分析

货物运输保险属于财产保险的范畴,它以运输过程中的各种货物为保险标的,被保险人向保险人按照一定金额投保一定的险别,并交纳保险费,保险人承保后,如果保险标的发生承保范围内的损失,应按照规定给予被保险人经济上的补偿。货物运输保险的种类很多,与运输方式相对应,有海上货物运输保险、陆上货物运输保险、航空货物运输保险和邮包货物运输保险。

二维码 10.1 保险常用术语

一、保险相关术语

保险术语及其内涵如表 10－1 所示。

表 10－1　部分保险相关术语

序号	专业术语	含义解析
1	保险	指投保人根据合同约定,向保险人支付保险费,保险人对于合同约定的可能发生的事故因其发生所造成的财产损失承担赔偿保险金责任,或者当被保险人死亡、伤残、疾病或者达到合同约定的年龄、期限时,承担给付保险金责任的商业保险行为
2	保险人	又称“承保人”,是指与投保人订立保险合同,并承担赔偿或者给付保险金责任的保险公司。保险人必须是法人
3	投保人	指与保险人订立保险合同,并按照保险合同负有支付保险费义务的人。投保人可以是自然人,也可以是法人
4	被保险人	指根据保险合同,其财产利益或人身受保险合同保障,在保险事故发生后,享有保险金请求权的人。投保人与被保险人一般为同一人,但在海上货物运输保险合同中,两者是分离的
5	保险合同	是投保人与保险人约定保险权利与义务关系的协议
6	保险标的	作为保险对象的财产及其有关利益或人的生命和身体,它是保险利益的载体
7	保险费	简称保费,指被保险人参加保险时,根据其所投保的金额、险种和对应的保险费率计算出来的应向保险人交付的费用
8	保险金额	指一个保险合同项下保险公司承担赔偿或给付保险金责任的最高限额,即投保人对保险标的的实际投保金额;同时又是保险公司收取保险费的计算基础
9	投保单	投保人向保险人投保时提交的申请书,也是保险公司据以出立保险单的凭证,保险公司在收到投保单后即缮制保险单
10	保险单	指保险人与被保险人订立保险合同的正式书面证明。保险单必须完整地记录保险合同双方当事人的权利、义务及责任。保险单记录的内容是合同双方履行的依据,保险单是保险合同成立的证明

续表

序号	专业术语	含义解析
11	保险责任	保险合同中约定由保险人承担的危险范围，在保险事故发生时所负的赔偿责任，包括损害赔偿、责任赔偿、保险金给付、施救费用、救助费用、诉讼费用等。被保险人签订保险合同并交付保险费后，保险合同条款中规定的责任范围，即成为保险人承担的责任
12	除外责任	又称责任免除，指保险人依照法律规定或合同约定，不承担保险责任的范围，是对保险责任的限制
13	保险期间	指保险合同的有效期限，即保险合同双方当事人履行权利和义务的起讫时间
14	主险	又称基本险，是指不需要附加在其他险别之下的、可以独立承保的险别
15	附加险	是指附加在主险之下的一种险别，不可以单独投保。它的存在是以主险存在为前提的，不能脱离主险。当主险因失效、解约或满期而终止或中止时，附加险的效力也随之结束
16	免赔率	指不赔金额与损失金额的比率。免赔率分为相对免赔率与绝对免赔率两种

小资料

汉密尔顿诉潘多夫案

一艘装运着一批货物的船舶在海上航行，航行途中，由于船上的老鼠把船舶的一条管道咬破了，导致海水从管道的破洞渗了进来，浸湿了管道下货仓内的货物，造成了损失。货主向保险人索赔，保险人拒赔，理由是：货损的近因是鼠害，而不是海水进舱。船上的老鼠给货物造成的损害属于承运人管货不当的责任，货主应该向承运人索赔，而不是货物运输保险单的保险人。

英国初审法院支持了保险人的观点，并做出了相应的判决。然而，英国上议院最终却否定了初审法院的判决，认为海水进舱才是造成货损的近因，而这是属于保险人承保的风险，因此保险人应该赔偿。

上议院的分析是这样的：老鼠只有在航行于海上的船舶上咬坏管道，才会出现海水进入货舱湿损货物的后果。如果是在岸上的码头仓库里，老鼠咬破管道后，只有空气从管道漏洞中进入仓库的可能，货物不会为此而遭受损失。据此，上议院判定海水进舱损坏货物是海上固有的一种风险，是近因。该案在判决后成为判例。

二、海运货物保险

海运货物保险要明确承保责任的范围和保险险别，这是保险人和被保险人履行权利和义务的依据。尽管各国的保险条款各有差异，但均通过规定保险人所承保的风险以及由此引来的损失、损害和费用限定保障范围，如图10－1所示。

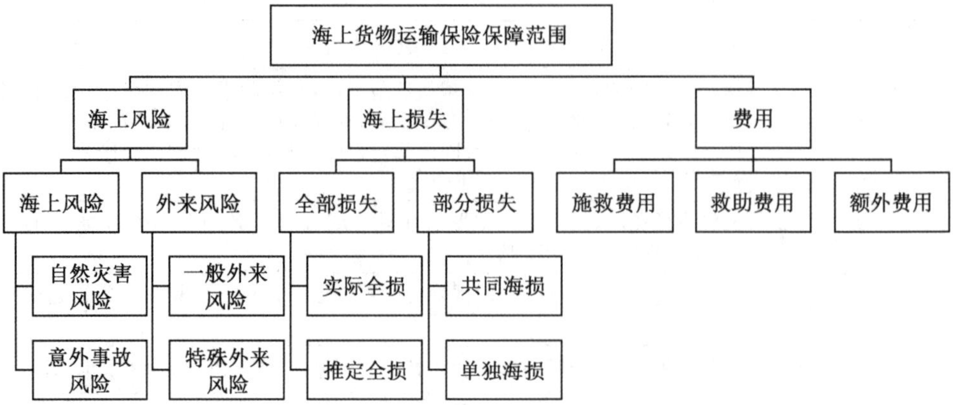

图 10—1　海运货物保险的承保范围

海上风险有其特定范围，一方面它并不包括所有发生在海上的风险，对于经常发生的事件或必然性事件，例如海上的一般风浪作用，并不包括在海上风险之内；另一方面它并不局限于航海中所发生的风险。现代海上保险中将与海上运输相联的包括陆上运输、内河运输、驳船运输过程中的风险都作为海上风险予以承保。

（一）海上货物运输保障的风险

货物在海上运输途中可能遭遇的风险种类繁多，但保险人并不是对所有的风险都给予承保。一般来说，海上货物运输保险所保障的风险可分为海上风险和外来风险两大类。海上风险也称海难，一般是指货物或船舶海上航行中发生的或随附海上运输所发生的自然灾害或意外事故。

外来风险是指海上风险以外的其他外来原因的风险。外来风险必须是意外的、偶然的、难以预防的，而且必须是外部因素导致的。外来风险可分为一般外来风险和特殊外来风险。详细内容如表 10—2 所示。

表 10—2　　海上风险分类

风险类型		名称及含义
海上风险	自然灾害	自然灾害是指不以人的意志为转移的由自然界力量所引起的灾害，如恶劣气候、雷电、海啸、地震、浪击落海、洪水、流冰、火山爆发，以及其他不可抗力的灾害，不包括一般自然力所造成的灾害。这些灾害在保险业务中都有特定的含义（我国现行的海运货物保险条款的基本险条款不提供浪击落海的风险）
	意外事故	● 搁浅，是指船底同海底或浅滩保持一定时间的固定状态。这一状态必须是在事先预料不到的意外情况下发生的 ● 碰撞，船舶与他船或其他固定的、流动的固体物猛力接触叫碰撞。 ● 火灾，既包括船只本身、船上设备和机器的着火，也包括货物自身的燃烧等 ● 沉没，是指船体的全部或大部分已经没入水面以下，并已失去继续航行的能力 ● 失踪，船舶在航运中失去联络，音讯全无，在一定的时间内仍无消息者，可以按“失踪”论处。这“一定”的时间，并无统一的规定，有些国家规定为 6 个月，有的国家规定为 4 个月 ● 倾覆，是指船舶在航行中遭受自然灾害或意外事故导致船体翻倒或倾斜，失去正常状态，非经施救不能继续航行，由此造成保险货物的损失

续表

风险类型		名称及含义
外来风险	一般外来风险	● 偷窃，一般是指暗中的窃取，不包括公开的攻击性的劫夺 ● 沾污，是指货物在运输途中受到其他物质的污染所造成的损失 ● 渗漏，是指流质或者半流质的物质因为容器破漏引起的损失 ● 破碎，是指易碎物品遭受碰压造成破裂、碎块的损失 ● 受热受潮，是指由于气温的骤然变化或者船上的通风设备失灵，使船舱内的水汽凝结，引起发潮、发热导致货物的损失 ● 串味，是指货物受到其他异味物品的影响而引起串味导致的损失 ● 生锈，是指货物在运输过程中发生的锈损现象 ● 钩损，是指货物在装卸搬运的操作过程中，由于挂钩或手钩使用不当而导致的货物损失 ● 淡水雨淋，是指由于淡水、雨水或融雪而导致货物水残的损失 ● 短少和提货不着，是指货物在运输途中被遗失而未能运到目的地，或运抵目的地后发现整件短少，未能交给收货人 ● 短量，是指货物在运输过程中发生重量短少 ● 碰损，主要是指金属及其制品在运输途中因受震动、挤压而造成变形等损失
	特殊外来风险	指战争、种族冲突或一国的军事、政治、国家政策法令和行政措施等的变化，如战争、罢工、交货不到、被拒绝进口或没收等

(二)海上货物运输损失

海上货物运输损失简称海损，是指被保险货物在海上运输过程中，由于海上风险所造成的损失。海上损失分为全部损失和部分损失两大类。全部损失简称全损，是指运输途中的整批货物或不可分割的一批货物的全部损失。部分损失是指不属于实际全损和推定全损的损失。具体分类及含义如表10—3所示。

表10—3　　海上损失分类

类别		含义
全部损失	实际全损	实际全损是指货物全部灭失，或完全变质，或不可能归还被保险人
	推定全损	推定全损是指被保险货物在运输途中受损后，实际全损已经不可避免，或者为避免发生实际全损所需支付的费用与继续将货物运抵目的地的费用之和超过保险价值
部分损失	共同海损	共同海损是指载货船舶在海运途中遇到危及船、货的共同危险，船方为了维护船舶和货物的共同安全或使航程得以继续完成，有意并且合理地做出的某些特殊牺牲或支出的特殊费用
	单独海损	单独海损是指货物受损后未达到全损程度，而且是单独一方的利益受损并只能由该利益所有者单独负担的一种部分损失

● 议一议

在海上运输途中，一船员发现存放鲜花饼的货舱在冒烟，于是认为舱中发生了火灾，并立即对货舱进行灌水。事后发现货物并没有任何着火的迹象，而被水浸湿后的鲜花饼严重受损。因灌水导致的鲜花饼损失是否构成共同海损？

(三)海上货物运输保障的费用

发生海上危险事故时，往往需要采取一定的措施以避免损失的发生或扩大，由此会引起费用的支出，对这些费用，保险人根据其性质规定了不同的赔付原则。在海运货物保险中,保险人负责赔偿的费用主要有以下几种,如表10—4所示。

表10—4　　费用分类

类别	含义
施救费用	是指在遭遇保险责任范围内的灾害事故时,被保险人或其代理人、雇佣人员和保险单证受让人等为抢救保险标的物,防止其损失扩大而采取措施所支出的费用
救助费用	是指保险标的物遇到上述灾害事故时,由保险人和被保险人以外的第三方采取救助行为而向其支付的报酬
额外费用	是指包括保险标的受损后,对其进行查勘、公证、理算或拍卖等支付的费用以及运输在中途中止时所支付的货物卸下、存仓及继续运至目的地的费用等

(四)我国海运货物保险险别

我国海洋运输货物保险险别,按照能否单独投保,可分为基本险和附加险两类。基本险可以单独投保,而附加险是对基本险的补充和扩大,不能单独投保,只有在投保基本险的基础上才能加保附加险,如图10—2所示。

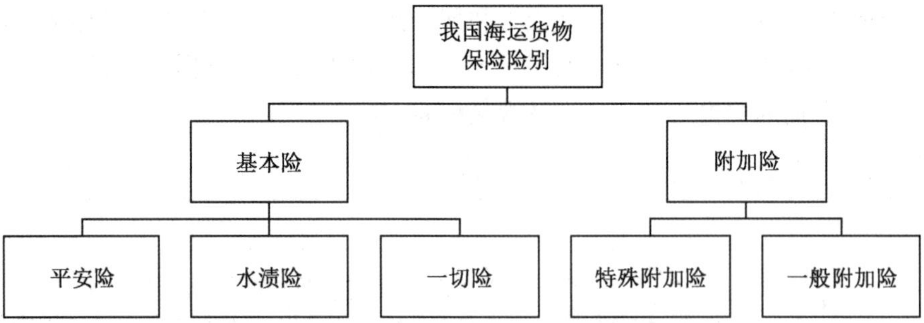

图10—2　我国海运货物保险险别

1. 基本险

平安险(free from particular average,FPA)。平安险原文的含义是"单独海损不赔",平安险一词是我国保险业的习惯叫法,沿用已久。

平安险的承保责任范围最小,适用于大宗、低值粗糙的无包装货物,如废钢铁、木材、矿砂等,如表10—5所示。

表 10－5　　**我国海上货物运输保险基本险**

险别	含义
平安险	平安险规定的责任范围包括： ①被保险货物在运输途中由于恶劣气候、雷电、海啸、地震、洪水等自然灾害遭受的整批货物的实际全损或推定全损。 ②由于运输工具遭到搁浅、触礁、沉没、互撞、与流冰或其他物体碰撞以及失火、爆炸等意外事故所造成的货物全部损失或部分损失。 ③在运输工具已经发生搁浅、触礁、沉没、焚毁等意外事故的情况下，货物在此前后又在海上遭受恶劣气候、雷电、海啸等自然灾害造成的部分损失。 ④被保险人对遭受承保责任的危险货物采取抢救，防止或减少货损的措施所支付的合理费用，但以不超过该批被毁货物的保险金额为限。 ⑤在装卸或转船时由于一件或数件甚至整批货物落海所造成的全部损失或部分损失。 ⑥运输工具遭遇海难后，在避难港由于卸货引起的损失以及在中途港或避难港由于卸货、存仓和运送货物所产生的特殊费用。 ⑦共同海损的牺牲、分摊和救助费用。 ⑧运输契约订有“船舶互撞责任”条款，根据该条款规定，应由货方赔偿船方的损失。
水渍险	水渍险的责任范围比平安险大，通常适用于不易损坏或易生锈但不影响使用的货物。 水渍险规定的责任范围包括： ①平安险所承保的全部责任。 ②被保险货物在运输途中，由于恶劣气候、雷电、海啸、地震、洪水等自然灾害所造成的部分损失。
一切险	一切险的责任范围除了包括平安险和水渍险的各项保险责任外，还对被保险货物在运输过程中，由于外来原因造成偷窃提货不着、淡水雨淋、短量、包装破裂、混杂沾污、渗漏、碰损破碎、串味、受潮受热、钩损、锈损等全部损失或部分损失负赔偿责任。适宜于价值较高、可能遭受损失因素较多的货物投保。 一切险承保责任范围不包括由于运输延迟、货物本身特性所造成的损失，物价下跌的损失，以及战争和罢工所造成的损失等。

2. 附加险

为了满足投保人的需要，保险人在基本险的基础上又制定了各种附加险条款。我国将海上货物运输保险附加险分为一般附加险、特别附加险和特殊附加险三个类别，详细内容如表 10－6 所示。

表 10－6　　**我国海上货物运输保险附加险**

险别	含义与描述
一般附加险	一般附加险又称普通附加险，承保一般外来风险所造成的全部损失或部分损失。我国承保的一般附加险有 11 种： ①偷窃、提货不着险。②淡水雨淋险。③短量险。④混杂、沾污险。 ⑤渗漏险。⑥碰损、破碎险。⑦串味险。⑧受热、受潮险。 ⑨钩损险。⑩包装破裂险。⑪锈损险。
特别附加险	特别附加险所承保的风险大多与国家的行政措施、政策法令、航海贸易习惯有关，其险别主要有以下六种。 ①交货不到险。②进口关税险。③黄曲霉素险。④舱面险。 ⑤拒收险。⑥出口货物到中国香港或澳门存仓火险责任提高扩展条款。

续表

险别	含义与描述
特殊附加险	我国《海洋货物运输保险条款》规定了三款特殊附加险。 ①海洋运输货物战争险。 ②货物运输罢工险。 ③战争附加费用险。

3. 险别责任范围比较

如表 10－7 所示，从三种基本险别的责任范围来看，平安险的承保责任范围最小，它对海上自然灾害造成的全部损失、海上意外事故造成的全部损失和部分损失，以及海上意外事故发生前后由自然灾害造成的部分损失负赔偿责任。水渍险的责任范围除包括平安险承保的责任范围外，还包括因恶劣气候、雷电、地震、海啸、洪水等自然灾害所造成的部分损失。一切险的责任范围是三种基本险别中最大的一种，除包括平安险、水渍险承保的责任范围外，还包括一般附加险，即被保险货物在运输过程中，由于一般外来风险所造成的全部损失或部分损失。由此可见，一切险可以说是平安险、水渍险和一般附加险的总和。

表 10－7　　海运货物保险各险别承保范围之间的关系

<table>
<tr><td rowspan="4">海上货物运输保险险别</td><td rowspan="3">一切险</td><td rowspan="2">水渍险</td><td>平安险</td></tr>
<tr><td>自然灾害所造成的部分损失</td></tr>
<tr><td colspan="2">一般附加险</td></tr>
<tr><td colspan="3">特殊附加险</td></tr>
</table>

(五)保险责任的起讫

按照国际保险业的习惯，基本险采用的是“仓至仓”(warehouse to warehouse，W/W)条款，即保险责任自被保险货物按保险单所载明的起运地(发货人仓库或储存处所)开始生效，包括正常运输过程中的海上、陆上、内河和驳船运输在内，直至该项货物到达保险单所载明目的地收货人的最后仓库或储存处所或被保险人用作分配分派或非正常运输的其他的储备处所为止，但最长不超过被保险货物卸离海轮后 60 天。

(六)除外责任

基本险别的除外责任是指保险不予负责的损失或费用，一般有属于非意外的、非偶然性的或须特约承保的风险。为了明确保险人承保的责任范围，中国人民保险公司《海洋运输货物保险条款》对海运基本险别的除外责任有下列 5 项规定：

(1)被保险人的故意行为或过失所造成的损失。

(2)属于发货人的责任所引起的损失。

(3)在保险责任开始前，被保险货物已存在的品质不良或数量短差所造成的损失。

(4)被保险货物的自然损耗、本质缺陷、特性，以及市价跌落、运输延迟所引起的损失和费用。

(5)属于战争险和罢工险条款所规定的责任范围和除外责任。

空运、陆运、邮运保险的除外责任与海运基本险别的险外责任基本相同。

三、陆上运输货物保险

陆上货物运输保险是货物运输保险的一种。陆上运输货物保险的责任起讫采用"仓至仓"责任条款。陆上运输货物保险的索赔时效为2年,从被保险货物在最后目的地车站全部卸离车辆后开始计算。中国人民保险公司的陆上运输货物保险条款以火车和汽车为限,其主要险别分为陆运险和陆运一切险。

(一)两个基本险别

1. 陆运险(overland transportation risks)

对被保险货物在运输途中遭受暴风、雷电、地震、洪水等自然灾害,或由于陆上运输工具遭受碰撞倾覆或出轨,如有驳运过程,包括驳运工具搁浅、触礁、沉没或由于遭受隧道坍塌、崖崩或火灾、爆炸等意外事故所造成的全部损失或部分损失,负责赔偿。

2. 陆运一切险(overland transportation all-risks)

除了包括上述陆运险的责任外,对在运输中由于外来原因造成的短少、短量、偷窃、渗漏、碰损、破碎、钩损、生锈、受潮、受热、发霉、串味、沾污等全部损失或部分损失负赔偿责任。

在投保上述任何一种基本险别时,经过协商还可加保附加险。

(二)陆上运输冷藏货物险

陆上运输冷藏货物险是陆上运输货物险中的一种专门险。其主要责任范围除了负责赔偿陆运险所列举的自然灾害和意外事故所造成的全部损失或部分损失外,还负责赔偿由于冷藏机器或隔温设备在运输途中损坏所造成的被保险货物解冻溶化而腐败的损失。一般的除外责任条款也适用本险别。

陆上运输冷藏货物险的责任起讫自被保险货物运离保险单所载起运地点的冷藏仓库并装入运送工具开始运输时生效,包括正常陆运和与其有关的水上驳运在内,直到货物到达目的地收货人仓库为止。但是,以被保险货物到达目的地车站后10天为限。

陆上运输冷藏货物险的索赔时效从被保险货物在最后目的地全部卸离车辆起计算,最多不超过两年。

(三)陆上运输货物战争险

陆上运输货物战争险是陆上运输货物险的特殊附加险,只有在投保了陆运险或陆运一切险的基础上方可加保。

陆上运输货物保险还可加保罢工险。与海洋运输货物保险相同,在投保战争险的前提下,加保罢工险,不再另收费。如仅要求加保罢工险,则按战争险费率收费。陆上运输罢工险的承保责任范围与海洋运输货物罢工险的承保责任范围相同。

(四)除外责任

陆上运输货物保险的除外责任与海洋运输货物保险条款中的规定相同。

(五)责任起讫

陆上运输货物保险的责任起讫也是“仓至仓”。如未进仓,则以到达最后卸载车站满 60 天为止。如加保了战争险,其责任起讫自货物装上火车时开始,至目的地卸离火车时为止。如不卸离火车,以火车到达目的地的当日午夜起满 48 小时为止。如在中途转车,不论货物在当地卸载与否,以火车到达中途站的当日午夜起满 10 天为止。如货物在 10 天内重新装车续运,保险责任继续有效。

四、航空运输货物保险

(一)两个基本险别

1. 航空运输险(air transportation risks)

对被保险货物在运输途中遭受雷击、火灾、爆炸,或由于飞机遭受恶劣气候或其他危难事故而被抛弃,或由于飞机遭受碰撞、倾覆、坠落或失踪等意外事故所造成的全部损失或部分损失负赔偿责任。

2. 航空运输一切险(air transportation all－risks)

除了包括上述航空运输险的责任外,还对由于外来原因造成的全部损失或部分损失负赔偿责任。

在投保上述任何一种基本险别时,经过协商还可以加保附加险。

(二)除外责任

航空运输货物保险的除外责任与海洋运输货物保险条件中的规定相同。

(三)责任起讫

航空运输货物保险的责任起讫也是“仓至仓”。如未进仓,以被保险货物在最后卸载地卸离飞机后满 30 天为止。如加保了战争险,其责任起讫自被保险货物装上飞机时开始至目的地卸离飞机时为止。如不卸离飞机,以飞机到达目的地的当日午夜起满 15 天为止。如在中途港转运,以飞机到达转运地的当日午夜起满 15 天为止,装上续运的飞机时保险责任继续有效。

五、海上货物运输保险的办理

(一)海上货物运输保险的投保要点

1. 采用哪一种保险条款

目前,我国进出口贸易主要采用中国海运货物保险条款和 ICC 条款,到底采用哪一套保险条款,应该由贸易双方协商决定,一般以前者居多。如外商要求我国出口公司按后者投保,如果对方有具体要求,在不伤害我方利益的前提下可以遵照执行。

2. 哪一方负责投保

谁投保的问题主要是由贸易合同的价格术语体现的。INCOTERMS ® 2020 规定的 11 种贸易术语中，只有 CIF 和 CIP 两种术语明确规定了贸易合同的出口方有办理货物保险的义务。其他价格术语下进出口双方均没有办理保险的义务，但"D"开头的术语中规定进口方有义务向出口方提供办理保险所需的资料并通知出口方，如未履行该义务，则需要承担相关责任。除了带"I"和"D"开头之外的所有术语，出口方有义务向进口方提供办理保险所需的资料并通知进口方，如未履行该义务，则需要承担相关责任。

3. 投保什么险别

不同的险别，保险费率不同，被保险人受保障的程度不同，保险人承保的责任也不同。所以在选择保险的险别时，一定要全面衡量，既要考虑使货物得到充分保障，又要尽量节约保险费的支出，降低贸易成本，提高经济效益。

在 INCOTERMS ® 2020 的贸易术语中，以 CIF 条件成交时，如果进出口双方没有特别约定，出口方只有义务投保最低级别的海上货物运输保险；以 CIP 条件成交时，出口方有义务投保"一切险"，不包括除外责任。

● 想一想 以下几类货物如何选择险别

(1)粮油食品；(2)轻工品类；(3)工艺品类；(4)五金类；(5)矿产类；(6)化工产品类；(7)机械类。

小资料

选择险别

粮谷类商品的特点是含有水分，在运输途中，如果通风设备不良，容易发汗、发热而导致发霉、变质。所以对此类商品，一般可以在投保水渍险的基础上加保受潮受热险，或者投保一切险；而轻工类商品，如玻璃制品、家电、仪器等比较容易破碎、碰损或被偷窃，所以宜在平安险或水渍险的基础上加保破碎险、碰损险和偷窃提货不着险等。

4. 确定保险金额

保险金额是被保险人对保险标的实际投保的金额，它是保险人承担保险责任和损失赔偿的最高限额，也是保险人计算保险费的基础。保险金额是根据保险价值确定的。保险价值一般包括货价、运费、保险费以及预期利润。

(1)出口货物的保险金额。在我国的出口业务中，货物运输保险金额一般是按 CIF 发票金额加一成投保的，这样既可以弥补被保险人的货物损失，又可以使已经支付的运费、保险费及相关费用(开证费、电报费、借款利息、税款等)和预期利润获得补偿。

如果对方要求将保险加成率提高到 20%或 30%，则由此产生的保险费差额部分应由国外买方负担。当对方要求加成率超过30%时,应先征得保险公司的同意,在签订贸易合同时不能贸然接受,以防由于加成过高,保险金额过大,引起道德风险。

保险金额的计算公式为:

保险金额=CIF(或CIP)价×(1+保险加成率)

如果出口成交的是CFR价格,保险金额的计算公式为:

$$保险金额=\frac{CFR(或CPT)价\times(1+保险加成率)}{1-(1+保险加成率)\times保险费率}$$

(2)进口货物的保险金额。我国进口货物的保险金额一般以进口货物的CIF价格为准,不再加成。如果投保人要求在CIF基础上加成投保,保险公司一般也可以接受。如果是以CFR或FOB价格成交,则按照预约保险合同适用的特约保险费率和平均运费率直接计算保险金额。

按CFR进口时:保险金额=CFR价×(1+特约保险费率)

按FOB进口时:保险金额=FOB价×(1+平均运费率+特约保险费率)

5.交纳保险费

保险费是保险人经营业务的基本收入,也是保险人用作支付保险赔款的保险基金的主要来源,每个被保险人应交纳的保险费是以投保货物的保险金额为基础,按照一定的保险费率计算出来的,其计算公式如下:

保险费=保险金额×保险费率

如果按照CIF加成投保,计算公式可改为:

保险费=CIF×(1+投保加成率)×保险费率

保险费率是保险人以保险标的危险性大小、损失率高低、经营费用多少等因素为依据,按照不同商品、不同目的地及不同的投保险别规定的。

(二)合同订立

1.投保方式

进出口货物的投保方式一般有两种,即逐笔投保方式和订立预约保险合同的方式。

(1)出口货物的投保。我国出口货物的投保一般采取逐笔投保的方式。由投保人逐笔填写投保单,提出书面申请,投保单经保险人接受后,保险即开始生效。有时因时间仓促,可以先口头或电话向保险公司申请,如获允诺,保险也可生效,随后再补送投保单。为了简化手续,保险公司还可同意投保人不单独填制投保单,而利用出口公司的发票副本代替投保单。

(2)进口货物的投保。我国进口货物办理投保的方式既可采用预约保险的方式,也可采用逐笔投保的方式。

对在一定期间内有货物分批装运进口的公司,为了简化保险手续,防止因信息传送不及时而发生漏保或来不及办理投保等情况,一般可采用预约保险的做法。

不经常有货物进口的单位一般采用逐笔办理投保的方式。

2.投保手续

根据贸易合同的规定，由负责投保的一方作为投保人，在合同或信用证规定的装船日期前办理投保手续，交纳保险费用，取得保险单据。

投保人在为货物保险时，首先要与保险公司联系并填写一张投保单，这也是保险合同的要约。投保单一经保险公司接受，即开始生效。

（三）保险索赔

如果承保的货物发生了承保责任范围内的损失，则被保险人应做好索赔准备。

1.向理赔代理人通知损失

被保险人获悉或发现被保险的货物已遭受损失时，应立即通知保险公司或保险单上所载明的保险公司在当地的理赔代理人，并申请检验。

2.向承运人等有关方面提出索赔

被保险货物运抵目的地后，被保险人或其代理人在提货时发现货物有明显的受损痕迹、整件短少或散装货物已经残损的，应立即向理货部门索取货物残损证明。如货损涉及第三方的责任，则首先应向有关责任方提出索赔或声明保留索赔权。在保留第三方索赔权的条件下，被保险人可向保险公司索赔。被保险人在获得保险补偿的同时，须将受损货物的有关权益转让给保险公司，以便保险公司取代被保险人的地位或以被保险人的名义向第三方责任人进行追偿。保险人的这种权利，叫做代位追偿权。

3.采取合理的施救、处理措施

被保险货物受损后，被保险人应迅速对受损货物采取必要合理的施救、处理措施，以防止损失扩大。因抢救、阻止、减少货物损失而支付的合理费用，保险公司负责赔偿。被保险人能够施救而不履行施救义务的，保险人对于扩大的损失甚至全部损失有权拒赔。被保险人收到保险公司发出的有关采取防止或者减少损失的合理措施的特别通知时，应按照保险公司的通知要求处理。

4.备妥索赔单证

被保险货物的损失经过检验，并办妥向承运人等第三方责任人的追偿手续后，被保险人应立即向保险公司或其代理人提出赔偿要求。提出索赔时，被保险人除了应提供检验报告外，通常还需要提供其他的单证，包括保险单或保险凭证正本、运输单据及发票、装箱单或重量单、向承运人等第三方责任人请求赔偿的函电及其他必要的单证或文件、货损及货差证明、海事报告摘录、索赔清单。根据国际保险业的惯例，保险索赔或诉讼的时效自货物在最后卸货地卸离运输工具时起计算，最多不超过两年。

5.保险单据的背书

保险单据按照信用证的要求和需要转让时，将由被保险人在保险单据上背书。

一般来说，保险单据的背书应与提单的背书保持一致，即通过背书的保险单据的转让范围应等于或大于提单的转让范围。如果提单做成记名背书，则保险单据可做成同样内容的记名背书，但也可做成空白背书；如果提单做成空白背书，则保险单据也应该做成空白背书。在FOB价格下成交,由买方投保。如买方需要转让提单,则保险单据也需要转让,两者的转让如上所述必须保持一致。被保险货物出现问题后,保险单据持有人可凭保险单据向保险公司索赔并取得合理的补偿。

(四)取得保险单据

保险单据是保险人与被保险人之间订立保险合同的证明文件,它反映了保险人与被保险人之间的权利和义务关系,也是保险人的承保证明。当发生保险责任范围内的损失时,它又是保险索赔和理赔的主要依据。

1.保险单据种类

(1)保险单(insurance policy)。保险单俗称大保单,如表10—8所示,是使用最广泛的一种保险单据。货运保险是承保一个指定航程内某一批货物的运输保险的单据。它具有法律效力,对双方当事人均有约束力。

(2)联合凭证(combined certificate)。联合凭证,又称承保证明(risk note),亦称联合发票(combined invoice),是一种发票和保险相结合的比保险单更为简化的保险单证。保险公司将承保的险别、保险金额,以及保险编号加注在投保人的发票上,并加盖印戳,其他项目均以发票上列明的为准。这种单证只有我国采用,并且仅限于我国港澳地区的少数客户。

(3)预约保单(open policy)。预约保单又称预约保险合同,它是被保险人与保险人之间订立的合同。订立这种合同的目的是简化保险手续,又可使货物一经启运即可取得保障。合同中规定承保货物的范围、险别、费率、责任、赔款处理等条款,凡属合同约定的运输货物,在合同有效期内自动承保。

2.保险单填报内容

(1)被保险人名称。要按照保险利益的实际有关人填写。

(2)标记。应该和提单上所载的标记符号一致,特别要同刷在货物外包装上的实际标记符号一样,以免发生赔偿时,引起检验、核赔、确定责任的混乱。

(3)包装数量。要将包装的性质,如箱、包、件、捆,以及数量都写清楚。

(4)货物名称。要具体填写,一般不要笼统地写纺织品、百货、杂货等。

(5)保险金额。通常按照发票CIF价加成10%～20%计算,如发票价为FOB带保险或CFR,应将运费、保费相应加上去,再另行加成。需要指出的是保险合同是补偿性合同,被保险人不能从保险赔偿中获得超过实际损失的赔付,因此溢额投保(如过高的加成、明显偏离市场价格的投保金额等)是不能得到全部赔付的。

(6)船名或装运工具。如海运,需写明船名,如转运,也需注明;如联运,需注明联运方式。

(7)航程或路线。如到目的地的路线有两条,要写上自xx经xx至xx。

(8)承保险别。必须注明,如有特别要求,也在这一栏填写。

(9)赔款地点。除特别声明外,一般在保险目的地支付赔款。

表 10−8 保险单

PICC 中国人民保险公司 分公司
The People ' s Insurance Company of China Branch

货物运输保险投保单

APPLICATION FORM FOR CARGO TRANSPORTATION INSURANCE

被保险人：
Insured: ______

发票号（INVOICE NO. ）
合同号 (CONTRACT NO.)
信用证号 (L/C NO.)
发票金额（INVOICE AMOUNT ）______ 投保加成（PLUS）____10____%

兹有下列物品向中国人民保险公司 分公司投保。（INSURANCE IS REQUIRED THE FOLLOWING COMMODITIES ：）

标 记 MARKS & NOS.	包装及数量 QUANTITY	保险货物项目 DESCRIPTION OF GOODS	保险金额 AMOUNT INSURED

总保险金额：
TOTAL AMOUNT INSURED: ______
启运日期 装载运输工具：
DATE OF COMMENCEMENT ______ PER CONVEYANCE: ______
自 经 至
FROM ______ VIA ______ TO ______
提单号： 赔款偿付地点：
B/L NO. ____AS PER B/L____ CLAIM PAYABLE AT ______
投保险别：（ PLEASE INDICATE THE CONDITIONS &/OR SPECIAL COVERAGES ）

______

费率 保费
RATE ______ PREMIUM ______

请如实告知下列情况：（如"是"在 [ ]中打"X"）IF ANY，PLEASE MARK "X"：

1. 货物种类 袋装[X] 散装[ ] 冷藏[ ] 液体[ ] 活动物[ ] 机器/汽车[ ] 危险品[ ]
GOODS BGA/JUMBO BULK REEFER LIQUID LIVE ANIMAL MACHINE/AUTO DANGEROUS CLASS
2. 集装箱种类 普通[X] 开顶[ ] 框架[ ] 平板[ ] 冷藏[ ]
CONTAINER ORDIDARY OPEN FRAME FLAY RAFRIGERATOR
3. 转运工具 海轮[X] 飞机[ ] 驳船[ ] 火车[ ] 汽车[ ]
BY TRANSIT SHIP PLANE BARGE TRAIN TRUCK
4. 船舶资料 船籍 船龄
PARTICULAR OF SHIP RIGISTRY ______ AGE ______

备注：被保险人确认本保险合同条款和内容已经完全了解。
THE ASSURED CONFIRMS HEREWITH THE TERMS AND CONGITIONS THESE INSURANCE CONTRACT FULLY UNDERSTOOD

投保人（签名盖章） APPLOCANT 'S SIGNATURE

______
电话：（TEL）
地址：（ADD）

投保日期：（DATE）______

(10)投保日期。应在开航前或运输工具开行前。

(11)其他注意事项。①投保申报情况必须属实;②投保险别、币制与其他条件必须和信用证上所列保险条款的要求相一致;③投保险别和条件要和买卖合同上所列保险条款相符;④投保后发现投保项目有错漏,要及时向保险公司申请批改,如保险目的地变动、船名错误,以及保险金额增减等。

任务实施

【关键技能】

√ 能够熟悉货物运输保险种类

√ 能够熟悉保险费用,简单计算保险金额

√ 根据业务要求办理投保业务

【训练准备】

1. 将学生进行分组;

2. 根据任务导入的案例资料准备相关的保险合同模板。

【操作任务】

内容一:掌握货物运输保险的常用术语和各种运输方式下的运输保险种类。

内容二:办理 2023 年 1 月 10 日的运输保险并填写保险单。

内容三:办理 2023 年 1 月 15 日的运输保险并填写保险单。

内容四:对于 2023 年 1 月 20 日的损失进行索赔,判断向保险公司索赔是否能得到赔付,并给出依据。

任务评价

<table>
<tr><td colspan="7">任务评价表</td></tr>
<tr><td colspan="2">被考评人或小组</td><td colspan="5">考评任务:办理货物运输保险</td></tr>
<tr><td>考评内容</td><td>分值</td><td>自我评价(30%)</td><td>小组评议(30%)</td><td>教师评价(40%)</td><td colspan="2">合计得分</td></tr>
<tr><td>内容一</td><td>20 分</td><td></td><td></td><td></td><td colspan="2"></td></tr>
<tr><td>内容二</td><td>20 分</td><td></td><td></td><td></td><td colspan="2"></td></tr>
<tr><td>内容三</td><td>30 分</td><td></td><td></td><td></td><td colspan="2"></td></tr>
<tr><td>内容四</td><td>30 分</td><td></td><td></td><td></td><td colspan="2"></td></tr>
<tr><td>综合评定</td><td colspan="6"></td></tr>
<tr><td>考评标准</td><td>知识掌握</td><td>资料准备</td><td>语言表达</td><td>团队合作</td><td>沟通能力</td><td>合计得分</td></tr>
<tr><td>分值</td><td>20 分</td><td>20 分</td><td>30 分</td><td>15 分</td><td>15 分</td><td></td></tr>
<tr><td colspan="7">注:任务总评得分=考评内容得分×60%+综合评定得分×40%</td></tr>
</table>

任务三　处理货物运输纠纷

任务导入

在本项目任务一的“任务导入”中，天津A公司货物运抵至汉堡港后，因贸易合同的进口方未付款赎单，A公司于2022年5月15日致函要求顺达货运公司立刻将货物退回天津港，未果。2022年7月16日，A公司向顺达货运公司发出索赔函，要求赔偿其货物损失。2022年8月1日，顺达货运公司告知A公司，该事件已经交由当地法院调查，调查结果将通知A公司，但未予理赔。李运、王通决定跟进这起事件，进而学习如何处理货物运输纠纷。

任务分析

一、货运合同当事人的义务

(一)托运人的义务

1.托运人有如实申报的义务

托运人办理货物运输手续时，应当向收货人(也可以是凭某种指示的收货人)，清楚表明货物的名称、性质、重量、数量、收货地点等必要情况。因托运人申报不实或遗漏重要情况，造成承运人损失的，托运人应当承担损害赔偿责任，承运人不负有对货物损害的赔偿责任。

货运合同一般是格式合同，在订立合同或填写托运单时加以说明，另有特别要求的，应附加说明。

2.对需要办理审批、检验手续的货物有提交批准文件的义务

我国对某些物品运输有一些法律、法规方面的限制性规定。确实需要运输的，要到有关部门通过审批、检验等手续，取得批准文件(准运证之类)。批准文件成为办理运输的前置程序。托运人负有保证其真实性和合法性的责任，承运人没有检查批准文件真实性的义务。托运人提交的批准文件不全或不符合规定，造成承运人损害的，应负赔偿责任。当然，承运人也可以解除合同。

3.按照运输包装要求或约定方式包装货物的义务

《民法典》对运输包装做了原则性规定：托运人交付的货物不符合运输包装要求的，承运人可以拒绝运输。托运人应当按照约定方式包装货物。如果对包装方式没有约定或约定不明确的，托运方和承运方应当就该种货物的包装方式进行充分的协商，

各自提出合理建议和要求,待达成一致后再订立货运合同,对于交付的货物按达成方式检验包装。特殊情况下,也可以由托运人委托承运人负责货物的包装,并在货运合同中约定包装式样、数量等。

4. 对危险货物进行妥善包装、制作标志和标签及提供防范措施的书面材料的义务

托运人托运易燃、易爆、有毒、有腐蚀性、有放射性等危险物品,应当按照国家有关危险品运输的规定对货物妥善包装,制作醒目的标识和标签。有特别要求的,提交说明文件。危险品与普通货物不同,具有极大的危险性,稍有不慎,会造成车毁人亡、财产损失等严重后果。危险货物的标志和标签也应按国家统一规定的图案、标识、尺寸大小制作。粘贴在外包装的位置要求明显、突出,不能被遮挡。提供的书面材料应有危险品的名称、化学性质和成分、装卸保管要求、对货物的防范措施等内容。托运人没有履行上述各项义务或任意一项义务的,承运人均应拒绝承运。对已经交付的危险货物,承运人应及时采取安全措施对危险货物进行处理。由此发生的作业处理费用及由此造成的停运损失由托运人承担。

5. 赔偿因变更、中止运输造成的承运人损失的义务

《民法典》第八百二十九条规定:在承运人将货物交付收货人之前,托运人可以要求承运人中止运输、返还货物、变更到达地或者将货物交给其他收货人,但是应当赔偿承运人因此受到的损失。托运人因经济活动的变化使履行合同已无必要,托运人此时可以依法请求对运输合同解除或变更,承运人一般无权拒绝。因此产生的费用由托运人承担,原运输费用按违约条款中的约定处理。对于已交付收货人货物未结清运费的,视同已履行完毕运输行为,托运人不得再提出变更合同,并以此来拒付运输费用。国家或主管部门的法律、法规中,还有一些规定托运人无权变更、中止运输合同的限制性条款。例如,铁路运输合同对于货物变更就不允许“变更同一批货物中的一部分”。

(二)收货人的义务

1. 及时提货的义务

收货人在接到承运人发出的到货通知或货物运到指定地点时(如收货人仓库),收货人应当及时验货提货。对于超出宽限期提货的,收货人负有支付保管费用的义务。承运人签发提单,收货人提货时还应交验提单。

2. 及时验收的义务

收货人提货时应及时按约定的期限检验货物。合同对验收时间没有约定或约定不清的,承运人和收货人可以达成补充协议或按交易习惯确定。在验货过程中,收货人发现货物的数量不符或者损坏的,应在约定的期限内向承运人提出异议,否则,视为承运人已按照运输单证记载的内容交付“初步证据”。由于货物某些内在的损伤外部查看不出,需专门的检验才能发现,而此时货物可能已交付收货人。因此,如果有证据证明内在损伤是在运输过程中造成的,可以推翻“初步证据”。

3. 支付运费和保管费的义务

货运合同中约定由收货人支付运费和相关费用的，收货人应承担支付运费的义务，发生保管费用及其他费用的，亦应承担支付义务。收货人支付运费，通常情况下是和发货人达成协议的，收货人不能因与发货人发生诸如质量差、规格不符合要求等纠纷而拒付运费。否则，承运人对货物享有留置权。关于留置权，《民法典》第六百三十六条规定：托运人或者收货人不支付运费、保管费以及其他运输费用的，承运人对相应的运输货物享有留置权，但当事人另有约定的除外。

（三）承运人的义务

承运人的义务除运输合同规定的基本义务"在约定时间将货物安全运输到约定地点"外，还应包括：

1. 及时通知收货人提取货物的义务

承运人在将货物交付收货人之后，其合同中的义务才履行完毕。承运人在将货物运送到目的地之后，应当及时通知收货人前来提货或运送到约定地点，办理验货交付手续。承运人的通知义务是以可能和必要为前提的。

2. 对运输过程中货物的毁损、灭失承担损害赔偿的义务

承运人负有安全运送货物到约定地点的义务。从托运人将货物交付承运人起，至承运人将货物交付给收货人止，运输货物实际在承运人的监控保管之下，承运人负有采取适当措施进行保管的义务，承运人对在运输过程中发生的货物毁损、灭失承担赔偿责任。如果不是自身原因造成的，还负有举证责任加以证明。承运人对毁损、灭失货物的赔偿额、范围和方法，按双方当事人在签订货运合同时的约定办理。

二、货物运输合同纠纷的解决

（一）货物运输合同纠纷的类型

货物运输合同纠纷，是指一方或双方未履行合同或未完全履行合同而给另一方造成了利益损失而引起的纠纷。这主要包括货物灭失纠纷、货损货差纠纷、货物延迟交付纠纷、运输单证纠纷和其他纠纷等。

1. 货物灭失纠纷

(1)交通事故造成的货物灭失。货物交付承运人并装上指定的运输工具后，承运人往往无法直接掌控运输工具，可能由于承运人的运输工具发生运输事故，如船触礁已沉没、飞机失事、车辆碰撞等，造成货物连同运输工具一起灭失。追究事故原因，或是因为无法避免的风险，如突如其来的恶劣气候、其他交通工具的过失；或是因为承运人的过失，如运输工具出发前已存在安全隐患、不适航等导致在途事故的发生；或是因为承运人所雇佣的驾驶员的过失引起碰撞、倾覆或飞机失事。因此，对交通事故造成的货物灭失，承运人的责任往往需要根据事故原因而定，高低差异很大。

(2)因国家政策法规导致禁运或没收，或因战争行为造成的货物灭失。战争的突发可能会误伤民用运输工具，造成货物的灭失；另外，有些国家为保护本国的动植物和

人类的健康而对带有危险性病菌、害虫及其他有害生物的动物、植物及其产品实施禁运,对已到达口岸的应当依法检疫,对未经检疫且不具备补检条件的动物产品予以没收、销毁。

(3)因盗窃造成货物灭失。货物处于承运人接管到交货的过程中,因整个运输过程距离远、环节多,其间可能发生盗窃损失。

(4)因承运人管理过失造成货物灭失。由于配积装载不当,造成货物毁损、集装箱落海的事情时有发生;另外,因运输组织不力或信息错误造成错装错卸,使部分货物无法交给正确的收货人,也被认为是货物的灭失。

(5)故意行为造成的货物灭失。由于承运人故意、恶意毁坏工具以骗取保险公司的赔偿,从而造成所运输货物全部灭失。目前更多的是利用运输环节进行诈骗活动,或者利用货运单据骗取货物,造成货主或承运人承担货物灭失的责任。

2.货损货差纠纷

货损货差,一般是指收货人收到货物时的状态与托运人交付承运人时的状态不一致,主要是品质受损、数量短少等。

3.货物延迟交付纠纷

货物延迟交付,因承运货物的交通工具发生事故,或承运人考虑运输成本而故意将货物推迟到下一班期,或在运输交接环节因承运人的过失使货物滞留原地,或因承运人自身利益而故意绕航导致货物延迟交付。在航空货运中,经常因航空管制、天气原因或海关扣留等原因造成货物的延迟交付。

4.运输单证纠纷

承运人未签发提单,或托运人未要求签发提单而造成托运人利益受损;承运人因托运人要求倒签提单、预借提单,导致收货人利益受损,收货人在得知事实真相后向承运人索赔,继而引发承运人与托运人之间的纠纷;因承运人或其代理签发单证中的失误造成的承托双方的纠纷;还有因货物托运过程中一方伪造单证引发的单证纠纷。

5.其他纠纷

在运输过程中,除了与货物直接相关的纠纷外,还可能发生运费纠纷、租金纠纷。如承租人或货主方的过失行为或故意行为,未及时或足额交付租金或运费;承租的运输工具的技术规范达不到原合同的要求而引发的纠纷;因运输市场行情变化,导致交易一方认定原先订立的合同使其在新的市场情况下受损,欲毁约而产生的纠纷;履约过程中双方对诸如滞期费、装卸费的认同而产生的纠纷;因托运人的过失,对承运人的运输工具造成损害而引发的纠纷。

(二)货运合同纠纷解决的方式

由于签订货物运输合同的当事人是平等主体的公民、法人或其他组织,所以其纠纷在本质上属于民事纠纷,应该通过民事方式来解决。发生纠纷时,首先选择协商的办法,当事人不伤和气,也没有其他人介入;其次是调解,协商不成的,可以申请交通主管部门调解,或者合同管理机关调解;最后就是仲裁或诉讼,合同当事人协商不成、也不愿调解的,可根据合同中的仲裁条款或者纠纷发生后达成的仲裁协议向仲裁机构申请仲裁;合同中无仲裁条款、事后也没有达成仲裁协议的,当事人可以向有管辖权的人民法院提起诉讼,通过司法途径寻求解决,我国设有专门的海事法院和铁路运输法院。

(三)索赔时效

海事赔偿请求时效为 1 年,追偿请求时效为 90 天,航次租船赔偿请求时效为 2 年;公路运输赔偿请求时效为 6 个月;铁路运输赔偿请求时效为 9 个月。

《民法典》第一百八十八条规定:诉讼时效期间自权利人知道或者应当知道权利受到损害以及义务人之日起计算。法律另有规定的,依照其规定。但是,自权利受到损害之日起超过二十年的,人民法院不予保护,有特殊情况的,人民法院可以根据权利人的申请决定延长。

依据我国《海商法》第二百五十七条海上货物运输赔偿时效的规定,就海上货物运输向承运人要求赔偿的请求权,时效期间为一年,自承运人交付或者应当交付货物之日起计算;在时效期间内或者时效期间届满后,被认定为负有责任的人向第三人提起追偿请求的,时效期间为九十日,自追偿请求人解决原赔偿请求之日起或者收到受理对其本人提起诉讼的法院的起诉状副本之日起计算。有关航次租船合同的请求权,时效期间为二年,自知道或者应当知道权利被侵害之日起计算;在时效期间内或者时效期间届满后,被认定为负有责任的人向第三人提起追偿请求的,时效期间为九十日,自追偿请求人解决原赔偿请求之日起或者收到受理对其本人提起诉讼的法院的起诉状副本之日起计算。

依据我国《民用航空法》(2021 年 4 月 29 日第十三届全国人民代表大会常务委员会第二十八次会议修改)第一百三十五条规定,航空运输的诉讼时效期间为二年,自民用航空器到达目的地点、应当到达目的地点或者运输终止之日起计算。

依据《中华人民共和国铁路法(2015 年 4 月 24 日)》第十七条规定,铁路运输企业应当对承运的货物、包裹、行李自接受承运时起到交付时止发生的灭失、短少、变质、污染或者损坏,承担赔偿责任:(1)托运人或者旅客自愿申请办理保价运输的,按照实际损失赔偿,但最高不超过保价额。(2)未按保价运输承运的,按照实际损失赔偿,但最高不超过国务院铁路主管部门规定的赔偿限额;如果损失是由于铁路运输企业的故意或者重大过失造成的,不适用赔偿限额的规定,按照实际损失赔偿。

任务实施

【关键技能】

√ 能够掌握货物运输合同当事人的权利和义务

√ 能够根据合同的内容判断是否存在纠纷,并判断纠纷的类型

√ 能够提出解决运输合同纠纷的方案

【训练准备】

1. 将学生进行分组,每组 2—3 人。

2. 准备相关合同,查阅相关法律。

【操作内容】

内容一:掌握货物运输合同的效力。

内容二:对任务导入中 5 月 15 日 A 公司的请求判断是否合理,并给出理由。

内容三:判断对于 A 公司提出的赔偿货物损失的要求,法院会给予支持吗? 并给出依据。

内容四:请提供解决本次运输合同纠纷的方案。

任务评价

<table>
<tr><td colspan="12">任务评价表</td></tr>
<tr><td colspan="2">被考评人或小组</td><td colspan="10">考评任务:处理货物运输纠纷</td></tr>
<tr><td>考评内容</td><td>分值</td><td colspan="2">自我评价(30%)</td><td colspan="2">小组评议(30%)</td><td colspan="3">教师评价(40%)</td><td colspan="3">合计得分</td></tr>
<tr><td>内容一</td><td>15 分</td><td colspan="2"></td><td colspan="2"></td><td colspan="3"></td><td colspan="3"></td></tr>
<tr><td>内容二</td><td>15 分</td><td colspan="2"></td><td colspan="2"></td><td colspan="3"></td><td colspan="3"></td></tr>
<tr><td>内容三</td><td>30 分</td><td colspan="2"></td><td colspan="2"></td><td colspan="3"></td><td colspan="3"></td></tr>
<tr><td>内容四</td><td>40 分</td><td colspan="2"></td><td colspan="2"></td><td colspan="3"></td><td colspan="3"></td></tr>
<tr><td colspan="2">综合评定</td><td colspan="10"></td></tr>
<tr><td colspan="2">考评标准</td><td>知识掌握</td><td colspan="2">资料准备</td><td colspan="2">语言表达</td><td>团队合作</td><td colspan="2">沟通能力</td><td colspan="2">合计得分</td></tr>
<tr><td colspan="2">分值</td><td>20 分</td><td colspan="2">20 分</td><td colspan="2">30 分</td><td>15 分</td><td colspan="2">15 分</td><td colspan="2"></td></tr>
<tr><td colspan="12">注:任务总评得分=考评内容得分×60%+综合评定得分×40%</td></tr>
</table>

综合实训项目一

【实训目的】

熟悉我国货物运输保险的主要险种,并对在运输合同的履行过程中发生的争议进行解决。

【项目要求】

我国 C 外贸公司以 CFR 条件进口 5000 吨钢管,顺达货运公司为此批货物向某保险公司投保我国海运保险水渍险。在上海卸下钢管时发现有 800 吨生锈,经查其中 200 吨钢管在装船时就已经生锈,但由于钢管外表有包装,装船时没有被船方检查出来。还有 200 吨钢管因船舶在途中搁浅,船底出现裂缝,被海水浸湿生锈,另有 100 吨钢管,因为航行途中曾遇雨天,通风窗没有及时关闭,而被淋湿生锈。

请分析以上损失的原因,并简析保险人是否应该予以赔偿。

综合实训项目二

【实训目的】

熟悉我国货物运输保险的主要险别,根据实际情况选择合适的险种。

【项目要求】

天津星耀商贸公司(天津市河北区建昌道68号,电话022－85555555)出口一批茶叶,成交的价格条件是CIF Hamburger,数量共计750纸箱,装于20英尺集装箱内,从上海港出发,现将业务委托给顺达货运公司。

作为顺达货运公司的业务员,为这批出口茶叶选择一款合适的保险产品,并简述投保的程序。

同步检测

一、单项选择题

1.(　　)是货物运输合同的标的。

A. 托运人　　B. 承运人　　C. 货物　　D. 运送行为

2. 根据运输的组织方式,运输合同划分为(　　)。

A. 旅客运输合同和货物运输合同　　B. 国内运输合同和国际运输合同

C. 单一运输合同和多式联运合同　　D. 海上运输合同和陆地运输合同

3. 海洋货物运输保险的标的物是(　　)。

A. 运输过程中的货物　　B. 各种运输工具

C. 船舶及船上设施装备　　D. 承运人的运输责任

4. 海运出口一批玻璃工艺品,最经济的投保险别为(　　)。

A. 平安险＋碰损、破碎险　　B. 水渍险＋碰损、破碎险

C. 一切险＋碰损、破碎险　　D. 一切险＋淡水雨淋险

5. 货物运输保险对基本险的责任起讫期限为(　　)。

A. 自货物装上运输工具时起,到卸下运输工具时止

B. 从承运人接收货物时起,到交付收货人时止

C. 仓至仓

D. 钩至钩

6. 对保险单据的理解不正确的是(　　)。

A. 它是保险合同成立的证明

B. 它是保险人承保的证明

C. 它是保险索赔、理赔的主要依据

D. 它是承运双方权利与义务的反映

7. 和承运人订立货物运输合同的当事人是(　　)。

A. 货运代理　B. 托运人　C. 收货人　D. 通知人

8. 不属于收货人义务的是(　　)。

A. 及时提货　B. 及时发货

C. 支付逾期提货费用　D. 及时检验货物

9. 收货人接到承运人的到货通知后,因不需要此货物而拒绝领取时,承运人可以行使(　　)。

A. 留置权　B. 提存权　C. 解除合同权　D. 赔偿请求权

10. 承运人对运输过程中的货物损失承担赔偿责任时,依据相关法律法规可以(　　)。

A. 免除赔偿责任　B. 享有赔偿责任限额

C. 拒绝赔偿　D. 按货物实际损失赔偿

二、多项选择题

1. 下列险别中属于海运基本险的有(　　)。

A. 平安险　B. 战争险　C. 短量险　D. 锈损险

2. 海洋运输货物保险中可以单独投保的险种有(　　)。

A. ICC(A)　B. ICC(B)　C. 平安险　D. 水渍险

3. 海洋运输货物保险的一般附加险包括(　　)。

A. 钩损险　B. 淡水雨淋险　C. 平安险　D. 水渍险

4. 海上风险中的自然灾害风险包括(　　)。

A. 恶劣气候　B. 淡水雨淋　C. 海啸　D. 地震

5. 下述情形中属于实际全损的有(　　)。

A. 船只遭遇海难后,货物同时沉入海底

B. 运输船只被海盗劫走,货物也随之被海盗扣押

C. 运输中被海水浸泡的茶叶

D. 航行中船舶触礁,致某精密仪器受损

6. 货物运输合同一般具有的特征包括(　　)。

A. 双务合同　B. 有偿合同　C. 诺成性合同　D. 格式合同

7. 货物运输合同中的托运人包括(　　)。

A. 自然人　B. 法人　C. 国家　D. 其他组织

8. 承运人是指与托运人签订运输合同的人,可分为(　　)。

A. 签约承运人　B. 实际承运人　C. 外包承运人　D. 第三方承运人

9. 货物运输合同订立后，托运人和提货凭证持有人可以要求(　　)。

A. 变更货物到达地　　B. 变更收货人

C. 中止运输　　D. 变更费率

10. 货物运输合同中，托运人应尽的义务包括(　　)。

A. 如实申报义务

B. 按规定向承运人提交审批、检验等文件的义务

C. 遵守托运危险物品时的法定义务

D. 及时检验货物的义务

三、简答题

1. 简述海运货物的风险构成。

2. 我国海运基本险有哪些？其责任范围有什么关系？

3. 如何进行投保险别的选择？

4. 简述货运合同当事人的权利和义务。

5. 货物运输合同纠纷类型有哪些？

参考文献

[1]林文.大陆桥国际多式联运的现状与建议[J].港口经济,2016(09).
[2]胡杨.国际多式联运的优越性[J].大陆桥视野,2010(08).
[3]王磊.国际多式联运经营人责任制度[J].商业文化(学术版),2007(12).
[4]余祥.关于国际货物多式联运经营人责任限制问题研究[J].法制博览,2016(36).
[5]杨运涛.国际货物多式联运法律关系研究[D].对外经济贸易大学,2006.
[6]杜乐飞.案例教学法在职高国际货运代理课程教学中的应用[J].职业教育(中旬刊),2022(07).
[7]单宁宁.国际货运代理专业实践教学体系的构建[J].西部素质教育,2017(01).
[8]罗勇,吴小梅.新编国际货运代理实务[M].北京:电子工业出版社,2013.
[9]班晓英,杨志刚,朱晓靖.国际多式联运实务与法规指南[M].北京:化学工业出版社,2014.
[10]杨燕,曾萍.物流运输管理实务[M].2版.上海:上海交通大学出版社,2021.
[11]唐玉藏.运输管理实务[M].北京:机械工业出版社,2020.
[12]傅莉萍.运输管理[M].北京:清华大学出版社,2020.
[13]崔国成.运输组织与管理[M].武汉:武汉理工大学出版社,2019.
[14]杨燕,曾萍.物流运输管理实务[M].2版.上海:上海交通大学出版社,2021.
[15]马华,朱紫茂.物流运输管理实务[M].2版.北京:中国轻工业出版社,2018.
[16]韩杨,刘娜.物流运输管理实务[M].3版.北京:清华大学出版社,2020.
[17]王卫洁,范玉凤.物流运输管理实务[M].北京:中国人民大学出版社,2019.
[18]余晓汉.《海商法》修改不宜纳入内河船舶和内河运输[J].中国远洋海运,2019(12):46—47.
[19]贾大山,纪永波,焦芳芳.大力推进船舶标准化,促进内河船舶高质量发展[J].中国水运,2019(7):11—16.
[20]高嵩,焦芳芳.影响内河船舶大型化发展达到最佳状态的要素[J].水运管理,2019,4(4):6—8.
[21]陈凤伟.如何发挥内河航运在区域经济发展中的作用[J].科技经济与管理科学,2019,27(5):214—215.
[22]侯伟.关于将内河货物运输纳入《海商法》调整范围的立法建议[J].中国海商法研究,2017,28(3):11—18.
[23]文元桥,张奇,肖长诗,韩栋.危险货物水路运输知识图谱的构建[J].中国航海,2019,(42)4:1—6.
[24]孙思琪,陈博雅.《国内水路货物运输规则》废止的影响与对策[J].大连海事大学学报(社会科学版),2017,(16)2:6—11.
[25]李庆祥.我国水路运输碳排放现状及减碳路径分析[J].交通节能与环保,2021,(17)2:1—12.

[26]俞平，宋兵."大航运"重塑宁波"世界大港"格局[J].珠江水运，2020(12)：40－41.
[27]吴煦.《海商法》修改背景下的国内水路货物运输之立法模式选择[J].中国海商法研究，2019，30(1)：11－17.
[28]《中华人民共和国海商法(修订征求意见稿)》，2018.
[29]《中华人民共和国铁路法》，2015 年 4 月 24 日修订.
[30]《中华人民共和国民用航空法》，2021 年第六次修订.
[31]《中华人民共和国民法典》，2021 年.
[32]仪玉丽.运输管理[M].北京：高等教育出版社，2018.
[33]朱颢.运输管理实务[M].北京：机械工业出版社，2021.
[34]井颖，季永青.运输管理实务[M].北京：高等教育出版社，2020.
[35]彭秀兰.道路运输管理实务[M].北京：机械工业出版社，2021.
[36]北京中物联物流采购培训中心.物流管理[M].南京：江苏凤凰教育出版社，2019.
[37]JTG B01－2014，公路工程技术标准[S].北京：人民交通出版社，2014.
[38]GA802—2019，道路交通管理机动车类型[S].北京：中国标准出版社，2019.
[39]李佑珍.运输管理实务[M].北京:高等教育出版社，2021.
[40]井颖，乔骏.运输管理实务[M].北京:高等教育出版社，2022.
[41]中国国际贸易学会商务专业培训考试办公室.外贸物流概论[M].北京:中国商务出版社，2011.
[42]许乃如，柳志刚.物流运输管理实务[M].长沙:湖南师范大学出版社，2018.
[43]孟祥人.运输组织学[M].北京:北京大学出版社，2015.
[44]蒋绍忠.数据、模型与决策 基于 Excel 的建模和商务应用(第三版)[M].北京:北京大学出版社，2019.
[45]陈石清.物流法律法规[M].长沙:湖南师范大学出版社，2020，93－129.
[46]GB/T 17271－2023，集装箱运输术语[S].
[47]GB/T 1651－2023，集装箱设备交接单[S].
[48]GB/T 1413－2023，系列 1 集装箱分类、尺寸和额定质量[S].
[49]孙玥，梁冬梅，邓瑾.集装箱运输实务[M].北京:中国铁道出版社，2021.
[50]丁天明.运输管理实务[M].北京:北京邮电大学出版社，2020.
[51]赵加平，张益海.国际货运及代理实务[M].北京:中国海网出版社，2020.
[52]GB 13392－2003，道路运输危险货物车辆标志[S].
[53]JT/T 1454.1－2023，公路管理电子证照第 1 部分:超限运输车辆通行证[S].
[54]JT/T 1427－2022，道路大型物件运输车辆标志[S].
[55]GB 38900－2020，机动车安全技术检验项目和方法[S].
[56]JT/T 1234－2019，道路冷链运输服务规则[S].
[57]JT/T 1295－2019，道路大型物件运输规范[S].
[58]JT/T 1296－2019，道路大型物件运输企业等级[S].
[59]JT/T 617－2018，危险货物道路运输规则[S].
[60]GB 6944－2012，危险货物分类和品名编号[S].
[61]GB 1589－2016，汽车、挂车及汽车列车外廓尺寸、轴荷及质量限值[S].
[62]JT/T 198－2016，道路运输车辆技术等级划分和评定要求[S].

[63]《道路运输车辆技术管理规定》2023.
[64]《道路危险货物运输管理规定》2016 修订.
[65]陈引社. 运输经济(公路)专业知识与实务[M]. 北京：人民交通出版社，2010.
[66]戴实. 铁路货运组织[M]. 北京：中国铁道出版社，2007.
[67]戴实. 铁路货运组织(第 3 版)[M]. 北京：中国铁道出版社，2015.
[68]王慧. 铁路普通货物运输[M]. 成都：西南交通大学出版社，2015.
[69]时云凤. 货运员[M]. 北京：中国铁道出版社，2005.
[70]康文超. 专用线、专用铁路企业运输员岗位培训教材[M]. 北京：中国铁道出版社，2013.
[71]中国铁路 95306http://www. 95306. cn/
[72]国家铁路集团 http://www. china－railway. com. cn/
[73]国家铁路局 https://www. nra. gov. cn/
[74]中铁特货物流股份有限公司 http://www. crscl. com. cn/